AF559520

CHRISTIAN
GERHAHER

Lyrisches
Tagebuch

CHRISTIAN
GERHAHER

Lyrisches Tagebuch

Lieder von
Franz Schubert bis
Wolfgang Rihm

C.H.Beck

Mit 5 Abbildungen und 35 Notenbeispielen

www.chbeck.de
Umschlaggestaltung: Kunst oder Reklame, München
Umschlagabbildung: Christian Gerhaher, Elmau, 2020,
Foto: Nikolaj Lund
Satz: Fotosatz Amann, Memmingen
Druck und Bindung: CPI – Ebner & Spiegel, Ulm
Gedruckt auf säurefreiem, alterungsbeständigem Papier
Printed in Germany
ISBN 978 3 406 78423 1

myclimate
klimaneutral produziert
www.chbeck.de/nachhaltig

Meiner Frau in Bewunderung und Dankbarkeit

… und Gerold Huber (beiden)

Inhalt

Vorspiel mit Tiefflieger
Straubing, August 1984 9

Lyrische Dramaturgie
London, September 1999 33

Schumanns abstrakte Oper
Berlin, 24. Februar 2010 53

Tradition und Rollenspiel
München, 12. Oktober 2013 71

Felsenseelen
Berlin, 7. September 2016 85

Abschied von Gewohntem
Straubing, November 2017 105

Drama des Augenblicks
Frankfurt, April 2014 121

Intermezzo
Elmau, September 2019 133

Holligers Mondlandschaft
Zürich, 25. März 2018 141

Hoffnung – Liebe – Glaube

München, 3. Februar 2017 171

Rihm, Goethe, Programme

Weimar, November 2018 185

Stelen im Eisrevier

London, Dezember 2018 213

Jugendstilrose

Lissabon, 5. September 2019 239

Bedeuten oder Sein

München, Dezember 2020 251

Schuberts Lied-Vermächtnis

Helsinki, Januar 2021 267

Nachspiel mit Stifter

Madrid, Februar 2021 295

Anmerkungen 299

Bild- und Zitatnachweise 327

Personen- und Werkregister 329

Vorspiel mit Tiefflieger

Straubing, August 1984

6 Liebesbotschaft

Wolken, die ihr nach Osten eilt,
Wo die Eine, die Meine, die Eine weilt,
All meine Wünsche, mein Hoffen und Singen
Sollen auf eure Flügel sich schwingen,
Sollen euch, Flüchtige, zu ihr lenken,
Daß die Züchtige meiner in Treuen mag gedenken.

Singen noch Morgenträume sie ein,
Schwebet leise zum Garten hinein,
Senket als Tau euch in schattige Räume,
Streuet Perlen auf Blumen und Bäume,
Daß der Holdseligen, kommt sie gegangen,
All die fröhlichen Blüten sich öffnen mit lichterem Prangen.

Und am Abend in stiller Ruh'
Breitet der sinkenden Sonne euch zu,
Mögt mit Purpur und Gold euch malen,
Mögt in dem Meere von Gluten und Strahlen
Leicht sich schwingende Schifflein fahren,
Daß sie singende Engel glaubt auf euch zu gewahren.

Ja, wohl möchten es Engel sein,
Wär' mein Herz gleich ihrem rein;
All meine Wünsche, mein Hoffen und Singen
Zieht ja dahin auf euren Schwingen,
Euch, ihr Flüchtigen, hinzulenken
Zu der Züchtigen, der ich einzig nur mag gedenken.

Robert Reinick/
Robert Schumann, *Aus dem Liederbuch eines Malers*

Wo ich herkomme, da ist es ein bisschen wie im Wilden Westen. Straubing liegt in einer großen Ebene. Schwemmland der Donau, der weite Horizont einzig im Norden endend, am Bayerischen Wald. Im Sommer wird es sehr heiß, und bei meinem Freund auf seinem Bauernhof staubte es nur so vom Getreide. Ich habe dort auch einmal ein paar Tage mitgearbeitet, bin immer die zehn Kilometer mit dem Rad hinausgefahren. Die Arbeit war schwer, aber der beißende Weizenstaub, an den erinnere ich mich gern, und besonders an die Rapsernte. Nicht zu beschreiben die vielen Farben der Körner – mein Jungbauernfreund und ich konnten gar nicht wegschauen, alles gab es zu sehen, vielleicht nur kein Blau. Und dann standen wir da und rauchten wie Cowboys, sprachen von Motorrädern – und schließlich fuhr ich auf meinem Rad wieder heim. Abends war dann doch noch nicht alles gesagt, und wir telefonierten. Da ereignete sich etwas, das ich nie mehr so erlebte: Ein Tiefflieger – wie sie damals noch ständig flogen, wir lebten am Rand der Republik und am Rand der westlichen Welt, Böhmen und der Eiserne Vorhang waren keine fünfzig Kilometer weg – näherte sich dem Bauernhof, im Telefon wurde es laut, wir unterbrachen kurz das Gespräch. Er flog weiter. Und wir redeten weiter. Bis derselbe Tiefflieger zu meinem Elternhaus kam. Ich war sprachlos, wir beide. Wir spürten sofort, welch einmaliges Erlebnis uns hier verband. Wir redeten auch jetzt über Motorräder, über die Ernte, die Arbeiter auf dem Hof. Und doch war die Verbindung durch das eben Erlebte für kurze Zeit viel tiefer und elementarer als durch unsere Worte.

Auf ein solches Ereignis hoffen wohl auch Liebende, wenn sie einmal einen Abend lang nicht am selben Ort sind. Sie verabreden dann, dass beide zu einer bestimmten Zeit den Mond anschauen, jeder an seinem Ort. Sie haben nicht denselben Blickwinkel, aber immerhin eine gemeinsame Illusion – dasselbe zu sehen, zu fühlen und zu denken, im selben Augenblick. Der Worte bedarf es dann nicht mehr, sie würden eher stören.

Vor 200 Jahren hat man viele Liebesbotschaften geschrieben und gedichtet, die von diesem Telefon-Topos zehren. Einige von ihnen sind mir besonders wichtig. Gleich der erste Gesangszyklus der gesamten Liedtradition, Beethovens *An die ferne Geliebte*, mit seinen sechs Liedern gehört dazu: Wolken, Bäche, Vögel, Wind – alle sollen Kundschafter des Liebenden sein, Unbelebtes wie Lebendiges, nicht jedoch echte menschliche Boten. Als wären die Dinge vernunftbegabt, sollen sie der Geliebten sagen, dass sie ihm fehle, weil sie so weit weg ist – mehr können sie ja auch gar nicht sagen. Als ob die Geliebte nicht ohnehin wüsste, dass ihr Freund sie liebt und vermisst. Der Gestus ist wichtiger als die Botschaft, so wie das beschworene Zusammensein über die Entfernung hinweg vielleicht wichtiger ist als der Austausch von Worten, das gemeinsame Denken wichtiger als das Reden. Jener Gestus zeichnet nicht nur die von Beethoven vertonten Gedichte Alois Jeitteles' aus, sondern auch die *Liebesbotschaft* von Schubert und die von Schumann, das erste Lied des *Schwanengesangs* und das letzte *Aus dem Liederbuch eines Malers* (op. 36). Diese Lieder bemühen Naturereignisse, die fähig sind zu schnellem Schritt an weit entfernte Orte. So schnell, dass die Botschaft bei ihrer Ankunft noch warm ist, wenn schon nicht besonders inhaltsreich.

7 Ungeduld

[...]

Ich möchte mir ziehen einen jungen Star,
Bis daß er spräch die Worte rein und klar,
Bis er sie spräch mit meines Mundes Klang,
Mit meines Herzens vollem, heißen Drang;
Dann säng er hell durch ihre Fensterscheiben:
Dein ist mein Herz und soll es ewig bleiben.

Den Morgenwinden möchte ich's hauchen ein,
Ich möchte es säuseln durch den regen Hain,
O leuchtet' es aus jedem Blumenstern!
Trüg es der Duft zu ihr von nah und fern!
Ihr Wogen, könnt ihr nichts als Räder treiben?
Dein ist mein Herz und soll es ewig bleiben.

[…]

Wilhelm Müller/
Franz Schubert, *Die schöne Müllerin*

Auch die beiden mittleren Strophen von *Ungeduld*, dem siebten Lied aus Schuberts Liederzyklus *Die schöne Müllerin*, sind Liebesbotschaften, allerdings in einer Sonderform. Denn die Angebetete ist hier ganz nah, am selben Ort, sie weiß nur noch nichts von ihrem Glück. Im Idealfall der Liebesbotschaft kommunizieren Paare, die sich schon erklärt haben (oder kommunizieren eben nicht). In der *Schönen Müllerin* ist der Müllergeselle hingegen einer von vielen, neben seinen Mitstreitern in der Mühle, die die junge Müllerin anbeten. Im Laufe des Zyklus bildet er sich die Beziehung mit ihr, derentwegen er sich schließlich im Bach ertränkt, immer mehr ein. Und dieser Wahn ist es, der hier der Müllerin seine Botschaften zukommen lassen möchte (der Geselle trägt sie ja niemandem wirklich auf, das traut er sich nicht, genauso wenig wie sie ihr einfach selbst zu sagen).

Ganz unverblümt – und auch hier gibt es noch kein Paar, nur den Wunsch des Liebenden – spricht es Aloys Schreibers *Blumenbrief* aus, den Schubert ebenfalls vertont hat: Es geht in der Botschaft nicht um etwas, das zu sagen wäre. Es ist nur das Zusammensein mit der unbekannten Schönen, das unbedingt sein muss. Und wenn das nichts werden kann, dann gibt es nur noch den Tod.

Noch spürbar soll die Lebenswärme des Grußes in Mendelssohns/ Lenaus *An die Entfernte* (op. 71/3) sein: Nur so weit solle die Geliebte weggehen, wie die zu überbringende Liebesrose ihre Botschaftsreise frisch zu überstehen vermag, oder wie der Schall trägt, oder wie die Nachtigall Halme zu ihrem Nest trägt. Wichtig ist die Frische der Botschaft, ja, sie ist umgekehrt Ausdruck dessen, dass das ersehnte Erleben durch übermittelte Botschaften allein nicht gewährt werden kann. Das spricht die Adressatin in *Was bedeutet die Bewegung?* aus Goethes *West-östlichem Divan* aus: «Ach, die wahre Herzenskunde, / Liebeshauch, erfrischtes Leben / Wird mir nur aus seinem Munde, / Kann mir nur sein Athem geben.» In diesem ebenso von Schubert vertonten Gedicht (*Suleika I*) zeigt sich die Perspektive der fernen Geliebten selbst: Sind bei Beethoven/Jeitteles die «Weste» sicherlich die nach Westen ziehenden Winde aus Osten, so heißt der Wind hier «Ost», von Weimar (Goethe) nach Frankfurt (Marianne von Willemer) wehend.

Während die Geliebte in allen erwähnten Liedern eher in der Natur zu leben scheint, weshalb sie der Botschaft unmittelbar zugänglich ist, wird der Liebende in dem eigentlich von Marianne von Willemer verfassten Gedicht beschrieben, wie er hinter den hohen Mauern einer Stadt seinen Geschäften nachgeht. Besonders aber nimmt in *Ach, um deine feuchten Schwingen* (auch dieses Gedicht aus dem *Divan* stammt von Marianne von Willemer, Schubert hat es als *Suleika II* vertont) der kündende Wind ein anderes Geschlecht an. Viel einfühlsamer gegenüber des anderen Fühlen spricht die Geliebte (nun wirklich) den Westwind an – endlich also eine Botschaft von ihr an den Mann –, er möge all ihren Schmerz verbergen und den Geliebten in der Ferne nicht zusätzlich betrüben. Zu solchem Altruismus zeigen sich wohl keine männlichen Absender fähig. Diese sind alle in ihrem Trennungsleid zu keiner weiteren Sorge mehr fähig als zu der um ihr eigenes Sehnen, das die Angerufene doch bitte endlich stillen möge.

Ein weiteres Lied schließlich, die *Taubenpost* am Ende von Schuberts *Schwanengesang*, gibt dem Botschafter, hier einer Brieftaube, endlich einen Namen: «Sie heißt die Sehnsucht». Und hier habe ich das Gefühl, beim Kern des Problems angelangt zu sein: Wenn man nicht die weiblich-wirkliche Zuneigung betrachtet, die sich in den *Suleika*-Liedern ausnahmsweise artikuliert, sondern die männliche, die doch immer nur die eigene Situation des leidenden Sehnens vor Augen hat und sie in Wind und Wasser schreibt, so kann man den Verdacht haben, dass nicht die Vereinigung mit der ersehnten Frau das Ziel des geäußerten Wünschens, sondern vielmehr dieses Wünschen selbst Gegenstand des lebendigen Interesses ist. Das ist wie in Eichendorffs *Taugenichts*, wo sich der Held, der sich glücklich sehnend wähnt, ein ganz Buch lang vor allem von Phantasmagorien treiben lässt, also gerade nicht von der Liebe zu einer wirklichen Frau. Ich möchte gar nicht wissen, wie sich sein Leben gestaltet, sobald es in geordnete Bahnen tritt, sein Lieben, sobald es sich wirklich entwickeln muss. Es ist also keine Überraschung, dass das Wunder dieses Buches dort enden muss, wo der nicht weiter beschreibenswerte Liebesalltag eines Mannes beginnt. Und dort müsste auch jede ‹Liebesbotschaft› enden: Die Sehnsucht wäre vorbei, wenn das Paar zusammenleben dürfte, ja müsste, wenn an die Stelle des mehr mit sich selbst beschäftigten Verliebtseins nun endlich Liebe in Gegenseitigkeit treten müsste.

In Beethovens *An die ferne Geliebte* (op. 98) ist es nicht nur die belebte und unbelebte Natur, die als Bote angerufen wird. Als Einrahmung, im ersten und sechsten Gedicht, sind es die Liebeslieder selbst, die wie eine Ferne und Zeiten überwindende, ubiquitär verfügbare Botschaft ihrer selbst einfach da zu sein scheinen: «Denn vor Liedesklang entweichet / Jeder Raum und jede Zeit, / Und ein liebend Herz erreichet, / Was ein liebend Herz geweiht!» Diese Botschaft möge die fern Weilende dann auch wiedersingen, so wie auch in Goethes von Schubert vertontem Gedicht *An die Entfernte* gesungene Liebesbotschaften als einzig denkbare Alternative zur naturvermittelten Nachricht erscheinen. Als Ausdruck unverfälschten Empfindens («Was mir aus der vollen Brust / Ohne Kunstgepräng erklungen, / Nur der Sehnsucht sich bewußt») sollen die Botschaften Beethovens ferner Geliebter jedenfalls unmittelbar verständlich sein: keine Affekte, nur Privates; nichts Empfindsames, nur gemeinsam Empfundenes; nichts, was hinter Einmaligem zurückträte, nichts, was nicht unvergleichlich wäre. All das also soll dann noch einmal aus ihrem Munde erklingen, zu einem Zeitpunkt, der ein gemeinsamer ist, zu Beginn der Nacht – eine ganz private Meditation, über alle Weiten hinweg gemeinsam.

Es tritt hier der Gesang an die Stelle der Natur, der Dichter nimmt von dieser aber die ‹Natürlichkeit› an, er möchte «Ohne Kunstgepräng» auskommen. Schon hier – im ersten Liedzyklus überhaupt, und noch bevor in Deutschland Volkslieder gesammelt werden – wird also das dialektische Paar Kunstlied/Volkslied angesprochen: Noch eine Utopie, wird dem Lied, das Kunst sein muss, seine Beglaubigung gerade nicht aus der Kunst heraus verliehen. Das Lied soll nicht nur aus der Erinnerung kommen, die den Vögeln, Bächen, Wolken und Winden mitgegeben wird, sondern Gegenwart sein. Sehr kurz sollte dann der Weg von dieser Utopie, dieser künstlerischen Ahnung, zu gegenwärtiger Wirklichkeit sein, von Beethoven zu Schubert, der diese Vorstellung – natürlich ohne Programm, aber in erster Vollendung – verwirklicht hat.

Zwischen dem ersten und dem sechsten Gedicht stehen bei Beethoven aber doch vier Lieder, die das lyrische Ich der Geliebten offensichtlich wirklich gesungen hat, denn am Schluss heißt es überraschend: «Nimm sie hin denn, diese Lieder, / Die ich dir, Geliebte, sang» – obwohl sie eigentlich nur Bedingung und Anlass des ganzen Aufhebens sind. Diese vier Gedichte sind lediglich eine Äußerungsform des Lamentierens (2 und 5) sowie des eigentlichen Verlangens nach einer schnellen Botschaft (3 und 4). Im dritten Gedicht wird wie mit einer Linse die Liebste eingefangen: Sind es zunächst die leicht und hoch segelnden Vögel, die die weite Strecke am schnellsten, in der Direttissima, zurücklegen, so wird die Botschaft in der nächsten Strophe, noch in Dur, an jene weitergegeben, die als Nebel vielleicht schon tiefer gestiegen sind, die Wolken. Durch diese müssen die Vögel jetzt hindurch. Und da ist die Geliebte auch aus der Nähe zu sehen, an den Büschen sitzend, ab hier in Moll. Schließlich hauchen ihr leichte Winde und das Bächlein zu, dass in der Ferne immerhin einer an sie denkt.

Die fünf Strophen des dritten Liedes zeigen, wie Beethoven, als das Genre des Liedes gerade entsteht, versucht, Strophen im Gesang als verschieden und damit belebt erscheinen zu lassen. Die Technik der Instrumentalvariation konnte er nicht anwenden, so dehnbar sind weder Text noch Stimme, aber Spuren hat sie doch hinterlassen – im Dur-Moll-Spiel und in der Art, wie die musikalische Artikulation das zugrundeliegende Ge-

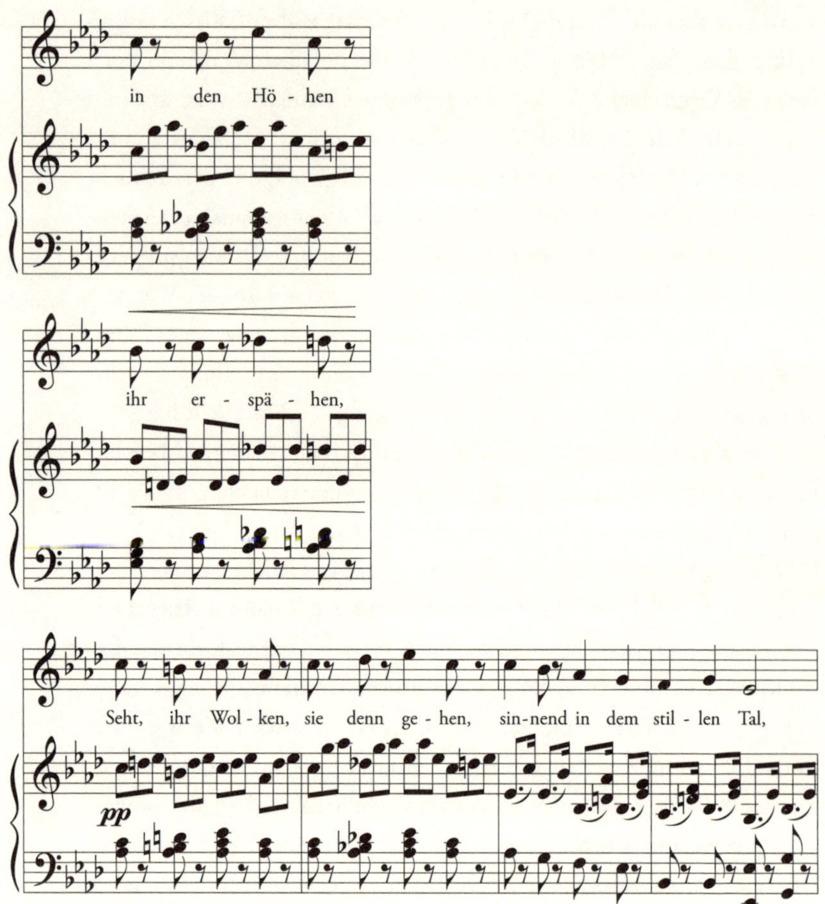

1–3 Ludwig van Beethoven: *An die ferne Geliebte,* Nr. 3, Takte 105; 109; 114–117

dicht rhythmisch gestaltet. Dies geschieht nicht durch Staccato-Punkte, nicht durch Bindungen, nicht durch Akzente, sondern durch Notenwerte, die wie die Dur-Moll-Variation eine Orientierung an der strophisch sich entwickelnden Bedeutung des Gedichts vermuten lassen. Als Unterbrechung der Gesangslinie zeigen Achtelpausen, mit denen Silben voneinander getrennt werden, sicherlich an, dass ein Unterschied zwischen Legato und Parlando der Sprachbelebung im musikalischen Kon-

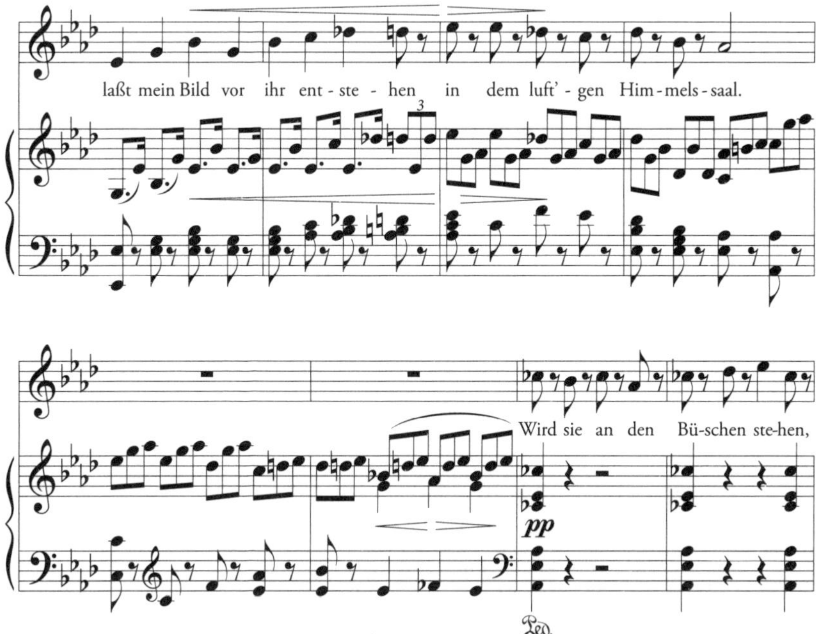

4 Ludwig van Beethoven: *An die ferne Geliebte,* Nr. 3, Takte 118–125

text dienen soll (Notenbeispiele 1–3). Denn zunächst werden über langen Vokalen einzelne Viertel in den Achtelkontext eingefügt («Hö-hen», «spä-hen»), später dann die Silbe «sin-nend» lang gesungen, auch wenn sie eigentlich kurz gesprochen wird – wie eine klingende Äquivalenz der Bedeutung. Schließlich folgen ganze Phrasen, die sich bei einer vermeintlichen Konnotation von Leichtigkeit («In dem luft'gen Himmelssaal») in die an sich ganz unsangliche Linie von Achteln, die sich mit Achtelpausen abwechseln, geradezu entleiben. Und die Variabilität der Gesangslinie spiegelt sich auch im Klavierpart: durch die Umgestaltung der ursprünglichen Achteltriolen-Bewegung, die dem Lied an sich einen bewegt bewegenden Zwölf-Achtel-Charakter gibt. Sie wird variiert durch punktierte Achtelrhythmen, gebundene und ungebundene Viertel, nachschlagende Achtel und gar zwei Takte, denen wie rezitativisch kleinen A-capella-Phrasen Akkorde unterlegt sind (Notenbeispiel 4).

All das lässt mich vermuten, dass Beethoven hier eine sehr variable Art der Artikulation im Sinne einer Textinterpretation anstrebte, zu einem Zeitpunkt, als das Vokabular für die Notation des Gesangsparts in diesem Sinn noch gar nicht existierte. Eigentlich gab es das später auch nicht explizit, es war aber durch die neu entstandene Weise melodischer Deklamation, bei Schumann und Wagner beispielsweise, gar nicht mehr nötig. Und so ist es für uns heutige Darsteller fast ein Kuriosum, wenn wir eine solche Notation gesanglicher Artikulation vorfinden. Der in den Trivialitäten der Gesangskunst noch unerfahrene Alban Berg notierte im *Wozzeck* gar um die sechzig verschiedene Varianten (angeblich, irgendjemand soll das gezählt haben …) der gesanglichen Darstellung. Kein Mensch wird so vermessen sein, alle ihre Bedeutungen genau verstehen oder differenzierend festlegen zu wollen, aber dass sich hier eine immense Klangphantasie zu realisieren und zu vermitteln sucht, dürfte dennoch klar werden.

Es war deswegen für mich, zumal im Konzert, nie eine praktikable Lösung, mich sklavisch an die Notenlängen in Beethovens drittem Lied zu halten – die verschiedenen Silbenlängen können in ihrer Notation in Achteln oder Vierteln ja kaum das Abbild einer exakten Klangvorstellung sein. Und eigentümlicherweise ist es nicht einmal wirklich hörbar, wenn man die Notenwerte ganz exakt auszuführen versucht. Denn allein die unterschiedlichen Dimensionen verschiedener Konsonanten oder Konsonantenketten schränken, zumal bei so kurzen Notenwerten wie in diesem Lied, die erreichbare rhythmische Exaktheit ein, speziell im Vergleich zu Instrumentalklängen. Andererseits ist jene fast ‹natürlich› erscheinende künstlerische Freiheit in meinen Augen sogar Ausdruck darstellerischer Werktreue, denn erst durch die Annahme eines Interpretationsprinzips kann die notwendige situative Passgenauigkeit entstehen. Gerade größtmögliche Buchstabentreue kann einen Nachschöpfer paradoxerweise auch am klanglichen Kern eines Werkes vorbeiführen – für mich eines der vielen Indizien dafür, dass als Prinzip der darstellenden Künste die Werktreue der Autorentreue vorzuziehen ist. Dabei zeigt sich aber auch, dass diese vorzugsweise Werktreue nicht nur explizites Verweigern eines Autorenwillens sein muss – wer müsste sich schon daran halten, dass zum

Beispiel Berg sich für seinen *Wozzeck* in einigen Szenen (Straße, erstes Wirtshaus …) ein naturalistisches Bühnenbild wünschte? –, sondern auch durchaus Exekution des extrapolierten Willens des Urhebers sein kann. Der gefällige Satz «Das Werk weiß mehr als der Autor» ist also keineswegs anarchische Rechtfertigung künstlerischer Beliebigkeit und darstellerischer Selbstüberhöhung.

Bei Bergs *Wozzeck* heißt meine Schlussfolgerung daher, nicht eine eindeutige Lösung des Problems zu suchen, indem man etwa entweder nur spricht oder nur singt, sondern einerseits einen der Situation angepassten Klang zu entwickeln, ihn aber auch mit einer plausiblen Bedeutung der jeweiligen Niederschrift zusammenzubringen. Und dann kann man mit den zur Verfügung stehenden Mitteln wie Artikulation, Dynamik, Intonation, Farbigkeit und Vibrato vielleicht sogar auf weit mehr als sechzig verschiedene Arten der Darstellung kommen, denn im Grunde ist ja jeder darzustellende Ton, jedes abzubildende Wort für einen Sänger und Schauspieler ein einmaliges, ein unvergleichliches klangliches Ereignis.

Im vierten Lied *An die ferne Geliebte* dann der Überschwang: Die unbelebten Drei – Wolke, West und Bächlein –, die im vorhergehenden Lied noch durch die Vögel mit Leben und Sinn versehen wurden, werden nun durch den Schöpfer der Botschaft selbst belebt: Er wünschte, dabei zu sein, die Wolken sollen ihn mitnehmen, die Lust der durch die Haare der Geliebten streifenden Winde möchte er teilen. Am schönsten aber sein Wunsch – wie in *Eifersucht und Stolz* aus Schuberts *Müllerin*, wo der Müller dem Bächlein befiehlt: «Kehr um!» –, die Bächlein mögen doch einfach zurückfließen, sobald sie ihr Bild in sich aufgenommen haben. Es ist der Wunsch nach Rückmeldung, wie von einer Postkutsche, wie von einem Telegrafen, wie von einem Fernseher, die auch dem Liebenden alles von ihr Mitteilbare mitteilen soll: nicht nur die Tränen, die sie in den Bach vergießt, nicht nur Worte, sogar Töne und Bilder sollen es sein. Wie sie dort in der Ferne ist, das möchte er auch sehen, ja sogar fühlen. Das Wasser als unbelebter Gegenpol zur eigenen, körperlichen Sinnlichkeit – das werden wir bald wieder erleben in

Schuberts *Müllerin*, wo der lebenseingeschränkte Müller ein Alter Ego braucht: den Bach.

In Robert Schumanns eingangs zitierter *Liebesbotschaft* (op. 36/6) findet sich der Gegenentwurf dazu. In diesem Lied – eine klingende Inkarnation des Ätherischen, geradezu ein gesungenes Perpetuum mobile – treten die beauftragten Botschafter, die Wolken, als vollendete Brieftaube im Sinn der *Taubenpost* aus Schuberts *Schwanengesang* auf. Sie verkörpern geradezu ideal die Sehnsucht des Senders: Metamorph, in allen Farben und Formen erscheinend, wollen sie überhaupt nichts Konkretes mehr mitteilen, wie eine einzige Erscheinung. Die Geliebte wird, sollte sie denn an den Absender denken, nur noch subkutan dazu bewogen, wie unbefleckt von eigener Begierde, deshalb wird sie auch züchtig genannt und treu. Denn alle Wolkenerscheinungen («All meine Wünsche, mein Hoffen und Singen»), wie sie sich auch präsentieren – als Tau in schattigen Räumen, als Perlen auf Blumen und Bäumen, als mit Purpur und Gold ins Meer von Gluten und Strahlen gemalte Schifflein, auf denen schließlich Englein singen –, sie können nur bewirken, dass sie sich an ihn erinnert fühlt: Es gibt für sie eben nur ihn.[1] Diese chauvinistische, fast ein wenig exhibitionistische Begeisterung ist das Spiel, für das der Schreiber eine Adressatin braucht. Vielleicht soll sie nachgerade nicht anwesend sein. Zumindest scheint doch eine Antwort oder Einmischung in seine Ergießungen gar nicht erwünscht. Und so zeigt sich als Extrem der *Liebesbotschaft*, dass das Wichtigste am ‹Lied an die fern weilende Geliebte› vielleicht die Ferne ist.

Gerold Huber und ich hatten mit diesem Lied ein Erweckungserlebnis. Denn wir wurden als noch junge Studenten mit einer Ignoranz konfrontiert, die das weltbewegend Abgehobene dieses Liedes nicht verstand, so wie Eric Sams über das Lied schreibt, es hebe vielleicht mit zu großer Süße an.[2] Für mich ist das ein bestürzender Ausdruck mangelnden Verstehen-Wollens, das uns aber alle immer zu befallen droht, wenn Einzigartiges unser Differenzierungsvermögen zu überfordern droht. Bei der ersten Aufnahme jedenfalls, die wir beide überhaupt machen durften, mussten wir uns beim Bayerischen Rundfunk mit unserer Vorstellung gegen den erfahrenen und eigentlich großartigen Tonmeister durchsetzen, der dieses Lied in pastoserem Ton musiziert haben wollte als wir. Aber unsere Vision für das Lied, das wie die Ewigkeit jedes Glauben-Wollenden klingt, wurde belohnt: Die Aufnahme gewann das Interesse unserer Agentin, und sie bescherte uns unseren ersten wirklich wichtigen Auftritt, im Mai 1999 bei der Schubertiade in Lindau.

Wir verbinden mit dem attacca einsetzenden Hauptmotiv, einer punktiert sich von der Terz zur Oktav aufschwingenden Tonleiter, die dann wieder zur Quint absteigt, einen unmittelbar anhebenden Ausdruck seliger Verklärtheit, dem alles Affirmative fehlt, der allerdings auch keinen Anflug von Unbestimmtheit ahnen lässt. Wir führen das Lied immer so langsam wie möglich auf, so dass einerseits mir die Luft nicht ausgeht und andererseits auch der Phrase selbst nicht, damit sie eben gerade nicht zerfalle.

Diese Luft ist nun nicht der illustrierende Atem und Hauch, der sich bei Beethovens ‹Liebesbotschaft› vielfach materialisiert. Vielmehr ist es ein Atem in eigentümlicher Schwere, der neben der Ferne das Singen selbst zum Thema macht – wie in den beiden Rahmenliedern von Beethovens *Ferner Geliebter*. Allerdings geschieht dies nicht wie dort expressis verbis, sondern durch das Singen selbst, in Sinnlichkeit: Singen wird als Singen erfahrbar. Und dann verwende ich so wenig Vibrato wie möglich, dessen Ausschläge ich so gering wie möglich halte. Die Farbe soll hell und leicht sein. Und alle Parenthesen («Wo die Eine, die Meine, die Eine weilt» und «Dass der Holdseligen, kommt sie gegangen, / All die fröhlichen Blüten») brauchen einfach genügend Luft und Dauer, um als solche erkannt zu werden, um sich erklären zu können. Und doch benötigen sie auch noch genügend Kraft, um jene Sinnlichkeit nicht nur zu bedeuten, sondern als gesungen-gespielte Phrasen wirklich zu verkörpern. Es ist eine Sinnlichkeit, die nicht im oben beschriebenen Sinne dem getrennten Paar fehlte, sondern für den selbstgenügsam Sehnenden im Überfluss vorhanden ist. Es ist das Lied als Feier seiner selbst.

Am letzten Beispiel lernte ich, wie sehr einem Satz, der als musikalische Phrase unterbrochen ist («Dass der Holdseligen, kommt sie gegangen, / [Klavierzwischenspiel] All die fröhlichen Blüten sich öffnen mit lichterem Prangen»), vom Sänger umso größere Aufmerksamkeit zukommen muss. Denn es geht darum, den durch das Enjambement und durch die plötzliche Fünfhebigkeit der letzten Strophenzeile verkörperten Eindruck von Unendlichkeit, die sich auch in dem Perpetuum-mobile-Charakter des ganzen Liedes zeigt, zu erhalten: Der Satz kann auch gesungen vielleicht dadurch als Ganzes lebendig bleiben, dass die Lautstärke, mit der der Gesang zu Beginn des Klavierzwischenspiels endet, bei dessen Wiedereintritt exakt wiederaufgenommen wird.

Auf dem melodischen Höhepunkt hat Schumann ein Ossia, eine um bis zu einer Sext tiefere Alternative, notiert, in der die sequenzierte Gesangslinie bis zum *as*, im Original sogar bis zum *b* umgangen werden kann. Das hohe Original erschien Gerold Huber und mir von Anfang an als den Sinn dieses Liedes konterkarierend, weil zu arienhaft, so dass ich geradezu froh war, sie technisch gar nicht schön singen zu können – ähnlich wie der Schluss der Arie des Dr. Marianus in Schumanns *Szenen aus Goethes Faust* («… Gnade bedürfend»). Nach unten gesungen drückt diese Stelle passend eine größere Unbestimmtheit aus und entspricht mehr der verklärten Weiblichkeit als das überzeugte Sich-Aufschwingen zum endgültig abschließenden hohen *g*.[3] Vielleicht sind diese Ossias nach oben die Trauben, die mir als Fuchs zu sauer waren, zumindest aber klangen diese Früchte, wenn ich sie mir denn abrang, nicht süß genug. Wunderbar unbestimmt endet jedenfalls auch dieses Lied, wenn Reinick dichtet und Schumann singt: «Euch, ihr Flüchtigen, hinzulenken / Zu der Züchtigen, der ich einzig nur mag gedenken» – mag er nur ihrer gedenken und keiner anderen, oder mag er ihrer nur gedenken, aber kein Leben mit ihr führen?

Heute gibt es das Problem der Liebesbotschaft nicht mehr. Wir können überall hinkommen, oder wir telefonieren oder unterhalten uns über den Computer. Nur das tiefere, sinnliche Erfahren des anderen, das fehlt hier wie dort, darüber kann auch der vage wiederkannte Stimmklang nicht hinwegtäuschen. Auch das bewegte Gesicht beim Skypen ist nur ein Abglanz der Situation, in der zwei Menschen einander anfassen, dieselbe Luft atmen, durch denselben Regen, dasselbe Licht und denselben Wind berührt werden, gemeinsam die gleiche Luft in zwei Zigaretten verrauchen. Umso eindrücklicher ist mir daher, wie damals schon mein Freund und ich geradezu schockiert waren durch jenes kurzzeitige Ineinandergreifen sinnlicher und kognitiver Erlebnisse: Ich höre den Düsenjet übers Telefon und stelle mir vor, wie laut er wohl sein muss, wie sehr er einen auch körperlich erschauern lässt, der Schall, der nicht einzig über die Trommelfelle wahrgenommen wird, sondern ein grässliches Schauern der ganzen bewegten Haut und Haare auslöst. Und dann wird der Schall im rechten Telefon-Ohr, das die entfernte Situation vermittelt, leiser und im linken, echten Ohr lauter, weil der Jet nun tatsächlich bei mir ankommt – und vice versa bei meinem Freund. Eine solche gleichzeitige und gemeinsame sinnliche und virtuelle Erfahrung über eine große Entfernung hinweg habe ich nie mehr erlebt.

Die Trauer aber aus alten Zeiten, sich über Distanzen noch nicht einmal rudimentär verständigen zu können, die ist vielleicht zum wichtigsten literarischen Motiv der Liedgeschichte geworden. Und das Lied ist noch heute ihre berückendste Vergegenwärtigung.

Einige Liebesbotschaften

An die ferne Geliebte

1

Auf dem Hügel sitz ich spähend
In das blaue Nebelland,
Nach den fernen Triften sehend,
Wo ich dich, Geliebte, fand.

Weit bin ich von dir geschieden,
Trennend liegen Busch und Tal
Zwischen uns und unserm Frieden,
Unserm Glück und unsrer Qual.

Ach, den Blick kannst du nicht sehen,
Der zu dir so glühend eilt,
Und die Seufzer, sie verwehen
In dem Raume, der uns teilt.

Will denn nichts mehr zu dir dringen,
Nichts der Liebe Bote sein?
Singen will ich, Lieder singen,
Die dir klagen meine Pein!

Denn vor Liedesklang entweichet
Jeder Raum und jede Zeit,
Und ein liebend Herz erreichet,
Was ein liebend Herz geweiht!

2

Wo die Berge so blau
Aus dem neblichen Grau
Schauen herein,
Wo die Sonne verglüht,
Wo die Wolke umzieht,
Möchte ich sein!

Dort im ruhigen Tal
Schweigen Schmerzen und Qual.
Wo im Gestein
Still die Primel dort sinnt,
Weht so leise der Wind,
Möchte ich sein!

Hin zum sinnigen Wald
Drängt mich Liebesgewalt,
Innere Pein.
Ach, mich zög's nicht von hier,
Könnt' ich, Traute, bei dir
Ewiglich sein!

3

Leichte Segler in den Höhen,
Und du Bächlein, klein und schmal,
Könnt' mein Liebchen ihr erspähen,
Grüßt sie mir viel tausendmal.

Seht ihr Wolken sie dann gehen
Sinnend in dem stillen Tal,
Laßt mein Bild vor ihr entstehen
In dem luft'gen Himmelssaal.

Wird sie an den Büschen stehen,
Die nun herbstlich falb und kahl,
Klagt ihr, wie mir ist geschehen,
Klagt ihr, Vöglein, meine Qual.

Stille Weste, bringt im Wehen
Hin zu meiner Herzenswahl
Meine Seufzer, die vergehen
Wie der Sonne letzter Strahl.

Flüstr' ihr zu mein Liebesflehen,
Laß sie, Bächlein, klein und schmal,
Treu in deinen Wogen sehen
Meine Tränen ohne Zahl!

4

Diese Wolken in den Höhen,
Dieser Vöglein muntrer Zug
Werden dich, o Huldin, sehen,
Nehmt mich mit im leichten Flug!

Diese Weste werden spielen
Scherzend dir um Wang und Brust,
In den seidnen Locken wühlen,
Teilt ich mit euch diese Lust!

Hin zu dir von jenen Hügeln
Emsig dieses Bächlein eilt.
Wird ihr Bild sich in dir spiegeln,
Fließ zurück dann unverweilt!

5

Es kehret der Maien, es blühet die Au.
Die Lüfte, sie wehen so milde, so lau.
Geschwätzig die Bäche nun rinnen.
Die Schwalbe, die kehret zum wirtlichen Dach,
Sie baut sich so emsig ihr bräutlich Gemach,
Die Liebe soll wohnen da drinnen.

Sie bringt sich geschäftig von kreuz und von quer
Manch weicheres Stück zu dem Brautbett hierher,
Manch wärmendes Stück für die Kleinen.
Nun wohnen die Gatten beisammen so treu,
Was Winter geschieden, verband nun der Mai,
Was liebet, das weiß er zu einen.

Es kehret der Maien, es blühet die Au.
Die Lüfte, sie wehen so milde, so lau.
Nur ich kann nicht ziehen von hinnen.
Wenn alles, was liebet, der Frühling vereint,
Nur unserer Liebe kein Frühling erscheint,
Und Tränen sind all ihr Gewinnen.

6

Nimm sie hin denn, diese Lieder,
Die ich dir, Geliebte, sang.
Singe sie dann abends wieder
Zu der Laute süßem Klang.

Wenn das Dämmrungsrot dann ziehet
Nach dem stillen blauen See,
Und sein letzter Strahl verglühet
Hinter jener Bergeshöh;

Und du singst, was ich gesungen,
Was mir aus der vollen Brust
Ohne Kunstgepräng erklungen,
Nur der Sehnsucht sich bewußt:

Dann vor diesen Liedern weichet,
Was geschieden uns so weit,
Und ein liebend Herz erreichet,
Was ein liebend Herz geweiht!

Alois Jeitteles/
Ludwig van Beethoven

1 Liebesbotschaft

Rauschendes Bächlein, so silbern und hell,
Eilst zur Geliebten so munter und schnell?
Ach, trautes Bächlein, mein Bote sei du;
Bringe die Grüße des Fernen ihr zu.

All' ihre Blumen, im Garten gepflegt,
Die sie so lieblich am Busen trägt,
Und ihre Rosen in purpurner Glut,
Bächlein, erquicke mit kühlender Flut.

Wenn sie am Ufer, in Träume versenkt,
Meiner gedenkend das Köpfchen hängt,
Tröste die Süße mit freundlichem Blick,
Denn der Geliebte kehrt bald zurück.

Neigt sich die Sonne mit rötlichem Schein,
Wiege das Liebchen in Schlummer ein.
Rausche sie murmelnd in süße Ruh',
Flüst're ihr Träume der Liebe zu.

Ludwig Rellstab/
Franz Schubert, *Schwanengesang*

Der Blumenbrief

Euch Blümlein will ich senden
Zur schönen Jungfrau dort,
Fleht sie mein Leid zu enden
Mit einem guten Wort.

Du Rose kannst ihr sagen,
Wie ich in Lieb' erglüh',
Wie ich um sie muß klagen
Und weinen spät und früh.

Du, Myrte, flüstre leise
Ihr meine Hoffnung zu,
Sag': auf des Lebens Reise
Glänzt ihm kein Stern als du.

Du Ringelblume deute
Ihr der Verzweiflung Schmerz;
Sag' ihr: des Grabes Beute
Wird ohne dich sein Herz.

Aloys Schreiber/
Franz Schubert

An die Entfernte

Diese Rose pflück' ich hier
In der weiten Ferne,
Liebes Mädchen, dir, ach dir,
Brächt' ich sie so gerne!

Doch bis ich zu dir mag ziehen
Viele weite Meilen,
Ist die Rose längst dahin;
Denn die Rosen eilen.

Nie soll weiter sich in's Land
Lieb' von Liebe wagen,
Als sich blühend in der Hand
Läßt die Rose tragen;

Oder als die Nachtigall
Halme bringt zum Neste,
Oder als ihr süßer Schall
Wandert mit dem Weste.

Nikolaus Lenau/
Felix Mendelssohn Bartholdy

Suleika I

Was bedeutet die Bewegung?
Bringt der Ost mir frohe Kunde?
Seiner Schwingen frische Regung
Kühlt des Herzens tiefe Wunde.

Kosend spielt er mit dem Staube,
Jagt ihn auf in leichten Wölkchen,
Treibt zur sichern Rebenlaube
Der Insekten frohes Völkchen.

Lindert sanft der Sonne Glühen,
Kühlt auch mir die heißen Wangen,
Küßt die Reben noch im Fliehen,
Die auf Feld und Hügel prangen.

Und mir bringt sein leises Flüstern
Von dem Freunde tausend Grüße;
Eh' noch diese Hügel düstern,
Grüßen mich wohl tausend Küsse.

Und so kannst du weiter ziehen!
Diene Freunden und Betrübten.
Dort, wo hohe Mauern glühen,
Find' ich bald den Vielgeliebten.

Ach, die wahre Herzenskunde,
Liebeshauch, erfrischtes Leben
Wird mir nur aus seinem Munde,
Kann mir nur sein Atem geben.

Johann Wolfgang von Goethe, Marianne von Willemer/
Franz Schubert

Suleika II

Ach, um deine feuchten Schwingen,
West, wie sehr ich dich beneide:
Denn du kannst ihm Kunde bringen,
Was ich in der Trennung leide!

Die Bewegung deiner Flügel
Weckt im Busen stilles Sehnen;
Blumen, Auen, Wald und Hügel
Stehn bei deinem Hauch in Tränen.

Doch dein mildes sanftes Wehen
Kühlt die wunden Augenlider;
Ach, für Leid müßt' ich vergehen,
Hofft' ich nicht zu sehn ihn wieder.

Eile denn zu meinem Lieben,
Spreche sanft zu seinem Herzen;
Doch vermeid' ihn zu betrüben
Und verbirg ihm meine Schmerzen.

Sag' ihm, aber sag's bescheiden:
Seine Liebe sei mein Leben,
Freudiges Gefühl von beiden
Wird mir seine Nähe geben.

Johann Wolfgang von Goethe, Marianne von Willemer/
Franz Schubert

14 Die Taubenpost

Ich hab' eine Brieftaub' in meinem Sold,
Die ist gar ergeben und treu;
Sie nimmt mir nie das Ziel zu kurz
Und fliegt auch nie vorbei.

Ich sende sie viel tausendmal
Auf Kundschaft täglich hinaus,
Vorbei an manchem lieben Ort,
Bis zu der Liebsten Haus.

Dort schaut sie zum Fenster heimlich hinein,
Belauscht ihren Blick und Schritt,
Gibt meine Grüße scherzend ab
Und nimmt die ihren mit.

Kein Briefchen brauch' ich zu schreiben mehr,
Die Träne selbst geb' ich ihr,
Oh, sie verträgt sie sicher nicht,
Gar eifrig dient sie mir.

Bei Tag, bei Nacht, im Wachen, im Traum,
Ihr gilt das alles gleich,
Wenn sie nur wandern, wandern kann,
Dann ist sie überreich.

Sie wird nicht müd', sie wird nicht matt,
Der Weg ist stets ihr neu;
Sie braucht nicht Lockung, braucht nicht Lohn,
Die Taub' ist so mir treu!

Drum heg' ich sie auch so treu an der Brust,
Versichert des schönsten Gewinns;
Sie heißt: die Sehnsucht – kennt ihr sie? –
Die Botin treuen Sinns.

Johann Gabriel Seidl/
Franz Schubert, *Schwanengesang*

An die Entfernte

So hab' ich wirklich dich verloren?
Bist du, o Schöne, mir entflohn?
Noch klingt in den gewohnten Ohren
Ein jedes Wort, ein jeder Ton.

So wie des Wandrers Blick am Morgen
Vergebens in die Lüfte dringt,
Wenn, in dem blauen Raum verborgen,
Hoch über ihm die Lerche singt:

So dringet ängstlich hin und wieder
Durch Feld und Busch und Wald mein Blick;
Dich rufen alle meine Lieder:
O komm, Geliebte, mir zurück!

Johann Wolfgang von Goethe/
Franz Schubert

Lyrische Dramaturgie

London, September 1999

Man darf hier den Menschen wohl bewundern als ein gewaltiges Baugenie, dem auf beweglichen Fundamenten und gleichsam auf fliessendem Wasser das Aufthürmen eines unendlich complicirten Begriffsdomes gelingt; freilich, um auf solchen Fundamenten Halt zu finden, muss es ein Bau, wie aus Spinnefäden sein, so zart, um von der Welle mit fortgetragen, so fest, um nicht von dem Winde auseinander geblasen zu werden.

Friedrich Nietzsche, leider nicht über Schumann[1]

Robert Schumanns Liedschaffen ist zwar nur rund halb so umfangreich wie das Franz Schuberts, des «Erfinders» dieser Gattung, es ist jedoch durch eine besondere Konsequenz gekennzeichnet. Das äußert sich in einem bis heute einzigartigen Willen zur systematischen Konzeption von Anfang an. Dieser gibt sich in den Kompositionen von Schumanns erstem Liederjahr 1840 in relativ naheliegenden dramaturgischen Ideen vielfach zu erkennen – in den drei wichtigsten Zyklen, aber auch sonst in kleinerer Form. Ausblicke auf die konzeptionelle Freiheit und Vielfalt späterer Jahre scheinen hier bereits auf, so sind beispielsweise die *Andersen-Lieder* (op. 40) mit ihrem geradezu maliziösen emotionalen Abstieg Wegbereiter für die abstrakteren *Lenau-Lieder* (op. 90) zehn Jahre später.

Die konzeptionelle Vielfalt ist aber bereits von Beginn an erstaunlich. So könnte *Aus dem Liederbuch eines Malers* (op. 36) von 1840 etwa die klanglich imaginierte Zusammenstellung einer Bildermappe sein, eine Art Vokal-Sonate – das erste Lied ist ein heiterer Satz, die Lieder 2 bis 4 sind ein Scherzo mit drei Romanzenteilen, darauf folgt ein dramatisches Lied in der Umgebung von Goethes *Erlkönig* und Heines *Loreley*, und alles wird abgeschlossen von einer unendlichen Melodie. Der «kleine» *Liederkreis* (op. 24) nach Heinrich Heine ist meines Erachtens (abgesehen von den drei *Romanzen und Balladen* op. 49) Schumanns ironischster Zyklus, vor allem wegen der sukzessiven Kontrastierung solcher Gedichte mit hochromantisch-sehnsüchtigen Liedern, die sich dazwischenschieben (Nr. 3 *Ich wandelte unter den Bäumen*, Nr. 5 *Schöne Wiege meiner Leiden* oder Nr. 7 *Berg' und Burgen schau'n herunter*).

Frauenliebe und Leben (op. 42) könnte in Wirklichkeit ein ‹Marienleben› sein – ein vielleicht gewagter, aber spannender Versuch, Schumanns Textkürzungen des Gedichtzyklus von Chamisso zu erklären.[2] Wenn man nicht so weit gehen und dennoch das Phänomen dieses ‹unzeitgemäßen› Zyklus würdigen möchte, kann man das auch auf weniger spektakuläre Weise tun: mit Respekt nicht nur vor der formalen, sondern besonders auch vor der psychologisch ergreifenden Erfassung der biedermeierlichen Dichtung.[3] Man muss diesen musikalisch hinreißend sensiblen Zyklus nicht durch banale Hinweise auf textliche Anachronismen inkriminieren und verdammen – seine Ablehnung scheint mir gerade unter Intellektuellen geradezu eine Selbstverständlichkeit zu sein. Doch wenn die inhaltliche Übereinstimmung jedes Kunstwerks mit der ethischen Überzeugung des Rezipienten oder Interpreten Voraussetzung für seinen Erhalt wäre, dann würde unsere geistige Welt mit einem Schlag sehr leer.

Und auch die weiteren Lied-Opera aus Schumanns erstem Jahr als Liedkomponist verraten zwar hinsichtlich ihrer Konzeption nicht selten einen autobiographisch grundierten Charakter (als Beispiele seien nur op. 25 *(Myrthen)* und op. 30 genannt – zu beiden siehe weiter unten im Text).[4] Sie zeigen aber sämtlich eine über bloße Sammlungen hinausgehende zyklische Geschlossenheit, die mal mehr, mal weniger klar zutage tritt.

Mit dem Blick des Alternden auf belebende, geliebte Jugend zeigt sich in den Texten des relativ unbekannten op. 27 nur ganz leicht ein verbindender Gedanke. Dafür hat dieses Opus einen Ablauf, der die einzelnen Lieder musikalisch ziemlich eindeutig miteinander verbindet (1: Auftakt – 2: Fortführung – 3: Resignation – 4: Wiederaufnahme – 5: Conclusio). Oder man könnte die beiden Balladen-Triptychen nennen: Op. 30 vereint drei Veduten eines Mannes, vom freien Künstler *(Der Knabe mit dem Wunderhorn)* über den Demütigen *(Der Page)* zum Sieger *(Der Hidalgo)*. Im Hintergrund steht der zu Ende gehende Prozess um Schumanns Ehe mit Clara, deren gerichtlich erteilte Erlaubnis im Schlusslied *Hidalgo* zu überschießender Freude und unverhohlenem Triumph führt («Den Damen gilt die Zither, / Die Klinge dem Rival. / Auf denn zum Abenteuer, / Schon losch der Sonne Feuer / Jenseits der Berge aus. / Der Mondnacht Dämmrungstunden, / Sie bringen Liebeskunden, / Und Blumen oder Wunden / Trag' morgen ich nach Haus'»). Und in op. 31 begegnen wir, wie gegenübergestellt, den Bildern dreier

Frauengestalten nach Adelbert von Chamisso, wobei die beiden äußeren von einnehmender Einzig- und Wahrhaftigkeit sind: die *Rote Hanne*, die sich und den Betrachter mit dem ritornellartigen Choral gleichsam in ihr Schicksal fügt, das sie sich eigentlich besser erträumt hat, und die ekstatisch, sinnlich, geradezu manisch sich erinnernde *Löwenbraut*. Dazwischen aber steht als massiver Kontrast die *Kartenlegerin* – ein Abbild von geschwätziger Unreife und entnervendem Aberglauben, das mit seinem vordergründig humorvollen Tonfall eines Operetten-Couplets doch nur die Abneigung des Hörers kann erregen wollen.

Später neigen die Konzepte dann ein wenig mehr zu Symmetrie (etwa op. 77, das leicht beginnt und endet, mit problematisierenden Übergängen hin zur und weg von der *Geisternähe*, einer in der Mitte stehenden, rückwärts gerichteten ‹Liebesbotschaft›). Oder sie neigen zu Begrifflichkeit, zum Beispiel zur Begrifflichkeit von ‹Abschied und Verlust› in den sechs *Von-der-Neun-Liedern* (op. 89), mit dem *Röselein* als Schlusslied, das oft ein wenig der Sorglosigkeit einer Soubrette verfallen ist, das mir aber eigentlich den hohen Rang abgehobener Schicksalsheiterkeit verkörpert – das einzige mir bekannte Parallellied zu Mahlers *Urlicht*. Oder aber sie neigen zu Abstraktion und sinnlicher Überhöhung der Gedichtsprache (wie in op. 96 und op. 107) oder zur Interpretation literaturhistorischer Figuren (etwa Wilhelm Meister in op. 98a, Elisabeth Kulmann in op. 104 oder Maria Stuart in op. 135).

Auch später wurde noch einmal eine Zäsur aus Schumanns Leben bedeutend. Der Tod der beiden Mendelssohn-Geschwister kurz hintereinander erklärt möglicherweise die beiden heroischen Eckpfeiler der *Byron-Lieder* (op. 95): ein Lied für Fanny (die als Komponistin gleichsam namenlos gebliebene *Tochter Jephtas*) und, unbestritten, eines für Felix *(Dem Helden)*, verbunden durch die Klage *An den Mond*.[5]

Hinreißend, brutal, komisch aber finde ich die absurden späten Opera 117 – karnevalesk-blutsaufende *Husaren-Lieder* nach Nikolaus Lenau – und 119 – eine kuriose Zusammenstellung dreier Lieder nach dem Dichter Gustav Pfarrius. Zuerst steht da ein Idyll wie im Märchen, schöner nicht auszumalen, herrlicher kann das Leben nicht mehr werden. Dann folgt eine Warnung: So wird es nicht bleiben, denn der Uhu wird dem Vöglein zur Gefahr. Und schließlich wird jener zu einem, der gierig eine Birke völlig leer frisst und zu Tode ausbluten lässt. Abermals, wie in den *Kerner-Liedern* (op. 35), werden hier Gedichte in einen vom Dichter ganz und gar nicht beabsichtigten Verbund gezwungen und drücken so eine eigene, freie und visionäre Zusammengehörigkeit aus. Auch in den weiteren kleinen Zyklen (op. 45, op. 51, op. 53, op. 64) finde ich bei Aufführungen stets den mich begeisternden Sinn eines unbedingt geplanten Zusammenhangs.[6]

Ich bitte, diese vereinfachende, subjektive Sicht auf Schumanns Lied-Opera zu verzeihen; mir ist lediglich wichtig, meine Überzeugung klar werden zu lassen, dass wirklich jedes Schumannsche Lied-Opus (bis auf ein paar Zusammenstellungen übrig gebliebener Lieder wie op. 127 und op. 142 und mit der Ausnahme von op. 57 und op. 87, den beiden einzeln veröffentlichten Balladen *Belsatzar* und *Der Handschuh*) grundlegend von Ideen inhaltlicher und formaler Zusammengehörigkeit geprägt ist, von einer immer neuen, jeweils anderen Form und Dramaturgie. Das ist nicht eindrücklicher beschreibbar, nicht besser erklärbar als mit Richard Strauss' Wort zur Instrumentalmusik, dass nämlich «die poetische Idee auch zugleich das formbildende Element» verkörpere.[7] Die zyklisch-musikalische Form entwickelt sich also jeweils einzigartig gemäß der poetischen Idee, die den zugrundeliegenden Gedichten nicht im Sinne einer Kongruenz entspricht, jedoch ihrer Inspiration folgt.

In musikalischer wie sprachlicher Hinsicht ist Schumanns Liedkonzept daher bedeutungskritisch: Weder auf der Seite des Gedichts noch auf der der Musik nimmt es eine klare semantische Haltung ein, sondern allenfalls auf Seiten von deren Kombination oder – auf nochmals höherer Ebene – auf Seiten der Zusammenstellung von Liedern in Zyklen. Wie Friedrich Nietzsches oben zitierter, wegweisend sprachskeptischer Aufsatz von 1873 «Über Wahrheit und Lüge im außermoralischen Sinne» nimmt Schumanns programmatische Vokal-Kammermusik konzeptionelle Kunstentwürfe, also entscheidende Strömungen des 20. Jahrhunderts, vorweg. Ich wünschte, Nietzsche spräche auch im folgenden Zitat mit dem ‹Intuitiven› von Schumann, während er in Wirklichkeit eigentlich nur schlecht von ihm geschrieben hat:[8]

> Es giebt Zeitalter, in denen der vernünftige Mensch und der intuitive Mensch neben einander stehen, der eine in Angst vor der Intuition, der andere mit Hohn über die Abstraction; der letztere eben so unvernünftig, als der erstere unkünstlerisch ist. [...] Während der von Begriffen und Abstractionen geleitete Mensch durch diese das Unglück nur abwehrt, ohne selbst aus den Abstraktionen sich Glück zu erzwingen, während er nach möglichster Freiheit von Schmerzen trachtet, erntet der intuitive Mensch, inmitten einer Kultur stehend, bereits von seinen Intuitionen, ausser der Abwehr des Uebels eine fortwährend einströmende Erhellung, Aufheiterung, Erlösung. Freilich leidet er heftiger, *wenn* er leidet; ja er leidet auch öfter, weil er aus der Erfahrung nicht zu lernen versteht und immer wieder in dieselbe Grube fällt, in die er einmal gefallen.[9]

Das programmatische und zyklische Prinzip kann bei Schumann im Sinne einer Erzählung (*Kerner-Lieder* op. 35) oder gar eines Dramas (*Dichterliebe* op. 48) wirken, es kann geometrisch-symmetrische Formen (*Lieder und Gesänge III* op. 77) oder florale Muster bilden, kann weltanschauliche Überzeugungen nachzeichnen (*Lieder und Gesänge IV* op. 96, *Romanzen und Balladen III* op. 53) und so durchaus zum Abstrakten (natürlich nicht im Sinne von Nietzsches «Abstractionen») tendieren (z. B. *Liebesfrühling* op. 37, *Drei Gesänge* op. 83). Dieses zyklische Schaffen kann aber auch – und besonders häufig – Ausdruck von Schumanns bekanntermaßen zur Schwermut neigendem Lebensgefühl sein, wenn er, wie in den besonders bedeutenden *Kerner-*, *Andersen-* und *Lenau-Liedern* (op. 35, 40 und 90), unschuldige Gedichte so zusammenfügt, dass sie die Schlechtigkeit der Welt erweisen.

Im September 1999 durfte ich zum ersten Mal in der Londoner Wigmore Hall auftreten, die dank William Lyne und John Gilhooly (ihren beiden höchst verdienten Intendanten) Gerold Huber und mir zum wichtigsten Ort unserer gemeinsamen Tätigkeit geworden ist. Damals sprang ich für Gerald Finley ein, um an der Seite der grandiosen, ja legendären Edith Mathis in einer Aufführung von Schumanns *Myrthen* mitzusingen. Sie war zu Recht beunruhigt, weil ich diese Lieder noch nie gesungen hatte. Es ging aber trotzdem alles gut; und der Zyklus, den ich offen gesagt vorher noch gar nicht gekannt hatte, wurde mir auf der Stelle besonders wichtig. Er steht drei eher ein wenig abseitigen Liedzyklen Schumanns relativ nahe, weil in all diesen Werken zwei Sänger, Mann und Frau, abwechselnd singen. Gemeint sind die *Wilhelm-Meister-Lieder* (op. 98a), der *Liebesfrühling* (op. 37) und das *Liederalbum für die Jugend* (op. 79) – die beiden letzteren unterscheiden sich von den *Myrthen* und den *Wilhelm-Meister-Liedern* jedoch dadurch, dass in ihnen neben konventionellen Sololiedern auch Duette vorkommen.

Das *Liederalbum für die Jugend* hielt ich lange für eine lediglich pädagogisch motivierte Zusammenstellung von Liedern, welche die Jugend eben an die Wort-Ton-Künste heranführen soll. Mich hätte das in meiner Jugend von meinem Starker-Wanja-Ofen[10] nicht heruntergelockt, da war mir die programmatische Klaviermusik Schumanns viel lieber (nur als Zuhörer). Und doch, auch hier zeigte sich mir später – anhand der sinnlichen Aufführungserfahrung – durchaus Schumanns systematischer und programmatischer Wille: Abgesehen von der Einstreuung lieduntypischer Duette und sogar Ad-libitum-Terzette enthält der Zyklus eine Art Ästhetik in nuce – zunächst in der Überzeugung, dass das Kunstlied nicht nur wegen der neuen Möglichkeiten zeitgenössischer Lyrik entstand,[11] sondern als Vertiefung und Verfeinerung, ja letztlich als Fortentwicklung und immanentes Ziel des Kinder- und Volksliedes zu begreifen ist. Hierin liegt eine große, ja diametrale Differenz zu Brahms, der seine Kunstlied-Erfahrungen nostalgisch dazu nützt, seine «Volkslieder» wie Putten zu vergolden.

Der Ablauf der 29 Lieder des *Liederalbums für die Jugend* verrät nicht ein stetes Crescendo, seine Teile werden vielmehr erst nach und nach, mit Vor- und Rückschritten zu dem, womit der Zyklus schließt: zu großformatigen, zu einem symphonischen Klangbild neigenden Kunstliedern wie den Nummern 28 *Lied Lynkeus' des Türmers* und 29 *Mignon*. Dieses letzte wurde auch als erstes Lied der gleich im Anschluss komponierten *Lieder, Gesänge und Requiem aus Goethes Wilhelm Meister* (op. 98a/b) veröffentlicht.

Im *Mignon*-Lied wird aber noch ein anderer Aspekt der programmatischen Konzeption des *Liederalbums für die Jugend* erkennbar. Die in dem Zyklus allgegenwärtige, «jugendhafte» Erscheinung des Frühlings erfährt in diesem letzten Lied mit «Italien» eine Bedeutungsüberhöhung zur Idee des Frühlings und der Jugend an sich. Im *Liederalbum für die Jugend* werden also mit Hilfe der Assoziation an das Volkslied zwei Aussagen zum Sinn des Kunstlieds zusammengeführt: eine grundsätzliche zum möglichen Rahmen seiner Entwicklung und eine beispielhafte zur Deutung eines Phänomens mit den Möglichkeiten der interpretierenden Vertonung eines Gedichts.

Die großen Liedzyklen Schumanns versammeln Texte jeweils nur eines Dichters: *Zwölf Gedichte* (op. 35) Texte von Justinus Kerner, *Liederkreis* (op. 39) solche von Joseph von Eichendorff, *Dichterliebe* (op. 48) Gedichte von Heinrich Heine. Ganz anders verhält es sich mit Schumanns Hochzeitsgeschenk an seine Frau Clara: Der 26-teilige Zyklus *Myrthen* (op. 25) vereint Gedichte acht verschiedener Autoren. Er wird deshalb – und auch, weil zwei Sänger abwechselnd auftreten – häufig lediglich als blumenstraußartige Kompilation betrachtet. Aber schon die Tatsache, dass jedes seiner vier Hefte mit zwei Liedern zu Texten eines Dichters schließt, die jeweils an ein treu nebeneinanderstehendes Liebespaar erinnern, zeigt einen architektonisch ordnenden Geist. Es scheint also, als habe Schumann auch hier (erstmals übrigens) ein einzigartiges, in anderen Lied-Opera nicht wiederholtes und nicht wiederholbares Formprinzip entwickelt, geprägt von einem Zweck und sich äußernd im Gehalt der Gedichte sowie in ihrer Anordnung und Relation zueinander.

Schumann wählte als Titel explizit *Myrthen* mit «h». Die Pflanze dieses Namens schreibt sich zwar eigentlich ohne «h», aber auch bei Goethe und Jean Paul beispielsweise gibt es Nachweise für diese Orthographie. Myrtenzweige werden seit dem Altertum bei festlichen Anlässen ausgestreut, und aus ihnen werden Brautkränze geflochten. Dieser Zyklus ist also ein metaphorischer Brautschmuck, unverkennbar aber auch eine Sammlung von Gedanken, Anklängen und Wünschen, die Robert Schumann mit seiner schwer erkämpften Ehe verband. Speziell in der Nachzeichnung des Wortes «Ehe» wendet Schumann in den *Myrthen* exzessiv ein bei ihm häufiges Verfahren an, die Verwertung musiktauglicher Buchstaben in Melodie und Harmonie. So beginnt beispielsweise die melodieführende rechte Hand des Klaviers das Lied Nr. 3 *Der Nussbaum* mit dem Quintsprung *e-h,* den die einsetzende Singstimme gleich komplettierend weiterführt – mit *h-e.* Das darauffolgende Lied Nr. 4 *Jemand* beginnt in e-Moll, das bitter die ursprünglich verweigerte Zustimmung von Claras Vater Friedrich Wieck symbolisiert (die Einleitung endet mit *e*, darauf folgt ein wiederholender Quintfall der Stimme von *h* zu *e*), um in E-Dur (Quartsprung von *h* zu *e*) zu enden. Lied Nr. 16 *Räthsel* wiederum kreist um den Buchstaben «h» und den Ton *h*. Die Schreibweise des Titels und der für den Zyklus titelgebenden Pflanze mit «h» kann also durchaus Programm sein.

Myrthen (op. 25)

Heft I

1. *Widmung* (Fr. Rückert)
2. *Freisinn* (J. W. v. Goethe)
3. *Der Nussbaum* (J. Mosen)
4. *Jemand* (R. Burns)
   Lieder aus dem Schenkenbuch im Divan (J. W. v. Goethe)
5. Sitz' ich allein
6. Setze mir nicht, du Grobian

Heft II

7. *Die Lotosblume* (H. Heine)
8. *Talismane* (J. W. v. Goethe)
9. *Lied der Suleika* (M. v. Willemer, J. W. v. Goethe)
10. *Die Hochländer-Witwe* (R. Burns)
    Lieder der Braut (Fr. Rückert)
11. Mutter, Mutter
12. Lass mich ihm am Busen hangen

Heft III

13. *Hochländers Abschied* (R. Burns)
14. *Hochländisches Wiegenlied* (R. Burns)
15. *Aus den hebräischen Gesängen* (G. Byron)

16. *Räthsel* (C. M. Fenshaw)
Zwei Venetianische Lieder (Th. Moore)
17. Leis' rudern hier
18. Wenn durch die Piazzetta

Heft IV
19. *Hauptmann's Weib* (R. Burns)
20. *Weit, weit!* (R. Burns)
21. *Was will die einsame Thräne* (H. Heine)
22. *Niemand* (R. Burns)
23. *Im Westen* (R. Burns)
24. *Du bist wie eine Blume* (H. Heine)
25. *Aus den östlichen Rosen* (Fr. Rückert)
26. *Zum Schluss* (Fr. Rückert)

Schumann hat die zunächst wie in einem Liebeskaleidoskop bunt sich spiegelnden, eher zufällig entstandenen Lieder später in vier Abteilungen angeordnet, die in vier Heften herausgegeben wurden. Auch dieses Arrangement wirkt, als ginge es über die rein editorische Praktikabilität und Marktattraktivität hinaus und entspräche einer inhaltlichen Ordnung. Da wäre zunächst die ‹Exposition› bis einschließlich Lied Nr. 6 – Person und Geschlecht der beiden Liebenden sind hier entscheidend: Marien-ähnliche Verehrung kommt in *Widmung* zum Ausdruck, metaphorisch übertragene männliche Heroik und Wanderschaft in *Freisinn*, schwelgerische Sehnsucht, aber auch erotische Identifikation im *Nussbaum*; in *Jemand* wird schon die erzwungene Hochzeitserlaubnis angedeutet oder zumindest eine Wendung zum Guten, in den beiden *Schenkenbuch-Liedern* findet sich die Charakterisierung des scheidenden Junggesellen, welchem vom Schwiegervater (nicht zu Unrecht vielleicht) vor Gericht übermäßiger Alkoholgenuss vorgeworfen worden war.

Das zweite Heft, Nr. 7–12, gilt dann der Vorstellung eines gemeinsamen Lebens: In der *Lotosblume* wird wiederum die Erotik zum Thema, mittlerweile gegenseitig, aber gekennzeichnet von der gegenwärtigen Noch-nicht-Erreichbarkeit, in *Talismane* der Ausblick auf Gottes Führung («gib Du meinem Weg die Richte») in Ehe («wenn ich handle») und gemeinsam ausgeübter Kunst («wenn ich dichte») – dies allerdings in einem grenzüberschreitend-pantheistischen Sinn («Gottes ist der Orient, / Gottes ist der Okzident»); in *Suleika* ist es die vom zukünftigen Gatten erwartete Unterwerfung der Frau unter seine Führung – eine gewisse Identifikation mit dem auf ungleichen Ebenen dichtenden «Paar» Willemer und Goethe ist wohl nicht von der Hand zu weisen; und schließlich in den darauffolgenden drei Liedern die damit verbundenen Implikationen für die Ehefrau: die Gefahr des Verlustes in der *Hochländer-Witwe* sowie die Ablösung von der eigenen Jugend und von der Mutter (respektive vom Vater: «Laß mich») in den beiden *Liedern der Braut*.

Das dritte Heft (Nr. 13–18) wäre dann eine Art ‹Durchführung›, im Blick auf das gemeinsame Leben und die Rückkehr beider Brautleute zu persönlichen Zielen im Sinne einer Rückbesinnung auf das eigene Subjekt: In *Hochländers Abschied* geht es um den Einzug oder, besser, Wiedereinzug von Alltäglichkeit, in *Hochländisches Wiegenlied* um Fortpflanzung und Weiterführung einer familiären Tradition. Dann folgt *Aus den hebräischen Gesängen*, ein Werk, dem meines Erachtens nicht nur für diesen Zyklus, sondern für Schumanns gesamtes Liedschaffen und für das deutschsprachige Kunstlied überhaupt eine zentrale Bedeutung zukommt. Es ist wie eine unheimlich vorhersagende Beschwörung orphischer Schatten. Nur gut zwei Wochen nachdem Schumann mit dem Komponieren vokaler Kammermusik begonnen hatte, gelang ihm dieses unbegreifliche Bekenntnis zur Unentrinnbarkeit schöpferischer Melancholie, dessen Bann und Tiefe ich mich nur schwer entziehen kann. Ich würde es aber noch viel öfter singen, wenn ich nicht höchsten Respekt vor dem frei angesetzten *fis* («Auf, von der Wand die Laute») haben müsste, bei dem es nicht genügt, volltönend zu sein, sondern das auch diesen melancholischen Impetus vermitteln muss, der sich durch das Lied wie durch Schumanns Schaffen zieht (Notenbeispiel 5). Eigentlich zeigt sich in diesem Lied eine idealtypische Balance von stimmlicher Elastizität und Deklamation – das darstellerisch-klangliche Ziel, welches sich mir hier werkimmanent vermittelt, ist, nie zu leise und intim, nie aber auch nur attackierend zu singen und dabei immer ein

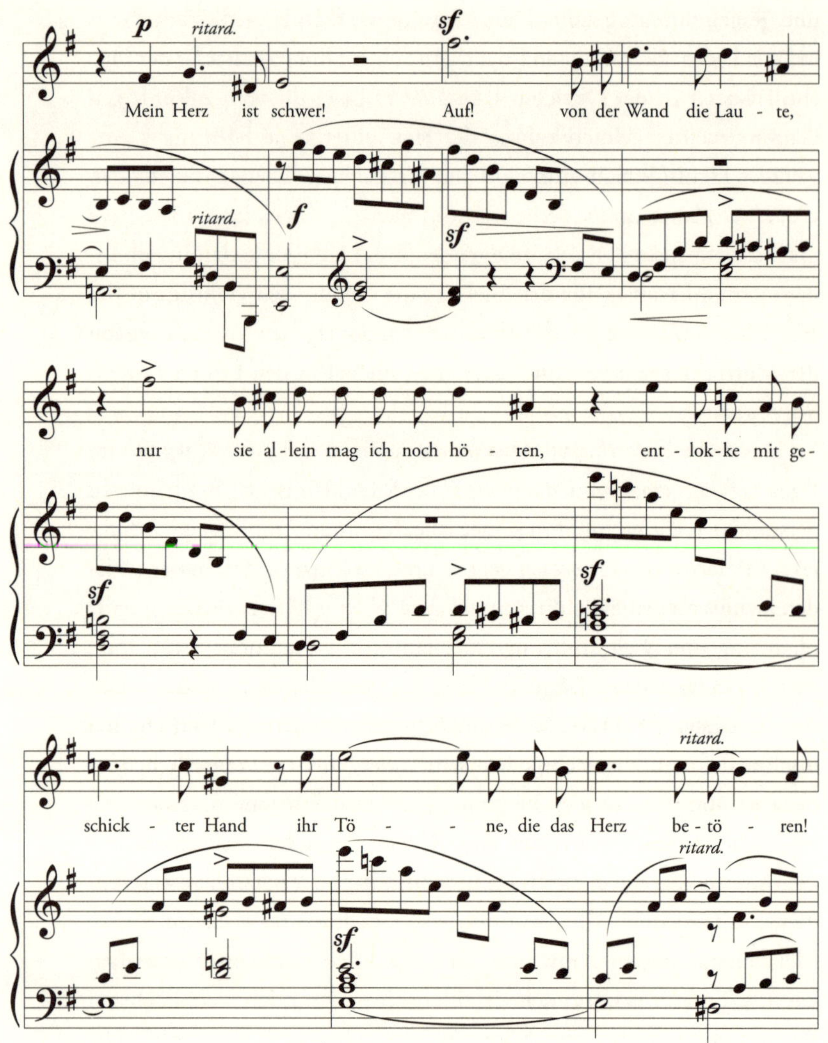

5 Robert Schumann: *Aus den hebräischen Gesängen,* Takte 7–16

Maß in Dringlichkeit und Argumentation zu wahren. Allerdings vermochte, wie Eric Sams betont,[12] Julius Körners Übersetzung von Byrons Gedicht, die aus dem familieneigenen Verlagshaus der «Gebrüder Schumann» stammte, nicht viel von der zwingenden Dichtung des Originals über die Heilung Sauls durch das Harfenspiel Davids zu erhalten. Es ist ein Lied, das die Dominanz der Idee des Liedkomponisten über den Willen des Dichters (hier des Übersetzers) gut illustriert. Dieses Heft des vorgestellten gemeinsamen Lebens endet dann mit drei mehr oder weniger komischen, immerhin heiter-zärtlichen Nachklängen (*Räthsel* und *Zwei Venetianische Lieder*).

Das vierte Heft (Nr. 19–26) vereint schließlich die vielen in der Lebensmitte weit ausgreifenden und hier noch fortgeführten Interessen, Verpflichtungen und Beschwerlichkeiten des Paares mit der alles grundierenden gegenseitigen Zuneigung: So gehen gemeinsamer Kampf und Selbstbestimmung (*Hauptmanns Weib* und *Niemand*), Entfernung und Entsagen (*Weit, weit!* und *Im Westen*) sowie Erinnern und Vergessen (*Was will die einsame Träne*) dahin, und die Sehnsucht nach immerwährender Liebe (*Du bist wie ein Blume*), deren Versicherung (*Aus den östlichen Rosen*) und transzendentale Gewährung (*Zum Schluss*) treten, den Zyklus abschließend, in den Vordergrund.

Die *Myrthen*, vielleicht eines der schönsten Geschenke, die je einem liebend geliebten Menschen gemacht wurden, sind nicht nur Bilderbogen, sondern in Maßen auch vorweggenommene Schilderung des ersehnten und erwarteten gemeinsamen Weges, ein umfassender Ausblick auf die erhofft ewige Verbindung zweier Liebender und also auch ein beglückendes Versprechen. Aber – auch das bekannte Ende der gemeinsamen Zeit des Ehepaars Schumann lässt sich nicht ganz ausblenden. Ein Hauch der *Geistervariationen*, des Werkes, mit welchem sich Robert aus dem gemeinsamen Leben verabschiedete (Clara sah ihn nach seinem Eintritt in die psychiatrische Anstalt in Endenich am 4. März 1854 nur noch zwei Tage vor seinem Tod, am 27. Juli 1856, wieder), liegt in meiner Auffassung schon über den *Myrthen* – nicht nur in den *Hebräischen Gesängen* oder im *Schluss*-Lied, sondern auch in den sich so prospektiv empathisch und wahr erweisenden Liedern des Verlustes, welchen Clara Schumann, junge Mutter von sieben gemeinsamen Kindern, nach nicht einmal sechzehn Jahren Ehe erleiden musste.

Die Mehrstimmigkeit in Schumanns vokaler Kammermusik kann nun aber nicht mehr ausgeblendet werden, wenn sie auch ungewöhnlich ist und übrigens nicht den erhofften breiten Anklang fand. Die Rede ist hier aber nicht von Lied-Opera mit mehreren Sängern wie den *Myrthen*, die nur Lieder und keine Duette enthalten. Ungewöhnlich ist jene Mehrstimmigkeit deswegen, weil das Lied in seiner klassischen Form (mit je einem Sänger und Pianisten) ganz dem Persönlichen verpflichtet ist: Es verbindet eine grundlegend individuelle Stimmfarbe, das Timbre des Sängers, in kontrastierender Kombination mit der ‹objektiven› Farbe des Klaviers, eines der ganz wenigen Instrumente mit nur einem Register. Diese Gegenüberstellung ist der Garant dafür, dass die grundlegende Illusion des Liedvortrags aufrechterhalten wird, die Illusion nämlich, dass hier wirklich eine selbst betroffene Person, der sich in den meisten Liedern im ‹lyrischen Ich› äußernde Liedsänger, ganz persönlich zu einem spricht, während der Klavierton als Prinzip wohl mehr das Überpersönliche verkörpert. Vielleicht macht dies deutlich, wie und weshalb mit Beginn des 19. Jahrhunderts das Ideal der Zweiten Berliner Liederschule zerbrach, das Ideal eines in jeglicher Hinsicht einfachen Liedes – eines gleichsam sich selbst begleitenden, ja selbst singenden, vor allem aber sich selbst erklärenden Liedes. Diese Einheit ging nicht erst seit Schubert dahin, mit ihm und durch ihn jedoch unübersehbar – und darin liegt dann auch ein Beginn des ‹Romantischen›.

Der Tenor Ian Bostridge spricht in seinem Buch zu Schuberts *Winterreise* (im Kapitel über das Lied *Wasserflut*) von dem Phänomen, dass «gute» (Lied-)Sänger beim Publikum eben diesen Eindruck erwecken können sollen, persönlich angesprochen zu sein.[13] Ich würde sogar behaupten, dass eine persönlich anmutende Ansprache jedes Zuhörers als Teil der Abmachung im Raum geradezu in der Natur des Liedgesangs liegt. Das Mittel dazu ist vor allen Dingen eben jener persönliche, unverwechselbare Klang der Stimme des Liedsängers. Je weniger dieser Klang zum Allgemeinen, Pauschalen neigt und je mehr koloristische Fähigkeit sich hier im Sinne einer Verlebendigung der darzustellenden Gedanken entwickelt, umso mehr können diese Art Verständnis und Verständigung aufrechterhalten werden – denn natürlich handelt es sich um eine Illusion, das ist jedem klar. Sogar wenn ein Zuhörer meint, der Darsteller habe die vorgetragenen Lieder «gelebt», ist doch völlig klar, dass auch dies nur Teil der Darstellung ist. Je konkreter allerdings diese Darstellung wird, je naturalistischer das imaginierende Ansinnen des Liedsängers ist, desto mehr entfernt sich die Aufführungshaltung von der eher dem Abstrakten sich verschreibenden lyrischen Konzeption des Liedes hin zum konkreteren Spiel des Musikdramas. Die inhaltliche Neigung zum Abstrakten, die ich allgemein für das Lied einfordern würde, hat jedoch nichts damit zu tun, dass für dessen Darstellung die Illusion der Individualität im Medium des Sängers erforderlich ist.

Bei Schumann aber treffen wir auf eine eigenartige Gruppe teils mehrstimmiger Werke. Dass auch bei ihnen ein zyklischer Grundgedanke vorherrscht, verwundert angesichts von Schumanns Liedwerk und Literaturverständnis nicht, es ist jedoch ein in besonderer Weise erzählender Grundgedanke. Tatsächlich geht es durchgängig um eine Art von Geschichten, um mehr oder weniger konkret nachvollziehbare Handlungen, um kleine Liebeskonstellationen.

Vielleicht am ausgewogensten und am unmittelbarsten verständlich ist dies in den beiden spanisch inspirierten Zusammenstellungen aus Emanuel Geibels Übersetzungen, und besonders im jüngeren dieser Werke, den am Klavier vierhändig begleiteten *Spanischen Liebesliedern* (op. 138). Wir haben hier zwei idealtypische Paare, wie sie auch in der Oper häufig vorkommen. Auf der einen Seite stehen Sopran und Tenor, wobei die zu erwartende Untreue des Tenors und das zugehörige Liebesleid des Soprans einen der häufigsten Liedtopoi repräsentieren, anzutreffen besonders im deutschsprachigen Volkslied und in dessen Kunstlied-Adaptionen, dem ‹Ständchen›: die Verführung des begehrten Mädchens, das dann mit der Liebes-Leibesfrucht sitzen gelassen wird. Letzteres gilt hier allerdings nur vorläufig, denn in allen nun vorgestellten Werken geht es – und das ist bei Schumann schon bemerkenswert – gut aus. Der Zyklus hebt mit der Klage der Verführten an, danach kommt das Duett der beiden unglücklichen Frauen, die sterben wollen: die Sopranrolle aus Enttäuschung, die Rolle der Altistin dagegen nur, weil sie von ihrem Geliebten, dem Bariton, schicksalhaft getrennt ist.

Das zeigt sich in ihren beiden Sololiedern (Nr. 5 und 8), wo der andere wichtige Topos des Liedes auftaucht: die Verständigung der voneinander getrennt einander harrenden Liebenden mittels der belebten und unbelebten Natur, die ‹Liebesbotschaft›.[14] Der «flutenreiche Ebro» (Spaniens zweitlängster Fluss, daneben auch Morgentau, Pappeln, Pfade, Vögel) soll die Geliebte des Baritons an seiner Statt versichern, dass er sie noch immer liebt, während die Altistin den traurigen Abschied nicht zu überwinden vermag – sie spricht vom Wasser des Brunnens, das im Kraut versickert und also keine Botschaft mehr überbringen kann. Am Schluss aber lösen sich alle Schwermut und Traurigkeit auf, und der Zyklus endet mit einer Wendung zum Idyll.

Während wir hier relativ konkret verteilte und stringent durchgehaltene Rollenbilder vorfinden, sind im *Spanischen Liederspiel* (op. 74) die liebenden Hauptcharaktere auf Sopran und Tenor beschränkt, zu identifizieren in deren beiden Sololiedern 6 und 7. Dort hören wir auch (wie in den *Spanischen Liebesliedern*) von der Todessehnsucht angesichts unerfüllter Liebe, welche beide, Sopran und Tenor, in Nr. 4 zu gleicher Zeit zwar sich selbst, nicht aber einander eingestehen. Erst das späte Liebesgeständnis des Tenors in Nr. 7 ist dann Auftakt zur glücklichen Fügung. Alt und Bass haben in diesem Zyklus nur eine unpersönliche Rolle zu spielen; sie sind lediglich Augmentationen der Empfindungen der eigentlichen Akteure, vermehren in den Unterstimmen das Hauptanliegen der Protagonisten (Nr. 1–3, 8) und vervollständigen so den Gesang in Quartetten zu einem chorischen Ganzen – ähnlich den Kommentaren des Chors im Sinne des griechischen Theaters und wie auch in Nr. 10 der *Spanischen Liebeslieder.*

Etwas abstrakter geht es in den beiden auf Friedrich Rückerts Gedichtsammlung *Liebesfrühling* beruhenden Zyklen zu. So sprechen im *Minnespiel* (op. 101), das dieselbe Besetzung für Sopran, Alt, Tenor und Bass aufweist, zwar im siebten Lied Tenor und Sopran konkreter zueinander als in ihrem Duett Nr. 4 des *Spanischen Liederspiels.* Auch tauchen in den Nummern 1 und 7 die beiden eben genannten, zentralen Themen der Liebeswerbung und -botschaft auf. Aber die verschiedenen Aspekte der Liebe stehen hier und überhaupt im ganzen Zyklus etwas weniger im Sinne eines Ablaufs hinter- als in einem assoziativen Verhältnis nebeneinander. Sie machen also mehr den Eindruck einer symbolischen Themenkombination (Rose, Baum, Gärtner, Kranz, Glas, Schirm, Schmuck, Schild, Ostwind) und einer transzendentalen Reflexion, was im zentralen, geradezu überpersönlichen Lied Nr. 4 *Mein schöner Stern* besonders deutlich wird. Auch kann man hier nicht ohne Weiteres sagen, dass ein (im Sinne der «spanischen» Quartette) abschließender, für alle vier ‹Protagonisten› sinngebender gemeinsamer Gedanke gefasst würde – der Liebesschwur zweier Personen wird zum Schluss nämlich von allen vier Sängern gesungen. Und dennoch muss man auch beim *Minnespiel* den konkreten Gedanken an eine Liebesgeschichte nicht eben beiseiteschieben, hat dieses vierstimmige Gelöbnis doch einen kausalen Bezug zu etwas Vorhergegangenem.

Ein ganz außergewöhnliches Werk, obwohl es ähnlich zur Abstraktion neigt wie das *Minnespiel*, sind schließlich die *Zwölf Gedichte aus Rückerts Liebesfrühling* (op. 37), nochmals ein Werk für nur zwei Sänger und Klavier. Hier haben sich Robert und Clara Schumann nämlich nicht nur als Liebende oder Musiker, sondern auch als Komponisten ergänzt: Sie schrieb die Nummern 2, 4 und 11 und er die restlichen neun. Dass sie die Texte aus Rückerts Gedichtsammlung *Liebesfrühling* aus dem Jahr 1821 auswählten, dem Jahr seines größten Liebesglücks und seiner Eheschließung, passt wohl ideal zur Zusammenarbeit des erst jung vermählten Ehepaares Schumann.

Vergleichbar den *Myrthen* beginnt der *Liebesfrühling* mit dem Anfang der gemeinsamen Liebesgeschichte aus seiner Sicht – und aus ihrer (Nr. 1 und 2). Es fällt aber auf, dass schon am Ende ihres, des zweiten Liedes die Trennung thematisiert wird, wohl im Sinne des Duetts Nr. 7, dass nämlich das Frühlingsfest, die anfängliche Verliebtheit, nur drei Tage währt. Daraus entsteht dann so etwas wie die reigenartige Reflexion beider auf die Möglichkeit, sich wirklich und beständig zu lieben, und auf die Bedingungen dafür, beispielsweise in dem bekannten Gedicht *Liebst du um Schönheit* (Nr. 4), in dem als einzige Ursache der Liebe – die Liebe benannt wird. Die Liebe wird metaphorisch im Frühling gespiegelt (Nr. 5); es wird besungen, welche äußeren (Nr. 6) und inneren (Nr. 7) Widerstände sie überwindet. In Nr. 8 wird im Traum spektakulär das Motiv der Liebesbotschaft überwunden, indem Flügel für den Entfernten die Botschaften unnötig machen. In Nr. 9 wird der Sinn der Liebesbotschaft gar an sich bezweifelt, da sich Liebe nicht in Nachrichten ausdrückt, sondern idealerweise physisch, unmittelbar – ja, sie ist das In-eins-Fallen aller weltlich-endlichen Einzelheiten (Nr. 10). Und so können die beiden Liebenden nach Überwindung der Trennung, die auch die Abgrenzung gegenüber Dritten nötig machen kann (Nr. 11), im letzten Duett (Nr. 12) endlich die unbedingte Gegenseitigkeit ihrer Liebe besingen, welcher nur vergleichbar unteilbare, unmittelbar wirksame Größen gleichkommen wie Sonne, Wolke, Flamme und eben der Frühling.

Mag in den zwei Rückert-Zyklen die Sprache auch künstlicher, abstrakter sein als in den beiden «spanischen» Werken, so ist ihr Inhalt dennoch recht konkret. Und so ist das Gemeinschaftswerk des *Liebesfrühlings* nicht nur ideell, sondern physisch ein Werk zwischen zwei Personen geworden, auch wenn es eher eine Abfolge von Gedanken als von Handlungen schildert.

Es geht also bei diesen überwiegend mehrstimmigen Ensemblewerken trotz unterschiedlicher Gewichtung des erzählenden Charakters grundsätzlich weniger um den klanglich vermittelten spirituellen Aspekt, der für das Schumannsche Solo-Kunstlied typisch ist. Vielmehr sehe ich Werke mit zwar stark liedhaften Zügen, aber auch mit Erlebnischarakter; Werke, die sich nicht mehr so sehr auf die Innenschau (ob diese nun Gedanken, Situationen oder der Rollen-eigenen Person gilt) konzentrieren, sondern sich vorwiegend in zwischenmenschlichen Handlungsabläufen und Situationen erklären. Dies macht wegen der vielen möglichen Kombinationen der beteiligten Stimmfächer überdies die koloristische Differenzierung des gesungenen Textes weniger wichtig.

Auch die vorhin angesprochene illusionistische Wirkung des Liedsänger-Timbres verliert sich sofort, sobald mehr als eine Stimme in einem Lied (und auch innerhalb eines zyklischen Werkes) singt. Die Imagination einer persönlichen Äußerung, die auf dem individuellen Klang der Stimme des Darstellers beruht, geht unwiederbringlich verloren. Der einzigartig intime Charakter des Liedes ist dahin, und auch eingestreute Sololieder können das nicht mehr wirklich wettmachen, sie nehmen vielmehr ein bisschen den Charakter einer Arie an, am wenigsten vielleicht das Lied *Mein schöner Stern* (op. 74/4).

Und so sind diese Zyklen, speziell die beiden «spanischen» Genrestücke, in meinen Augen eher Schumanns großdimensionierten Vokalwerken nahe und verwandt; sie sind, da sie keinen Chor aufweisen, vielleicht Übergangsstücke zwischen den «reinen» Liederzyklen und den Oratorien *(Das Paradies und die Peri*, *Requiem für Mignon*, *Der Rose Pilgerfahrt)*, der Oper *Genoveva* und sogar den *Szenen aus Goethes Faust*. Wie in diesen Werken ahnt man auch in den Ensemble-Liederzyklen ein Weltbild, das eher zum Friedvollen, zum Sinnstiftenden neigt oder doch wenigstens dazu, das Menschenschicksal in seiner gottgegebenen Richtigkeit und Geordnetheit aufzufassen – und weniger dazu, an seiner Unerklärlichkeit zu zerbrechen. Letzteres ist meines Erachtens eher die eingangs skizzierte Welt von Schumanns reinen Liedern. Und diese halte ich daher auch stärker für einen Ausdruck seines persönlichen Empfindens, Abbild seiner Biographie, die im Laufe seines rund dreizehnjährigen Liedschaffens zunehmend von Verzweiflung überschattet wurde.

Tatsächlich erscheinen mir die genannten Vokalwerke größeren Ausmaßes, in welchen auch Menschen miteinander umgehen und nicht nur Gedanken, als Verkörperung des Wunschbildes, welches Schumann von der Welt und von einem geordneten Leben darin hatte. Die auf mich gelegentlich ein wenig kitschig wirkende Klangaura dieser Werke – exemplarisch dafür möchte ich den Eröffnungssatz von *Der Rose Pilgerfahrt* nennen, des Oratoriums, das zugunsten einer Klavierbegleitung auf das Orchester auch verzichten kann und sich so, singspielartig, noch mehr den hier beschriebenen Liedzyklen annähert – diese Klangaura ist meines Erachtens keineswegs Abbild von Schumanns Lebenswirklichkeit. Sie ist ein vielleicht nur in und durch Musik möglicher Ausdruck seiner verzweifelten Sehnsucht nach einer heileren Welt.

Schumanns abstrakte Oper

Berlin, 24. Februar 2010

Am farb'gen Abglanz haben wir das Leben

Robert Schumann, *Szenen aus Goethes Faust*, Nr. 4

Ein enger Freund, ein richtiger Gelehrter in Musik, Literatur und Philosophie, sagte mir Ende 2009, dass er sich vor kurzem James Camerons ungeheuer erfolgreichen Hollywood-Blockbuster *Avatar* angesehen habe. Vielleicht hatte eine gewisse Überheblichkeit gegenüber filmischer Unterhaltung, zumal US-amerikanischer Herkunft, sein Urteil vorab geprägt, jedenfalls sagte er, der Film sei doch eine große, wenn auch erwartbare Enttäuschung gewesen.

Einige Monate später fuhr ich nach Berlin, um dort zur Feier von Schumanns 200. Geburtstag bei einer Aufführung seines größten Werkes mitzuwirken. Ich weiß zwar nicht, warum alle möglichen Veranstalter immer mitmachen, wenn es Geburts- und Todesjahre berühmter Menschen zu feiern gilt. Aber immerhin, Schumann selbst hat das ebenso getan, zu Goethes 100. Geburtstag – mit der Vertonung der letzten Szene aus *Faust II*, «Bergschluchten», welche er dann später um zwei weitere Teile und eine Ouvertüre zu den *Szenen aus Goethes Faust* erweiterte.

Am Vortag der Generalprobe ging ich ins Kino. Im selben Haus, in dem auch mein Hotel war, wurde *Avatar* gezeigt, noch dazu in 3D, das hatte ich noch nie gesehen. Meine Neugier war zu groß – der damals in mir noch lebendige, wie zum Pietismus neigende Bildungsbürger verstummte (mittlerweile habe ich mich dem eskapistischen Ansehen schlechter Filme schamlos ergeben). Und was für ein Erlebnis es dann war!

Eine gewisse Erwartbarkeit prägt den Film, seine Handlung und Ästhetik, in weiten Teilen, aber ob das allein ein negatives Werturteil rechtfertigen kann, weiß ich nicht. Wie viele Kunstwerke, auch solche, die wir sehr bedeutend nennen, sind äußerlich ähnlich konsistent, verständlich und auf Wirkung kalkuliert! Der Plot aber war nun ganz *Faust*,[1] oder wenigstens ganz oft: Ein junger, querschnittsgelähmter Mann, dessen Zwillingsbruder gerade verstorben ist, kommt auf dem

Mond Pandora an,[2] auf dem ein für die Menschheit unabdingbares Element mit dem schönen Namen Unobtanium (etwa «Unerhältlicum») abgebaut wird. Sein Bruder war Mitglied einer Gruppe von ein wenig irreal dem Philanthropismus ergebenen Naturwissenschaftlern, welche das Wesen Pandoras, aber auch seiner urtümlich-«primitiven» Bevölkerung namens Na'vi untersucht. Spezielle Apparaturen vermögen die Lebensgeister (sinnliche Wahrnehmung, Handlung und Wille, schlicht alle) ausgewählter Forscher auf oder in sogenannte Avatare zu übertragen. Der Name entstammt dem Sanskrit («Avatara» bedeutet Abstieg), wo er die Manifestation eines göttlichen Prinzips in Mensch oder Tier meint. Als Avatare fungieren lebensechte Körper der Na'vi, in welche mit eben jenen Maschinen die jeweilige ‹Entelechie› der Forscher projiziert wird,[3] damit diese ganz normal inmitten der Ziel-Zivilisation leben können. Die Geräte funktionieren jedoch nur mit einer auf ihre Verbindung mit einem individuellen Na'vi-Körper festgelegten menschlichen DNA-Identität. Es kommt also nur der gelähmte, intellektuell hoffnungslos unterqualifizierte (gut, nicht alles ist *Faust* an dem Film), aber eben DNA-identische Zwillingsbruder des Verstorbenen in Frage, um das wissenschaftliche Projekt zu retten (Avatare sind wertvoll und äußerste Mangelware).

Die Motivationen der Beteiligten sind dabei sehr unterschiedlich: Während die Wissenschaftler ihre Experimente retten wollen, sind die Betreiber der Mondbasis (geleitet wird sie von einem wahren Teufel, einem Oberst, dem Mephisto unserer Handlung) am ungehinderten Unobtanium-Abbau interessiert. Deswegen wird der junge Held Jake Sully, ein ehemaliger Soldat, auch primär von dem auf Pandora tätigen Bergbauunternehmen angeworben, um für dieses Spionage in vorderster Reihe zu betreiben. Das Lockmittel für ihn ist die Finanzierung einer restitutiven Rückenmarkstherapie. Doch Jake Sully findet bald mehr Gefallen am Avatar-Sein selbst, welches alle menschliche Sinnlichkeit weit in den Schatten stellt, und er verliebt sich auch noch in eine Na'vi, ja, er möchte schließlich eigene Wege gehen. Natürlich verliert sich dabei ein wenig der faustische Gedanke. Von bedingungslosem Streben nach Erkenntnis und Erleben ist bald nur noch recht wenig die

Rede; auch der Wissenschaftlertruppe geht der Wissensdrang zunehmend ab, oft scheint ihre Sorge um die Drittmittel im Vordergrund zu stehen. Selbst der rigorose Erlebnis-Egoismus Fausts weicht bald dem Gut-Menschen- und schließlich dem Gut-Na'vitum Sullys. Dieser tritt schließlich über, er kappt nach einem etwas tumben, an John Wayne erinnernden Showdown seinen «Erdenrest» (*Faust*, V. 11954), wobei er ja ohnehin nicht aus der Doktorenstube kam oder gar je an Studienüberdruss litt. Wichtig ist aber, dass der Zuschauer selbst alle möglichen Erlebnisse hat, mit denen die eigene Erdgebundenheit scheinbar transzendiert wird. Für mich persönlich war das atemberaubend.

Am bewegendsten sind mir die «Bergschluchten» dieses Films in Erinnerung, wenn das Liebespaar zu einer Kolonie von Drachen emporsteigt, die auf kleinen, fliegenden Bergen leben, auf runden, mondartigen Brocken, welche nur, wenn überhaupt, durch herabfließendes Wasser und Lianen miteinander verbunden sind. Diese Berge erinnern mich an Goethes mystisch-enigmatische Regieanweisung für drei «Heilige Anachoreten [Einsiedler] gebirgauf verteilt, gelagert zwischen Klüften» in der letzten *Faust*-Szene, und speziell die Anweisung für den Pater Ecstaticus: «auf und ab schwebend», auch wenn diese eigentlich an die Levitation eines Erleuchteten erinnern soll. Das Bild dieser schwebenden Bergbrocken, die in Form und Vegetation offensichtlich vom Huang-Shan-Gebirge inspiriert sind, ist vielleicht als Idee schwer zu fassen, aber in seiner direkten Überwältigung auch kaum zu übertreffen. Es ist nur ein visuelles Ereignis, doch ich kann mich kaum an ein derart unmittelbar mich bannendes Bild erinnern – am ehesten vielleicht Leonardos *Jungfrau der Felsen*. Diese Überwältigung war ähnlich derjenigen, als ich zum ersten Mal Schumanns *Szenen aus Goethes Faust* hörte – in einer Live-Übertragung im Fernsehen, noch dazu mit einem Dirigenten, der aussah wie Schumann selbst …

Auf so etwas wie dem Gipfel jener Kleinstmonde erscheint dann aber noch eine Idee, die in ihrer Plastizität ein wenig wie die Erfüllung nicht nur des zweiten Teils von Goethes Drama wirken muss. Die Na'vi steigen auf den obersten Felsbrocken und zwingen dort weilende Drachen zum Flug, welche sie dann als Reiter beherrschen. Die Vereinigung der beiden autonomen Lebewesen vollzieht sich physisch durch ein Ineinandergreifen zweier loser Schweif-Enden, die wie offene Körperkabel wirken. Dadurch kann der Wille des Reiters unmittelbar auf den Drachen als räumliche Erweiterung der Na'vi-Lebenswelt übertragen werden. Es handelt sich hier um das Äußerste, was diese Primaten erreichen können und wollen. Die Vereinigung mit den feuerfarbigen Drachen ist jedoch gefährlich, sie kann tödlich enden, wenn die beiden erbgutoffenen Schweife nicht zueinander passen. Und so verkörpert sie die eine mögliche Transzendenz des schlichten Naturvolk-Daseins auf Pandora, eben weil sie mit dem größtmöglichen Risiko verbunden ist, dem Existenz- und Identitätsverlust.[4]

Schon der historische Johann bzw. Georg Faust soll in Venedig einen Flugversuch unternommen haben, oder zumindest berichtet Philipp Melanchthon davon. Viele Texte Goethes thematisieren die Faszination des Fliegens. In *Faust I* ist es noch eine schüchterne Phantasie: «Ach! könnt' ich doch auf Bergeshöhn / In deinem lieben Lichte gehen, / Um Bergeshöhle mit Geistern schweben, / Auf Wiesen in deinem Dämmer weben» (V. 392–395); «O daß kein Flügel mich vom Boden hebt, / [...] Ich säh' im ewigen Abendstrahl / Die stille Welt zu meinen Füßen, / Entzündet alle Höhn, beruhigt jedes Tal, / Den Silberbach in goldne Ströme fließen. / Nicht hemmte dann den göttergleichen Lauf / Der wilde Berg mit allen seinen Schluchten» (V. 1074–1081). Im Gedicht *Prooemion* ist es dann schon sinnlich konkreter: «Und deines Geistes höchster Feuerflug / Hat schon am Gleichnis, hat am Bild genug; / Es zieht dich an, es reißt dich heiter fort, / Und wo du wandelst, schmückt sich Weg und Ort; / Du zählst nicht mehr, berechnest keine Zeit, / Und jeder Schritt ist Unermeßlichkeit.» In *Faust II* konkretisiert es sich in einer veritablen Figur – in Euphorion, dem Sohn Fausts und Helenas, der an seiner Flugphantasie wie überhaupt an begeisterter Entgrenzung gleich Ikarus zugrunde geht: «Zu allen Lüften / Hinaufzudringen, / Ist mir Begierde, / [...] Ich will nicht länger / Am Boden stocken; / Laßt meine Hände, / Laßt meine Locken, / [...] Doch! – und ein Flügelpaar / Faltet sich los! / Dorthin! Ich muß! Ich muß! / Gönnt mir den Flug» (V. 9713–9900).

In *Avatar*, im dreidimensionalen Film, fehlen dann zum ganzen Spektrum des «Feuerflugs» zwar noch die Sensation der Lage und der Beschleunigung, auch das Fühlen feuchter Luft und die Berührung des Drachenrückens, aber immerhin – besser als ein Mummenschanz oder ein Oktoberfest gefiel mir das schon. Und so war für mich als Zuschauer jene eruptive Daseinserweiterung des Drachenflugs ein augenblickhafter Höhepunkt, den festzuhalten mir besonders wert erschien – eben so, wie der letzte Monolog Fausts es thematisiert. Seine Vision eines in gemeinsamer Tätigkeit und fortgesetztem, ungehindertem Ausgreifen des menschlichen Willens, in der er für immer Sinn und Bedeutung zu erlangen sucht, ist jedoch tatsächlich und grammatikalisch ein Irrealis:

Im Innern hier ein paradiesisch Land,
Da rase draußen Flut bis auf zum Rand,
Und wie sie nascht, gewaltsam einzuschießen,
Gemeindrang eilt, die Lücke zu verschließen.
Ja, diesem Sinne bin ich ganz ergeben,
Das ist der Weisheit letzter Schluß:
Nur der verdient sich Freiheit wie das Leben,
Der täglich sie erobern muß.
Und so verbringt, umrungen von Gefahr,
Hier Kindheit, Mann und Greis sein tüchtig Jahr.
Solch ein Gewimmel möcht' ich sehn,
Auf freiem Grund mit freiem Volke stehn.
Zum Augenblicke dürft' ich sagen:
Verweile doch, du bist so schön!
Es kann die Spur von meinen Erdentagen
Nicht in Äonen untergehn. –
Im Vorgefühl von solchem hohen Glück
Genieß' ich jetzt den höchsten Augenblick.

Fausts Tod, aus Goethes *Faust II*, V. 11569–11586

Die Möglichkeit ungebrochenen Strebens ist der eigentliche Gegenstand von Fausts Wette mit Mephisto (weniger ist diese eine Abmachung in dem Sinn, dass bis zu seinem Tod alles Erleben ermöglicht werden soll, er nach seinem Ableben aber mit dem Verlust der Seele an Satan den Preis dafür zahlen muss). Dieses Streben ist eines, das im Leben nicht enden kann, weil es dem Menschsein untrennbar eingeschrieben ist. Das macht Fausts Abschiedswort allen ganz deutlich, Mephisto ausgenommen: «den letzten schlechten leeren Augenblick / der Arme wünscht ihn festzuhalten» (V. 11 589f.). Es ist dieser visionäre Augenblick im Moment des Versterbens – kurz zuvor hat Faust ihn schon erahnt («Um ins Unendliche zu schaun», V. 11 345) –, den Schumann in seinen *Faust-Szenen* so weltbewegend vertonte, wie es Goethe doch einmal hätte kennenlernen sollen. Gerade das ungebrochene Streben ist jedenfalls der eine, hilflose, aber unverbesserliche Aspekt der begrenzten menschlichen Vorstellung von der paradiesischen Fülle ewiger Vollkommenheit. Der andere Aspekt dieses transzendentalen Menschenwillens ist, dass der Mensch den Begriff der Ewigkeit überhaupt hat und dass dieser nicht nur das eine meint – den Tod. Der «höchste» Augenblick besteht also auch aus dieser einen irdischen Möglichkeit, sich von der ersehnten Entgrenzung überhaupt einen Begriff zu machen – allerdings um den Preis fehlender Kontinuität, weil es für jeden Sterblichen eben nur diesen einen Moment des Todes gibt, in welchem die Erfahrung der Selbstaufgabe das irdische Streben ersetzen kann.

Die Künste, auch die Religionen haben immer vermocht, von der Hölle plastisch und bildhaft zu sprechen, hier sehr anschaulich und illustrativ zu werden. Denn es ist einfach und eindrücklich, irdische Begrenztheit, Qual und Schmerz beliebig anzuhäufen – Mephisto scheint am Werk zu sein, «der Geist der stets verneint» (V. 1338),[5] wenn sich die Vergrößerung des Leidens am Nicht-Können und Nicht-Verstehen zum Bild ewiger Gram rundet. Beim Gegenteil aber, bei der Schilderung ewiger Entgrenzung, da versagen alle Versuche. Am schönsten erklärt das vielleicht der Hauptmann dem Wozzeck – ohne sich mit irgendwelchen priesterlichen Euphemismen aufzuhalten, in den herrlichen Worten: «‹Ewig›, das ist ewig! (das sieht Er ein.) Nun ist es aber wieder nicht ewig, sondern ein Augenblick, ja, ein Augenblick!»[6]

Wenn Faust also unmittelbar vor seinem Tod sagt: «Im Vorgefühl von solchem hohen Glück / Genieß' ich jetzt den höchsten Augenblick», dann bedeutet das nicht, dass er im tiefsten Genuss sein Streben beendet – tatsächlich beendet er es nur im Tod. Vielmehr genießt er die irreal bleibende Idee menschlicher Ewigkeit, wie ja die Glorifizierung alles Irdischen, aus allem Irdischen heraus letztlich das Einzige bleibt, was dem Transzendenz suchenden Menschen möglich ist.

Schumann schließt diesen Teil (2. Abteilung, Nr. 6 «Fausts Tod») mit dem vielleicht schönsten und erhebendsten Trauermarsch überhaupt ab. Er gilt nicht unbedingt Faust selbst, sondern ist ganz allgemein Ausdruck der Trauer ob der Einsicht in die diesseitige Begrenztheit und Vergänglichkeit, so wie Musik vielleicht eigentlich nur der Trost für die von ihr selbst erzeugte Betroffenheit ist.

Die vorausgehende blasphemische Provokation Mephistos «Er fällt, es ist vollbracht» (V. 11 594), die das letzte Christus-Wort aus dem Johannes-Evangelium zitiert, wird bei Schumann nicht wie bei Goethe durch den Chor aufgebracht entkräftet («Es ist vorbei!», V. 11 595) – Schumann belässt es vielmehr bei diesem letzten Wort Jesu. Es ist ein ausdrückliches Zeichen dafür, wie sehr der Romantiker Schumann das unentwegte irdische Streben in der Faust-Figur glorifizieren, ja auf ein gottgleiches Podest erheben wollte, während der Klassiker Goethe Faust in seiner Maßlosigkeit ablehnte. Es ist mir aber auch ein Zeichen dessen, wie sehr Schumann, mehr noch als Goethe, ganz bewusst dem Irdischen das Wort redete – schließlich muss er sich mit dieser Textänderung doch wissend dem Vorwurf des Atheismus ausgesetzt haben. Denn eine Blasphemie einfach stehen zu lassen und den Schlechtmenschen Faust mit Jesus zu vergleichen, das kann kaum als christliche Haltung bezeichnet werden.

Es ist wohl leider nur ein Gerücht, dass Goethe vorschlug, sollte es je zu einer Aufführung seines inkommensurablen Dramas kommen, dann solle der Darsteller des Faust aus dem ersten Teil den Mephisto des zweiten spielen und umgekehrt. Immerhin nutzten es Gustaf Gründgens und Will Quadflieg, um ihren Rollentausch in beiden Teilen zu begründen.[7] Es geht jedenfalls darum, wie sehr alle Schuld, die Faust formal nicht anzulasten ist – weil es Mephisto ist, der Tod und Verdammnis herbeiführt, von Valentin, Gretchen und deren Mutter bis hin zu Philemon und Baucis –, wie sehr diese Schuld tatsächlich Fausts eigene ist. Die verhängnisvollen Folgen seiner Hybris sind also nicht nur ein Versehen. Und eine solche unauslöschliche Verstrickung ins Irdische hebt Schumann aufs Podest? Ich glaube: ja, denn die Verstrickung in Schuld gehört für ihn zum unauslöschlichen Prinzip männlichen Ausgreifens (der ‹Verselbstung› wie in Goethes Gedicht *Prometheus*), dem die weibliche ‹Entselbstigung› (wie im Gedicht *Ganymed*) als rettendes Prinzip entgegengesetzt wird. Das ist auch ungefähr die Aussage der abschließenden Worte in Goethes Drama («Das Ewig-Weibliche / Zieht uns hinan», V. 12 110f.). Und diesen Gegensatz macht Schumann zum formbildenden Zentrum seiner *Faust-Szenen*.[8]

Eingerahmt wird das Werk für Solostimmen, Chor und Orchester einerseits von «Fausts Verklärung»,[9] der letzten, jedoch zuerst komponierten Szene, die als Dritte Abteilung das Gesamtwerk beschließt und in der Fausts Wesenheit vom nicht-expansiven Wesen Gretchens (die als Una poenitentium wiederkehrt) gerettet wird, und andererseits von der zuletzt komponierten, aber an erster Stelle stehenden Ouvertüre. Diese repräsentiert nach meiner Überzeugung die mit dem Goetheschen *Faust* besonders gerne identifizierte Studierstube als Zentrum der Gelehrtentragödie. Hier beginnt in Goethes Drama mit der problematisierten erkenntnistheoretischen Beschränktheit des Menschen, aber auch mit der Auflehnung gegen das «tintenklecksende Säkulum» (Schiller) die Handlung: Bei Schumann hören wir ein graues d-Moll, das gegen die Vergeblichkeit des Willens, die Welt wissenschaftlich zu begreifen, ankämpft.[10] Nach vielen lieblichen Unterbrechungen – Phantasmen eines Daseins, welches den Menschen in Sinn und Sinnlichkeit beglückt – schlägt dieses d-Moll schließlich in ein nicht weniger graues, aber gleißendes D-Dur um. Mit ihm beginnt im Sinne des Handschlags von Mephisto und Faust das neue Leben, bei dem aber nun mit einem Mal auch der «Übermensch» vor einem steht, als welchen der Erdgeist Faust anfänglich noch ironisch ansprach (V. 490). Es muss nun nicht mehr über die Conditio humana lamentiert werden – endlich kann das Leben in actu begriffen und angefasst werden.

Innerhalb des Rahmens von Ouvertüre und Dritter Abteilung entwickeln sich nun die beiden aufeinander bezogenen Hauptteile parallel zueinander – wobei sie durch das Momentane der in Musik begriffenen Handlung zum Hintereinander gezwungen sind (das könnte man in einer oratorischen Erzählung eventuell anders handhaben).[11] Die Erste Abteilung präsentiert Texte aus dem ersten Teil von Goethes Drama und handelt vom Passiv-Schuldig-Werden Gretchens (Nr. 1 Lieben – Nr. 2 Verzweiflung – Nr. 3 Verdammnis), während die Zweite Abteilung mit Texten allein aus dem zweiten Dramenteil das Aktiv-sich-schuldig-Machen Fausts[12] behandelt (Nr. 4 Erwachen – Nr. 5 Erblindung – Nr. 6 Tod). Beiden Abteilungen gemeinsam ist die Abfolge Leben – Krise – Tod, die sowohl beim verzweifelten Gretchen als auch beim bis zuletzt triumphierenden Faust zu beobachten ist. Gleichzeitig repräsentieren die beiden Abteilungen in ihrer inhaltlichen Parallelität die Dichotomie von begrenzter Männlichkeit und entgrenzender Weiblichkeit.

Mit seiner Textzusammenstellung, die nicht nur das meiste von *Faust I* unberührt lässt, sondern die drei Mittelakte des *Zweiten Teils* sogar ganz auslässt, versucht Schumann eine eher einheitliche Deutung des Stoffes, ganz im Gegensatz zur Fülle bei Goethe. Die thematischen Grundprobleme, die Begrenzung der Erkenntnis und die sinnliche Entgrenzung, werden ausgehend von dem Gegensatz weiblich – männlich verstanden und gelöst. Und doch wird die in Goethes Drama so häufig anzutreffende symbolisch-thematische Spiegelung (romantische – klassische Walpurgisnacht, Auerbachs Keller – Kaiserhof, Gelehrtentragödie im *Faust I* – Gelehrtenfarce im 2. Akt des *Faust II* u.v.m.)[13] durch die parallelisierende Ergründung der Trias Leben – Krise – Tod bei Gretchen und Faust auch in Schumanns Textzusammenstellung repräsentiert. Das beweist einmal mehr und deutlich dessen überragendes literarisches Verständnis. Es gab jedoch Kollegen Schumanns, die nach oberflächlichem Studium der *Faust-Szenen* von der Langeweile sprachen, die dieses Werk verströme. Sie begründeten das unter anderem mit der schwachen und beliebigen Textauswahl – eine Begründung, die der eigenen Urteilskraft keinen Lorbeerkranz verlieh.

Darüber hinausgehend meine ich, dass Schumann gerade mit der Zusammenstellung der Texte nicht nur den einzigen bislang möglichen musikalischen Zugang zu Goethes Opus maximum geschaffen hat, sondern auch ein eigenes Konzept von Musiktheater hinterlassen hat. Man hat zwar gelegentlich versucht, die *Faust-Szenen* als Oratorium einzuordnen, doch ist das nie recht gelungen. Den Begriff ‹Oratorium› zu definieren ist im Vergleich zum ‹Lied› und zur ‹Oper› viel schwieriger. Meines Erachtens aber ist das Einzige, was die *Faust-Szenen* mit einem Oratorium gemeinsam haben, die meist konzertante Aufführung, mit Chören hinter dem Orchester und Solisten davor.[14]

Ich selbst würde Schumanns *Szenen aus Goethes Faust* als ‹abstrakte Oper› bezeichnen.[15] Abstrakt, weil es hier keinen stringenten Handlungsfaden gibt, sondern nur einen mit besonders großen zeitlichen Sprüngen; und weil durch die Wiederholung des Schemas Leben – Krise – Tod der Handlung eine reflexive Ebene hinzugefügt wird. Natürlich könnte man sagen, dieser Begriff sei eine Contradictio in adiecto, denn eine Oper ist nun einmal ein sehr konkretes Kunstwerk, das, anders als das ganz eigentlich zum Abstrakten neigende Lied und das Gedicht, wenigstens zum Ende hin klar verständlich sein soll. Dem würde ich entgegnen, dass bei Schumanns *Faust* nur die Form abstrakt ist und nicht der Inhalt, wie es bei Gedichten und Liedern so häufig der Fall ist. Und dass auch Goethes Werk, sogar sein zweiter Teil, am ehesten doch ein Drama genannt werden muss, wenn auch manche Teile des *Faust II* fast wie ein Versepos wirken (ähnlich Dantes *Göttlicher Komödie*); oft scheint dort Episode an Episode gereiht zu sein, und man erkennt wenig dramatische Handlung. Und so kann man auch Schumanns Werk zweifellos eine Oper nennen. Eine alternative Bezeichnung wie ‹Vokalsymphonie› halte ich nicht für hilfreich – zu vielfältig sind deren Ausformungen und zu wenig fassbar daher der Gehalt des Begriffs (man denke an Beethovens 9. Symphonie, Mahlers *Lied von der Erde* und seine 8. Symphonie, an Mendelssohns *Walpurgisnacht*, an Schostakowitschs *Babi Jar* und Eislers *Deutsche Sinfonie*).

Für Schumanns *Faust-Szenen* also tatsächlich den Begriff ‹Oper› zu verwenden zöge eine aufführungspraktische Konsequenz nach sich. Eine szenische Darstellung wäre dann nicht mehr nur als Experiment zu betrachten, wie beispielsweise eine inszenierte *h-Moll-Messe* oder ein getanztes Requiem, sondern vielmehr als offensichtlicher Weg, dieses hochsinnliche Stück auch visuell zu begreifen. Und wie wäre dem Willen Goethes hierdurch gedient! Dann wäre auch das mögliche Scheitern einer Inszenierung (bekanntlich bei jeder Opernproduktion denkbar) kein Erweis mehr für die prinzipielle Nicht-Inszenierbarkeit von Oratorien, sondern ein Anlass, einfach die nächste Inszenierung in Angriff zu nehmen.

Eines hat Schumanns *Faust* zudem mit seiner einzigen expliziten Oper *Genoveva* gemeinsam – die besonders lebendige Deklamation, die sich in ständig veränderlicher Dynamik und Agogik äußert (mit Ersterer meint man die Differenzierung der Lautstärke, mit Letzterer die Gestaltung des Tempos im musikalischen Vortrag). Im Grunde genommen muss jeder Takt überprüft werden, ob er eine eigene agogisch-dynamische Bedeutung beanspruchen kann, oder sogar jede Takthälfte.[16] Das gilt im *Faust* nicht nur für rezitativische Passagen wie beispielsweise für weite Teile der zentralen Auseinandersetzung Fausts mit der Sorge (2. Abteilung, Nr. 5 «Fausts Erblindung»); diese Auseinandersetzung spielt in Goethes *Faust II* eine herausragende Rolle als theatrale Handlung.[17] Auch wirklich abstrakte Inhalte wie die große Arie Fausts nach seinem Erwachen (2. Abteilung, Nr. 4) leben von dieser deklamatorischen Aufbauschung. Wie anders könnte auch ein Inhalt lebendig, plastisch gemacht werden, der eher Platons Höhlengleichnis nahesteht als irgendeiner im herkömmlichen Sinne opernhaften Situation[18] – sei es eine Intrige, ein Liebeserwachen, der Plan für einen Umsturz oder Mord?

Vielleicht noch traditionell verständlich ist es, wenn sich zu Beginn dieses Teils der Sonnenaufgang als Verkörperung von Wahrheit mit massivster dynamischer und farblicher Gewalt entwickeln kann, die sich selbst immer noch mehr verstärkt – glänzende, markerschütternde Fanfaren führen zum ersten Einbrechen des Nur-Menschlichen. Das Gewahr-Werden der Unerträglichkeit des für den Menschen zu gewaltigen weißen Lichts macht aber dann eine erklärende Arie nötig, die den Erkenntnishorizont des Menschen ausbreitet und bewertet.

So ist es also, wenn ein sehnend Hoffen
Dem höchsten Wunsch sich traulich zugerungen,
Erfüllungspforten findet flügeloffen;
Nun aber bricht aus jenen ewigen Gründen
Ein Flammenübermaß, wir stehn betroffen;
Des Lebens Fackel wollten wir entzünden,
Ein Feuermeer umschlingt uns, welch ein Feuer!
Ist's Lieb'? ist's Haß? die glühend uns umwinden,
Mit Schmerz und Freuden wechselnd ungeheuer,
So daß wir wieder nach der Erde blicken,
Zu bergen uns in jugendlichstem Schleier.

So bleibe denn die Sonne mir im Rücken!
Der Wassersturz, das Felsenriff durchbrausend,
Ihn schau' ich an mit wachsendem Entzücken.
Von Sturz zu Sturzen wälzt er jetzt in tausend,
Dann abertausend Strömen sich ergießend,
Hoch in die Lüfte Schaum an Schäume sausend.
Allein wie herrlich, diesem Sturm ersprießend,
Wölbt sich des bunten Bogens Wechseldauer,
Bald rein gezeichnet, bald in Luft zerfließend,
Umher verbreitend duftig kühle Schauer.
Ihm sinne nach, und du begreifst genauer:
Am farbigen Abglanz haben wir das Leben.

Fausts Erwachen, aus Goethes *Faust II*, V. 4704–4727

Diese Arie bietet eine Vielzahl gewaltiger Ausbrüche, die sich mit Dolce- und Legato-Passagen abwechseln. Sie ist einerseits Ausdruck von Fausts nach dem Schlaf des Vergessens neu erwachtem übermächtigen Willen. Sie zeugt jedoch auch von einer gewissen Begeisterung, welche die Erkenntnis der Bedingtheit menschlicher Wahrnehmung halb zornig, halb aber auch euphorisch bejaht. Diese fast zufriedene Zustimmung zur Verortung des Menschen zwischen Licht und Dunkel, nämlich im farbigen Widerschein, gibt Anlass zu dem Gedanken, Faust habe sich vielleicht hier schon der Conditio humana ergeben und wolle diese nicht mehr strebend transzendieren. Der Verdacht drängt sich an dieser Stelle fast mehr noch auf als im Moment von Fausts Tod. Tatsächlich ist Schumanns Arie eine atemlos begeisterte Abfolge des Staunens und Nicht-Fassen-Könnens angesichts der Fülle geradezu übermenschlicher Großartigkeit. Und so zeigt sich schon hier die tragische letztliche Erdverbundenheit Fausts wie auch des Menschen überhaupt, indem das zu begreifende Absolute nur mit anthropomorphen Begriffen («Ist's Lieb? ist's Haß?», V. 4711), nur als Widerschein des uns umgebenden Unendlichen erfasst werden kann.

Mitten in der Arie steht nun der zentrale Satz, den man klanglich nicht besser hätte begreifen können: «Am farb'gen Abglanz haben wir das Leben» (V. 4727). Schumann führt zu diesem Satz in fünf Takten mit einer eigentümlich-enigmatischen, leisen Modulation hin, die sich in meinen Augen innig vor Goethes *Farbenlehre* verbeugt, wenn sich daraus das besagte Wort entwickelt. Nach dem vergeblichen Versuch, über das Hiesige hinauszutreten, ist der Satz eine Liebeserklärung an das Diesseits, und der Pantheismus Goethes, der Spinozismus des «Deus sive Natura» («Gott oder auch Natur»), erfährt hier vielleicht seine denkbar beste, nämlich sinnliche Entsprechung.

Das elastische Gleichgewicht, das in einer Aufführung dieser Szene entstehen könnte und dem idealerweise ein Ausgleich zwischen Lyrismus und stimmlicher wie orchestraler Gewalt entspräche, stellt sich natürlich nie richtig ein, sondern tritt allenfalls als Ahnung auf. Viele Stellen in Schumanns *Faust* erscheinen mir so. In meiner nach vielem Hören und vielen Aufführungen immer deutlicher entwickelten Vorstellung, wie dieses Werk zu klingen habe, liegt gleichzeitig die Trauer darüber, dass ich es nie so werde erleben können. Und auch die Hoffnung, das Werk dereinst im ‹Ewigen Leben› ganz so zu hören wie vorgestellt und noch besser, fällt leider der Einsicht zum Opfer, dass der ganze *Faust*, von Schumann wie von Goethe, zwar ein Gleichnis des Absoluten sein mag, dass aber auch der Begriff des Absoluten menschengemacht ist und ein Gleichnis kein ‹Selbnis› werden kann. Wenn es also eine Ewigkeit gibt, dann wird man sich dort nicht mit dem Hören der perfekt aufgeführten *Faust-Szenen* aufhalten; das ist dann vorbei.

Und so bleibt es eben bei der bloßen Vorstellung, dass beispielsweise in der Nr. 1, wo sich Gretchen und Faust zum ersten Mal im Garten treffen, der 12/8-Takt nicht zu flüchtig wird und dass so endlich die Duolen, die ein wenig wie in *Die Sennin* (Schumanns op. 90/4)[19] den Einbruch des Dämonischen in die Triolen-Liebeswelt verkörpern, die nötige Schwere bekommen; dass dort dann auch eine Syllabierung auf einem Viertel mit der Aufteilung 2 : 1 verständlich wird und nicht eine Verbreiterung im Sinne von 3 : 1 nötig wird, welche Eleganz und Konzision verschlingt; oder dass es mir im abschließenden Gewaltmarsch nach Fausts Erblindung (Nr. 5) möglich wird, mit der nötigen Breite und Massivität zu enden und das hohe *Gis* nicht unpassend schlank zu singen; dass es mir möglich sein wird, kurz vor Fausts Tod die Worte «Verweile doch, du bist so schön» lyrisch und dennoch weit ausgreifend zu singen; oder dass der vielleicht schönste Chorsatz überhaupt, «Waldung, sie schwankt heran» (Beginn der 3. Abteilung), nicht so schnell enden möge. Die Reihe ließe sich verlängern. Auch vieles andere wird immer so bleiben, dass es nicht einmal ein Gleichnis des Absoluten sein kann.

Aber immerhin – eine Schwierigkeit ist vielleicht keine: In Nachfragen wird mir immer wieder verständnislos abverlangt, ich solle zum Ende der unvergleichlichen Arie des Dr. Marianus bei den Worten «Gnade bedürfend» (V. 12019) doch die Alternativfassung mit dem hohen *G* singen. Ehrlich gesagt, ich kann das nicht singen, mir gelang das noch nie überzeugend, es liegt mir zu hoch. Immer klang es gequetscht oder verunstaltet, wenn ich es versuchte. Aber tatsächlich finde ich die Auflösung der hohen Fassung zur Quint des abschließenden g-Moll bzw. zur Terz des weiterführenden B-Dur der Nr. 6 gar nicht befriedigend. Vielleicht weil ein hoher Ton hier zu triumphal klingt, besonders und ganz gewiss aber weil er einen auch textlich gar nicht sinnvollen Abschluss bedeutete, denn die Marianus-Worte gehen ja noch weiter. Viel besser und sinnvoller ist hier deshalb die tiefe Fassung, die mit dem Leitton *A* in einem sehr lange hinhaltbaren Attacca in das B-Dur der Nr. 6 hinüberführen kann. Das sagt übrigens auch Heinz Holliger, und dann muss es stimmen.

Alles Vergängliche
Ist nur ein Gleichnis;
Das Unzulängliche,
Hier wird's Ereignis;
Das Unbeschreibliche,
Hier ist's getan;
Das Ewig-Weibliche
Zieht uns hinan.

Chorus mysticus, aus Goethes *Faust II*, V. 12 104–12 111

Schon bei Fausts Tod war zu sehen, dass die Figur Faust wie auch das Kunstwerk *Faust* völlig im Irdischen verbleiben muss. Daran ist mir zum ersten Mal schmerzlich bewusst geworden, dass aus der Idee, durch die Künste der Ewigkeit auf die Spur zu kommen, leider nichts werden kann. Alle Hoffnung, gerade dieses Stück, mein liebstes Werk (von vielen Liedern abgesehen), dereinst im Paradies – sollte es das geben – vollkommen zu hören, um alle Unzulänglichkeit aktueller Aufführungen auszumerzen und die maximale Sinnlichkeit auszuloten, ist obsolet, und nicht nur das. So wie auch alle Religion irdische Bemühung um ein überirdisches Ziel bleibt, trotz ihres transzendentalen Anspruchs, so bleibt es alle Kunst eben auch.

Ein Beispiel, welches einem diese bittere Grenze gut aufzeigen kann, ist in meinen Augen Schumanns Umarbeitung des «Chorus mysticus», der sein und Goethes Werk beschließt. Die erste Fassung ist bekanntermaßen und beliebterweise so etwas wie das sphärische Ausgreifen ins Übermenschliche; so klingt das gegen Ende ihres ersten Teiles (bis Takt 27) tatsächlich – für mich Schumanns ‹Verklanglichung› von Goethes ‹Sphärenharmonie›. Dennoch gibt es hier noch einen kleinen Einbruch ins zutiefst Menschliche – fugierte, laute, affirmative Einsätze der Chorgruppen, die sich aber zum Schluss hin in eine Art Illustration eines Geschehens im All flüchten, als ob ein Schiff langsam vom aufregenden Bild eines herrlichen (nur für Menschenaugen nachkolorierten) Sternennebels in die öden Weiten des Alls flöge. Das ist alles überirdisch und transhuman, aber der Ewigkeit kann man so trotzdem nicht auf die Spur kommen.

Es gibt jedoch noch eine zweite Fassung des «Chorus mysticus», in der da, wo diese mir persönlich oft ein wenig schwer erträglichen fugierten, lauten Choreinsätze beginnen, mit einer entwicklungsarmen, sehr langen Chorpassage (elf Minuten!) die wenigen Verse wie parataktisch sequenziert werden (in verschiedenen Stimmen taucht der gleiche Melodieverlauf aufeinander folgend transponiert auf). Diese noch circa fünf Minuten längere, obwohl mehrere Takte kürzere Fassung wird fast nie aufgeführt; in den vielen Aufführungen, bei denen ich mitwirken konnte, habe ich sie nie erlebt. Immerhin eine Aufnahme konnte ich hören. Mein Eindruck ist: ein wenig langatmig. Und ich höre geradezu die Gegner des Schumannschen Spätwerks sagen, das sei schwach, das sei langweilig, eben wieder ein typisches Werk eines geschwächten, kranken Geistes. Tatsächlich gibt es in dieser Fassung nicht so viel Anlass zu schauriger Erschütterung. Es passiert nicht viel, in dynamischer Ausgeglichenheit wiederholen sich immer wieder dieselben Worte und Motive. Alles scheint sich langsam von den vielfältigsten sinnlichen und geistigen Erregungen, die die 12 000 Verse von Goethes *Faust* und die ich weiß nicht wie vielen Takte Schumanns hinterlassen haben, zu entwöhnen und hiesige Sinnhaftigkeit durch ein Repetieren und geradezu Lallen zu ersetzen. Aber vielleicht ist dies die sinnfälligste Darlegung der Trivialität, dass alle Versuche, die Ewigkeit in ihrer Fülle sinnlich oder geistig zu bannen oder auch nur zu ahnen, scheitern müssen. Das Ergebnis kann ob der schier endlosen Repetitionen eine gewisse Melancholie nicht verstecken – Ausdruck der Trauer über die Unzufriedenheit des Menschen mit seinem beschränkten Schicksal und somit ein fast komplementärer Schluss zur beliebten und erhebenden ersten Version des «Chorus mysticus».

Goethe schreibt in *Wilhelm Meisters Wanderjahren* zwar: «Der poetischen Rhythmik stellt der Tonkünstler Takteinteilung und Taktbewegung entgegen. Hier zeigt sich aber bald die Herrschaft der Musik über die Poesie; denn wenn diese, wie billig und notwendig, ihre Quantitäten immer so rein als möglich im Sinne hat, so sind für den Musiker wenig Silben entschieden lang oder kurz; nach Belieben zerstört dieser das gewissenhafteste Verfahren des Rhythmikers, ja verwandelt sogar Prosa in Gesang, wo dann die wunderbarsten Möglichkeiten hervortreten».[20] Und dennoch sind die Unterschiede im Vermögen der Künste nur gradu-

elle, sie sind nicht von transzendentaler Bedeutung. Die Schlussworte und der Schlussgesang des *Faust* erscheinen somit zwar vielfältig und esoterisch, sie wollen aber nur die Kompliziertheit des Diesseitigen in adäquater Formulierung, also in diesseitiger Komplizierung und im Wunsch nach Jenseitigkeit und Entgrenzung ausdrücken, auch wenn sie das in ergreifender Schönheit tun, die ans hier und jetzt denkbare Jenseits gemahnt. Dieser Schluss ist keine Manifestation jenseitiger Entsprechung, er ist keine Überschreitung diesseitiger Erfahrung, sondern er verbleibt im Hier und ist letztlich eine Bestätigung der Conditio humana. Das «Gleichnis» bleibt irdisch, und «Hier wird's Ereignis» bedeutet nicht nur jetzt, sondern eben auch hier, nur hier – im Diesseits.
Ich hoffe, dass irgendwann ein Regisseur, der sich nicht scheut vor dem Einsatz aller aktuell möglichen Effekte, diesem Gedankenreigen von maximaler Sinnlichkeit zur Realisation verhelfen wird. Am besten aber ohne eine Verfilmung mit 3D-Technik, denn diese wird nach einiger Zeit immer rückständig und obsolet erscheinen. Aber auch das Theater mit seiner Illusionsschranke des Proszeniums wäre wohl nicht der richtige Aufführungsort für Schumanns *Faust-Szenen*.

Am ehesten bräuchte man vielleicht ein Theater, wie es sich schon Richard Wagner für die Aufführung von Goethes *Faust* vorstellte,[21] in welchem nicht eine entfernte Spielfläche, sondern der Raum um das Publikum herum zum Schauplatz ganzheitlichen Erlebens menschlicher Entgrenzung werden kann, ohne ein dazwischen liegendes Orchester, wie Wagner es darlegt. Dazu müsste man aber wohl aufgeben, was ich mir seit langem für eine geglückte Inszenierung der *Faust-Szenen* vorstelle: gemalte Soffitten und Prospekte, mit Bildern von Gemälden, die Goethe dazu ausersehen hatte (von Elsheimer und anderen), Lichtstimmungen und Himmelsfarben zwischen Rosa, Blau, Gelb, Orange und Grau, wie sie die Asam-Familie an Kirchendecken malte. Ob man das durch eine heutige Technik, durch Hologramme oder was weiß ich womit, schon ersetzen könnte, kann ich nicht sagen. Bei den ganz alten Techniken wüsste man aber immerhin, dass alles Illusion ist und sein soll. Und dann könnte man sich eventuell ganz den mit den Sinneseindrücken der Farben transportierten Bedeutungen hingeben.

Tradition und Rollenspiel

München, 12. Oktober 2013

Ich liebe der Frost

Igor Strawinskys Antwort an Othmar Schoeck,
als dieser seine Musik «etwas kühl» nannte[1]

Neben Schumanns *Dichterliebe* sind es besonders Mahlers *Lieder eines fahrenden Gesellen*, deretwegen ich Sänger werden wollte. Bis heute ist mir die Plattenaufnahme mit Hermann Prey und dem Amsterdamer Concertgebouw-Orchester unter Bernard Haitink heilig, nichts kann schöner sein. Auch die Noten davon (und von den *Kindertotenliedern* – sie sind auf der Rückseite der Platte) sind es mir bis heute, ich bekam sie von meinen Eltern zu Weihnachten. Sie waren mir sofort Ikonen und sind es immer noch, auch wegen der stimmlich-technischen Schwierigkeiten, womit sie einen konfrontieren, speziell die *Gesellen-Lieder.* Ich sah mir die Noten immer nur ungläubig an, denn ich wusste nicht, wie ich diese Lieder jemals würde singen können. Und so ging ich auch bei den ersten Auftritten gleich mit der weißen Fahne auf die Bühne, von Angst geplagt.

Bis heute bilden die *Gesellen-Lieder* den eigentlichen Kern meines Repertoires, sie sind überhaupt ein entscheidender Prüfstein meines professionellen Singens. Ich glaube, nicht einmal die *Dichterliebe* habe ich so oft gesungen, geübt und geprobt. Vielleicht kein anderer Zyklus ist mir so klar wie dieser: Bei aller Kürze ist er inhaltlich völlig ausreichend, wobei er die gesamte Liedtradition bis zu diesem Zeitpunkt hin beispielhaft zusammenfasst. Alles Mögliche traue ich einem Amateur zu, dieses Werk jedoch nicht. Es repräsentiert geradezu die Schwierigkeiten von Mahlers gesamtem Liedschaffen, ein Schauspieler oder Liebhaber könnte es meines Erachtens unmöglich singen, ohne sich selbst oder seine Zuhörer in schwere Nöte zu bringen, so wie es einem Laien auch kaum möglich ist, eine anspruchsvollere Opernpartie zu singen.

Gerade der Vergleich mit dem Opernsingen ist technisch gesehen aber gar nicht falsch. Die Ausbrüche des dritten Liedes erfordern einen souverän über dem dramatischen Gestus schwebenden Umgang mit sängerischer Wucht, dem Operngesang in vielen Situationen ähnlich. Und dennoch folgen danach, im letzten Lied, noch einmal so exponierte lyrisch-intime Stellen, dass vorher ein genau kalkulierter Kraftaufwand dringend nötig ist, um beispielsweise «vom allerliebsten Platz» pianissimo singen zu können, ohne dass es kratzt oder dass man sich in ein Falsett flüchten müsste.[2] Ich würde daraus jedoch nicht den Schluss ziehen, dass Mahler als Operndirigent, der er war, die opernhafte Attitüde zu singen in das Kunstlied zu importieren versuchte. Sonst hätte er nicht seine Lieder, vor allem im unteren dynamischen Bereich, so sorgfältig beschriftet und mit so auffallend zahlreichen Anweisungen für die Opernsänger versehen, die seine Werke uraufführten. Ich denke umgekehrt, dass Techniken des Kunstliedes – vor allem in Koloristik und Vibrato-Vielfalt – auch auf die Opernbühne übertragen interessante Wirkungen erzielen können.

Die ästhetische Tradition, aus der die *Gesellen-Lieder* stammen, ist meines Erachtens vor allem die von Schubert geschaffene.[3] Der volksliedhaft schlichte Ton, der unkompliziert gehaltene Inhalt, die langen Kantilenen, die mich in ihrer dynamischen Diffizilität an das Messa di voce der italienischen Opern erinnern (gehaltene Töne mit an- und abschwellender Lautstärke), die eher zur Homophonie neigende Textvertonung (das heißt die rhythmisch oft gleichförmige akkordische Begleitung einer tragenden Melodiestimme) und besonders der ubiquitär anzutreffende Tausch des Tonartgeschlechts (Dur/Moll) – all das kommt formal einer Art Fortführung von Schuberts Vermächtnis gleich. Inhaltlich ist es besonders die Naturlyrik, die eine Nähe speziell zu Schuberts beiden großen Zyklen herstellt. Sie konterkariert die nur rudimentär sich erklärende Liebestragik in den *Gesellen-Liedern*, wie auch besonders in Schuberts *Schöner Müllerin* (hier sind die emotionalen Verwerfungen aber in extenso verständlich gemacht),[4] und zwar im Sinne einer integrativ-heilenden Wirkung, als Linderung verschaffender Bezugspunkt des leidenden Menschen.[5] Die Natur kann aber andererseits auch als Spiegelung oder sogar Bestätigung der Bedrohung und Verzweiflung des Protagonisten erscheinen.[6]

I

Wenn mein Schatz Hochzeit macht,
Fröhliche Hochzeit macht,
Hab' ich meinen traurigen Tag!
Geh' ich in mein Kämmerlein,
Dunkles Kämmerlein!
Weine! Wein'! Um meinen Schatz!
Um meinen lieben Schatz!

Blümlein blau! Blümlein blau!
Verdorre nicht, verdorre nicht!
Vöglein süß! Vöglein süß!
Du singst auf grüner Heide!
Ach! Wie ist die Welt so schön!
Ziküth! Ziküth!

Singet nicht! Blühet nicht!
Lenz ist ja vorbei!
Alles Singen ist nun aus!
Des Abends, wenn ich schlafen geh',
Denk ich an mein Leide!
An mein Leide!

Aus *Des Knaben Wunderhorn*/
Gustav Mahler, *Lieder eines fahrenden Gesellen*

Die Einleitungstakte des dreiteiligen ersten *Gesellen-Lieds* wirken mit ihren Diskant-Doppelschlägen (schnellen Melodie-Variationen in der Oberstimme des Klaviers, ähnlich einem Triller, jedoch in dieser Form: ~) wie eine Fortsetzung der Girlanden der rechten Klavierhand im letzten Lied der *Winterreise (Der Leiermann)*.[7] Der Aufbau des Liedes lässt sich mit dem Schema A – B – A' veranschaulichen, denn die dritte Strophe ähnelt musikalisch der ersten. Dabei verbleibt der gesamte A-Teil, ebenso wie der nach dem naturbezogenen Mittelteil wiederkehrende A'-Teil, in der rein subjektiven Szenerie. Diese könnte sich nicht besser zeigen als in der Musik, weil das Musizieren bei Mahler wie bei Schubert sich nicht auf sich selbst bezieht, also Kommentar zu einem thematisierten Lied ist (einerseits dem des Leiermanns, andererseits der Hochzeitsmusik), sondern die thematisierten Musiken einfach die Musik des Liedes selbst sind.

Die Naturbezüge des B-Teils sowie des gesamten zweiten *Gesellen-Lieds* sind dann überbordend und durchweg positiv gemeint, bis der Blick des lyrischen Ichs auf sich selbst am Ende des zweiten Lieds es in Enttäuschung stürzt («Nun fängt auch mein Glück wohl an?! / Nein! Nein! Das ich mein', / Mir nimmer, nimmer blühen kann!»). Damit wird dem dramatisch, brutal und autodestruktiv reagierenden dritten Lied des Zyklus der Weg geebnet. Hier und im zweiten Teil des abschließenden vierten Liedes nimmt die Natur nun, wenn sie überhaupt erscheint, eher den drohenden und Unheil verkündenden Ausdruck der späteren *Müllerin*-Lieder und der gesamten *Winterreise* an. «Wenn ich in den Himmel seh, / Seh' ich zwei blaue Augen steh'n, / Wenn ich im gelben Felde geh', / Seh' ich von fern das blonde Haar», heißt es zunächst[8] – doch gleich werden diese idyllischen Konnotationen als Trugbilder erkannt. Im letzten Lied weckt der Satz «Ich bin ausgegangen in stiller Nacht, / Wohl über die dunkle Heide» die Erinnerung an das winterliche Wandern in der *Winterreise*, so wie der Lindenbaum in diesem Lied speziell an das fünfte Lied von Schuberts Zyklus *(Der Lindenbaum)* erinnert, welches Friede und Ruhe eines möglichen, aber nicht notwendigen Todes verheißt. Wie nämlich dort mit dem Tod lediglich als Möglichkeit gespielt wird, so hat der Lindenbaum auch in den *Gesellen-Liedern* keine wirklich bedrohliche Bedeutung, sondern ebnet den Weg zu einer finalen emotionalen Beruhigung, zu einer fast reinigenden Abflachung vorhergehender Gefühlswallungen.[9]

Der Friede, der am Ende der *Gesellen-Lieder* steht, ist typisch für Mahlers Liederzyklen,[10] und ich halte ihn für ein Kennzeichen von Mahlers Liedästhetik: als Verweis auf das Ende, welches im Sinne einer zu erwartenden Ewigkeit erlösend sein wird. In diesem Sinn kehren die *Lieder eines fahrenden Gesellen* am Schluss zur *Schönen Müllerin* zurück, allerdings auf eine etwas apathische Weise, oder auch zur Welt des letzten Liedes der *Winterreise*, zum *Leiermann*,[11] in welchem der Protagonist seine Krise beendet, denn so lassen sich die letzten Worte der

Gesellen-Lieder ja auch verstehen: «War alles, alles wieder gut! / [...] Lieb und Leid, und Welt und Traum!» Dieser kleine Zyklus führt also beide Wilhelm-Müller-Zyklen von Schubert zusammen und fort.

Eine höchst auffällige Diskrepanz aber besteht in der Länge der Schubertschen Zyklen einerseits und der Kürze des Mahlerschen andererseits. Denn dieser braucht mit gut einer Viertelstunde Dauer nur ein Viertel oder gar Fünftel der Zeit, um als ein dramaturgisch abgeschlossenes Werk zu wirken. Natürlich kann in den *Gesellen-Liedern* keine psychologische Feinstzeichnung einer wahnhaften Verliebtheit wie in der *Schönen Müllerin* verwirklicht werden und auch keine vielgestaltige Verbildlichung einer Lebenskrise wie in der *Winterreise*. Mahler aber schafft es, in dieser so kurzen Abfolge von nur vier Liedern ebenfalls eine vollgültige Ausleuchtung des Geschehens im zyklischen Sinne zu erreichen, nur eher im Sinn einer Entwicklung als in der *Winterreise*: Katastrophe – Hoffnung – Rückfall – neue Hoffnung – Desillusion – Verzweiflung – Täuschung – Todeswunsch – Rückblick – Weitergehen – Ankunft und Trost. Diese Stationen erinnern in ihren wechselnden Charakteristiken erstaunlich an die beiden großen Schubert-Zyklen und speziell an die Wegmarken der *Winterreise*, zumal da sie im Sinne einer Wanderung zusammengehalten werden.

In den *Gesellen-Liedern*, zu Beginn von Mahlers Liedschaffen – also noch bevor er besonders mit den *Wunderhorn-Liedern* den vielleicht unbewussten Schritt hin zur Moderne geht[12] –, erscheint noch einmal der Prototyp des Romantischen, denn «fahrender Geselle» meint ja nichts anderes als «Wanderer».[13] Dass dieses Werk nun, was Inhalt und Handlung angeht, trotz seiner geringen Ausdehnung in Dauer wie in Anzahl der Lieder eine so starke Kontinuität und Konsistenz entwickeln kann, liegt einerseits an der sehr im Allgemeinen verbleibenden Identität seines leidenden Protagonisten mitsamt seiner Liebesgeschichte. Es ist aber auch auf die Melodieverwandtschaften zurückzuführen, die sich thematisch über die vier Lieder hinziehen.[14] Sie schaffen, von Lied zu Lied auch zunehmend retrospektiv, eine Atmosphäre systematischer Zusammengehörigkeit und Geschlossenheit.

Hier möchte ich noch einmal zu den gesangstechnischen Schwierigkeiten zurückkommen. Diese liegen, wie schon angedeutet, im Wesentlichen in der Erfüllung klanglicher Normen, die auch der Operngesang einfordert. Der Grund dafür ist meines Erachtens darin zu suchen, dass diese kurze ‹Liebesgeschichte› eines fahrenden Gesellen recht allgemein gehalten ist und dass sie es auch in der musikalischen Darstellung bleiben muss, damit der Rahmen der zeitlichen Ausdehnung nicht durch zu große Individuation gesprengt wird.

Das hat aber nichts mit der in meinen Augen generell zu vermeidenden Identifikation des Sängers mit seiner jeweiligen Rolle zu tun. Sein eigenes Leben und Empfinden in die Gestaltung einer Rolle oder eines Liedes einfließen zu lassen hat nämlich keine zwingende, eher nur eine kontingente Auswirkung auf die Tongebung. Diese Tongebung sollte in meinen Augen eher das Ergebnis einer planenden Disposition sein, welche eine klanglich zu bewerkstelligende Distanzierung[15] des formenden Gedankens benötigt: Eine eindringliche Helligkeit oder eine gedämpfte Dunkelheit der Stimme zum Beispiel sind dann beide nicht unmittelbarer Ausdruck der Emotionslage des Darstellers, sondern geplantes Medium des Verständnisses, welches der Darsteller vom aufzuführenden Werk und dessen emotionalem Gehalt entwickelt hat.

Dieses Ziel einer Allgemeingültigkeit des Klanges ist vielleicht am ehesten mit dem Mittel einer gesangstechnisch-klanglichen Kompatibilität (im Sinne einer Entindividualisierung des Timbres) zu vereinbaren. Damit meine ich ein «technisches» Singen, das sich vor allem in Farbe und Vibrato nicht ständig nach dem momentan zu vermittelnden Sinnzusammenhang zu richten versucht, sondern tatsächlich eher eine allgemeingültige Technik auf das Stück anwendet. Das bedeutet für die *Lieder eines fahrenden Gesellen,* dass man den stimmlichen Extremen in der Tiefe und besonders in den vielen hohen Lagen mit geradezu mustergültigem Stimmsitz zu entsprechen hätte, mehr im Sinne eines klanglichen «Erzählens» als eines «Durchlebens» (wobei auch Letzteres nur als Stimmung aufzufassen ist, die der Darsteller zu vermitteln und nicht selbst zu durchleben hat). Denn der zugrundeliegende Text – ein Substrat aus Texten der Sammlung *Des Knaben Wunderhorn*, die Mahler nach eigenem Empfinden zusammengestellt und angereichert hat – ist schon ausreichend theatralisch und reich genug an Pathos.

Bei einigen Passagen aber beabsichtige ich dann doch, den Hauch einer stimmlichen Individuation im Sinne einer Personalisierung der Tongebung einfließen zu lassen. Ich halte diese trotz meiner bisherigen Argumentation für unverzichtbar, um den gewählten ‹verallgemeinerten› Grundklang nicht zum einfarbigen Stereotyp werden zu lassen, um ihn also ab und an kontrastierend zu beleben. Auf diese Weise versuche ich, der Tatsache gerecht zu werden, dass die ablaufende «Handlung» immer wieder Verdichtungen aufweist, Spannungsmomente benötigt und kurze Momente der Illusion einer Individuation des Protagonisten gut vertragen kann.

Im ersten Lied ist das noch nicht nötig, da erfüllt der streng abgegrenzte Mittelteil mit seiner Naturidylle auch ohne darstellerisches ‹Eingreifen› die Aufgabe formaler Strukturierung. Im zweiten Lied hingegen kann der relativ kurze Moment, in dem das Ich die erfahrene Naturglückseligkeit auf sich und seine Geschichte bezieht (ab «Nun fängt auch mein Glück wohl an»), eine Intensivierung des gesungen Erlebten in meinen Augen ganz gut gebrauchen. Deswegen versuche ich, die Stimme zum Schluss dieses Liedes hin im Sinne eines Parlando aufzuhellen und das Vibrato in seinen dynamischen und seinen Intonationsausschlägen einzuschränken.[16] Vergleichbare Stellen sehe ich noch in der Traumvision im dritten Lied (ab «Wenn ich in den Himmel seh'» bis zum Einbruch der Realität mit «Wenn ich aus dem Traum auffahr'») sowie dort, wo es im letzten Lied um das Wandern geht: Hier versuche ich im Mittelteil (ab «Ich bin ausgegangen in stiller Nacht»), eine Parlando-Farbe mit einem schnelleren Tempo zu verbinden, um schließlich im finalen Teil (ab «Auf der Straße steht ein Lindenbaum») durch die Verbindung einer runderen, also wieder etwas dunkleren Farbe mit dem Einschwenken in ein äußerst ruhiges Schlusstempo die Idee der stimmlichen Allgemeingültigkeit als darstellerische Quintessenz dieses Liederzyklus noch einmal und endgültig zu betonen.

Weihnachten frisch und gesund,
Im frohen Geschwisterrund,
Am Neujahr mit blassem Mund,
An den drei Kön'gen im Grund.
So thaten die Feste sich kund
Mit Tod und Grab im Bund.
Mein Herz bleibt bis Ostern wund
Und wird nicht bis Pfingsten gesund.

Friedrich Rückert, *Kindertotenlieder*

Mahlers *Kindertotenlieder* würde ich im Vergleich zu den hochartifiziell zu einem Zyklus geformten *Liedern eines fahrenden Gesellen* eher als eine Sammlung bezeichnen. Ihre fünf Lieder weisen trotz ihrer thematischen Abgeschlossenheit keinen Handlungsablauf auf, keine Struktur, in der sie aufeinander bezogen wären. Sie sind jedoch auch keine offene Sammlung, wie eventuell die *Rückert-Lieder* Mahlers mit dem nur halb zugehörigen Lied *Liebst du um Schönheit*, besonders aber seine *Wunderhorn-Lieder*. Diese bestehen aus einer frühen Gruppe nur für Klavierbegleitung komponierter Lieder und aus einer großen Gruppe späterer Lieder, die in Orchester- und in Klavierfassung vorliegen, die teilweise in Mahlers Sinfonien 2 bis 4 stecken und die teils sogar eine eigenständige Orchesterlied-Instrumentierung haben (*Urlicht*). Man kann sie schlecht zusammenzählen, und es gibt eigentlich keine Möglichkeit, sie sinnvoll im Gesamten aufzuführen. Dennoch sind auch die *Wunderhorn-Lieder* mehr als bloße Einzellieder, da sie nicht nur literarisch einen zusammengehörigen Komplex darstellen, sondern auch ästhetisch.

Trotz ihres Sammlungscharakters verkörpern die *Kindertotenlieder* im Vergleich zu den *Gesellen-Liedern* nun eine thematisch avancierte, ja gewagte Art der Liedkomposition: Es wird hier nichts erzählt, denn das Ereignis ist schon geschehen, das Thema der Trauer ist statisch. Ambitionierte Deutungsversuche, die beispielsweise einen Gipfel der Trostlosigkeit im dritten Lied sehen, eingerahmt vom ersten und letzten Lied, während die dazwischenliegenden Lieder stärkere Vor- und Rückbezüge einflechten, leuchten mir nicht ein. Was wäre es auch für eine Geschmacklosigkeit, sich angesichts dieses Themas eine Dramaturgie zu überlegen, um eine präsumtive Wirkung festzulegen? Der Verlust von Kindern war zwar auch um 1900 noch etwas Alltägliches, aber wie Friedrich Rückerts mehr als 400 Gedichte über den Scharlachtod seiner beiden Kinder Luise und Ernst und seine fassungslose Trauer um sie zeigen, konnte man sich diesem Schrecken auch damals nicht als etwas irgendwie Erwartbarem ergeben (ähnliche Gedichte gibt es auch von Joseph von Eichendorff, Karl Barth, Hoffmann von Fallersleben).[17] Zu allen Zeiten war es fürchterlich, ein Kind zu verlieren.

Der untröstliche Zustand, der Friedrich Rückert und seine Frau erfasst haben muss und den er in seinen Gedichten erfahrbar niederschrieb, hat für den Leser nichts künstlerisch Ambivalentes, nichts, was unterschiedlich aufgefasst werden könnte. Auch keine Katharsis kann sich hier einstellen, und selbstverständlich hat das Thema rein gar nichts Unterhaltendes, wie es beispielsweise jeder noch so grausame Opernmord hat.

Was ist es dann aber, das diese Lieder erträglich und sogar beliebt macht? Es ist neben aller musikalischen und sprachlichen Attraktion vielleicht der Trost, der aus ihnen spricht und einen unmittelbar erfasst. Aber Trost worüber?

> Unglaublich, wie erträgt ein Herz,
> Was schon zu denken unerträglich!
> Hinhalten Hoffnungen den Schmerz,
> Ihn brechend, den sie steigern täglich.
>
> Man hofft und hofft, bis hoffnungslos
> Geworden das geliebte Leben,
> Dann giebt man auf die Hoffnung bloß,
> Das Leben war schon aufgegeben.

Friedrich Rückert, *Kindertotenlieder*

Den Tod der eigenen Kinder zu erleben, ist wohl das Schlimmste, was Eltern treffen kann. Und ich kann mir nur schwer vorstellen, dass man sich als Betroffener diesen Liedern bewusst aussetzt (aber ich kann mir dieses Leid ja auch nur schwer vorstellen). Es bleibt also ein Publikum, welches diesen Schauder zumindest in überwiegender Mehrzahl aus der Distanz erfährt. Und weil man wohl auch nicht versuchen möchte, sich in solche Schicksale einzuleben, bleibt immer auch die Distanz des Zusehens. Das gilt auch für andere ästhetische Schrecken, im *Lear* und im *Wozzeck*, in *Das Floß der Medusa*, *Wenn die Gondeln Trauer tragen* oder *Im Westen nichts Neues*. Trotzdem fühle ich mich, und auch viele andere fühlen sich bei den *Kindertotenliedern* schutzlos ausgeliefert – das bestätigen mir Familie, Freunde und andere Zuhörer. Dass einen hier der Schrecken der Unmittelbarkeit besonders schwer erfasst, mag an der ganz privaten Aura der Gedichte liegen, die (zumindest vorerst) nicht zur Veröffentlichung gedacht waren, und es mag an der nicht-künstlerischen Intention liegen – denn zu dieser Intention gehört immer auch ein Publikum.

Trotzdem gewähren die Lieder Trost: Er entsteht aus der Nähe zum Abgrund und aus dem Wissen, bisher verschont geblieben zu sein. Es ist, als ob man über etwas getröstet würde, das einen gar nicht betrifft. Und ich denke, die *Kindertotenlieder* können so als Prototyp musikalischen Trostes überhaupt gelten und verstanden werden. Das Bemerkenswerte ist nämlich meines Erachtens – und ich glaube, das ist sogar als Prinzip für alle Künste verallgemeinerbar –, dass der häufig bemühte positive Aspekt des Trostes durch die Künste zwar existiert, dass er aber keineswegs notwendig ist – eben in dem Sinn, dass einen Kunst nur darüber tröstet, was sie selbst vorher an Verwundbarkeit in einem aufgerissen hat. Bei Beerdigungen hingegen geschieht es oft, dass die aufgeführte Kunst entweder sich selbst genügt oder als Bemühen, Trost zu spenden, eher schal bleibt. Stattdessen empfindet man den gesuchten Trost häufig erst, wenn die Musik wieder verstummt. (Dies ist vielleicht ein gutes Beispiel für die Vergeblichkeit künstlerischen Bemühens und Begehrens. Und letztlich bleibt doch ohnehin alles menschliche Tun und Wollen unnütz, auch wenn zum Beispiel Cicero meinte – was mir immer nur ein ungläubiges, verächtliches Lächeln entlockt –, durch seine literarisch-philosophischen Ambitionen und Werke zu überleben. Durch nichts überlebt man.)

In den darstellenden Künsten, zu denen auch die musikalische Aufführung gehört, geht es um Rollenspiele, um Rollen und um das Spiel. Und Autoren, Regisseure, Darsteller fühlen sich stets herausgefordert, diese Grenzen immer neu zu markieren oder auch grundsätzlich anzugreifen. Besonders weit ging Romeo Castellucci, als er bei den Wiener Festwochen 2014 in Glucks Oper *Orfeo ed Euridice* eine Wachkoma-Patientin als Darstellerin der Euridice ihr eigenes Schicksal mit einbringen ließ. Da sie aber ihr Einverständnis gegeben hatte, wurde ihre Mitwirkung doch zur Rolle. Und auch die Sarkophage, auf denen die Leichname von Elisabeth und Tannhäuser in Castelluccis Münchner Inszenierung von 2017 verwesen und welche die Vornamen der beiden Darsteller tragen, sind nicht ein grundsätzlicher Schritt ins Private, sondern auch diese Idee ist vom prinzipiellen Spielcharakter der Künste geprägt: Eine Maske liegt noch vor der bloßen Identität der beiden Sänger. Selbst Thomas Bernhards Theaterstücke, die mit den Namen ihrer Uraufführungsdarsteller betitelt und verbunden sind (*Ritter, Dene, Voss* oder *Minetti*, oder auch das Minetti gewidmete und von ihm handelnde *Einfach kompliziert*), überschreiten diese Grenze keineswegs. Die Mitwirkenden sind Teile dieser Kunstwerke nur in ihrem Schauspieler-Sein, und ihre Privatheit wird allenfalls gestreift.

Niemand soll mich weinen sehn
Als in Feld und Aue
Blumen, deren Augen stehn,
Meinen gleich, im Taue.

Sollt' ich vor den Leuten weinen,
Die, ich weiß nicht, wie sie's meinen,
Wenn sie mir zu trauern scheinen?
Zu den Blumen will ich gehn,
Denen ich vertraue:
Niemand soll mich weinen sehn,
Als in Feld und Aue.

Soll mein Leid ich ihnen klagen?
Eignes haben sie zu tragen,
Würden mir ihr eignes sagen,

Und ich will nur meines sehn,
Das in euch ich schaue,
Blumen, deren Augen stehn,
Meinen gleich, im Taue.

Blumen schweigen still bescheiden,
Wollen trösten nicht mein Leiden,
Noch an meinem Weh sich weiden.
Niemand soll mich weinen sehn
Als in Feld und Aue
Blumen, deren Augen stehn,
Meinen gleich, im Taue.

Friedrich Rückert, *Kindertotenlieder*

Allerdings muss ich gestehen, dass Gerold Huber und mir besonders mit dem letzten Lied von Mahlers *Kindertotenliedern – In diesem Wetter, in diesem Braus* – eine ethisch-ästhetische Grenze gefährdet erscheint. In einem in unseren Augen nicht wirklich angebracht dramatischen Espressivo wird der Schmerz geradezu herausgeschrien. Und hier erscheint dann die Klavierfassung tatsächlich passender und vielleicht geschmackvoller, weil man sich über die dynamischen Ausbrüche mit vom Komponisten nicht vorgesehenen Mezzopianos einfach hinwegsetzen kann. Das Expressive hier wird überdies mit einem abschließenden Wiegenlied kontrastiert, das in seiner ultimativ befriedenden Manier schon ein wenig anmaßend wirken kann.

Die Privatheit Friedrich Rückerts und seiner familiären Tragödie liegt also in Mahlers *Kindertotenliedern* ganz unvermittelt und verwundbar, ja verwundet offen vor einem. Ich kann hier kein Proszenium und keinen Bühnenaufbau sehen, kein Blatt, noch viel weniger eine Schrift – besonders nicht, wenn die Texte im Konzert gleichsam auf Töne gesprochen werden und einen mit ihrem vernichtenden Inhalt so unmittelbar konfrontieren, als spräche Rückert selbst und kein lyrisches Ich, kein Träger einer Maske. Vielleicht wäre also gerade hier die Aufführung mit Orchester, mit ihrer mir so dicht und massiv, so schwierig vorkommenden Instrumentierung, doch die richtige Alternative, weil sie die besondere Intimität von Klavierfassungen – in allen Mahler-Liedern eigentlich mein Aufführungsfavorit – ein Stück weit unmöglich macht. Die Intimität bei der Aufführung zu vermeiden dürfte jedenfalls die Position sein, auf die man sich vielleicht verständigen kann.

Dass die *Kindertotenlieder*, in Rückerts vertrauter Sprache, als Gedichte geschrieben wurden, hebt sie also nicht von autobiographischen Bewältigungsversuchen ab, und sie sind trotz ihrer vollendeten Kunstgestalt eine Art Tagebucheintrag, der nicht, wie so oft, nur scheinbar privat und mit dem Hintergedanken einer späteren Veröffentlichung niedergeschrieben wurde. Warum Mahler sie vertont hat, ist mir aber ein Rätsel. Dass er hier etwas derart Intimes öffentlich zugänglich machte, könnte man als Grenzüberschreitung einordnen (die Mahler mit dem interpretatorisch bemühten Breittreten seiner eigenen Intima später ganz ähnlich widerfuhr). Denn Mahler hatte bei diesem Thema nichts zu bewältigen. Hier wird besonders problematisch offenbar, dass die Autoren von Gedichten nur selten ihr Einverständnis zu deren Vertonung gegeben haben. Andererseits: Vielleicht, ja wahrscheinlich ist es nicht nur ein schales ästhetizistisches Interesse, sondern Einfühlung gewesen, was Mahler zu dieser Komposition bewog.

Warum aber führt man die *Kindertotenlieder* auf? Nicht wegen der Überwältigung, die, oft gesucht, hier beinahe zu heftig eintritt. Sondern eher, weil sie ein herausragendes Kunstwerk sind. Sie sind es zwar nur zur Hälfte, denn Rückerts Gedichte sind zwar höchst kunstvoll, aber kein Kunstwerk. Dennoch – als Grund könnte das reichen. Vielleicht aber auch nicht – vielleicht sind diese Lieder eine immer weitergehende Verletzung ohnehin zu tief verletzter Menschen.

Felsenseelen

Berlin, 7. September 2016

Denn: liebend zeugen, hassend morden,
Ist Menschenherzens Süd und Norden

Nikolaus Lenau, *Faust,* V. 295

Nach Aufführungen der *Sechs Gedichte und Requiem* (op. 90) von Robert Schumann bleibt das Publikum meist recht still. Es kann sich nicht begeistert zeigen, ist eher verstört, vielleicht oft auch einfach nur ratlos. Möglicherweise kommt das speziell von den letzten, martialischen Worten und Tönen des *Requiem*, das Schumann Anfang August 1850 offensichtlich für Nikolaus Lenau gedacht hat – er meinte, der Dichter wäre schon gestorben, tatsächlich starb er aber erst am 22. August, kurz vor der ersten Probe oder der ersten Privataufführung des Zyklus im Haus der Schumanns am 24. August. Ich kann diese Reaktion der Zuhörer aus meiner Perspektive bis heute nicht ganz verstehen, denn diese sieben Lieder Schumanns sind wohl der Liederzyklus, der mir am wichtigsten und liebsten ist, er hat mich neben Schuberts *Müllerin* in den letzten Jahren unentwegt erstaunt und begeistert. Und wirklich sind uns diese Lieder schon einige Male so gelungen, dass Gerold Huber und ich danach hinter der Bühne standen, einmütig staunend und den Kopf darüber schüttelnd, dass es etwas so Gewaltiges, unsere Welt derart intensiv Bewegendes wie dieses Werk überhaupt gibt – und dass wir das gerade erkennen durften.

7 Requiem

Ruh' von schmerzensreichen Mühen
Aus und heissem Liebesglühen;
Der nach seligem Verein
Trug Verlangen, ist gegangen
Zu des Heilands Wohnung ein.

Dem Gerechten leuchten helle
Sterne in des Grabes Zelle,
Ihm, der selbst als Stern der Nacht
Wird erscheinen, wenn er seinen
Herrn erschaut in Himmelspracht.

Seid Fürsprecher, heilge Seelen,
Heilger Geist, lass Trost nicht fehlen;
Hörst du? Jubelsang erklingt,
Feiertöne, darein die schöne
Engelsharfe singt:

Ruh' von schmerzensreichen Mühen
Aus und heissem Liebesglühen;
Der nach seligem Verein
Trug Verlangen, ist gegangen
Zu des Heilands Wohnung ein.

Lebrecht Dreves/
Robert Schumann, *Sechs Gedichte und Requiem*

Auch sind diese Lieder mit ihrem furchtbaren Abstieg zum Todeswunsch eines Liebenden (Nr. 6 *Der schwere Abend*) zum Schluss in Wahrheit gar nicht mehr schrecklich, weil in dem «Wie Harfenton» einsetzenden *Requiem* eine positive Wendung vollzogen wird: Es werden die heiligen Seelen und der Heilige Geist angerufen, und zwar mit erschütterndster Gewalt der Überzeugung und Euphorie. Dem im Zweierrhythmus, also duolisch, vertonten Text werden im Klavier zuerst Triolen unterlegt, um diese Anrufung in ihrer Dringlichkeit zu intensivieren, dann Quartuolen sogar Quintolen, die einen ungeheuren, vor allem aber völlig ungewöhnlichen Aufruhr verursachen; Quintolen sind in dieser Zeit noch etwas sehr Seltenes. Und dann noch diese ungeheure Dynamik: «Himmelspracht», «Feiertöne», dazu sehr hohe Noten, gesungen in Fortissimo und mit äußerster Intensität. Diese darf in meinen Augen allerdings nicht erzwungen oder mit einem zu hoch sitzenden Atem ‹geschoben› werden, sondern muss in körperlich maximaler Expansion, wie sie vielleicht erst der ältere Sänger entwickelt, erreicht werden, mit breit gehaltenen Tönen, die jedoch immer noch die Rückkehr zum schlanken Ton erlauben (Notenbeispiel 6).

Schließlich folgt die Wiederholung der ersten Strophe, in der diese musikalisch wirklich verändert ist gegenüber ihrem ersten Erklingen. Mit den Worten «ist gegangen / Zu des Heilands Wohnung ein» symbolisiert sie den imaginierten Frieden des diesseits Leidenden. Eigentlich will ich zu-

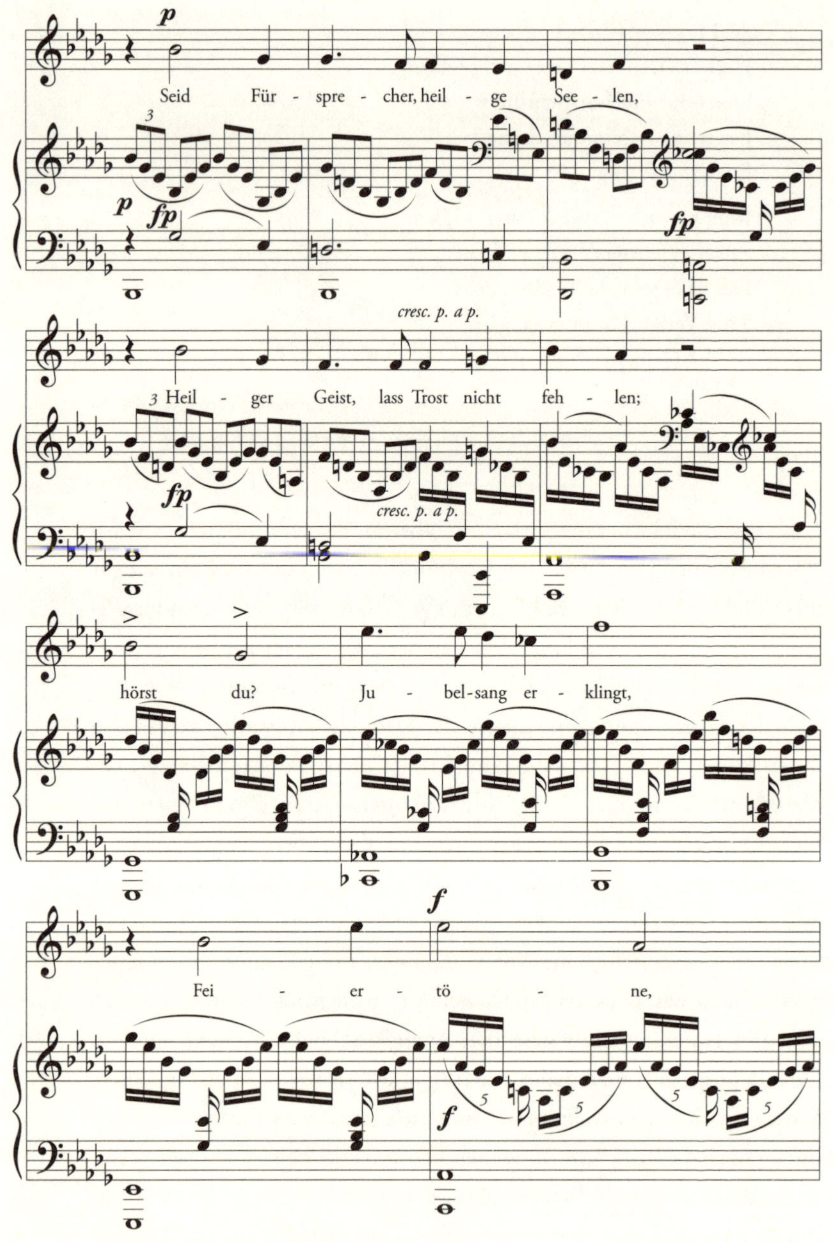

6 Robert Schumann: *Requiem*, Takte 31–46

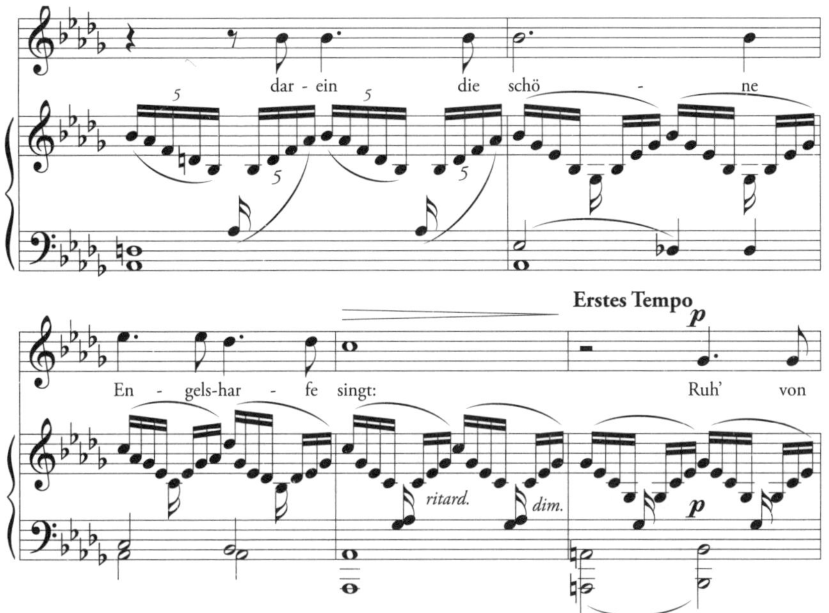

mindest die letzten fünf Worte, wenn schon nicht den ganzen Satz, mit einem einzigen Atem singen, also nicht aus physischer Notlage heraus den Textzusammenhang unterbrechen müssen – allein, bei Aufführungen ist mir das ganz unmöglich. Das letzte Wort «ein» – an sich kein außerordentlicher Sinnträger – muss erstaunliche zehn Schläge (zweieinhalb Takte) lang auf einem Ton gesungen werden, um jenen der Seele für immer gewünschten Frieden abzubilden. So bleibt mir nichts übrig, als vor «Wohnung» nochmals zu atmen. Seit ich das akzeptiert habe, seit ich nicht mehr zu kaschieren versuche, dass Schumann vielleicht eine so lange Phrase wollte, ich sie aber nicht singen kann, habe ich auch genügend Atem und Kraft, um auf diesem letzten Wort wie als Begleitung zur gleichzeitigen Kadenz im Klavier eine kleine Farbmetamorphose zu versuchen, welche im Sinne des gesamten Liedes die imaginierte Himmelfahrt unterstreichen soll, als Illustration der Metamorphose (Notenbeispiel 7).

Gehört habe ich diese Lieder zum ersten Mal im März 2002, als Ruth Ziesak sie in Straßburg sang. Dort war ich gerade in einer *Zauberflö-*

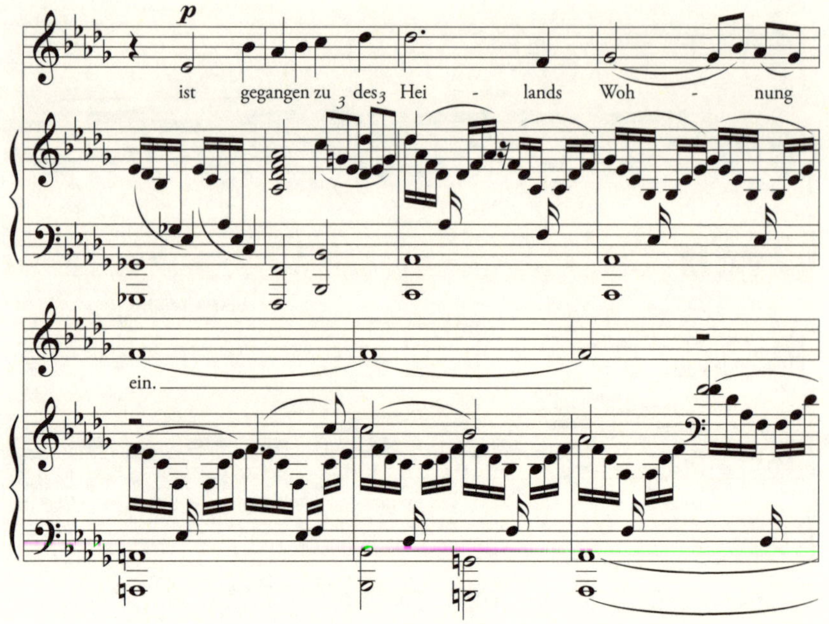

7 Robert Schumann: *Requiem*, Takte 56–62

ten-Produktion beschäftigt und freute mich, endlich wieder Kammermusik zu hören. Ich saß im ersten Rang der Opéra du Rhin in der Mittelloge, sah und hörte alles vom perfekten Platz aus. Und ich dachte wie immer, wenn ich in Liederabenden Zuhörer bin: Mein Gott, ist das schwierig – wie kann man sich zutrauen, so einen ganzen Abend mit sich selbst zu sein, wie kann man da ruhig stehen, wie kann es sein, dass einem nicht die Knie so wackeln, dass man keinen geraden Ton herausbringt … Als aber die *Lenau-Lieder* erklangen, da brauchte ich dieses Konzert nicht mehr auf mich selbst zu beziehen. Sie waren unvergleichlich und hinreißend gesungen und weckten in ihrer Schlichtheit und Eindringlichkeit in mir eine überwältigende Ahnung. Verstehen konnte ich sie noch nicht, überwältigt aber war ich. Ich rief sofort Gerold Huber an: Dieses Werk müssten wir unbedingt lernen.

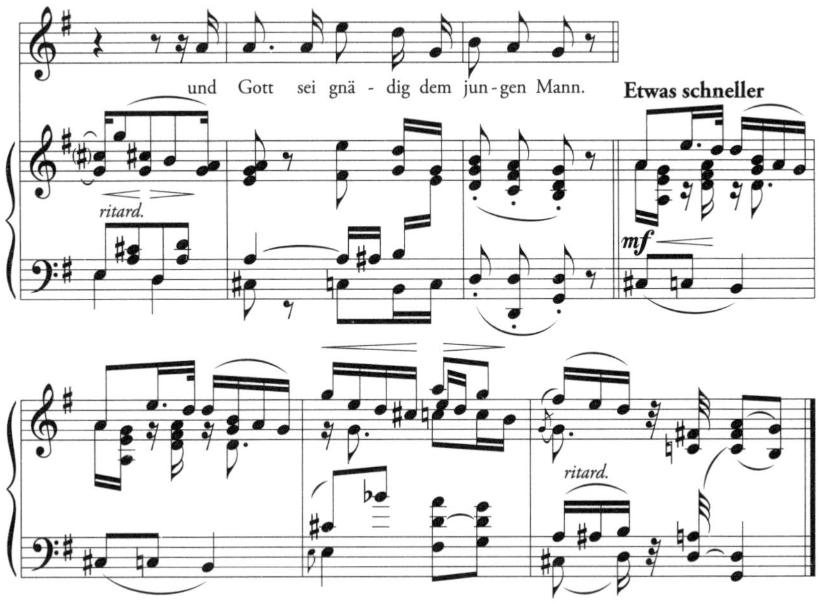

8 Robert Schumann: *Märzveilchen*, Takte 26–32

Die besondere Art der Dramaturgie dieses Zyklus, die viele zunächst befremden mag, ist bei Schumann nicht unbedingt neu: Eine schonungslose Antiklimax des Schreckens und der Verzweiflung kann man beispielsweise schon in den *Andersen-Liedern* (op. 40) hören, von denen vier auf Gedichte von Hans Christian Andersen komponiert sind und die dann ‹abgerundet› werden durch ein griechisches Volkslied; alle fünf sind von Adelbert von Chamisso übersetzt. Sie stammen aus Schumanns erstem Liederjahr 1840. Hier findet sich nun zunächst gar nichts Beunruhigendes, und doch endet das erste Lied, *Märzveilchen,* mit dem Satz «Und Gott sei gnädig dem jungen Mann». Warum braucht so einer Gnade, wo sein Leben doch ganz in Ordnung scheint? Es ist eine leicht verborgene Verunsicherung, die mir jedoch nach Methode aussieht: Erst wird dieser seltsame Halbsatz wiederholt, als hätte er eine besondere Bedeutung, und dann folgt auch noch ein seltsam verstolperter Schluss, der mit einem agogisch eher nicht zu erwartenden Auftakt zum letzten Vorhalt ein organisch retardierendes Ende verhindert und so einen Sarkasmus andeutet, der in dem Gedicht durchaus angelegt ist (Notenbeispiel 8).

Das zweite Lied, *Muttertraum*, ist schon heftiger, denn der Rabe am Fenster bedeutet der jungen Mutter: «Dein Engel wird unser sein, / Der Räuber dient uns zur Speise.» Danach *Der Soldat*, der als Abkommandierter im Exekutionskommando als Einziger seinen verurteilten Freund ins Herz trifft. Schließlich muss im vierten Lied *Der Spielmann* auf der Hochzeit der eigenen Geliebten spielen, und so rammt er sich im Wahnsinn die zersplitterte Geige tödlich ins Herz. Das kontrastierende Bild des abschließenden Quasi-Volksliedes *Verratene Liebe* kann dann aber mit seiner tändelnden Leichtigkeit an diesem Ort des Zyklus, nach diesem erbarmungslosen Abstieg ins Jammertal, niemanden mehr erreichen, schon gar nicht erheitern. Und wie kann Schumann hier die Vortragsanweisung «Leicht» allen Ernstes gebrauchen? Es geht in diesem Lied um eine Liebe draußen in einem Boot, die ein Stern beobachtet, der darüber ins Meer fällt, herausgefischt wird und auf dem Fischmarkt mit seiner Erzählung alle lachen macht. Nur – Schumann gönnt seinen Zuhörern kein erleichterndes Schmunzeln.

Diese Wendung gibt dem Opus eine nicht weniger intensive, nicht minder erschütternde, aber doch andere Qualität, als sie die zehn Jahre später (in Schumanns zweitem Liederjahr 1850) geschriebenen *Lenau-Lieder* durch den Abschluss mit dem oft «altkatholisch» genannten *Requiem* erhalten.[1] (Tatsächlich ist dessen Text nur die Übersetzung eines lateinischen «Geistlichen Gedichtes» durch Lebrecht Dreves; sein Herausgeber Joseph von Eichendorff berichtet,[2] er stelle Héloïsens Totenklage um Abaelard dar, was zumindest zweifelhaft erscheint.[3]) Der balladenhaftere Ton der *Andersen-Lieder* haucht den einzelnen Liedern, wenn auch nicht dem Zyklus insgesamt, eine gewisse erzählerische Perspektive ein und gibt dem Werk dadurch etwas Konkretes. Das lässt es fast wie ein Gruseltheater erscheinen, obwohl es das natürlich nicht ist; es entwickelt vielmehr durch die konzeptionelle Anlage einen gewollt künstlichen, schier gleichnishaften Charakter. Das Balladenhaft-Konkrete weicht zehn Jahre später bei den *Lenau-Liedern* dem eher Nicht-Gegenständlichen.

Zu diesen Liedern hier eine literarische Beobachtung, welche die ‹künstlerische Freiheit› des Komponisten gegenüber dem Dichter geradezu neu und unumstößlich belegt und die singuläre Künstlerschaft Schumanns in meinen Augen einmal mehr erweisen kann:

Joseph von Eichendorff hat 1849 die Gedichte des Juristen Lebrecht Dreves herausgegeben. In dieser Ausgabe sind auch die Übersetzungen von neunzehn «alt-lateinische[n] [...] ‹Lieder[n] der Kirche›» enthalten,[4] deren letztes den Abschluss des ganzen Buches bildet. Schumann hat es wie ein retrospektives Epitaph auf Werk und Leben Nikolaus Lenaus benutzt, eben als Abschluss seiner *Lenau-Lieder* (der Titel *Requiem* stammt von ihm). Was Eichendorff aber in seinem Vorwort zu diesem von ihm zusammengestellten Band schreibt, ist bemerkenswert, da es eine offensichtlich gewaltige Verärgerung über die jüngste Entwicklung romantischer Dichtung erkennen lässt:

> Auch die Poesie hat in Deutschland ihre Revolution erlebt. Ein flacher Liberalismus hatte unter dem prächtigen Mantel kosmopolitischer Humanität auch hier Glauben und Leben ausgenüchtert und die Reaction der Romantik hervorgerufen. Allein beide erschracken vor ihren Consequenzen, der Liberalismus vor der Revolution, die Romantik vor der Kirche. Alle Halbheit aber ist durchaus unpoetisch. Die jüngere Poesie wurde daher radikal, indem sie kurzweg jenen zaghaften Liberalismus für mündig und souverain erklärte und ihn, über die verblaßte Romantik hinweg, seinem unvermeidlichen Ziele zuführte. So entstand mit Lenau, Anastasius Grün und vielen anderen die Poesie der Negation alles Positiven [...].[5]

Lenaus Dichtung wird hier zwar nicht von ihm selbst, aber doch immerhin von einem so bedeutenden Autor wie Eichendorff erklärt. Kann man sich aber einen größeren Affront gegenüber einem Künstlerwillen vorstellen, als komponierend-interpretierend neben Lenau auch die Dichtung eines Dreves zu vertreten? Schumann hat dem Lenauschen Liedkonglomerat, das Sinn und Bedeutung des menschlichen Daseins und Wollens radikal anzweifelt, jene geistliche Hymne angefügt, die von Eichendorff wie ein Antidot gegen die subversiv und schwach genannte Dichtung seiner Zeit präsentiert wird, wobei er Lenau explizit nennt.

Diese Entscheidung Schumanns kann ich nicht anders denn als eine große Invektive verstehen. Für mich ist es, wenn ich das sagen darf, eine Genugtuung, wie hier einem religiösen und künstlerischen Traditionalismus eine Lehre der Freiheitlichkeit erteilt wird, auch wenn mir persönlich Eichendorffs Dichtung besonders am Herzen liegt. Wie dieser sein Werk allerdings gemeint haben mag oder gar verstanden wissen wollte, ist mir nicht so wichtig.[6]

1 Lied eines Schmiedes

Fein Rösslein,
Ich beschlage dich,
Sei frisch und fromm,
Und wieder komm!

Trag' deinen Herrn
Stets treu dem Stern,
Der seiner Bahn
Hell glänzt voran.

Trag' auf dem Ritt
Mit jedem Tritt
Den Reiter du
Dem Himmel zu!

Nun Rösslein,
Ich beschlage dich,
Sei frisch und fromm,
Und wieder komm!

Nikolaus Lenau/
Robert Schumann, *Lenau-Lieder*

Schon im ersten der *Andersen-Lieder* ist es die Dichtung, die mit ihrer unerwarteten Wendung am Ende den Hörer kurz aufhorchen lässt oder ihn vielleicht sogar durch die mit der letzten Zeile einhergehende Verunsicherung einer plötzlichen Erschütterung unterzieht. Nun, zu Beginn der *Lenau-Lieder,* sucht Schumann sich aus Lenaus *Faust*-Gedicht eine Vorlage aus, bei der die Wiederholung der ersten Strophe (durch Lenau selbst) die Frage aufwirft: Weshalb nochmals?[7] Drei Strophen des *Lieds eines Schmiedes* werden von Schumann als reines Strophenlied ausgeführt (bei welchem exakt dieselbe Musik, allenfalls angepasst an eine leicht variierende Silbenverteilung, auf jede Gedichtstrophe angewendet wird), bevor die erste Strophe fast identisch wiederholt wird: Aus «Fein Rösslein, / Ich beschlage dich, / Sei frisch und fromm, / Und wieder komm!» wird «Nun Rösslein, [...]». Dieses «Nun» zeigt die Schlussfolgerung aus den drei ersten Strophen an. Aber was ist daraus zu folgern, dass ein Rösslein zum guten Dienst an seinem Herrn aufgefordert wird und am Ende der erste Satz für es wiederholt wird? Für mich eher nichts. Und noch weniger: Die Wiederholung der ersten Strophe empfinde ich als Eingeständnis von Haltlosigkeit in Bezug auf die Bestimmung des Erdendaseins, ja von Bedeutungslosigkeit, empfunden vielleicht durch Faust, vielleicht durch Lenau – zumindest jedoch vermittelt durch Schumann. Er setzt den kleinen Eingriff in die erste Strophe (das «Nun») und das Wiederaufgreifen markant und in meinen Augen hochbedeutend um, wenn er schreibt: «Der letzte Vers piano». Das ist, als würde einem unvorhergesehen etwas an Substanz geraubt, und ist für den Zuhörer nicht erwartbar. Auf mich hat diese zunächst fast unmotiviert erscheinende dynamische Änderung eine Wirkung, als würde man panisch einer Hypästhesie, einer plötzlichen und unerklärlichen Minderung der eigenen Wahrnehmung, gewahr werden. Die Ursache für diese Hypästhesie aber soll die Art und Weise sein, wie man diesen Vers singt: Schumann verlangt hier Ausdruck durch verminderte Expressivität, Leisheit ohne Suggestivität – für einen Darsteller immer ein gewisses Opfer.[8]

So wenig es beweisbar ist, ich empfinde es so: Hier zeigt sich, was Schumann eben auch war – ein konzeptionell denkender Künstler, der die Wirkung einer nicht vorhersehbaren Verstörung – ähnlich der im ersten *Andersen-Lied* – nützt, um daraus eine besondere Dramaturgie zu entwickeln. Diese Entwicklung geschieht hier aber nicht mehr text- oder musikimmanent, diese Dramaturgie möchte keinem formalen Gesetz folgen, sondern entspringt vielmehr einer Reflexion über die Bedeutung von Musik in einem nicht-musikalischen Kontext. Vielleicht fügt sie sogar der Dualität von Text und Musik in der Vokalmusik noch ein Drittes hinzu. Denn in den *Lenau-Liedern* wird eine an sich nicht miteinander zusammenhängende Reihe von Gedichten in einem Zyklus zusammengebracht und mit einer neuen Bedeutung, auch im Sinne eines Ablaufs, verbunden – auch wenn diese Bedeutung den Ideen der einzelnen Gedichte hier sicherlich nicht zuwiderläuft. Die Idee einer solchen Verbindung und die daraus entstehende Bedeutung, die also eine Art Metabedeutung ist – das empfinde ich an Schumanns Liedern als so einmalig. Nicht dass es so etwas bei anderen Liedkomponisten gar nicht gäbe – es erscheint mir dort aber eher wie das Wirken eines Zufalls. Auch in den *Lenau-Liedern* also ein Beginn, der – zumindest mich – verstört.

1 Blacksmith's song

There, horse,
You'll soon be shod;
Then off you go, brisk and good,
And come back again one day.

Carry your master
Always true
To the guiding star that shines
Bright over his road.

And as you go
With each step
Carry your rider
Nearer heaven.

And now
You're shod,
So off you go;
And be sure to come back again one day.

Übersetzung von Richard Stokes

Richard Stokes, der großartige englische Kenner und Übersetzer unfassbar vieler deutschsprachiger Kunstlieder, hat mir schon einmal den Weg gewiesen – durch seine Übersetzung von Goethes Gedicht *Schäfers Klagelied* (vertont von Schubert, D 121), in der er den Vers «Ich bin herunter gekommen» überträgt mit: «I've come down to the valley.» Dieter Borchmeyer hat mir dann (leider) bestätigt, dass «Ich bin herunter gekommen» tatsächlich bedeutet, dass der Schäfer eben vom Berg herabgestiegen ist, und nicht, dass er, wie ich es mir immer ausgemalt hatte, ein ‹heruntergekommener› Landstreicher ist – obwohl sich das beim Singen farblich so schön gestalten lässt (ich stelle mir nun einfach beides vor).

Und jetzt Stokes' Übersetzung des *Lieds eines Schmiedes*: Sie suggeriert, dass die Wiederholung der ersten, im deutschsprachigen Original fast nicht veränderten Strophe nach dem dritten Vers so etwas wie eine weltzugewandte Folgerung darstellt: Das Rösslein möge doch nach den konkreten Instruktionen der beiden Mittelstrophen (die vierte Strophe von Lenaus Gedicht hat Schumann weggelassen), mittlerweile an den Hufen fertig beschlagen, wirklich gut aufpassen, um dem Reiter beste Dienste zu tun, ihn also schließlich auch wieder sicher nach Hause bringen. Alles soll hier gut ausgehen. In diesem Sinn wäre das vorgeschriebene Piano der letzten Strophe zwar leise, aber besonders intensiv, eben suggestiv zu singen, um diese Botschaft zu vermitteln. So bekäme das erste Lied dieses Zyklus so etwas wie eine biedermeierliche Rundung. Allein – hier möchte ich mich trotz einer gewissen Wahrscheinlichkeit, wie sie Richard Stokes' Übersetzung zum Ausdruck bringt, behaupten: Ich glaube es nicht – zumindest nicht, was Schumanns Interpretation betrifft, auch wenn Lenaus Textvorlage eventuell zu einer solch behaglichen Deutung passen könnte.[9]

Gerold Huber spricht manchmal von einem spezifisch Schumannschen Ton, der die paradoxe Richtung nach innen, also rückwärts einschlägt, somit nicht kommunikativ oder gar expressiv sein will und kann. In diesem Sinne würde ich die Wendung dieses Liedes verstehen wollen, und ich möchte hier tatsächlich meiner Idee des Substanzverlusts den Vorzug geben. Zwar mag die weiter unten beschriebene, in Gedichtgruppen symmetrisch angelegte Komposition der *Lenau-Lieder* den Gedanken nahelegen, dass hier ein stilisierter Zyklus vorliegt, der, in Zahlen und Spiegelungen wie spielerisch angeordnet, keine existenziellen Abgründe abbilden möchte. Doch glaube ich, dass das Ende des ersten Liedes eine expressive (oder eben nicht-expressive, ja anti-expressive) Einmaligkeit darstellt, wie man sie auch in der Konzeptkunst häufig beobachten kann und die durch folgende Überlegung erklärbar ist: Die Idee eines

Kunstwerks wird nicht mehr in eine bestehende Form (hier die fortschreitende strophische Entwicklung) eingefügt. Vielmehr wird aus der Notwendigkeit heraus, der Individualität eines Werkes nicht nur keine Gewalt anzutun, sondern sie überhaupt erst zu Tage treten zu lassen, eine jeweils eigene, singuläre Methode oder Technik entwickelt, die der intendierten Aussage besser entsprechen kann als eben ein vorgegebenes Muster – aber eine Technik, die nur für dieses eine Kunstwerk (Lied) gilt.

Ab dem zweiten Lied folgt jedenfalls eine ähnlich katastrophale Entwicklung wie in den *Andersen-Liedern*, nur ist diese hier differenzierter. Die Gedichte Lenaus, der nicht allein von mancher Frau, sondern auch von der Schwere des Vergänglichen wie besessen erschien, laden nicht zu einem so bunten Spektakel ein wie diejenigen Andersens. Die zyklische Entwicklung zeigt sich außerdem in sieben statt in fünf Gedichten, damit jedoch auch weniger eindeutig. Eher würde ich davon sprechen, dass nach der Nr. 1, der die Funktion einer negativen Einführung zukommt, eine Gruppe von fünf Liedern folgt, die sich aufteilt in zwei rahmende Zweiergruppen (Nr. 2 und 3 sowie Nr. 5 und 6) und ein Mittellied (Nr. 4). Auch die Zweiergruppen gliedern sich ungünstig, wie der gesamte Zyklus, nämlich gegen eine leichte oder gar erhebende Rezipierbarkeit gerichtet. Denn es folgt nicht etwa einem kürzeren Lied ein gewichtigeres, das so etwas wie ein Ergebnis, eine Konklusion oder gar eine Katharsis liefern könnte, sondern es verhält sich genau umgekehrt. Das eher optimistische, wenn auch etwas zerschraubte, das gewichtigere, weil auch längere Gedicht und Lied (Nr. 2 *Meine Rose*, Nr. 5 *Einsamkeit*) wird jeweils von dem nachfolgenden kürzeren, aber destruktiven Lied (Nr. 3 *Kommen und Scheiden*, Nr. 6 *Der schwere Abend*) in seiner letztlich positiven Aussage entkräftet, bevor das Ganze durch Nr. 7 *Requiem* abgeschlossen wird.

Dieses letzte Lied sehe ich in einer engen, quasi antithetischen Beziehung zum ersten: Die Nr. 1 wirkt auf mich, auch wegen des sich mit der letzten Strophe auftuenden Bodens, als wäre sie Antimaterie, wohingegen die Nr. 7 mit ihrer ungeheuren Wucht und mit einem bei Schumann und überhaupt in der Liedliteratur ungewohnten überbordenden Maß an Energie geradezu die Materie verkörpert. In der Mitte aber nicht nur zwischen den beiden Zweiergruppen, sondern auch zwischen Nr. 1 und Nr. 7 steht ein Lieblingslied von mir, Nr. 4 *Die Sennin.* Es steht in der Mitte zwischen zwei parallelen, nicht punktsymmetrischen Zweiergruppen und zwei in jeglicher Hinsicht komplementären, dadurch aber aufeinander bezogenen Rahmenliedern. Die Mittelposition von Nr. 4 ist jedoch nur konzeptionell gegeben und wohl kaum beim Hören sinnlich erfahrbar – vielleicht hinterlässt der Zyklus auch deshalb so oft Ratlosigkeit beim Publikum. Durch die Zentrierung auf die Mitte hin werden die *Lenau-Lieder* meines Erachtens mit der ebenfalls siebenteiligen Dritten Abteilung von Schumanns *Szenen aus Goethes Faust* verbunden. Dort ist die zentrale Metamorphose von Fausts Erdenrest (Nr. 4) eingerahmt durch die Anachoreten einerseits (Nr. 2 und 3) und das Auftreten von Doktor Marianus und Una Poenitentium andererseits (Nr. 5 und 6). Und diese wiederum werden durch den Waldungs-Chor (Nr. 1) und den Chorus mysticus (Nr. 7) gerahmt. Dem nicht unähnlich löst die Mittelstellung von Nr. 4 der *Lenau-Lieder* die Einteilungen in positiv und negativ oder in Materie und Antimaterie geradezu auf – alles Wichtige ist in diesem einen Lied versammelt, die Gegensätze werden in ihm aufgehoben.

4 Die Sennin

Schöne Sennin, noch einmal
Singe deinen Ruf ins Tal,
Dass die frohe Felsensprache
Deinem hellen Ruf erwache!

Horch, o Sennin, wie dein Sang
In die Brust den Bergen drang,
Wie dein Wort die Felsenseelen
Freudig fort und fort erzählen!

Aber einst, wie Alles flieht,
Scheidest du mit deinem Lied,
Wenn dich Liebe fortbewogen,
Oder dich der Tod entzogen.

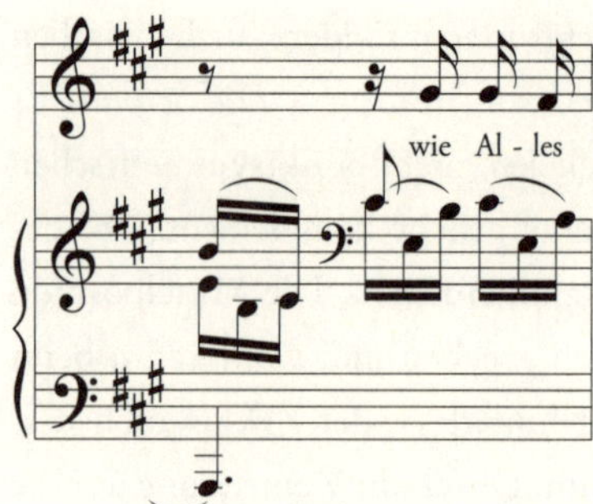

9 Robert Schumann: *Die Sennin,* Takt 23

Und verlassen werden stehn,
Traurig stumm herüber sehn
Dort die grauen Felsenzinnen,
Und auf deine Lieder sinnen.

Nikolaus Lenau/
Robert Schumann

Ideal für dieses Lied wäre der 9/8-Takt. Er ist besonders rastlos, ihm genügt die dreihebige Beschwingtheit des Walzer-Rhythmus nicht, weswegen er sich nochmals pro Schlag in drei unterteilt. Sehr belebte, mitunter auch manisch beschwingte Stücke können die Folge sein, und gerade deshalb könnte man sich *Die Sennin* gut in diesem Takt vorstellen. Seltsamerweise aber ist dieses Lied in 3/8 geschrieben, allerdings wird es größtenteils durch Triolen auf den Achteln strukturiert. Zwar scheint es zum Beispiel beim Blick auf Takt 23 («Aber einst, wie Alles flieht») zunächst unwichtig, ob das Lied so oder so, in 3/8 oder in 9/8, notiert ist. Mir aber hilft der Bezug zum 9/8-Takt, meine Ansicht von dem Lied zu entwickeln und zu belegen (Notenbeispiel 9). Ein Achtel ist leichter zu halbieren (in zwei Sechzehntel) als drei Achtel (in Sechzehntel-Duolen) – der Unterschied der beiden Taktarten für diesen Fall aber ist, dass die Teilung des Achtels beim 3/8-Takt zu einer duolischen Teilung eines Schlages des dreihebigen Grundrhythmus führt, während die Teilung eines Schlages des ebenfalls dreihebigen 9/8-Taktes speziell zu Schumanns Zeit eine erhebliche Schwierigkeit der Notation darstellt: Es müssten – unüblich – zwei punktierte Triolenachtel geschrieben werden.[10]

Robert Schumann: *Die Sennin*, Takt 23 in der Handschrift

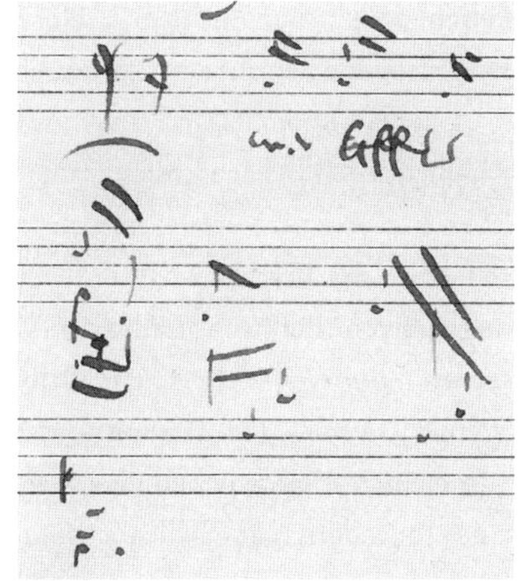

Der erste Schlag in Takt 23 ist in der rechten Hand des Klaviers zweistimmig – die Unterstimme mit drei Triolen-Sechzehnteln, die Oberstimme jedoch nur mit zwei Sechzehnteln. Meinem Verständnis nach ist nun der Septsprung nach unten in der Oberstimme (*h-cis*) duolisch aufzufassen. Dagegen könnte sprechen, dass das *cis* in die Triolenkette der Unterstimme unisono eingebunden wird; deshalb müsste das vorausgehende *h* die Dauer von zwei Triolen-Sechzehnteln abbilden. Für meine Deutung spricht jedoch, dass sich hier zum ersten Mal der originäre, in den Achteln durchaus duolisch anzunehmende Grundrhythmus des 3/8-Taktes durchsetzt. Denn hier kommt zum Durchbruch, hier scheint dem menschlichen Hörer, der nun eben keine «Felsenseele» ist, auf, was dem Lied eigentlich zu Grunde liegt: der Tod, den ich in dem Lied durch die Duolen repräsentiert sehe, und die Bestürzung über seine Unabwendbarkeit. Außerdem habe ich den Eindruck, dass jener Septsprung in der Handschrift ein bisschen duolisch aussieht.

Die ersten beiden Strophen des Gedichts sind insofern seltsam, als das menschliche Leben hier nur in der Kommunikation mit der unbelebten Natur dargestellt wird: «Felsensprache», «Felsenseelen». In einer weiteren, nicht vertonten Strophe ist gar von «Felsenchören» die Rede,[11] und in Lenaus *Faust* spricht Mephistopheles über das Echo als «die alte

Felsenhure».[12] Nur mit dem Leblosen, mit Stein kann die in einsamer Höhe lebende Sennin also Austausch pflegen.

Lenaus Manie bestand unter anderem darin, die unbegreifliche Vergänglichkeit alles Menschlichen auch in der Natur zu suchen, nachzuerleben und so zu erklären – freilich immer fruchtlos. Das schiere Entsetzen vor dem Vergehen-Müssen äußert sich immer wieder erneut in ungläubigem Befragen der Natur – zum Beispiel, sehr intensiv, in dem Gedicht *Ein Herbstabend,* das Othmar Schoeck im dritten Satz seines Werkes *Notturno* (für Bariton und Streichquartett) vertont hat.[13] Es ist – in meinen Augen spektakulär – eigentlich eine Anti-‹Liebesbotschaft›, eine ‹Todesbotschaft›: Fallende Blätter sind fast die einzigen möglichen Boten, jedoch nur Todesboten. Noch eher als zu fliegen fallen sie aber, bleiben am Boden und verfaulen, wenn sie nicht vom schleichenden Bach weggetragen werden – in einen Tümpel, der vor sich hin modert. Die Winde jagen davon, um die Klagen nicht als Botschaften weitertragen zu müssen, die letzten Vögel fliehen vor dem Vergehen, um nicht davon berichten zu müssen, und fliegen doch nur ihrem eigenen Tod entgegen. Und vergleichbar bleiben die Felsentürme in der *Sennin* nur an ihrem Ort, sind keine Liebesboten, sondern gleichgültige Zeugen des Wegbleibens der Sennin – in der Ferne der Ehe oder des Todes.

So bleiben in der *Sennin* die ersten beiden Strophen im Klavier ganz ohne Duole, denn sie bilden immerhin ein, wenn auch seltsames, Lebensprinzip ab. Die Triole fungiert hier als Ausdruck des Lebendigen, als Verkörperung diesseitiger Heiterkeit, die dieses Lied – fast befremdlich – bis zum Schluss charakterisiert. Ab Takt 23 kommen sozusagen kleine duolische Kratzer hinzu, und fünf Takte später wird dann auch erkennbar, aus welchem Grund die Sennin dereinst aus der Felsenwelt scheiden mag: «Wenn dich Liebe fortbewogen, / Oder dich der Tod entzogen.»

Deswegen finde ich es fast sinnentscheidend wichtig, diese Duole in Takt 23 explizit auch so zu spielen, obwohl die Notation vielleicht unterschiedlich interpretiert werden kann. Der Widerpart zum Lebendigen hält hier unerbittlich Einzug ins Lied, und das wird auch in der Singstimme ab Takt 23 gut erkennbar: Die ersten beiden Strophen enthalten in der Singstimme zwar einige Duolen, aber der Grundrhythmus bleibt triolisch. Nach dem Einbruch von Tod und Verlust in Takt 23 jedoch sind die letzten beiden Strophen rein duolisch vertont, nur eine einzige Triole kommt in der Melodiestimme noch vor, bezeichnenderweise auf dem Wort «Liebe». Diese Triole wäre in der Vertonung dieses einen Wortes aus syllabischen Gründen keineswegs nötig, im Gegenteil, denn «Liebe» ist ein zweisilbiges Wort, also prädestiniert für eine duolische Vertonung. Umso mehr bin ich überzeugt, dass diese Interpretation, die den Duolen und Triolen eine Bedeutung zumisst, der Komposition zugemutet werden kann, ohne sie überzuinterpretieren.

Und wie im Klavier das Triolische bis zum Schluss dominiert, trotz kleiner duolischer Einbrüche, ist für mich ein Indiz dafür, dass hier die Grundstimmung alles Irdischen repräsentiert wird: heitere Apathie – so wie das Sonnenlicht heiter ist – oder apathische Gelassenheit – den Felsen wird es ja in Wirklichkeit egal sein, ob die Sennin noch da ist, ob sie singt und sich ihr Gesang noch an ihnen bricht, auch wenn Lenaus letzte Strophe das zu verneinen scheint. Die das Leben repräsentierenden Triolen gleichen sich zum Schluss also den Duolen des Vergehens an: Apathische Gelassenheit ist der wahre Hintergrund der anfänglichen Lebensheiterkeit.

Schumanns Lied endet demnach emotional unbestimmt. Eigentlich ist die zuletzt behauptete Traurigkeit der Felsentürme im Gedichtzusammenhang so abwegig, dass sie auch bei Lenau wohl nur als menschengedachtes Bild gemeint sein kann, ein Postulat von etwas, das der Felsenwelt bestimmt nicht zuzuschreiben ist, das Postulat einer Gefühlswelt nämlich.

Jene Apathie wird in der Gesangsstimme (wer ist diese Stimme, welche die Sennin anspricht – vielleicht ein Teil der immerhin belebten Natur, zu der die Felsen nicht gehören?) sehr deutlich, wenn die Alternative eruiert wird: Ist die Sennin nun weg, weil sie ihrer Liebe ins Tal gefolgt ist oder weil sie gestorben ist? Den Felsen ist das gleich, das Schicksal alles Irdischen hat für sie keinerlei Wertigkeit. Die einfache Begründung des Verschwindens der Sennin – Liebe oder Tod – wirkt schon bei Lenau relativ nüchtern. Bei Schumann ist die Darstellung nochmals unbelasteter, fast unheimlich gelassen, wenn als Alternative zur Veränderung durch eine Liebesheirat lapidar der Tod genannt wird: Dieser wird hier nicht harmonisch offen gestaltet, sondern wird schlicht genannt, wenn die Musik friedlich zur E-Dur-Tonika (im Original Fis-Dur) des Mittelteils zurückkehrt. Zudem ist die Stelle im subito piano notiert – was mich an die hereinbrechende Haltlosigkeit in der vierten Strophe des ersten Liedes erinnert, weil auch hier auf einmal unerwartet auf jegliche Ausdruckskraft verzichtet wird.

Das Klavier ist an dieser Stelle pianissimo notiert, wodurch die Hörbarkeit eines leiseren Gesangs eigentlich gewährleistet ist. Trotzdem empfinde ich hier, wie so oft in der Liedliteratur, einen Wechsel zu einer helleren Stimmfärbung als passendes Mittel zur Ausführung des «subito piano», weil sie die Intensität und Verständlichkeit des Vorgetragenen nicht zu sehr vermindert, die Empfindung des Leisen jedoch verstärken kann. Dieses psychologische Phänomen bestätigt sich in der Aufführungspraxis immer wieder: Man muss nicht leiser singen, also den für die Tragfähigkeit der Stimme hilfreichen und notwendigen Schalldruck vermindern, wenn man den Eindruck des Leisen herstellen will, dies kann eben auch durch eine Aufhellung der Stimmfarbe in Grenzen gelingen. Damit ist jedoch nicht die Vokalfarbe gemeint, die selbstverständlich gleich bleiben muss, um den Sinngehalt des gesungenen Textes nicht zu gefährden.

Wenn nun also dieses schrecklich friedliche Wort «oder dich der Tod entzogen» so hell und unschuldig daherkommt, dann mag das zunächst den Eindruck von Zynismus erwecken. Im Gesamtzusammenhang des Liedes aber dürfte klar sein, was gemeint ist: Apathie wäre noch viel zu menschlich. Es ist die Farbe von ‹egal› – ob die Sennin nun geheiratet hat oder tot ist, das interessiert gar nicht.[14] Diese Trauer über die Unerheblichkeit menschlichen Empfindens und Leidens, ja alles menschlichen Seins überhaupt bildet demnach das Zentrum dieses Lied-Opus, vielleicht mit einer kleinen menschlichen Regung in Takt 23 versehen, wenn der erwartbare Dreier auf einmal stolpert und zur Zwei wird. Diese Regung aber geht im Rest des Liedes wieder unter, sobald die Drei erneut die Oberhand gewinnt und sich die mit ihr verbundene Heiterkeit letztlich nur als anthropomorphe Deutung des irdischen Einerlei herausstellt.

Abschied von Gewohntem

Straubing, November 2017

Nichts ist dauernd als der Wechsel, nichts beständig als der Tod. Jeder Schlag des Herzens schlägt uns eine Wunde, und das Leben wäre ein ewiges Verbluten, wenn nicht die Dichtkunst wäre. Sie gewährt uns, was uns die Natur versagt: eine goldene Zeit, die nicht rostet, einen Frühling, der nicht abblüht, wolkenloses Glück und ewige Jugend.

Ludwig Börne[1]

Es geht mir hier vornehmlich um Gustav Mahlers *Abschied*, den nach Liedmaßstäben monströs langen Abschluss des *Lieds von der Erde* – 1907/08 komponiert, ist dies sein wohl letztes Lied. Aber es gibt für mich einen Faden, der im Lauf von Mahlers Liedkompositionen immer röter wird, speziell in der offenen Sammlung seiner *Wunderhorn-Lieder*, und am rötesten in diesem symphonischen Liederzyklus, speziell in dessen letztem Lied, und auch darum soll es hier gehen.

Wenn man Lieder von Mahler aufführen möchte, kann man einem relativ unkomplizierten Deutungsansatz folgen. Man kann beispielsweise annehmen, dass hier echte Gespräche stattfinden, zwischen Mädchen und jungen Männern, weil in zahlreichen Liedern eine Art dialogischer Textstruktur vorliegt. Im Grunde könnte man darin dann kleine, mehr oder weniger abgeschlossene Szenen sehen. Doch bleiben bei vielen von Mahlers Liedern kleine Unklarheiten, Bedeutungslücken oder sogar Widersprüche bestehen, die hinter das Unkomplizierte ein entschiedenes, ja das entscheidende Fragezeichen setzen. Ich denke da besonders an jene Lieder, die bemerkenswerterweise aus der Kombination zweier Gedichtvorlagen entstanden.

Wer hat dies Liedlein erdacht

Dort oben am Berg in dem hohen Haus,
Da gucket ein fein's lieb's Mädel heraus,
Es ist nicht dort daheime,
Es ist des Wirts sein Töchterlein,
Es wohnt auf grüner Heide.

«Mein Herze ist wund,
komm Schätzel mach's gesund!
Dein schwarzbraune Äuglein,
Die haben mich verwundt!

Dein rosiger Mund
Macht Herzen gesund.
Macht Jugend verständig,
Macht Tote lebendig,
Macht Kranke gesund.»

Wer hat denn das schöne Liedlein erdacht?
Es haben's drei Gäns übers Wasser gebracht,
Zwei graue und eine weiße;
Und wer das Liedlein nicht singen kann,
Dem wollen sie es pfeifen.

Nach *Des Knaben Wunderhorn*/
Gustav Mahler, *Des Knaben Wunderhorn*

In *Wer hat dies Liedlein erdacht* beispielsweise vereinigen sich zwei fast konträre Vorlagen.[2] Zunächst, im ersten Teil des Liedes, ist da ein Mädchen, das, zu Besuch in einer Berggegend, die Aufmerksamkeit eines jungen Mannes erregt. Er bittet um Einlass und hofft auf Gesundung. Das Ende dieser Begegnung aber wird von Mahler durch das Hinzufügen eines anderen Gedichttextes sehr eindrücklich interpretiert: Hier ist eine Familie entstanden, zwei Kinder (die grauen Gänse) und eine Mutter (die weiße Gans), allein – der Erzeuger-Vater fehlt. Immerhin klagt die junge Familie ihn an, sie bringt das Lied und seine schlimme Wahrheit ans Licht.

Diese Wendung betrachte ich nicht nur als Beispiel für das ubiquitär sichtbare Mahlersche Mitgefühl mit den Leidenden. Besonders und außergewöhnlich ist vielmehr die Tatsache, dass die Anklage nicht allein den Titel des ganzen Liedes mitliefert, sondern überhaupt als Anlass für das Gedicht und damit das Lied benannt wird («Und wer das Liedlein nicht singen kann, / Dem wollen sie es pfeifen»). Selbstreflexive Textwendungen dieser Art kann man in Mahlers kleinem, aber für das Genre zentralen Liedschaffen gelegentlich finden (in *Blicke mir nicht in die Lieder* geht es um den Schaffensprozess an sich, und *Ich bin der Welt abhanden gekommen* endet mit den Worten «Ich leb' allein […] in meinem Lied»). Doch in einer derartigen Radikalität wie hier den Sinn des komponierenden Tuns präsentiert zu bekommen, das kann ich nicht als

Kontingenz verstehen, als einzig auf dem eben mal vertonten Text basierend.

Auch wenn der schnelle Walzerrhythmus und überhaupt der sehr heiter-unproblematische Dur-Klang dieses Liedes zunächst keinen Anlass zum Zweifel geben, erweist es sich bei näherer Betrachtung doch als ein fundamental angreifendes, ein böses Lied. Und es steht in Mahlers Schaffen nicht ohne Vergleichbares da – im *Rheinlegendchen* beispielsweise schwingt inhaltlich ebenfalls sehr viel Zorn darüber mit, der Herrscher-Willkür ausgeliefert zu sein. Doch teilt sich dieser Zorn, dass die Untertanen Ort und Inhalt ihres Lebens nicht selbst bestimmen dürfen, nicht gleich im Grundcharakter der Vertonung mit. Vielleicht bilden hier Tonfall und Text einen absichtsvollen Widerspruch, der ein Wesensmerkmal dessen ist, was man bei Mahler ‹Groteske› nennt.

Ich glaube, dass eine ganz unkomplizierte, heitere, gelassene und durchaus auch sentimentale Aufführung und Rezeption solcher Lieder möglich, ja etabliert ist, bei welcher auch scharfe inhaltliche Wendungen und Widersprüche nicht problematisiert werden müssen. Man kann über derartige mehr oder weniger bedeutende Kleinigkeiten einfach hinwegsehen und so einem ‹großen Ganzen› folgen. Doch man kann solche Unklarheiten auch nützen, um daraus ein anderes, oft vielleicht sogar zum Erwarteten konträres Bild von Mahlers Liedern zu entwickeln. Dazu tendiere ich persönlich, nicht um mich von Gängigem abzugrenzen, sondern einfach aus der Überzeugung, dass Lieder wie diese eben keine konsistenten Gebilde sind und schon gar keine Miniaturopern. Solche Lieder sind meines Erachtens bewusst keine in sich logischen Gebilde, während Opern schon eher in sich stimmig sein wollen (dass sie das in manchem Fall nicht sind, halte ich nicht für ein bewusstes Ziel ihrer Schöpfer). Lieder wollen in meinen Augen nicht in der Art verstanden werden wie die dramatische Kunst, weswegen der Vergleich mit Opern besonders falsch wäre. Vielmehr glaube ich, dass speziell Mahlers Lieder eigentlich oft gar nicht das aussagen, was man als Rezipient zunächst annehmen möchte. Sie sind also uneigentlich, das heißt, Schein-Romanzen, Schein-Humoresken, Schein-Erzählungen, Schein-Szenen und vielleicht sogar Schein-Tristessen. Hochtrabend, denn das ist diese Musik, möchte ich sie «assoziative Epiphanien» nennen, Erscheinungen, die aus Erinnerungen geboren und zu Ahnungen geronnen sind, welche nur in Allusionen zusammenzupassen haben, nicht in argumentativ schlüssiger Weise.[3]

Wo die schönen Trompeten blasen

Wer ist denn draußen
Und wer klopfet an,
Der mich so leise wecken kann?

Das ist der Herzallerliebste dein,
Steh' auf und laß mich zu dir ein!
Was soll ich hier nun länger steh'n?
Ich seh' die Morgenröt' aufgeh'n,
Die Morgenröt', zwei helle Stern'.
Bei meinem Schatz da wär' ich gern!
Bei meinem Herzallerlieble!

Das Mädchen stand auf und ließ ihn ein,
Sie heißt ihn auch willkommen sein.

Willkommen, lieber Knabe mein!
So lang hast du gestanden!

Sie reicht' ihm auch die schneeweiße Hand.
Von ferne sang die Nachtigall,
Das Mädchen fing zu weinen an.

Ach weine nicht, du Liebste mein!
Auf's Jahr sollst du mein eigen sein.
Mein eigen sollst du werden gewiß,
Wie's keine sonst auf Erden ist!
O Lieb auf grüner Erden.

Ich zieh in Krieg auf grüne Heid';
Die grüne Heide, die ist so weit!
Allwo dort die schönen Trompeten blasen,
Da ist mein Haus von grünem Rasen!

Nach *Des Knaben Wunderhorn*/
Gustav Mahler, *Des Knaben Wunderhorn*

Das Lied *Wo die schönen Trompeten blasen* wird gelegentlich mit Mann und Frau, die dialogisch singen, aufgeführt, obwohl es in dem Gedicht zusätzlich zu den beiden ‹Protagonisten› eine Erzählstimme gibt, die dann einem der beiden Rollen-Sänger zugeteilt werden muss, was natürlich nicht sinnvoll zusammengeht. Für mich zeigt sich auch in dieser Praxis der schon angedeutete Hang und Wille zur Verdeutlichung eines scheinbaren Erzählstrangs – die diesem Lied übrigens gerne auch in der Literatur dazu angetan wird. Die doppelten Sechzehntel- und Zweiunddreißigstel-Noten werden dann als Türklopfen interpretiert oder als Kriegsfanfaren – mal aus der Ferne herüberklingend, mal näherkommend, mal vom Mädchen gehört … Gelegentlich wird gar mit größter Akribie versucht, eine zusammenhängende Erzählung zu dokumentieren, was ich mehr als erstaunlich finde. Denn solche Versuche wirken auf mich verzweifelt – so als ob es nicht sein könnte, dass hier gar keine Geschichte erzählt wird, dass die berichtenden und dialogischen Strukturen keinen echten Zusammenhang herstellen, dass es sich vielleicht tatsächlich nicht um eine Ballade handelt (welche der Fall in der Kunstliedliteratur ist, wo das Lyrische verlassen wird, hin zum Erzählenden oder gar zum Dramatischen).

Aber der ganz und gar lyrische Charakter, der beispielsweise Mahlers *Rückert-Lieder* charakterisiert, wo chronologische und zwischenmenschliche Entwicklungen im Sinne einer Ballade überhaupt nicht aufspürbar sind,[4] erschließt sich mir auch bei den *Trompeten*, allerdings erst vom Ende her in seiner ganzen Konsequenz. Balladenhafte Situationen und Charakteristika gibt es hier nämlich schon. Sie sind untereinander jedoch in keinem konsequenten Zusammenhang verbunden, sie bilden eher ein kollageartiges, assoziatives Agglomerat verschiedener situativer Aspekte. Und so bleibt auch hier der narrative Eindruck nur Schein, und das Gebilde ist doch in sich ganz und gar lyrisch. Das aber ist speziell die Folge davon, dass die Identitäten der beiden sprechenden Personen klanglich wie inhaltlich nicht nachvollziehbar sind.

Mahlers Freund Siegfried Lipiner (und angeblich auch Goethe) war der Ansicht, dass in dem zugrunde liegenden Gedicht der Geist eines gefallenen Soldaten zu seiner Geliebten zurückkehrt und zu ihr spricht[5] – gemeint sein muss hier speziell das Gedicht *Bildchen* aus der Sammlung *Des Knaben Wunderhorn*, das Mahler für sein «Libretto» als Grundlage nahm. Ich hingegen empfinde (wie auch Mahler[6]), dass hier ein Mann aus Fleisch und Blut anklopft – zumindest anfangs. Andererseits beunruhigt mich, dass dieser Mann zuerst davon spricht, dass das Mädchen übers Jahr bei ihm sein werde, und dann prophezeit, dass er sein Leben auf dem Schlachtfeld lassen werde. Diese makabre Voraussage eines gemeinsamen Todes in Jahresfrist entsteht aber nicht deswegen, weil Mahler hier zwei Gedichte semantisch unpassend kombinieren würde. Vielmehr sind in dem Gedicht *Bildchen* eigentlich schon alle Aspekte vorhanden (das zweite Gedicht, *Unbeschreibliche Freude*, wurde von Mahler im Grunde nur zur Anpassung mancher Formulierungen herangezogen). Im Folgenden stehen die von Mahler nicht verwendeten Strophen in Klammern.[7]

Bildchen

[Auf dieser Welt hab ich keine Freud,
Ich hab einen Schatz und der ist weit,
Er ist so weit, er ist nicht hier,
Ach wenn ich bei mein Schätzgen wär!

Ich kann nicht sitzen und kann nicht stehn,
Ich muß zu meinem Schätzgen gehn;
Zu meinem Schatz, da muß ich gehn,
Und sollt ich vor dem Fenster stehn.]

Wer ist denn draussen, wer klopfet an?
Der mich so leis aufwecken kann;
Es ist der Herzallerliebster dein,
Steh auf, steh auf und laß mich rein!

[Ich steh nicht auf, laß dich nicht rein,
Bis meine Eltern zu Bette seyn;
Wenn meine Eltern zu Bette seyn,
So steh ich auf und laß dich rein.]

Was soll ich hier nun länger stehn,
Ich seh die Morgenröth aufgehn;
Die Morgenröth, zwey helle Stern,
Bey meinem Schatz, da wär ich gern.

Da stand sie auf und ließ ihn ein,
Sie heißt ihn auch willkommen seyn;
Sie reicht ihm die schneeweiße Hand,
Da fängt sie auch zu weinen an.

Wein nicht, wein nicht mein Engelein!
Aufs Jahr sollst du mein eigen seyn;
Mein eigen sollst du werden gewiß,
Sonst keine es auf Erden ist.

Ich zieh in Krieg auf grüne Haid,
Grüne Haid die liegt von hier so weit,
Allwo die schönen Trompeten blasen;
Da ist mein Haus von grünem Rasen.

[Ein Bildchen laß ich mahlen mir,
Auf meinem Herzen trag ichs hier;
Darauf sollst du gemahlet seyn,
Daß ich niemal vergesse dein.]

Unbeschreibliche Freude

Wer ist denn draussen und wer klopfet an?
Der mich so leise wecken kann?
Das ist der Herzallerlieble dein,
Steh auf und laß mich zu dir ein.

Das Mädchen stand auf und ließ ihn ein,
[Mit seinem schneeweissen Hemdelein;
Mit seinen schneeweissen Beinen,]
Das Mädchen fing an zu weinen.

Ach weine nicht, du Liebste mein,
Aufs Jahr sollst du mein eigen seyn;
Mein eigen sollst du werden,
O Liebe auf grüner Erden.

[Ich wollt, dass alle Felder wären Papier,
Und alle Studenten schrieben hier;
Sie schrieben ja hier die liebe lange Nacht,
Sie schrieben uns beiden die Liebe doch nicht ab.]

Was also mag es bedeuten, dass der Geliebten buchstäblich vorausgesagt wird, sie werde im nächsten Jahr bei ihrem Geliebten im Grab liegen?

In meiner Heimatstadt Straubing gibt es auf dem Friedhof St. Peter eine gotische «Totentanz-Kapelle» – raumgreifend barock ausgemalt, nur mit Totentanz-Themen, eine kunsthistorische Einmaligkeit. Auch im Haus meiner Eltern bin ich mit einem barocken Totentanz in vier Bildern groß geworden. Am eindrücklichsten war dabei für mich, wie dem Bauern, der mit der Sense das reife Korn mäht, der Knochenmann, gleichfalls mit der Sense, von hinten das Bein abzuschneiden im Begriff ist.

In dieser Tradition des sich anmeldenden Todes könnte für mich die Gestalt des jungen Mannes stehen, der in der letzten Strophe von Mahlers Lied spricht. Dazu passte auch die seltsame Art, die Vereinigung in Jahresfrist näher zu charakterisieren: «Mein eigen sollst du werden gewiß, / Wie's keine sonst auf Erden ist! / O Lieb auf grüner Erden.» Wie keine sonst – denn wer ist schon die Geliebte des Todes? Es ist ganz so, als wäre der Sprechende selbst nicht auf grüner Erde, sondern nur sein Totenhaus. In der letzten Strophe sagt er ja auch nicht, dass er selbst fallen wird – schließlich müsste der Tod nicht selbst im Grab, im «Haus von grünem Rasen», liegen. So allerdings verhielte es sich nur in Mahlers Lied, denn in *Bildchen* spricht der junge Mann in einer letzten, vom Komponisten nicht vertonten Strophe als Soldat davon, ein Bild der Geliebten um den Hals ins Feld mitnehmen zu wollen, was die vermeintliche Todesvoraussage wieder in den Hintergrund rücken lässt. Das ‹Bildchen› wäre nämlich in einem Jahr als Stellvertreter der Geliebten bei ihm, sollte er nicht heimkehren und stattdessen im Grab unter dem Rasen zu liegen kommen. Das letzte Wort vom mitgenommenen ‹Bildchen› rundet das originale Gedicht mit seinem flüchtigen Ausblick auf den Tod der Geliebten in Jahresfrist auf unproblematische Weise ab.

In Mahlers Lied handelt es sich mit der makabren Voraussage aber eher nicht nur um ein Versehen des ‹umsingenden› Volksmundes.[8] Dass der Mann davon spricht, in Jahresfrist wieder mit der Geliebten vereint zu sein, dann aber vom eigenen Grab, kann zwar nur ein inhaltliches Versehen des ‹Volksmundes› genannt werden. Dieses lässt Mahler in meinen Augen jedoch bewusst so stehen – im Sinne auch anderer künstlerisch bewusster assoziativer Verunklarungen.

Das makaber verkürzte Gedichtende bei Mahler ist nun schon seltsam und uneindeutig genug – aber noch seltsamer ist, dass in der Vertonung der Mann anfangs so ganz als der Geliebte spricht und, wie auch in Strophe 6, wenn er zum zweiten Mal ansetzt, durch einen Ländler friedlich, heiter und gar nicht besonders maskulin oder fordernd charakterisiert wird. Das steht im Kontrast zu dem martialischen Ton des in der letzten Strophe fortziehenden Soldaten. Es begegnet uns hier also eine mehrfach uneinheitliche Personendarstellung: Musikalisch-klanglich sind die beiden ersten Strophen des Mannes (Mahlers Strophen 1 und 6) vergleichbar, textlich eher die letzten beiden (Mahlers Strophen 6 und 7).

Noch weniger als von dem Soldaten bekommen wir allerdings von dem Mädchen eine einheitliche Klang-Charakteristik. Spricht dieses zunächst fragend, fast unsicher, zumindest sehr hell und hoch, so sind ihre zweiten Worte ganz anders, vor allem in Mahlers musikalischer Interpretation dieser von ihm selbst verfassten Worte (denn diese zweite wörtliche Rede steht in keinem der beiden Gedichte[9]): Sie klingen dunkel, zutiefst erotisch, viel verführerischer, als die Worte des jungen Mannes es je sind, und nehmen eigentlich fast den ‹männlichen› Part der Auseinandersetzung ein. Nach einem Abstieg der Basslinie, der eine agogische und dynamische Beruhigung mit sich bringt, spricht das Mädchen ihr «Willkommen» unerwartet selbstsicher und gelassen – was retrospektiv aber auch wieder nur teilweise erstaunt, denn der Nachsatz «So lang hast du gestanden!» klingt fast, als habe der Mann sich ganz schön Zeit gelassen, um die Bedürfnisse seiner Geliebten zu stillen (Notenbeispiel 10).

Dann aber folgt die Rückkehr zum eher typisch verletzlichen Mädchen der *Wunderhorn*-Gedichte: Sie fängt zu weinen an, ohne erkennbaren Grund. Sollte es daran liegen, dass sie merkt, dass der Tod sich ihr

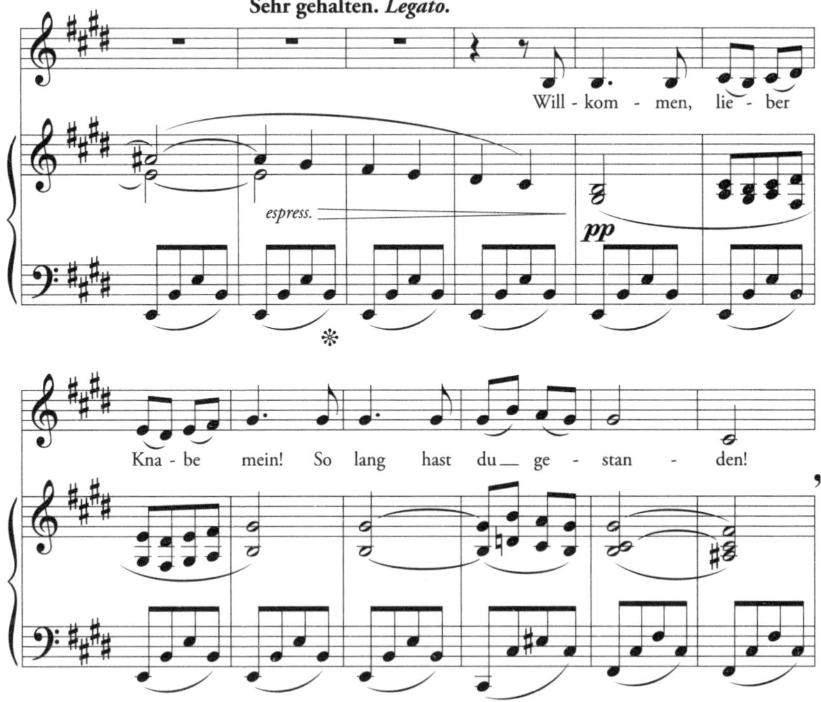

10 Gustav Mahler: *Wo die schönen Trompeten blasen*, Takte 88–99

zeigt, dann ist diese Wendung jedenfalls in Mahlers Lied semantisch nicht eingepasst. Ebensowenig wie das erste «willkommen» fünf Zeilen davor, das, melodisch-deklamatorisch herausgehoben, fast wie ein Zitat wirkt, in seiner Helligkeit aber mit der tief-dunklen direkten Rede in der Zeile danach kontrastiert (insofern ich direkte Rede meist durch ein helleres Singen vom erzählenden Text abzuheben versuche).

Es gibt also in diesem Lied, das dem Zuhörer im Allgemeinen zunächst keine großen Probleme zu bereiten scheint, seltsam viele Brüche, die sich jedoch nicht gleich als solche zeigen, da sie gegeneinander verblendet sind. Wie Wolken stehen sie vor- und übereinander und ergeben doch einen homogenen Schein. Immerhin eines kommt einem bald ins Bewusstsein – dass die beiden Protagonisten nicht über einheitliche

Identitäten verfügen. Und so handelt es sich bei dem Lied *Wo die schönen Trompeten blasen* ebenfalls um eine Schein-Ballade mit pseudonarrativen Zügen, was diesmal aber weniger an der Inkompatibilität zweier Gedichte liegt als an der Art ihrer Zusammenstellung und Vertonung. Die Schein-Erzählung nimmt einen jedoch schnell gefangen, denn sie tut ja so, als gäbe es hier eine spannende kleine Geschichte mit einem Erzähler. Ich glaube, nur das drastische, erschütternde Ende mit dem vorausgesagten gemeinsamen Tod im Feld verhindert in seiner martialisch stark nachhallenden Wirkung retrospektiv alle Fragen, die das Lied eigentlich aufwerfen müsste, da seine versprochene Erzählung letztlich ausbleibt.

6 Der Abschied

Die Sonne scheidet hinter dem Gebirge.
In alle Täler steigt der Abend nieder
Mit seinen Schatten, die voll Kühlung sind.

O sieh! Wie eine Silberbarke schwebt
Der Mond am blauen Himmelssee herauf.
Ich spüre eines feinen Windes Wehn
Hinter den dunklen Fichten!

Der Bach singt voller Wohllaut durch das Dunkel;
Die Blumen blassen im Dämmerschein.
Die Erde atmet voll von Ruh und Schlaf;
Alle Sehnsucht will nun träumen.
Die müden Menschen geh'n heimwärts,
Um im Schlaf vergess'nes Glück
Und Jugend neu zu lernen.

Die Vögel hocken still in ihren Zweigen.
Die Welt schläft ein!
Es wehet kühl im Schatten meiner Fichten;
Ich stehe hier und harre meines Freundes;
Er kommt zu mir, der es mir versprach.

Ich sehne mich, o Freund, an deiner Seite
Die Schönheit dieses Abends zu genießen.
Wo bleibst du? Du läßt mich lang allein!

Ich wandle auf und nieder mit meiner Laute
Auf Wegen, die von weichem Grase schwellen.
O kämst du! O kämst du ungetreuer Freund!

(nach Mong-Kao-Jen)

Er stieg vom Pferd und reichte ihm den Trunk
Des Abschieds dar. Er fragte ihn, wohin
Er führe und auch warum, warum es müßte sein.
Er sprach, seine Stimme war umflort: Du, mein Freund,
Mir war auf dieser Welt das Glück nicht hold!

Wohin ich geh'? Ich geh'; ich wandre in die Berge.
Ich suche Ruhe, Ruhe für mein einsam Herz.
Ich wandle nach der Heimat! meiner Stätte!
Ich werde niemals in die Ferne schweifen.
Still ist mein Herz und harret seiner Stunde!
Die liebe Erde allüberall blüht auf im Lenz und grünt
Auf's neu! allüberall und ewig blauen licht die Fernen,
Ewig, ewig!

(nach Wang-Wei)

Hans Bethge/
Gustav Mahler, *Lied von der Erde*
(hier im Text der Klavierfassung)

In vergleichbarer Weise geschieht das in *Der Abschied*, wenn auch ob der schieren zeitlichen Ausdehnung des Liedes (knapp eine halbe Stunde) noch radikaler. Es bildet den letzten Satz des *Lieds von der Erde*, eines sechssätzigen Werkes für Tenor (Sätze 1, 3, 5) und Mezzosopran bzw. Bariton mit Orchester. Seine sechs Sätze sind den vier Sätzen einer Symphonie des 19. Jahrhunderts vergleichbar (Lied 1: Allegro, Lied 2: Largo, Lieder 3, 4 und 5: dreiteiliges Scherzo, Lied 6: Finale) und legen deshalb nahe, dieses Werk als Musterbeispiel einer ‹Vokalsymphonie› zu betrachten.

Auch im *Abschied* werden zwei Gedichte unterschiedlicher, aber immerhin miteinander befreundeter Dichter kombiniert. Im ersten von Mong-Kao-Jen spricht durchgängig ein Ich, im anderen Gedicht von Wang-Wei führt Mahler einen Erzähler ein, denn die erste Zeile Wang-

Weis lautet «Ich stieg vom Pferd und reichte ihm den Trunk», Mahler aber ersetzt das «Ich» durch ein «Er». Ein Ich erscheint nur noch in den letzten beiden Absätzen, in wörtlicher Rede – sie soll wohl zu dem in der ersten Hälfte des Liedes Erwarteten gehören. Identisch sind die beiden Ichs des *Abschieds* also wohl nicht, und sogar das zuletzt sprechende Ich erscheint mir nochmals in sich unterschieden, da es sich klanglich ähnlich uneinheitlich zeigt wie das Mädchen in den *Schönen Trompeten*. In seiner wörtlichen Rede, wo der Scheidende eine kurze Selbsterklärung liefert, nachdem seine Stimme als «umflort» beschrieben wurde, begegnet uns wieder ein ausgedehntes Farbenspiel: zunächst ein Abtauchen in klanglich füllige Tiefen («Wohin ich geh' …»), die aber in Kontrast stehen zu seinen letzten Worten («Ich wandle nach der Heimat …»).

Musikalisch sind diese ein ausgedehntes Zitat des frühen Abschnitts «Der Bach singt voller Wohllaut» mit seiner gelassenen Heiterkeit der Naturbetrachtung. Demgemäß könnten sie dem unzufriedenen Abschied aus dem eigenen gescheiterten Leben eine versöhnliche Wendung geben, bevor es in die Sorglosigkeit ewiger Wiederkehr eintritt. Im Sinne verfolgbarer Identitäten allerdings stiftet dieses melodische Zitat eine Unsicherheit – die Personen, von denen anscheinend erzählt wird, verlieren auch hier entschieden an Kontur.

Die ätherische Helligkeit jedenfalls, mit der dieses Ende der Eigenwirklichkeit beschrieben wird, stellt eine klangfarbliche Abwendung von der ursprünglich formulierten Traurigkeit des Scheidenden dar. So etwas ist natürlich nicht ungewöhnlich, und sängerisch ist dieses letzte, fast euphorische Glänzen mit der Anweisung des pianissimo bis zum Schluss auch gut vereinbar. Nur fällt mir eines auf: Durch dieses leise, hell sprechende Glänzen wird der Eindruck einer entschiedenen Entwicklung hervorgerufen, die aber trotz der erheblichen Länge des Liedes im Vergleich zu epischen Maßstäben unvermutet schnell vor sich geht. Es wird also mit Farben die Illusion einer Erzählung vermittelt. Ähnlich ist es am Anfang: Im Grunde wird hier der Beginn einer Nacht geschildert, als ob etwas Bewegendes geschähe, als ob überhaupt etwas geschähe, obwohl das gar nicht der Fall ist. Mit Farbigkeit wird eine große Illusion eines erzählerischen Gestus ausgebreitet, ohne dass etwas passierte.

Diese Farbigkeit übernehmen in der Orchesterfassung vor allem die Instrumente (speziell die Holzbläser). Auf der Basis der rhythmischen Variation von großen und kleinen Duolen, Triolen, Quartolen und Quintolen breiten sie ein schimmerndes Geflecht aus, auf und in dem sich die Gesangslinie dann entwickeln kann. Besonders aber in der (früheren) Klavierfassung Mahlers kann die Stimme jene Farbigkeit gegenüber dem Klavier etwas mehr für sich entdecken, ja reklamieren, ohne dadurch dynamische Risiken einzugehen, die sich beim Vortrag mit dem Orchester leicht ergeben. Wenn nämlich Farben gesungen werden, während sie im Orchester wechseln, dann kann es passieren, dass die Stimme ihre Präsenz einbüßt und folglich ein wenig «untergeht».

Die der Intention nach wohl größtmögliche Intimität der Textprojektion lässt sich im Zusammenspiel mit dem Klavier einfacher, aber auch radikaler verwirklichen. Aus der Konkurrenz mit dem Orchester wird hier ein Zusammenwirken, das natürlich weniger Wucht und vor allem im großen Zwischenspiel eine erheblich geringere dynamische und koloristische Fallhöhe aufbietet als das beeindruckende Ölgemälde der instrumentierten Fassung. Die Klavierfassung erreicht aber durch die Qualität des ‹semplice›, die in meinen Augen fast für alle Liedliteratur gilt, fast in jedem Stil, bei fast jedem Komponisten, und nicht nur situativ, anzutreffen ist, die Wirkung eines tiefenscharfen Holzschnittes, der vom Sänger noch zu kolorieren ist.

Wirkung jedenfalls geht von der Klavierfassung genug aus: In Straubing wie auch später bei den Konzerten unserer Tournee in den USA war sie immer exorbitant. Die Zuhörer waren hingerissen, der Vergleich mit der Orchesterversion kam gar nicht auf, auch nicht in den Gesprächen hinterher, allenfalls sagte man, dass man sie nicht vermisste. Vielleicht liegt diese Wirkung auch an einer Kleinigkeit, die zu hören ich geradezu süchtig geworden bin: Am Ende des *Abschieds*, wenn die berühmten «ewig, ewig» eine Oktave tiefer nochmals nachklingen (denn ein wirklich sonores Singen ist das nicht mehr), werden die aus der Orchesterfassung bekannten und geliebten, wunderbar ausgebreiteten Glissandi mit Harfen, Streichern, Celesta, Mandoline im Klavier durch Akkorde repräsentiert, die auf einmal, beim dritten «ewig», von Achtel-Sechsergrup-

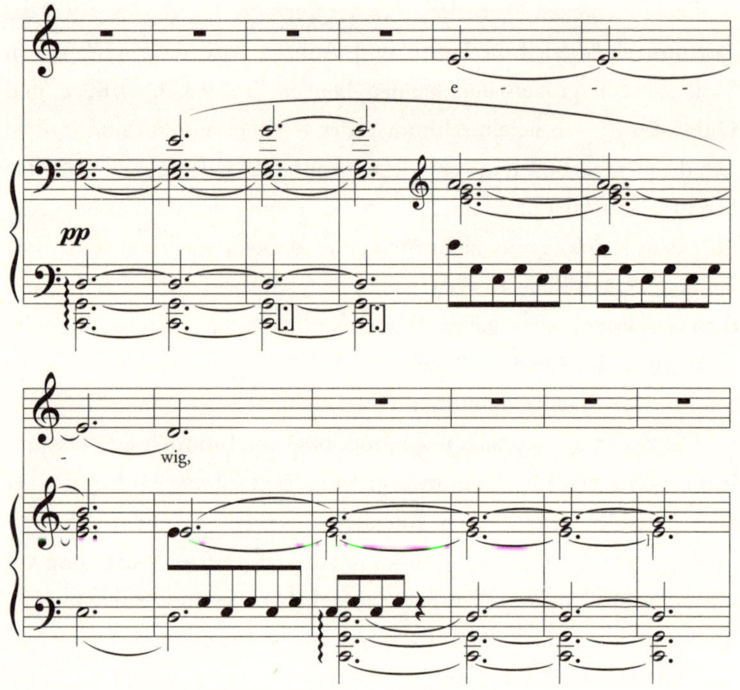

11 Gustav Mahler: *Das Lied von der Erde,* Klavierfassung, Takte 535–546

pen – changierenden Terzen, also einer sich wiederholenden Bewegung zweier Töne im Terz-Abstand – wie paradox aufgehalten werden (Notenbeispiel 11). Denn die Akkorde, wiewohl ohne rhythmische Bewegung, schreiten harmonisch voran, jene Achtelbewegungen bleiben dagegen stehen, auch wenn es Bewegungen sind.[10] Für mich ist das ein einzigartiger Eindruck: wie ein Pulsieren des Unendlichen, wie wenn das Ewige plötzlich zeigen würde, dass es nicht tot ist, sondern sich bewegt. Wie etwas, das der Mensch nicht kennt, weil es das nicht geben kann. Und so wird mir begreiflich, was Schönberg gemeint haben könnte, als er sagte, Komponisten sei es nicht vergönnt, mehr als neun Symphonien zu schreiben, da sie dann Dinge zu sagen begännen, die Menschen nicht sagen dürften. *Das Lied von der Erde* war ja Mahlers eigentliche neunte Symphonie, mit deren Umbenennung er das Schicksal offenbar austricksen wollte.

Drama des Augenblicks

Frankfurt, April 2014

[…] zwischen Vergangenem und Zukünftigem
als schwere Wolke […]
Denn ich liebe dich, oh Ewigkeit!

Friedrich Nietzsche[1]

An einem Tag im Frühjahr 2014, ich war noch nicht 45 Jahre alt, stellte ich mich in Frankfurt am Bahnhofsschalter an. Ich wollte mir eine Bahncard kaufen. Am Abend davor war ich als Don Giovanni aufgetreten, eine Rolle, die ich mir nicht unbedingt für mich vorgestellt hatte. Nicht weil ich keine donjuanesken Ambitionen pflege, sondern weil mit der Rolle einiges verbunden ist, was ich an mir vergeblich suchen würde – eine mächtige Stimme, eher aus dem Bass-Bereich kommend, oder ein Auftritt als gebräunter, schlanker, hochgewachsener Jüngling. Bernd Loebe, Intendant in Frankfurt, hatte mir den Giovanni dennoch angeboten. Und mit Christof Loy als Regisseur, dachte ich, könnte das schon gehen, er würde sicher noch anderes an dieser archetypischen Rolle finden, etwas, das auch von mir darstellbar wäre. Ich hatte zunächst einen Rollstuhl im Sinn, aber Loy wollte nicht so weit gehen, sondern setzte mir eine graue Perücke mit langen, fettigen Haaren auf – überhaupt wurde ich zum alternden Mann. Und wie es mir oft mit so starken Rollen geht: Ich versuchte nicht, sie mit meinem simplen Leben zu füllen und zu vermitteln. Vielmehr ergriff sie mein schlichtes Dasein.

Deshalb hat es mich wohl nicht allzu sehr überrascht, als mich die Dame am Schalter fragte, ob ich denn schon sechzig sei, dann nämlich käme mich die erwünschte Bahncard erheblich billiger. Der Vorabend stand mir vielleicht noch im Gesicht – oder die Dame am Schalter hatte die Aufführung besucht und fand, dass meine Stimme ganz schön alt geworden sei. Wirklich getroffen hat mich nur, dass ich auf diese Weise fünfzehn Jahre gar nicht gelebt, sie nicht erlebt hätte, es lag ein weißes Blatt zwischen mir noch irgendwie jungem Mann und dem Beinahe-Rentner, anderthalb Jahrzehnte des Vergessens, fünfzehn tatenlose Jahre nach Giovannis Höllenfahrt die Nacht zuvor.

Was mir bei dieser Figur ins Auge sticht, ob man sie nun für alt und ihres Lebens überdrüssig hält oder im Gegenteil für jung, viril und unerschütterlich begierig, ist die berstende Kraft des immer bis zum Äußersten gelebten, aber wenig erlebten Augenblicks. Das Momentane in diesem Sinn ist derart zentral für den Typus des Don Juan, dass ich denke, Mozarts Auffassung vom Theater mit Musik vollende sich in dieser Figur – schon angesichts anderer, früherer Werke von Mozart muss man ja von der Ästhetik des Augenblicks sprechen. Don Giovanni wird so zum Archetypen der Mozartschen Bühnendramatik, denn diese erklärt sich geradezu durch jene Figur. Don Giovanni lebt und fordert sein Raumgreifen in der Gegenwart auf idealtypische Weise, während er seine Einbindung in Vergangenheit und Zukunft, in ein zeitliches Kontinuum, ja in jegliche Entwicklung ausschließt.

Von seinen Mitmenschen wird er unmoralisch genannt – «scellerato», «perfido», «indegno», «mostro! fellon! nido d'inganni» («niederträchtig», «heimtückisch», «würdelos», «Monster! Treuloser! Hort des Betrugs»). Er selbst weiß darum, er weiß auch, was Moral bedeutet, geht sogar mit ihr um, aber widersetzt sich ihr. Zynisch lügt er, wenn er Donna Anna fragt, warum sie denn weine und wer ihr etwas angetan habe: «Ma voi, bella Donna Anna, perché così piangete? Il crudele chi fu che osò la calma turbar del viver vostro?» («Warum weint ihr so? Welcher Grausame konnte wagen, den Frieden eures Lebens zu stören?»). Kurz darauf gibt er sich als hinterhältiger Taktierer zu erkennen, wenn er seine Taten mit den Worten verbirgt: «Se men vado, si potria qualche cosa sospettar» («Wenn ich jetzt gehe, könnte man Verdacht schöpfen»). Don Giovannis Wissen um die Moral hat weder aktuelle noch prospektive Konsequenzen. Er plant nicht langfristig, strategisch; und wenn er nach vorne denkt, dann jedenfalls nicht weiter als für die nächsten paar Minuten. Sein Befehl an Leporello, das Bauernvolk in seinem Schloss zu bewirten und zu unterhalten, folgt einzig dem spontanen Wunsch, Zerlina hier und jetzt für sich zu haben. Das Fest zu planen ist ihm ganz gleichgültig (es wird dann aber später tatsächlich stattfinden, jedoch nicht wie geplant, erwartet oder ersehnt).

Don Giovanni lebt und handelt also nur im Hier und Jetzt. Er denkt nicht an die Vergangenheit und nicht in die Zukunft. Er plant nicht aus Erfahrungen heraus, er will nichts erreichen, er möchte nichts besser machen als vorher, er bereut nichts. Seine Missachtung jeder Moral als Grundlage für das eigene Sein resultiert eben daraus. Don Giovanni verachtet das Ethische nicht einfach – das würde ja eine differenzierte Auseinandersetzung voraussetzen –, er ignoriert es nur (oder nicht einmal das). Warum sollte er die absolute Gegenwart seines Lebens verlassen, die er zwar nach eigenem Willen und eigener Vorstellung, seiner Individualität entsprechend, verwirklicht, jedoch nicht plant? Dazu hat er, wenn nötig, seine Domestiken. Das deutet Leporello schon in der ersten Szene an, wenn er sagt: «non voglio più servir» («ich will nicht weiter dienen»). Denn dieser Dienst meint die Planung von Giovannis Taten ebenso wie die Bereinigung von deren Folgen. Damit hat Leporello auch an Giovannis statt die notwendige ethische Instanz einzunehmen.

Giovannis von einem zeitlichen Kontinuum losgelöstes Aufgehen im Moment findet seine ideale Entsprechung in der Sexualität, die in diesem Typus viel weniger das Triebhafte verkörpert als das absolut Gegenwärtige. Und in dieser Radikalität reiht Giovanni sich gleichsam in ein Triumvirat des kreativen Atheismus im 18. Jahrhundert ein, der sich mal lachend (‹Monsieur Machine› La Mettrie), mal diabolisch (Don Giovanni), mal pervers (Marquis de Sade) zeigt.

Abgesehen von seiner Nobilität (als sozial-materieller Voraussetzung seiner Lebensart) ist er die vorweggenommene Gestalt des wilden, freien Menschen, den wir bei Nietzsche kennenlernen.[2] Frei von jeder äußeren und inneren Wertung ganz der Wirklichkeit seiner Eigenheit zu leben ist das eigentliche Naturell Don Giovannis;[3] Verführung ist bloß sein Metier.[4] Sein Eigen-Sein wird von ihm als Phänomen wahrgenommen und ausgelebt, er reflektiert es jedoch nicht, ebenso wenig wie seine Rolle unter den Mitmenschen.

Deshalb findet der letzte Austausch mit dem Komtur im zweiten Finale nicht als Konversation oder Auseinandersetzung statt, sondern ist lediglich das Nebeneinander unvereinbarer Wirklichkeiten: «Pentiti, scellerato» – «No, vecchio infatuato» («Bereue, Verbrecher» – «Nein, alter Schwärmer»). Die Dimensionslosigkeit des Amoralischen kann sich gegenüber der normativen Macht einer gottesfürchtigen Welt jenen

Spott herausnehmen, welchen die Welt des Ethos fürchtet. Umgekehrt erscheint dieser Welt das Mitleid des Gläubigen mit dem Ungläubigen, welchem ein Leben ohne Aussicht auf die Fülle des Ewigen und damit eine ganz armselige Existenz schon im Diesseits prophezeit wird, wie eine perpetuierte, aber deswegen längst nicht angebrachte Selbstberuhigung – im Angesicht des unverschämt freien Agnostikers oder Antichristen. Die Gegensätzlichkeit der beiden dramatischen Exponenten, Don Giovannis und des Komturs, die mit der ersten und der vorletzten Szene dem gesamten Drama auch einen Rahmen des überhaupt Möglichen geben, zeigt sich schließlich im ultimativen Hin und Wider von «No!» und «Si!» («Nein!» – «Doch!»), welches auch musikalisch-harmonisch nie auf einer gemeinsamen Basis stattfindet, sondern für jeden Einwurf eine andere Tonart benötigt.

Woher aber rührt die je nach Glaubensstandpunkt bezwingende oder beklemmende Heiterkeit des Titelhelden im Angesicht des Endes? Sie erklärt sich aus seiner zeitlichen Unabhängigkeit im Fühlen und Handeln. Wie er als Lebender jede Rückschau sowie die daraus entstehende Reue und Buße ausschließt,[5] so kann er auch nicht im Angesicht des Todes und des ihn erwartenden Gerichts über seine irdischen Sünden beunruhigt sein, weil er sich jede planende Schau der Zukunft versagt. An so einem Menschen würde die schreckenerregende Vision von ewiger Marter und Sinnlosigkeit, wie sie James Joyces Stephen Dedalus während der Exerzitien vor Augen gehalten werden,[6] abprallen – mit einem Aufschrei höhnischen Lachens. Denn wie armselig ist doch das gemeine Bild der Hölle: Während die ewigen Freuden als zeit- und grenzenlose Fülle in ihrer irdischen Unbegreiflichkeit nur selten konkret vorgestellt werden, wird die Hölle meist ex negativo, aus der Verneinung alles Irdischen heraus illustriert, als unendliche Fortsetzung irdischer Begrenztheit: Alles Irdische wird tumb verewigt, am eindrucksvollsten in der Beschreibung ewiger Sinnlosigkeit.[7]

Wegen seines nihilistischen Naturells sucht Giovanni auch kein persönliches Glück, wie wir dies etwa bei der völlig konträren Figur der Donna Anna erleben. Sie gestaltet die Handlung nie mit, sondern nimmt, ganz im Gegensatz zu Giovanni, die Entwicklungen immer nur hin. Ihr Glück sucht sie daher in einem lebenslangen Kontinuum der Beziehungen zum Vater als Vertreter ihrer Vergangenheit, also des Rückblicks, und Don Ottavio als Verkörperung ihrer Zukunft, des Ausblicks. Giovannis Welt der Gegenwart aber blendet das Glück als Ziel einer zu gestaltenden Wirklichkeit nicht einmal aus, sondern kennt es nachgerade nicht. So erklärt sich die radikale Andersartigkeit dieser beiden Figuren auch im Musikalischen: Sind die Arien Donna Annas idealtypische, aus Retro- und Prospektion genährte Betrachtungen zwar erlebter, aber nicht gestalteter Gegenwart, so verhält es sich bei Giovannis Solonummern umgekehrt.

Wie merkwürdig oft sagen aufmerksame Zuhörer, die Figur des Giovanni sei natürlich als Typus stark und bezwingend, aber seltsamerweise habe sie doch nichts Rechtes zu singen. Sie sagen das über eine Rolle, die sich mehr als eine Stunde lang singend darstellt. Zumindest Arien habe er doch keine zu singen, wo die anderen Figuren so wunderschöne hätten. Tatsächlich singt Don Giovanni aber drei arienartige Stücke, nicht gerade wenig. Ja, heißt es dann, aber das ‹Ständchen›, das sei doch eher so etwas wie ein Lied und die ‹Champagner-Arie› viel zu kurz. Und an «Metà di voi qua vadano», die dritte ‹Arie› im zweiten Akt, daran denkt eigentlich gar keiner dieser Zuhörer mit ihrem intuitiv irgendwie nachvollziehbaren Urteil. Denn in der Tat fehlt diesen drei Stücken genau das, was Arien sonst ausmacht: das Innehalten, das Retardieren, das Anhalten der Handlung, welche sich ja besonders in Rezitativen entwickelt.

In jeweils unterschiedlicher Weise tragen dagegen alle drei ‹Arien› Don Giovannis, gegen die Konvention (wie könnte es anders sein?), zum Verlauf der Handlung bei. Die letztgenannte tut das sogar in völlig eingängiger und verständlicher Weise: Dramatischer als im vorausgehenden Rezitativ mit Masetto, in dem es nur um die Klärung des Personals geht, organisiert Giovanni hier das Aufeinanderprallen der wirklichen und verkleideten Kontrahenten und die echte Gefährdung Leporellos durch die anwachsende, zum Mord bereite Meute. Und im zweiten Teil der Arie behält er Masetto alleine bei sich zurück, um ihn schließlich verprügeln zu können. Dramatischer geht es kaum, und Giovannis Natur der Lust und Kraft zeigt sich hier zur Gänze.

Mir scheint sogar, ein derartiges Intrigieren, Aufwiegeln, Aufeinanderhetzen und Verletzen der ihn umgebenden Menschen verschafft ihm mehr Lust als der ‹Dienst› an den Frauen. Oder das Organisieren und Ausleben von Aggression und Grausamkeit ist für ihn die willkommene Erholung von seiner eigentlichen Beschäftigung, man könnte sagen, von seinem ‹Job›, dem Erobern der Frauen. Diesen ‹Beruf› erläutert er kurz vor der Arie sehr eindrücklich als seine Berufung, welcher er nicht entgehen kann. Von den Frauen sagt er zwar, sie seien für ihn noch notwendiger als das tägliche Brot und die Luft zum Atmen: «Sai ch'elle per me son necessarie più del pan che mangio, più dell'aria che spiro.» Aber im Grunde bilden sie eben ‹nur› seine Beschäftigung. Sein Wesen dagegen ist ein anderes. Wenn aber die Frauen ihn, seine Natur, nicht verstünden, nennten sie es Betrug: «Le donne poi, che calcolar non sanno il mio buon natural, chiamano inganno.» Dabei ist natürlich nichts in seinem Leben Liebe («È tutto amore», «Alles ist Liebe», ist eine seiner vielen Lügen), sondern im Gegenteil: Alles ist reine, egoistische Selbstverwirklichung. Sein Selbst ist die amoralische Lust der Gegenwart.

Zur Eigenart dieser Oper gehört aber auch, dass die Titelfigur das amoralische Prinzip nicht in Reinkultur verkörpert, sondern mit charakteristischen Brechungen des Typus ‹Übermensch ex et in negativo› (ein sendungsbewusst-prophetischer ‹Übermensch› à la Nietzsche ist Giovanni natürlich ohnehin nicht). Eine solche Brechung findet sich zum Beispiel im ersten und zweiten Rezitativ des ersten Akts, wo Don Giovanni und Leporello die Ermordung des Komturs als elementare Katastrophe erleben: Direkt nach dem chromatisch absteigenden Ende der Nr. 1 setzt die erste, geradezu absurde Kommunikation zwischen Giovanni und seinem Diener ein, die sich wie aus einem lähmenden Stupor heraus entwickelt: «Leporello, ove sei? – Son qui per mia disgrazia, e voi? – Son qui» («Leporello, wo bist Du? – Ich bin hier, und Ihr? – Hier»), wobei sie nebeneinanderstehen. Und dann: «Chi è morto, voi o il vecchio? – Che domanda da bestia, il vecchio» («Wer ist gestorben, Ihr oder der Alte? – Eine Frage wie von einem Vieh, der Alte»). Hier, in dieser Situation unbedingter Schuldigkeit – die an Raskolnikows katatones Entsetzen nach seiner Tat erinnert –, muss Giovanni sich selbst in Frage stellen: Der wilde, freie Mann versichert sich selbst seiner existenziellen Grundlagen. Offensichtlich gehört zu diesen immerhin, dass kein Mensch dem anderen zum Mörder werden darf – Giovanni ist an dieser Stelle nicht unbedingt das, was man sich unter einem radikalen Nihilisten vorstellen würde.[8]

Ein anderes Beispiel: Wenn Giovanni im Terzett des zweiten Akts zynisch Elvira bezirzt, um sie Leporello an den Hals zu singen und so ihre Zofe erobern zu können, dann wirken die ersten Sätze noch ganz routiniert und zielgerichtet taktisch (gemein und intrigant, würde der Moralist sagen). Aber wenn er seine Canzonetta für die Zofe im theatralen Ablauf vorwegnehmend zitiert («Discendi, o gioia bella!», «Komm herunter, schöne Freude!»), kann er dem routinierten Verlauf plötzlich nicht mehr weiter folgen, er schweift ab: Bei der ungeplanten Wiederholung von «o gioia bella!»[9] wird deutlich, dass der zynische Anti-Held, unerwartet von Donna Elviras Schönheit und Eigenheit bewegt, sich in Verliebtheit verliert, kulminierend in dem Geständnis «pentito io son già» («ich bereue schon»). Ich kann dies nur als Ausbruch echter Leidenschaft hören und singen – wie auch den dreifach angedrohten Selbstmord.[10] Dieses Changieren von Bedeutung und Ausdruck, das in Da Pontes eher eindeutigem Text nicht erkennbar vorgesehen ist, von Mozart jedoch (unbeweisbar, aber auch nicht einfach von der Hand zu weisen) mitgedacht wird, endet freilich mit «Idolo mio, vien qua!» («Engel, komm dort hin!») und weicht Don Giovannis bekanntem Zynismus: «Spero che cada presto!» («Ich hoffe, sie hält nicht mehr lange stand!»).

Das vorweggenommene Zitat («Discendi, o gioia bella!») des Hauptthemas des dann folgenden ‹Ständchens› zeigt aber – um zur Rollenfunktion von Giovannis ‹Arien› zurückzukehren – noch etwas anderes: Dieses Ständchen, die Canzonetta, ist nicht die theatrale Verwirklichung spontanen Wollens und momentaner Eingebung, es ist nicht von der Eigen- und Besonderheit der Zofe Elviras amourös inspiriert. Im Gegenteil vergleicht Giovanni diese im ersten Rezitativ des zweiten Akts sogar mit einer Sache: «Non hai veduto qualche cosa di bello» («Du hast noch keine schöne Sache gesehen»). Dieses gesangliche Kabinettstück ist in meinen Augen vielmehr das Ergebnis 2000-maligen Werbens, ein Eroberungssubstrat höchsten Raffinements. Die insgesamt vier Gedanken der zwei Strophen (der Appell an das Heilen-Wollen und die Fürsorge weiblicher Liebe – die Androhung des Selbstmordes bei Nichterhört-Werden – die Verherrlichung weiblicher Reize – das Beklagen vermeintlich weiblicher Grausamkeit) zeigen sich als immer abrufbar, poliert, perfekt aufeinander abgestimmt, unwiderstehlich und ultimativ wirksam.

Auch in dieser ‹Arie› also zeigt sich keine tiefgehende Reflexion, hier wird keine ernste Auseinandersetzung oder gar Erkenntnis musikalisch wahr. Vielmehr ist der Ablauf jenes Eroberungsmusters, das im vorausgehenden Terzett mit Elvira eine seltsam aktuelle Belebung erfahren hatte, wiederum eine Verkörperung des drängenden donjuanesken Typus. Kein bisschen dieses Ständchens ist wahrhaftig, und die Handlung geht weiter, indem diese wohlerprobte und immer wirksame Verführungswunderwaffe eingesetzt wird. Christof Loy zeigte dies in Frankfurt durch einen eindrücklichen Kunstgriff – oder er versuchte es zu zeigen, denn die Aufgabe war zwar klar, aber so schwierig, dass ich mich ihr bis heute nicht gewachsen sehe: Der seinen Beruf des Verführers zwar weiterhin ausübende Giovanni ist in Wahrheit am Verführen und an allem, was damit zusammenhängt, nicht mehr interessiert – und wer wäre wohl nach mehr als 2000 Liebesabenteuern nicht davon gelangweilt? Die Aufgabe war also – so Loys faszinierende Idee –, die Maske des immer Drängenden, des immer Wollenden für die Dauer dieses maskenhaft inhaltsleeren Vortrags, von Warten und Langeweile gequält, abzusetzen, also mimisch eine andere Maske aufzusetzen, die Warten und Langeweile ausdrückt – während der Gesang aber keinerlei klanglich-expressive Defizite aufkommen lassen durfte. Es gelang mir nicht wirklich, und wann immer ich es wieder versuche, gelingt es mir nicht, diese Dichotomie klanglichen und mimischen Ausdrucks herzustellen.[11] (Am besten wäre es, man ließe Don Giovanni einfach einen Lautsprecher unter das Fenster der Zofe stellen, aus dem dann das perfekt animiert klingende Ständchen ertönt, während er gelangweilt rumstehen kann.) Auch so aber würde das Ständchen Don Giovannis kein arienartiges Innehalten im Verlauf darstellen, sondern wäre lediglich eine quälende Verlangsamung der Handlung, hier nun eines uninteressanten, ja belanglosen Tuns, ein Abbild schrecklicher Langeweile – eigentlich fast ein Moment irdischer Manifestation der erwähnten Joyceschen Vision von der unendlichen Sinnlosigkeit aus der Situation der Menschen-Endlichkeit heraus.

Und schließlich die Arie im ersten Akt, die im deutschen Sprachraum ‹Champagner-Arie› genannt wird: «Finch'han dal vino.» Dass hier von keinem Innehalten, von keinem retardierenden, der Reflexion gewidmeten Moment die Rede sein kann, leuchtet sicherlich unmittelbar ein. Die formale Einteiligkeit zeigt zudem, dass es sich um keine zur Differenzierung neigende Vorstellung und Planung des kommenden Festes handelt, sondern dass sich hier nur ein Gedanke, ein Augenblicksbild einer kommenden Situation materialisiert. So wie ein Gedanke im Moment seiner Entstehung noch ohne sprachliche Fassung ist, so ist mir diese Vorstellung hier wie rohes Fleisch; sie ist im Libretto sprachlich niedergelegt, aber lediglich durch einfachste und bekannte Attribute gekennzeichnet: Wein, neue Verführungen, Tanz, Flirt, die Liste der Verführten – Don Giovannis Beschäftigungshorizont eben. Kein Gedanke aber findet sich, der sich entwickeln würde, der erklärt werden müsste, es ist eigentlich nur eine dimensionslose Vorstellung, wie ein geometrischer Punkt, allerdings mit sehr starkem Gewicht. Oder eine nicht einmal anderthalb Minuten währende, extrem verdichtete musikalische Materialisierung einer massiven Imagination. In meiner Auffassung von der angemessenen Darstellung geht es hier nicht um Eleganz, sondern um atemlos sich äußernde, um rohe Gewalt. Keine Arie ist in solcher Kürze vergleichbar anstrengend wie «Finch'han dal vino», sie ist für mich das äußerste an Äußerung Vorstellbare. Diese singuläre Eruption von Kraft, Wollen, Gewalt, Hohn kommt mir vor wie die Hörbarmachung eines schweren dunklen Sterns, eines schwarzen Lochs: In einer Hand liegt die Masse und potenzielle Bedeutung ganzer Welten. Das meine ich mit der Dimensionslosigkeit des Don-

Juan-Typus: maximale Verdichtung der Sinnlichkeit, aber minimale Ausdehnung aktueller Bedeutung; Gleichzeitigkeit, aber Zeitlosigkeit im Moment.

Natürlich gibt es auch andere Arien, die nicht reflektieren, auch schon vor *Don Giovanni* und vor Mozart. Durch solche Arien aber eine ganze Figur formal zu charakterisieren und darin die Idee einer ästhetischen Haltung kulminieren zu lassen, das ist neu und ein Höhepunkt der Entwicklung des Dramatischen.

Don Juan ist in seinem Nihilismus ein Typus, der sich in einem zentralen Aspekt von der historischen Figur des Giacomo Casanova unterscheidet, einem echten Liebhaber aus Leidenschaft und Begeisterung, zwischen Hingabe und Begierde. Sieht man von späteren Zutaten zum Stoff ab – wie der Neigung Donna Annas zum Übeltäter[12] oder dem modern-psychoanalytischen Zweifel an Don Juans Männlichkeit, der daraus für dessen Verführungsdrang eine kompensatorische Erklärung findet –, sieht man also davon ab, ist Giovanni ein Verführer, der sich für die Frau, die er sich gerade nimmt, keineswegs interessiert. Ihre Erscheinung und Bedeutung sind ihm völlig egal, weil für ihn jegliche Auseinandersetzung mit einer Frau an sich uninteressant ist. Nur so würde ich Leporellos Einlassungen in dessen erster Arie interpretieren.[13]

Mit dem Hereinbrechen des Alters und mit nachlassender Attraktivität gingen Casanovas fünfzehn Jahre als reisender und schreibender Liebesabenteurer zu Ende. Don Giovanni hingegen, als vergleichsweise dämonischer Charakter, lässt sich durch sein Alter nicht beeindrucken. Und nebenbei bemerkt, trifft seine oft kolportierte Erfolglosigkeit bei den Frauen im Laufe des Dramas doch gar nicht zu: Zerlina liegt ihm hilflos ergeben zu Füßen, nur äußere Umstände verhindern das Weitere, und Donna Elvira erobert er im Terzett des zweiten Akts mühelos ein zweites Mal. Er verführt aber eigentlich nicht, er nimmt, er reißt an sich – und das skrupellos, bis hin zur versuchten Vergewaltigung Zerlinas im ersten Finale. Das Einzige, was ihm nicht gelingt, ist, sich den Folgen des von ihm verübten Mordes zu entziehen. Einzig dieser vernichtet ihn, nicht sein Lebenswandel als betrügerischer Frauenheld.

Das Alter gehört zwar zu ihm – jedoch nur in Form der Anzahl an Eroberungen, nicht ob nachlassender Willenskraft. Ungebrochen macht er weiter, und darin gleicht er einem Typus, der ihm auch sonst in vielem ähnelt: In der grundsätzlichen Fremdheit den Mitmenschen gegenüber, in der effektiven Unmoral und vor allem im manischen Griff nach Entgrenzung ist Don Juan – der andere Faust. Während dieser aber nach Inhalten und danach strebt, sie zu begreifen, einschließlich der Vergangenheit und Zukunft, während Faust sein Erdendasein schließlich gar mit einer Art Himmelfahrt beschließt, muss Don Juans expansives Wesen letztlich in sich zusammenfallen. Faust strebt nach Fülle, er endet im Nichts.

Intermezzo

Elmau, September 2019

Vielleicht ist es ein besonderer Reiz von Musik, dass sie sich [...] wie eine vernünftige Rede an uns wendet, ohne sich aber auf konkrete Bedeutungen festlegen zu müssen. Sie entkommt der Verpflichtung auf relevante Aussagen und spricht doch mit bedeutungsvoller Stimme.

Florian Mehltretter[1]

Auf die Frage, was Lieder wohl sein könnten, würde ich spontan antworten: Sie sind eine vokale Form der Kammermusik, und sie repräsentieren – wie die Oper das Drama und das Oratorium das Epische – die Lyrik in der gesungenen Musik. Solche Unterscheidungen sind natürlich gewollt, und es gibt genügend Beispiele dafür, dass dargestellte und erzählte Handlung auch beim Lied eine Rolle spielen, beispielsweise in der Sonderform der Ballade oder sogar in ganzen Zyklen wie in Brahms' *Schöner Magelone* oder Schuberts *Schöner Müllerin* (der Dichter Wilhelm Müller nennt die darin ablaufende Handlung im Prolog ein «Monodram»). Und dennoch, obwohl auch hier, wie meist, akademische Kategorisierungen in der realen Anwendung schwächeln können, erscheint mir ein Versuch der Einordnung unvermeidlich, da von ihm die Art der interpretierenden Darstellung durch Sänger und Pianist beeinflusst wird, ja geradezu abhängt.

Die oft gelesene, leicht hingesagte Beschreibung eines Liederabends als Reigen vieler «Mini-Dramen» hat in mir nicht nur Widerspruch entfacht, sondern auch den Wunsch geweckt, hier Klarheit zu finden. Lieder beruhen auf Gedichten, und beide neigen an sich eher zur Abstraktion gelebter Wirklichkeit. Sie im Sinne eines «Mini-Dramas» aufzuführen oder in dem Bemühen, etwas zu erzählen, was sich nicht erzählen lässt (wer könnte denn «Über allen Gipfeln ist Ruh'» erzählen?), würde entscheidende klangliche und inhaltliche Aspekte in den Hintergrund rücken. Beispielhaft möchte ich hier eine gewisse Intimität anführen, die als Charakterzug zwar auch in Oper und Oratorium nicht ausgeschlossen ist. Im Lied aber geht diese Intimität häufig genug im Sinne gemeinsamer Versenkung den Weg des Ausdrucks gleichsam zurück, ins Innere des Liedschöpfers, des Darstellers und damit auch des Publikums. So kann man sagen: Expressive Intimität ist beim Lied Programm und Haltung, während sie im Ablauf einer Oper lediglich situativ entsteht und sich erst durch einen dramaturgisch sinnvollen Platz im Handlungsgefüge erklärt.

Neben der besonderen Rolle der beiden Darsteller zeichnet sich der Liederabend durch seine Aufführungssituation auf einer Konzertbühne aus, die nicht an einen Saal grenzt, sondern innerhalb dessen steht und dadurch Teil davon ist. Sie unterscheidet sich so grundsätzlich von der Opernbühne: Die dort hinter einem Proszenium von der Realität des Publikums abgetrennte Fiktion gibt es bei der vokalen Kammermusik nicht. Es geht beim Liederabend also schon räumlich um etwas anderes als um eine illusionistische Erzählung oder um die Darstellung einer Dramenhandlung. Diese besteht in höherem Maße in einem zwischenmenschlichen Geschehen und zeigt sich in einem Rollengeflecht, und die Handlung einer Oper möchte am Ende verstanden werden.

Im Lied hingegen spielt das Innenleben die entscheidende Rolle. Das Geschehen wird von Wirklichkeiten bestimmt, welche sich nicht nur häufig, sondern sogar prinzipiell nicht recht auf den Punkt bringen lassen, Wirklichkeiten, die oft im Vorsprachlichen des inneren Erlebens entstehen und wirken, auch wenn sie sich paradoxerweise in Sprachen ausdrücken: durch Worte und Noten. Das vorsprachlich Unmittelbare manifestiert sich hingegen im situativ entstehenden und wirkenden Klang. Dieser Klang, der in Oper und Oratorium versucht, wieder zur Konkretion zu werden, verbleibt beim Lied in jener Vorsprachlichkeit, allerdings mittelbar – über den Weg der Abstraktion von allem Realen.

In meinen Augen ist das Lied (wie das ihm zugrundeliegende Gedicht) also ein Gebilde, dessen Zweck viel weniger in der möglichst unmissverständlichen Abbildung (Drama) oder Nacherzählung (Oratorium) einer allgemein verständlichen Handlung liegt als in der Vermittlung und Erregung von Ahnungen, welche unser Leben und Erleben in vielleicht größerem Ausmaß bestimmen als unsere geschäftigen Lebenswirklichkeiten, die sich wiederum eher in dramatischen und erzählenden Formen künstlerisch widerspiegeln. Diese lyrischen Ahnungen müssen sich nicht zu einem Ganzen zusammenfassen lassen, sie zeigen sich oft nur in Fäden, die sich nicht zu Handlungssträngen verknüpfen; und häufig genug bleiben sie ohne Anfang und Weiterführung einfach lose stehen. Sie haben sich nicht Kriterien eines logisch-hypotaktischen, eines konsekutiven oder kausalen Zusammenhangs zu beugen.

Und diese lyrischen Ahnungen entfalten sich in einem Raum, der allen Anwesenden gemeinsam ist, also dem Publikum, den Darstellern und imaginär auch den Dichtern und ihren Komponisten. In diesem Raum ist der imaginäre Blick auf die vielen einzelnen Kunstwerke eines Liederabends von jeder Stelle des Raumes ein wenig anders, der ‹Winkel des Verstehens› unterscheidet sich immer ein wenig. Allein diese räumliche Verschiedenheit mag verdeutlichen, dass die Inhalte von Liedern überall und für jeden etwas andere sind – und dass dies einem Prinzip folgt. Denn natürlich kann auch der Opernbesucher vieles anders wahrnehmen als sein Sitznachbar, die Situation ist jedoch im Idealfall für das gesamte Publikum die gleiche: Das Bühnenportal verstehe ich als Bildschirm, der eine idealerweise von der Perspektive unabhängige Rezeption ermöglicht und eine konsistente Geschichte darstellt. Das Lied dagegen begründet Wirkungen, die im Individuellen bleiben, Wirkungen, die zwar durch ein Selbes hervorgerufen werden, sich aber in einer intimen Vielgestaltigkeit entfalten.

Zu diesem eher persönlichen als gemeinschaftlichen und schon deswegen schwer verallgemeinerbaren Erlebnis des Liedes kommt meines Erachtens hinzu, dass Worte nicht immer das sind, wozu sie ausersehen scheinen, nämlich verlässliche Repräsentanten einer präzisen Bedeutung. Als solche betrachtete sie beispielsweise Eduard Hanslick, maßgeblicher Kritiker des 19. Jahrhunderts, der in seiner Schrift *Über das musikalisch Schöne* den auf mich geradezu absurd wirkenden Satz schreibt: «[...] im *logischen* (wir hätten beinahe gesagt im ‹juristischen›) Sinn ist der Text Hauptsache, die Musik Accessorium [...].»[2] Auch die weit verbreitete, wohlmeinend schön klingende Beschreibung, dass die Musik dann beginne, wenn die Sprache zu funktionieren aufhöre, wird spätestens durch das Phänomen des Kunstlieds ad absurdum geführt. Der semantische Anspruch, der dieser im Grunde hilflosen Forderung zugrunde liegt, ist nämlich offensichtlich: Wo Worte das Darzustellende nicht mehr eindeutig zu repräsentieren vermögen, sollen dies Töne tun. Ob aber gerade das in Klängen Dargestellte eine inhaltliche Eindeutigkeit besitzen kann, ist höchst zweifelhaft. Dieser schwierige

Anspruch jedenfalls hat Hanslick in dem erwähnten, wirkmächtigen Essay zu der fatalen Schlussfolgerung verleitet, ‹Gefühle› in der Musik einfach nicht existent oder zumindest nicht betrachtenswert zu nennen.

Dass aber begriffliche und inhaltliche Uneindeutigkeiten Erweise für die notwendig reine Selbstreferenzialität künstlerischer Äußerungsformen sein sollen, halte ich für den falschen Schluss. Ganz im Gegenteil – es ist ein Kriterium gerade des Liedes, nicht alles auf einen vermittelbaren Punkt bringen zu können und das auch nicht zu müssen. Eben das ist es, was ich am Lied besonders mag und interessant finde: Ahnungen werden zu Wirklichkeiten, zu Wirkendem, das sich beschreiben lässt, über das sich durchaus gewinnbringend reden lässt, wenn auch eben nicht eindeutig – nicht über das Wort, nicht über den dazugehörigen Ton und ganz besonders nicht über die Verbindung beider.[3]

Wegen der Unmöglichkeit, das eine wie das andere wirklich zu verstehen, diese Verbindung von lyrischem Text und lyrischer Musik im Lied zu vermeiden wäre eine Haltung. Eine andere wäre, Mehrdeutigkeiten in Inhalt und Bedeutung ungerührt neben den Eindeutigkeiten der Form und Darstellung stehen zu lassen. So möchte ich den schönen Satz Wittgensteins gerne verstehen: «Wo unsere Sprache uns einen Körper vermuten läßt, und kein Körper ist, dort, möchten wir sagen, sei ein *Geist*.»[4]

Die Suche des Darstellers nach Bedeutung, die also ergebnisoffen, revidierbar und verwerfbar sein muss, gleicht in gewissem Sinn einem naturforschenden Prozess: ‹Künstlerische› Erfahrungen mit der Erscheinung des Liedes werden als empirisch wertvoll genutzt, miteinander verbunden, durch Extrapolation zu Konstanten und Gesetzmäßigkeiten ausgeweitet. Das Falsifizieren ist dabei dem Darsteller aber natürlich sehr, sehr viel näher als dem Forscher und tatsächlich sein tägliches Brot, weil die unvermeidlichen Grundannahmen viel unsicherer sind als bei einem Naturwissenschaftler, der sich eigentlich nur noch theoretisch darüber versichern muss, dass ein Mikroskop auch das abbildet, was er zu sehen glaubt.

Als wichtigste, ja prototypische Liedinhalte möchte ich hier zwei nennen: Da ist einerseits das ‹Ständchen›, welches der Geliebten nachts unterhalb ihres Fensters gesungen wird, und dann die ‹Liebesbotschaft›, die der abwesend Geliebten mittels Naturphänomenen (Bach, Vögeln, Wind, Sternen etc.) übermittelt wird. Beide sind wenig dramatisch (das gilt natürlich nicht für das ‹Ständchen› in Mozarts *Don Giovanni*, das eine klare dramaturgische Verführungsfunktion hat), denn sie sind primär Äußerung eines Subjekts und erwarten keine direkte Antwort im Sinne einer Auseinandersetzung. Es ist fast wie in Eichendorffs *Marmorbild*, wo es nach Florios über den Fluss hinaus gesungenem Lied heißt: «Er mußte über sich selber lachen, da er am Ende nicht wußte, wem er das Ständchen brachte.»[5] Dass die oder der andere nicht weiß, was die Ursache des berührenden Phänomens – des gesungenen Ständchens oder des übermittelnden Naturphänomens – ist, macht beide Gedichttypen in meinen Augen eher lyrisch, weil Ahnung weckend. Und sie gehören wie ein Paar zusammen: Das eine wird vor, das andere nach der gemeinsamen Erkenntnis, füreinander bestimmt zu sein, gesprochen. Aber beide werden sie von einem Subjekt gesprochen, und zwar zunächst vor allem für dieses Subjekt selbst, ohne die Möglichkeit des/der anderen zu reagieren.

Zur Geschichte des Liedes, vor allem des deutschsprachigen, möchte ich hier noch einige besonders wichtige, jeweils richtungweisende Repräsentanten nennen. Ohne jegliche chauvinistische Attitüde gesprochen ist die Entwicklung des deutschsprachigen Liedes wohl die interessanteste, weil sie, seit dem Übergang von der musikalischen Klassik zur Romantik, am längsten andauert.

In der Wiener Klassik spielte das Lied bereits eine große Rolle, speziell bei Joseph Haydn und Ludwig van Beethoven. Als Genre konnte es sich jedoch noch nicht entwickeln – das gelang erst durch Franz Schubert. Er schuf am Übergang zweier Epochen, von der Klassik zur Romantik, eine von nun an typische, ja in gewissem Maß zentrale Form, die in der vorhergehenden noch keine sein durfte, aber dennoch schon genutzt wurde. Damit gelang es ihm, die künstlerische Freiheit des Liedes gegen die formale und inhaltliche Kleinkrämerei (geboren wohl aus formaler Ratlosigkeit) der Zweiten Berliner Liederschule vom Ende des

18. Jahrhunderts erst einmal zu etablieren. In der Folge hat er die ausgewählten Gedichte zunächst auf eine im besten Sinne ‹naive›, also relativ texttreue Art und Weise vertont.

Einen stärker interpretierenden Ansatz, der auf eine über Sprache und Klang hinausweisende Bedeutung zielte, vertrat Robert Schumann. Bei ihm ist die Inkongruenz der möglichen Bedeutung von Literatur und Musik meines Erachtens besonders stark ausgeprägt, und dies in bewusster, ja in konzipierter Weise. Resultat ist ein ‹Schimmern› zwischen diesen beiden Bedeutungsträgern, welches die Uneindeutigkeit als konstitutive Eigenheit des Liedes vielleicht ideal und formal völlig angemessen repräsentiert.

Diese assoziative Freiheit tauchte an der Schwelle der Romantik zur Moderne noch einmal in besonders radikaler Form auf: bei Gustav Mahler. Besonders die von ihm häufig vorgenommene Kombination eigenständiger und nicht füreinander bestimmter Gedichte in einzelnen Liedern zeigt einerseits die Skepsis gegenüber inhaltlicher Klarheit und andererseits die künstlerische Lust, dieses vermeintliche Defizit zu nutzen.

Dazwischen stehen zwei fast konträre Exponenten: Johannes Brahms, der seine eher instrumentalen, besonders sinnlichen musikalischen Einfälle den Texten sozusagen überstülpte (wenn ich seine klanglich wie formal äußerst verdichteten Lieder singe, fühle ich mich nicht wie ein Bratschist, sondern wie eine Bratsche selbst); und Hugo Wolf, der seinem extrem ausgeprägten Vermögen klanglicher Textinterpretation und -verdeutlichung die Musik eher zur Dienerin machte, zur Dienerin der Textdeklamation.

Andere nationale Liedschulen entstanden vor allem ab der Mitte des 19. Jahrhunderts, in der Hochblüte der Romantik. Zu diesem Zeitpunkt waren die formal-inhaltlichen Schwierigkeiten, mit denen sich Schubert konfrontiert gesehen hatte und die in seinem Gefolge ihre Schatten als Blüten noch weithin über das deutschsprachige Liedschaffen warfen, schon nicht mehr so schwerwiegend oder bedeutend. So eröffnete beispielsweise die symbolistische Dichtung Komponisten wie Gabriel Fauré oder Claude Debussy ein weites Feld freischwebender, konturärmerer, aber natürlich nicht weniger intensiver oder gar bedeutsamer Äußerung. Im englischsprachigen Kunstlied hingegen war das in Schottland und England schon seit mehr als 100 Jahren gesammelte Volkslied die entscheidende Inspiration und ließ inhaltlich-formale Fragen erst gar nicht virulent werden. Besonders eindrückliche Beispiele hierfür sind Ralph Vaughan Williams' *Songs of Travel* oder Benjamin Brittens *Folksong Arrangements*.

Ab dem Beginn des 20. Jahrhunderts nahm die metaphorische Verschleierung, der Entwicklung in der Sprach-Lyrik folgend, auch im Lied eine immer größere Rolle ein (Arnold Schönberg, *Buch der hängenden Gärten*). Heute begegnen wir so unterschiedlichen Ansätzen wie etwa Wolfgang Rihms idealer Prosodie auch alter, konventioneller Texte und den hochsinnlichen, experimentellen Werken Heinz Holligers, welche Bedeutungsschattierungen und extremen Lebenswirklichkeiten bis ins kleinste Detail nachspüren. Diese Ansätze liegen jedoch eigentlich gar nicht so weit auseinander: Sie sind immer noch bedingungslose Exponenten einer 200-jährigen Suche nach Klangsinn in der Wortausdeutung.

Holligers Mondlandschaft

Zürich, 25. März 2018

Wir falten dich und spalten dein Gesicht

Nikolaus Lenau/
Heinz Holliger, *Lunea*, sechstes Lebensblatt

Mit Heinz Holliger verbindet mich zum Glück sehr vieles. Wie dieser Schweizer Polyhistor, der alles weiß und kann, der immer vorwärts geht und sich alles merkt, der Müßiggang sicher nur aus der Theorie kennt und vielleicht noch durch Gontscharows *Oblomow* oder Haydns Lied *Lob der Faulheit* – wie er sich von Anfang an meiner annahm und mich förderte, das kann ich nur als Ausdruck von schlagartig beginnender Freundschaft verstehen. Schon bei unserer ersten Begegnung in München anlässlich einer Aufführung von Brittens *Cantata Misericordium* nahm er mich verzeihend an der Hand und sagte mir, es sei sehr schön gewesen, obwohl es das von meiner Seite gar nicht war. Und so ist es geblieben – vieles habe ich unter ihm in den Sand gesetzt, und seine Nachsicht wollte dennoch nicht enden. Bis hin zur ersten Aufführung seines Liederzyklus *Lunea* 2013 und der gleichnamigen, darauf basierenden Oper fünf Jahre später, beide Male in Zürich. Die Lieder sind Musik zu aphoristischen Texten des späten Nikolaus Lenau, die in ihrer expressiven Radikalität und Originalität an Hölderlins viel berühmtere späte Fragment-Sätze erinnern. Holliger übernahm die Lieder dann in seine Oper, wo sie seiner Aussage nach ein wenig so etwas bedeuten wie die Choräle in Bachs Passionen: Momente der Reflexion, der Erkenntnis, der verallgemeinernden Äußerung, immer aber in emotional gesteigertem Erleben.

Bei beiden *Lunea*-Werken war mein Hasenherz durch das bloße Ansehen der Partituren so verängstigt, dass ich die Noten erstmal gleich wieder schließen musste. Die Uraufführung der Lieder dann war für mein Spatzenhirn gar nicht ohne aufführungspraktische Anpassungen möglich – auch da war Heinz Holliger wieder nachsichtig. Und sogar in der Oper habe ich mich bis zuletzt geweigert, die meisten der notierten Mikrotöne zu singen, weil ich doch seit dreißig Jahren darum ringe, intonationssauber zu singen. Das ist vielleicht verständlich, wenn man bedenkt, wie sehr gerade die Intonation eines Sängers nicht nur von der gesungenen Grundschwingung eines Tones beeinflusst wird. Auch die Vokalfarben des artikulierten Wortes mit ihren Hell-Dunkel-Werten und die interpretatorisch eingesetzte Stimmfärbung beeinflussen über das Klangbild eines Tones seine intonatorische Wirkung. So singe ich in der Überzeugung, dass eine hellere Farbe den Eindruck eines höher schwingenden Tones vermittelt und umgekehrt. Außerdem können die genuinen, mehr oder minder bewusst gesteuerten Intonationsschwankungen des Vibratos die Rezipierbarkeit und ästhetische Einordnung eines bewusst ‹falsch› gesungenen Tones stark behindern.[1]

Ich fühlte mich deshalb so etwas wie berechtigt, keine Vierteltöne zu singen – bis ich mir bei ein paar Stellen erkennend eingestehen musste, dass dies auch mir in Grenzen möglich ist, beispielsweise bei dem schönen Lenau-Satz «Man grüßt Alte wie bald Abwesende». Mir wurde erneut und beschämend klar, was ein Geist wie Holliger eigentlich zu leisten vermag und gewillt ist, auch wenn er selbst sagt, das sei doch in meinem Fall auch und besonders dem Zusammenklang mit dem obertonreichen Orchesterklang geschuldet gewesen, da am temperierten Klavier einzig die Oktave stimme, und wie solle man da Mikrointervalle intuitiv richtig einbringen können.[2] Als ob ich nicht das Beispiel Holligers vor Augen haben müsste, der alles herkömmliche Hören und Musizieren bis zum Ende durchschritten und perfektioniert hat und sich dennoch und trotz seines absoluten Gehörs nur kurz schüttelt, wenn eine Stimmung ganz anders ist, der also «gegen» die totale Erinnerung an einen Ton musizieren kann. Als ob er also nicht gegen innere Überzeugungen zu kämpfen hätte und diese sogar noch mit Neugier einfach beiseite zu wischen bereit wäre – freilich nur für den Moment, denn es ist bei ihm ja nichts verloren. Das zeigte sich mir immer wieder, wenn ich bei seinen Aufführungen der Musik von Bach, Schumann und Zelenka dabei war oder wenn er Symphonisches von Haydn und Mozart dirigierte. Zu meinen unvergesslichen Erinnerungen gehört, wie er Mozarts *Maurerische Trauermusik* in einer Neuheit probte, die nie intendiert war: Er ging nur schlicht von einem Instrument zum nächsten und machte so alle Versuche, mit Mozart immer etwas ganz Neues und Besonderes anzustellen, endlich völlig und glücklich vergessen. Auch hier zeigte sein Geist im Umgang mit denkbar traditionellem Repertoire eine völlig unangetastete Frische – alle Fertigkeiten waren wie momentan erdacht und gefunden und alles dennoch im Sinn des Stiles von Mozarts Stück. Ich hätte es also schon viel länger begreifen können: Der ewig ausgreifende Geist verliert nichts, außer er hört auf, Neues zu wollen und Altes neu zu wollen.

Lunea, die Oper, ist in einen Prolog und 23 ‹Lebensblätter› aufgeteilt. In diese sind dann unregelmäßig und manchmal auch für mehrere Stimmen die erwähnten Liederzyklus-Aphorismen eingestreut und eingearbeitet. Eine besonders eindrückliche Stelle öffnete mir die Augen und ermöglichte mir ein leichtes, angstfreies und unvoreingenommenes Begreifen eines bestimmten Phänomens: Im siebzehnten Blatt sangen in Zürich meine beiden Kolleginnen Sarah Maria Sun und Juliane Banse mir unbegreiflich exakt und ergreifend schön. Es war eine beinahe endlose Passage, in der sich ihrer beide Stimmen umeinanderwanden, in Vierteltönen und Glissandi die Tessitur (den mittleren Bereich der gesungenen Lage) langsam nach oben hoben und einem den Kopf verdrehten. Holliger sagte dazu, die Melodien und deren Sinn müssten sich hier in beiden sich ‹engführenden› Gesängen wie durch ein Nadelöhr des Tones quetschen. Und unser Uraufführungsregisseur Andreas Homoki fand eine genau passende szenische Antwort: Lenaus Lebensfrauen, seine Langzeitgeliebte Sophie von Löwenthal, seine aktuelle Verlobte Marie Behrends und seine Schwester Therese, saßen singend auf einem Sofa, an ihrer Seite standen Sophies und Thereses Männer Max von Löwenthal und Anton Schurz, Lenaus erster Biograph. Alle fünf begannen nun, ihre Köpfe langsam synchron nach links und rechts zu beugen, und zeigten so das nicht stehend aufrechte, nicht eindeutige Begreifen-Können des Wahrnehmbaren – im Sich-Neigen verweigerten sie sich dem Verstand. Lenau, der zuhörend seine Vergangenheit ebenso hin- und herwog, kann die Klänge zwar aufnehmen, in ihnen aber eigentlich keinen Sinn finden und ihnen auch nicht entfliehen.

Es sind dies Akoasmen, akustische «Halluzinationen», die für die gesamte Oper charakteristisch sind. Sie spiegeln Lenaus Erleben und

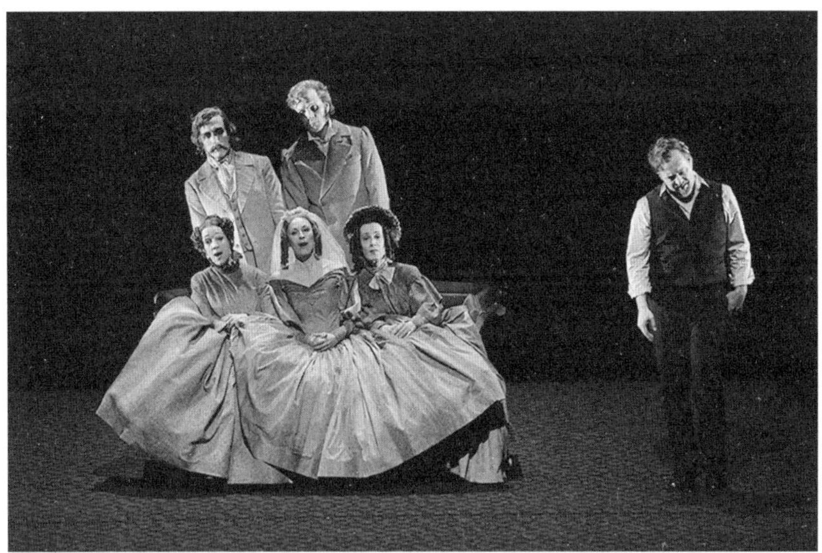

Lunea, Szene aus dem siebzehnten Blatt. Inszenierung des Opernhauses Zürich. Sitzend v. l. n. r.: Juliane Banse, Sarah Maria Sun, Annette Schönmüller, stehend v. l. n. r.: [Statist], Ivan Ludlow, Christian Gerhaher. Foto: Paul Leclaire

quälen ihn, weil er nicht herausfinden kann, was sie bedeuten. Diese Passagen, in ihrer unaufhörlichen sphärischen Verschraubung, gehören für mich zu den faszinierendsten in der ganzen Oper, weil sie die unheimliche Welt des Psycho-Pathen so reich sich äußernd wie hoffnungslos unvermittelbar darstellen und dennoch unmittelbar werden lassen, obwohl sie ja verallgemeinert und in Musik als Medium übersetzt ist. Im siebzehnten Blatt muss Lenau schließlich unterbrechen – mit dem ‹palindromischen› Satz «Dein Gesicht spalten wir und falten dich».[3] Es ist ein zentraler Satz für diese Oper und für die Figur Lenaus, der von seinem «Riss durch mein Gesicht» sprach und damit die Auswirkungen eines Schlaganfalls beschrieb – wobei die Worte einen ahnen lassen, welches Leid eine Seelenspaltung hervorruft. Diese Zweiteilung zeigt sich vom ersten Blatt der Oper an als konstitutives Hauptelement nicht nur ihres Inhalts, sondern auch ihrer Form.

Holliger beschreibt, wie ihn die ‹Kleksographien› des Arztes und

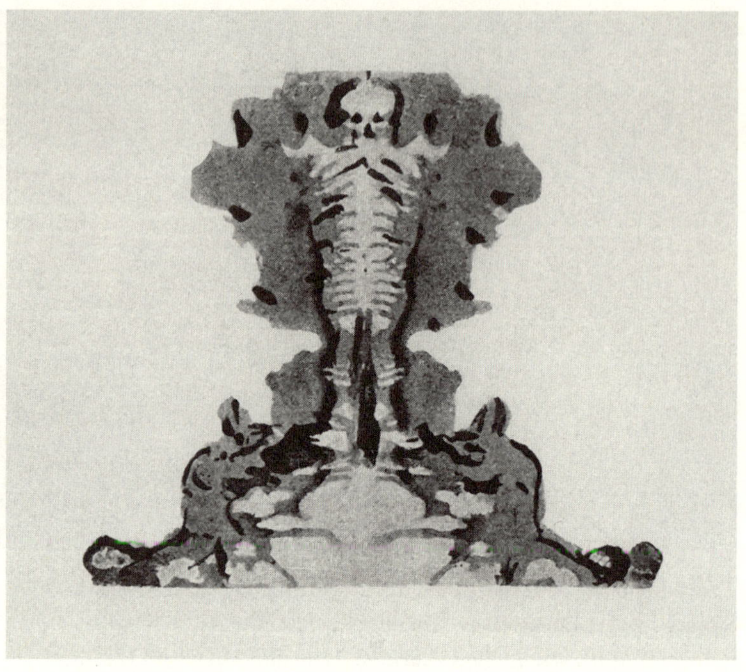

Justinus Kerner: *Todesbote*. Aus: *Hadesbilder, kleksographisch entstanden und in Versen erläutert* («Den Hadesbildern noch zuvor / Erhoben aus der Tinte Nacht / (Mein Herz hat nicht an sie gedacht) / Die Todesboten sich empor»)

Dichters Justinus Kerner, die in die Rorschach-Tests Eingang fanden, bildlich beeinflusst haben.[4] Sie benützen nicht nur Symmetrie und Spiegelung als erklärende und sinngebende, richtungweisende Verfahren, sondern auch die ausgeprägte Zufälligkeit ihrer Ergebnisse. In Holligers Oper gibt es, wie vorher schon in wesentlich kleinerem Ausmaß in seinem Liederzyklus, gleichfalls immer wieder aleatorische Momente, gar ganze Strecken, die ihre eigentümliche Schönheit aus dem zufälligen Sich-selbst-Entwickeln vorgegebener Motive beziehen. Ein anschauliches Beispiel findet sich am Übergang vom neunten zum zehnten Blatt, wo Lenau seiner früheren Geliebten Bertha Hauer und ihrer vermeintlichen gemeinsamen Tochter begegnet. Die Choristen sprechen hier den

Satz «Daß wir nicht beisammen sind bin ich selber schuldig» in einzelne und sich in Wiederholungen überlagernde Wörter und Silben zerteilt und zur sich ebenfalls zufällig überlagernden Musik einzelner Instrumente des Orchesters. Eine gespenstische Szene, die bei jeder unserer Aufführungen ein ziemlich konzises und letztlich gar nicht aleatorisch scheinendes Ergebnis erzielte – trotz der zufälligen Kombination ihrer vorbedachten Motivelemente.

Nun wird die Symmetrie in Form des Spiegels und des Krebses schon ewig als Form der musikalischen Motivbearbeitung, aber auch als Form der musikalischen Zeitumkehrung genutzt.[5] Ebenso versucht Holliger in seiner Oper, ausgehend vom diskontinuierlichen, asynchronen, nach vorne und zurück springenden, sogar rückwärts laufenden Erleben des leidenden Lenau, das Spiel mit der Zeit in der Musik auszudrücken, aber gemeinsam mit seinem Librettisten Händl Klaus auch im Text, um es also noch in einer zweiten Kunstform erlebbar zu machen. Dass das nicht genuin und vor allem nur schwer verständlich funktioniert, stört ganz eigentlich nicht, es ist ja gedeckt vom ohnehin rätselhaften Erleben des psychopathischen Protagonisten. Literaturgeschichtlich ist dieses Spiel mit der Zeit in seiner Entfaltung aber bei weitem nicht mit einer vergleichbaren Tradition gesegnet wie in der Musik: Im Grunde ist es fast nur als Wille ausdrückbar, da ein Palindrom nie direkt, nie ohne Reflexion verständlich ist – sei es nun klanglich («schuldig» – «gidlusch») oder buchstäblich («Grab» – «barg», «FEUER» – «REUE(F)»), seien es Sätze, Wörter oder anagrammatische Bruchstücke («Wort» –«oWrt») oder nur Bedeutungsveränderungen durch unterschiedliche Betonung («Gebet» – «gebet»). Das Palindrom bleibt, im Vergleich zu musikalischen Spiegelungen, mehr ein Gedankenspiel – und es wird von Holliger und Händl Klaus auch weniger geometrisch eingesetzt als vielmehr assoziativ-fragmentarisch und kaleidoskopartig. Musikalische Spiegelungen dagegen kann man zwar auch nicht zwingend intellektuell, aber immerhin recht gut sinnlich begreifen.

Für das Opernlibretto kompilierte Händl Klaus ausschließlich Worte von Lenau selbst: Briefe, Gedichte und natürlich Fragmente aus dem *Notizbuch aus Winnenthal.* Diese Quellen benutzte er virtuos, um ein ‹Innen-Drama› zu verfassen – wobei die Palindrome und die wie auch immer spiegelnden und verfremdenden Wortverdrehungen ausschließlich auf ihn und auf Holligers Ideen zurückgehen. Sie zeigen sich auch nur in den neuen Texten, wurden also nicht auf die 23 eingefügten Lieder angewandt. Persönlich hat mich aber vor allem die feine Art, mit dem persönlichen Leiden Lenaus umzugehen, beeindruckt – für mich ein Gegenentwurf zur sensationslüsternen, schier obszönen Zur-Schau-Stellung Lenaus in Peter Härtlings Buch *Niembsch oder der Stillstand: Eine Suite*. Händl Klaus zielt nicht auf biographische Anteilnahme, nicht darauf, intimes Leiden distanzlos und voyeuristisch auszuwalzen. Es geht ihm um die exemplarische Verbindung von Seelenqual und kreativer Sensation – ein Lebensthema Heinz Holligers (mit dem er sich auch bei Hölderlin, Schumann, Robert Walser usw. befasst hat).[6] Und es geht ihm darum, im Leben und Schreiben Lenaus privat Verbürgtes zu verallgemeinern. Händl Klaus schafft es, das Publikum nicht durch die voyeuristische Betrachtung einer geplagten Individualität zu erregen, sondern durch deren assoziative Reflexion bewegend anzuregen. Das Ergebnis hält Heinz Holliger für so gut, dass er es durch diesen Satz geadelt hat: «Man könnte sogar sagen: Die Sprache ist eine Bühnenfigur.»[7]

Die Spiegelungsideen jedenfalls – Holliger selbst spricht angesichts der literarischen wie menschlichen Unberechenbarkeit Lenaus immer wieder von Janusköpfigkeit – manifestieren sich in dieser Oper in größtem, fast thematischem Ausmaß (indem sie das Diskontinuierliche in Lenaus Erleben erfassen). Von den Palindromen, den musikalischen Spiegelungen und Krebsen abgesehen sind sie zuweilen relativ abgehoben. So wird zu Beginn des siebten Blattes der enigmatische Text «Wir falten dich / und spalten / dein Gesicht» (das Original zur oben schon zitierten Umkehrung) nicht nur durch das Palindrom des Chores («chid netlaf riw / netlaps dnu / tchiseg nied») repräsentiert, sondern auch durch eine geradezu synästhetisch irre musikalische Struktur assoziativ erklärt: Ein Horn spielt vor und nach dem Erklingen dieses Textes eine Figur, die nicht mehr in Tönen notiert ist, sondern in eigenartigen vertikalen Zacken. Holliger erklärte uns die Figur als graphische und musikalische Repräsentation einer EEG-Aufzeichnung zunächst der einen, dann der anderen Gehirnhälfte.[8] Ohne Erklärung ist dies beim Zuhören natürlich nicht zu verstehen, klanglich aber durchaus sehr eindrucksvoll, wie sich schon beim ersten Hören der Orchestrierung nach der langen Probenzeit ‹nur› mit dem Klavier zeigte.

Oder: Ab der Mitte des zwölften Blattes geht alles rückwärts – sogar die Überschriften der Lebensblätter sind im Libretto gespiegelt gedruckt. Und so tat es dann auch die Inszenierung: Durch Beleuchtung und Färbung von Bühne und Kostümen wurde mit dem Eindruck eines fotooptischen Negativs als Symbol des Komplementären, des Gespiegelten gespielt. Und die Wand, die sich im ersten Teil immer von rechts nach links vor die quadratische Hauptszenenfläche schob, um von einem ins nächste Lebensblatt-Bild zu führen, lief von nun an abrupt in die andere Richtung, als Zeichen der Spiegelung um die Opernmitte.[9]

Dies und die Tatsache, dass Lenau sich am Ende des zweiundzwanzigsten Blattes zum Sterben in den Lehnstuhl setzte, mögen einem fast die Ahnung vermitteln, dass die Oper nun doch eine Richtung hat, dass es also so etwas wie eine Handlung gibt, die mit dem Tod des Protagonisten endet. Das ist meines Erachtens aber nicht der Fall. Insofern ist der Aufbau der Oper nicht prinzipiell anders als beispielsweise der von Schuberts *Winterreise*. Dort wird vom ersten Lied (*Gute Nacht* – Eintritt, Rückblick und Ausblick) und vom letzten (*Der Leiermann* – abschließendes und dennoch offenes Ende) ein Rahmen gebildet, der zwar ein ablaufendes Ereignis andeutet. Aber innerhalb dessen beanspruchen die einzelnen Lieder als Bildstationen eigentlich keinen festen Ort im Zyklus. Und so hat auch Heinz Holliger seinem Librettisten die Reihenfolge, die Platzierung der schon bestehenden Lieder in der Oper insgesamt frei überlassen. Trotzdem hat das Werk einen Spannungsbogen, der durch ständiges An- und Abschwellen und organisch-metamorphe Veränderungen von Dynamik, Tempo und Instrumentierung über gut 100 Minuten hinweg von Bild zu Bild zum Eindruck eines großen, eigentlich fast traditionell musiktheatralischen Stückes führt.[10]

Das Titel-Anagramm *Lunea*, in dem der Name Lenau steckt, ist sicherlich Abbild der vielfach gespiegelten Struktur des Werkes, kann

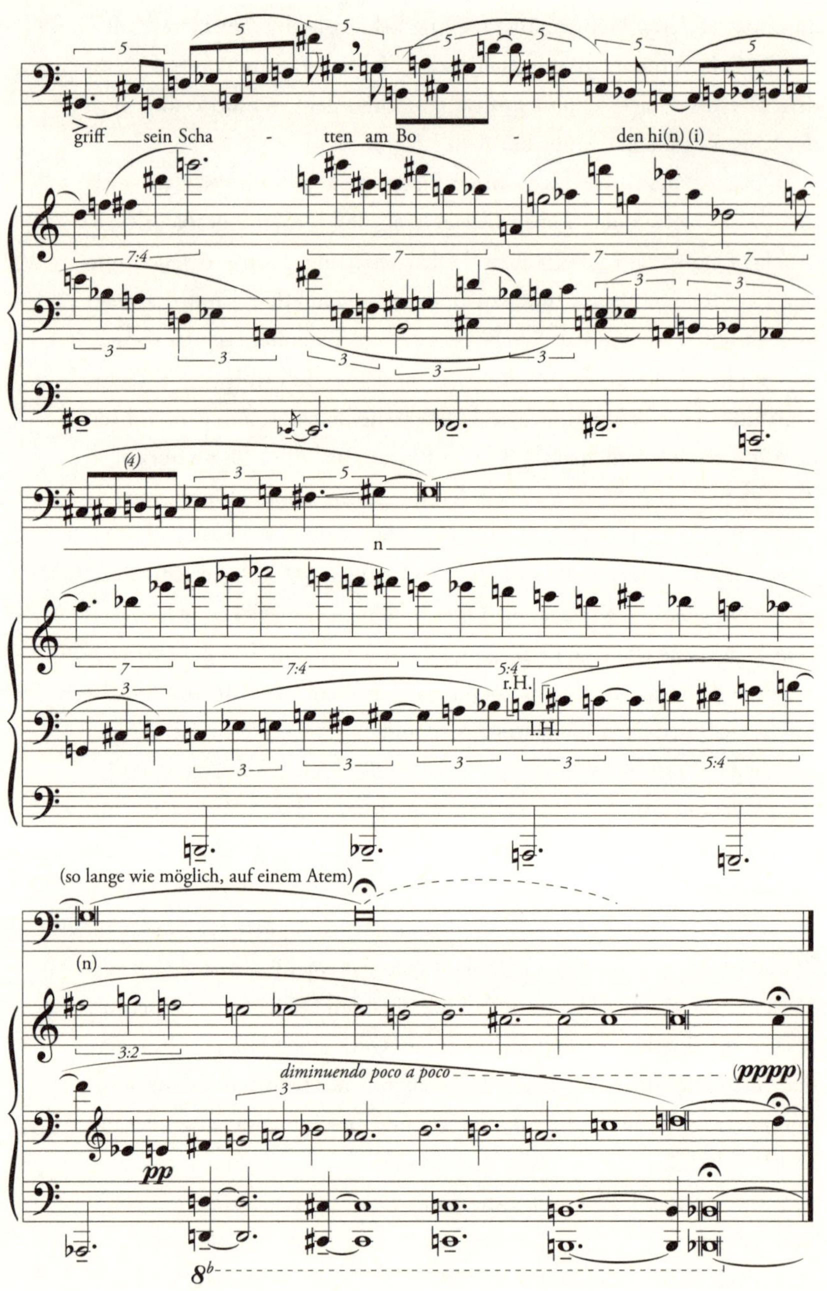

12 Heinz Holliger: *Lunea – Lieder,* Nr. 5, Takt 1

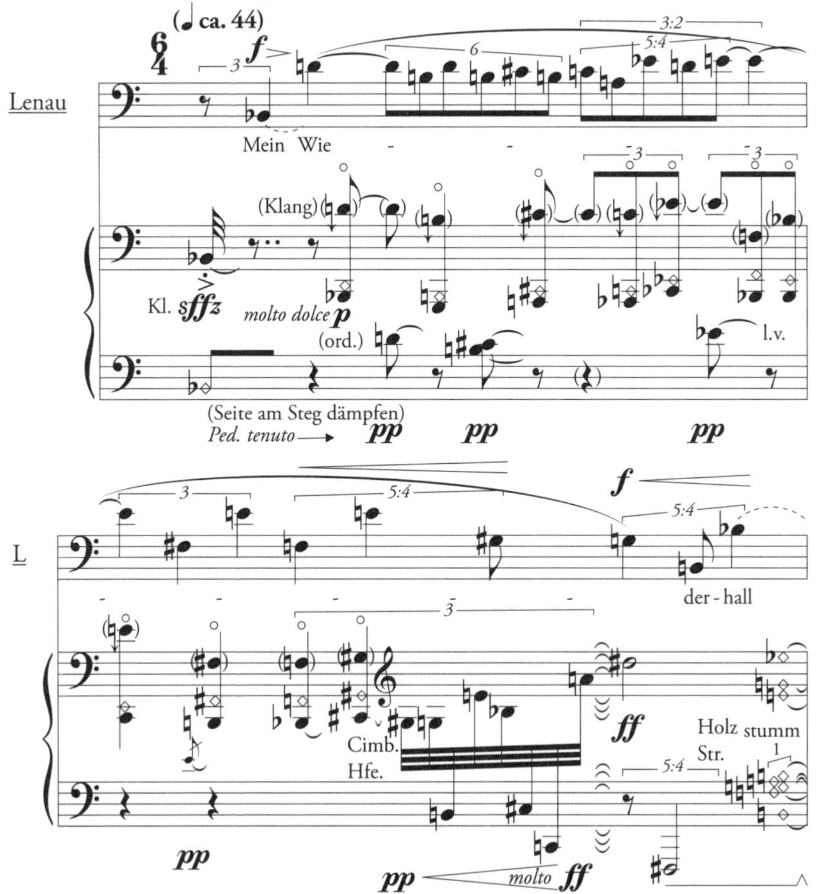

13 Heinz Holliger: *Lunea – Oper* (Klavierauszug), Sechzehntes Blatt, S. 150

aber auch inhaltlich interpretiert werden, als Assoziation des mondsüchtigen (engl. *lunatic*) Charakters des Protagonisten und seiner Lebenswelt. Ich möchte hinzufügen, dass sich der Mond (*luna*) meines Erachtens in dem Werk noch auf eine weitere, sozusagen landschaftliche Weise wiederfindet. Um das zu erläutern, muss ich etwas ausholen: Die schon beschriebene intonatorische Vielfalt, die Verwendung vielfacher Mikrointervalle charakterisiert Heinz Holligers Werk grundsätzlich. In Chorwerken (den Chor nennt er im Gespräch sein eigentliches

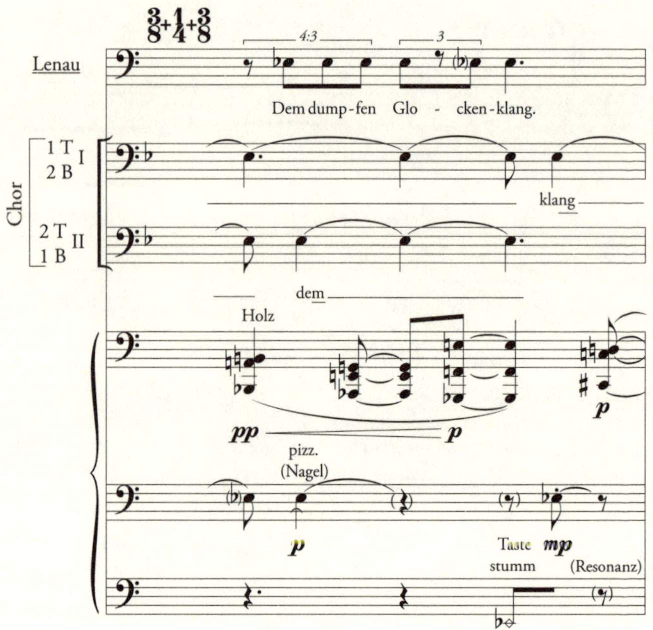

14 Heinz Holliger: *Lunea – Oper* (Klavierauszug), Einklang (Nachwort), S. 9

und zentrales «Instrument») verwendet er sogar Dritteltöne.[11] Aber auch rhythmisch kann man bei ihm eine vergleichbar manische Suche nach klanglicher Unterteilung erkennen: Ein Metrum von fünf (Tönen) gegen vier (Schläge) nennt er das «Allernatürlichste», da jeder Mensch ja fünf Finger und Zehen an vier Extremitäten habe. Im Liederzyklus *Lunea* schreibt er in Lied Nr. 5 («Weit griff sein Schatten am Boden hin») sogar Quintolen in der Singstimme gegen 7 : 4 in der rechten Hand des Klaviers und gegen Triolen in der linken (Notenbeispiel 12). Im sechzehnten Blatt der Oper gibt es in der Singstimme eine große Triole, deren letztes Viertel zum letzten Quintolen-Achtel mit gleichem Ton übergebunden ist (Notenbeispiel 13). Die Verzögerung zum letzten zugrundeliegenden Viertel des 6/4-Taktes beträgt nach meiner Berechnung nur ein Vierzigstel. Ich sagte Heinz im Vorfeld, dass sich so genau ohnehin nicht singen ließe, er wisse das (und er weiß das), doch er wich aus. Ich aber habe dadurch das Gefühl, dass

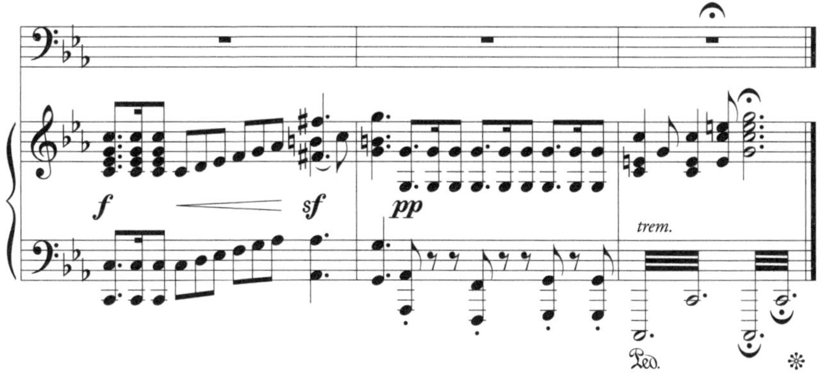

15 Robert Schumann: *Da liegt der Feinde gestreckte Schar*, Takte 19–21

nicht die mathematische Exaktheit der Aufführung Ziel seiner vielleicht exaltiert erscheinenden Notation ist, sondern ein Rhythmus und Duktus, der wie aus Verunsicherung und Aufregung ob der scheinbar unnötig komplizierten Notation heraus entsteht.

Dazu passt auch das bei ihm häufig vorkommende Muster einer auf dem ersten Schlag punktierten großen Triole, die meiner Ansicht nach viel energetischer wirkt als die einfacher zu notierende und zu begreifende Notation beispielsweise eines Viertels mit nachfolgender kleiner Triole über einem Sechzehntel und einem Achtel. Oder die häufige Verwendung von Duolen oder Quartolen, sehr gerne über drei Achteln eines Vierertaktes – von außen ist auch diese Komplizierung der Aufführung als solche für den Hörer fast nicht erkennbar (Notenbeispiel 14). Ich würde diese rhythmischen Finessen als Heinz Holligers Versuch beschreiben, dem Sänger das Leben schwer zu machen: so schwer, wie das Leben eben ist.

Erstaunlicherweise finden sich auch in Robert Schumanns Lenau-Vertonungen für Solostimme viele unkonventionelle rhythmische Figuren, die dann in Holligers Werk wieder auftauchen. Die vier *Husaren-Lieder* (op. 117) fanden Gerold Huber und ich lange Zeit ob ihres enthusiastisch zur Schau gestellten Militarismus nicht wirklich aufführbar. Die

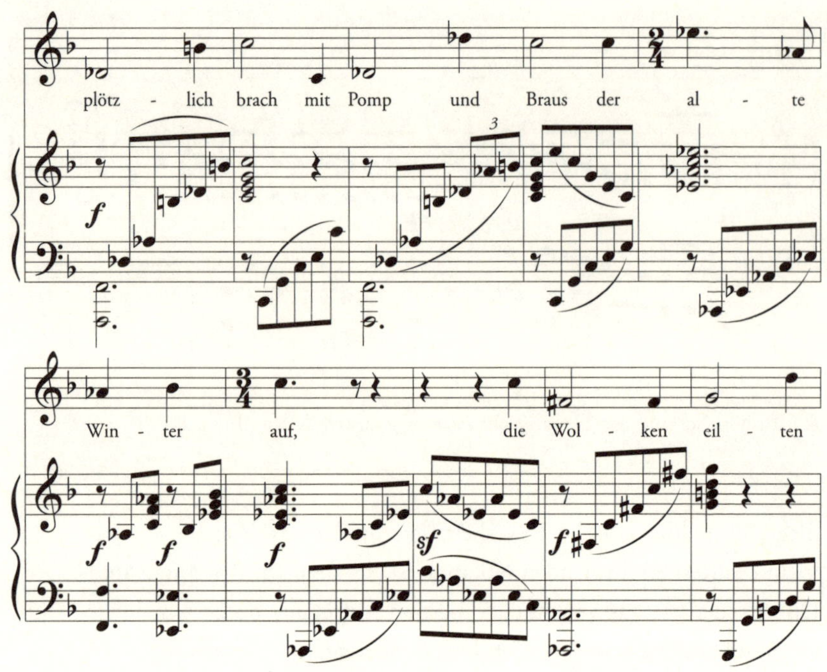

16 Robert Schumann: *Schneeglöckchen,* Takte 19–28

Husarenthematik tauchte aber in Holligers Lenau-Oper als biographisch durchaus bemerkenswertes Detail auf – Lenau soll sich sehr gerne als Husar verkleidet haben. Wir nahmen uns Schumanns Lieder daher nochmals vor und sahen, dass es musikalisch starke und exaltierte Lieder sind, die etwas faszinierend Verrücktes haben, etwas Karnevaleskes. Militaristisch erschienen sie uns jedenfalls nicht mehr, eher grotesk. Und rhythmische Besonderheiten finde ich hier in bemerkenswerter Zahl: Punktierte Triolen werden beispielsweise im vierten der *Husaren-Lieder* im Klavierpart in einer folgenreichen Weise verwendet: Zum Grundschlag 12/8 wird durch die punktierten Triolen wie mit einem Vierer- bzw. Achter-Schlag ein sehr ungewöhnlicher rhythmischer Kontrapunkt geschaffen. Als dialektische Methode lässt sich das bei Holliger dann meinem Empfinden nach generalisiert wiederfinden – Eindeutigkeit muss vermieden werden (Notenbeispiel 15).

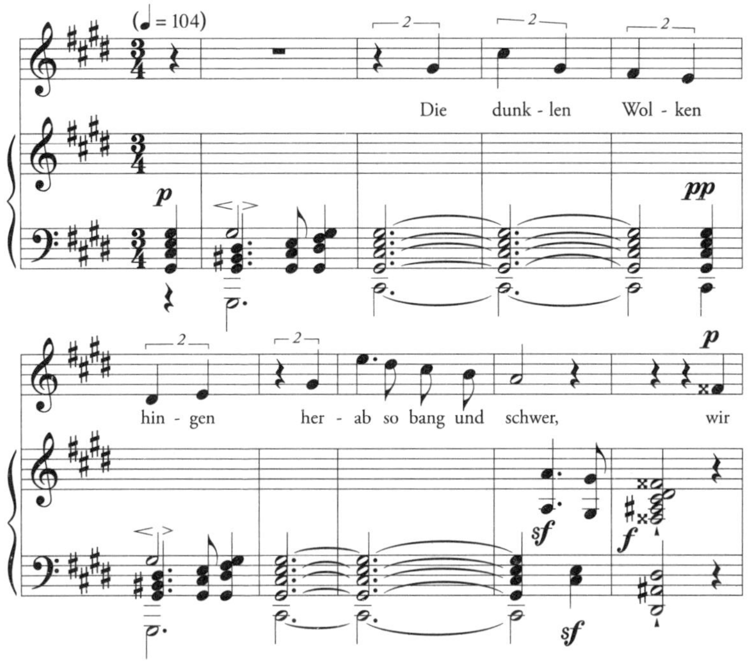

17 Robert Schumann: *Der schwere Abend,* Takte 1–9

Ein anderes Beispiel ist der exuberante Gebrauch des Duolischen bzw. Quartolischen gegen das grundsätzliche Triolische im zweiten und vierten *Husaren-Lied* oder speziell in op. 96/2, dem enigmatischen *Schneeglöckchen* (Notenbeispiel 16). In *Der schwere Abend* (der Nr. 6 der *Lenau-Lieder* op. 90) gibt es dann sogar die Kombination beider Schwierigkeiten: Schumann legt hier zwei Melodielinien mit Duolen und punktierten Triolen übereinander (Takt 1–6), was sowohl die Duolen als auch die punktierten Triolen ihrer klaren Bedeutung so sehr beraubt, dass die Gesangsstimme sich nur mit Zögern dem Einbrechen des Triolischen (Takt 7/8) hingeben kann und ein Rest duolischer Erinnerung bleibt. Und das äußert sich im wohl nur denkbaren, aber nicht singbaren Versuch, die Betonung von «bang» auf «so» vorzuverlegen (Notenbeispiel 17).

Dieses rhythmisch-dialektische Spiel zeigt sich überreich auch schon

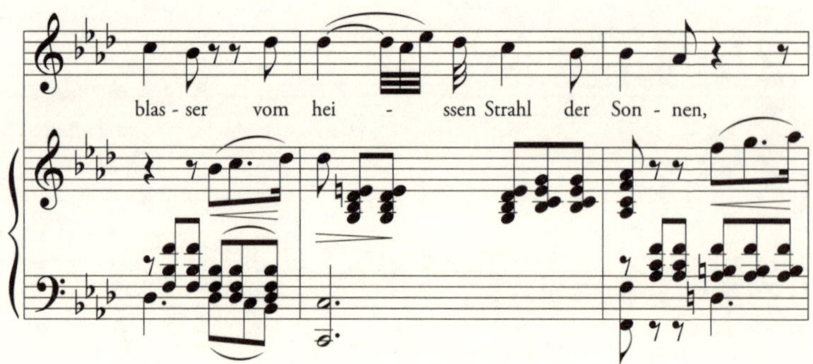

18 Robert Schumann: *Meine Rose*, Takte 8–10

zuvor in *Meine Rose* (op. 90/2), wo ich aber noch eine andere Parallele zu Holligers Oper sehe: In den Takten 9, 22 und 45 findet sich eine schier unsingbare melismatische Struktur, also eine nicht singbare Verteilung einer Silbe auf mehrere Töne. Dem ersten Viertelton sind drei Zweiunddreißigstel angehängt (wobei das vierte Zweiunddreißigstel der nächsten Silbe zugeschlagen wird), was sich schon allein wegen der Geschwindigkeit fast nicht exakt, d. h. ohne Rubato, in den leisen Legatostrom dieses Liedes einfügen lässt. In den Takten 9 und 45 muss auf diesen drei kurzen Noten sogar noch ein Diphthong untergebracht werden, was die Sache zusätzlich kompliziert. Denn der zweite Vokal eines gesungenen Doppelvokals kann nie einfach auf die ganze letzte Note gebracht werden, sondern der Diphthong muss auf dieser selbst erscheinen (Notenbeispiel 18).[12] Das aber ist hier ein Ding der Unmöglichkeit – jedenfalls für mich, ich kann mich nicht erinnern, dass es mir jemals gelungen wäre. Im Kopf allerdings habe ich die schöne Vorstellung sehr wohl, was es bedeuten müsste und wie es klingen könnte, diesem ruhigen Lied jene schnelle Volte auf ganz ruhige Weise beizufügen.

In Holligers Lenau-Oper nun kommt diese Figur ebenfalls vor, und zwar im fünfzehnten Blatt. In seiner Trauer um seinen Freund Alexander von Württemberg singt Lenau wundersamerweise noch einen weiteren, besonders schönen Aphorismus, der es wert wäre, dem Liederzyklus nachträglich eingefügt zu werden: «Bin ich eine Alpenlerche oder ein Kondor – ein singender Punkt am Himmel oder eine jauchzende Wel-

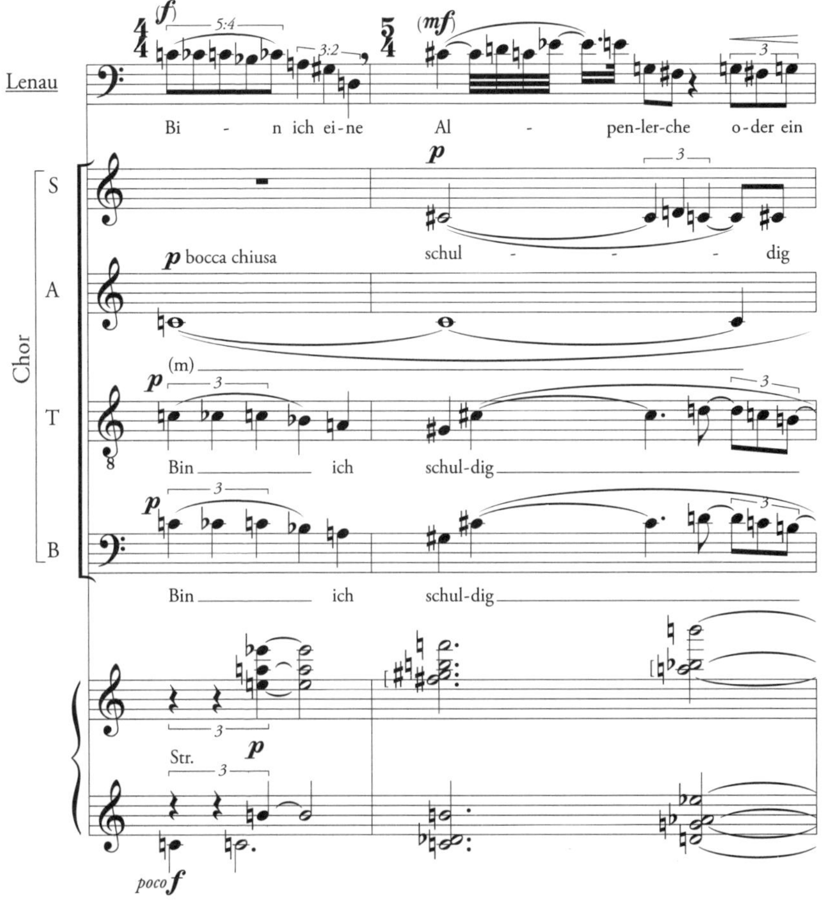

19 Heinz Holliger: *Lunea – Oper* (Klavierauszug), Fünfzehntes Blatt, S. 146

tenkugel? Gehn wir oder fliegen wir nach dem Himalaja?» Hier schreibt Holliger auf «Alpen-» eine ganz ähnliche Figur wie Schumann in *Meine Rose*. Und doch macht sie wegen der größeren, opernhafteren Expressivität (und wegen des hier nicht vorhandenen Diphthongs) nicht dieselbe Schwierigkeit wie in Schumanns Lied (Notenbeispiel 19).

Warum aber wählt Holliger überhaupt den Begriff der Natürlichkeit (oder des «Allernatürlichsten») als Argument für die Erklärung seines

Tuns? Auch sein Argument, Sprache in ihrer individuellen Vielgestaltigkeit, jedes Wort in seiner phänomenologischen Eigenheit könne durch eine sich nicht auf Halbtöne und Vierteltakte beschränkende Musik besser repräsentiert werden, geht in diese Richtung. Ich muss zwar anmerken, dass das Erleben psychischer Grenzsituationen, das ja das zentrale Thema von Holligers Oper ist, durch Sprache auch nur unzureichend darstellbar ist, dass das intensive Erleben psychisch Leidender oft nicht in Worte zu fassen ist.[13] Aber Holligers Repräsentation von Worten durch Musik, die in ihrem Detailreichtum vergleichbare Werke weit übertrifft, ist mehr als ein Symbol des Willens. Ich empfinde dieses klangliche Immer-wieder-Zerteilen und Komplizieren als konträr zu jeder klassizistischen Kunstauffassung und Schaffensweise.

Werke, die einer solchen Kunstauffassung entsprechen, würde ich gerne mit Häusern vergleichen, die im Goldenen Schnitt erdacht und gebaut sind. Ihre durch Fenster und Stockwerke markierten Fassadenabschnitte stehen in einem formal repräsentativen Verhältnis zueinander und scheinen sich schon allein dadurch expressiv zu definieren.[14] Holligers *Lunea* dagegen erscheint mir ganz gegenteilig und gerade dadurch hochromantisch. Die gedankliche und emotionale Singularität jedes Moments wird nicht durch Aufhebung in einer formalen Grundidee repräsentiert, sondern durch die Entwicklung jeweils passender technischer Eigenheiten. Und das Medium dieser phänomenologischen Reliefarbeit ist eben die Sprache. Eine große Raspel wird an die wohlgestalteten Ecken und Rundungen eines nicht mehr ertragenen klassizistischen Hauses oder eines Gebäudes im Stil der Neorenaissance angelegt. So lange wird hier abgebrochen und aufgebrochen, aufgeraut, gebeugt und gedreht, bis aus einem Menschenwerk so etwas wie Natur wird.[15]

Mir erscheint *Lunea* wie eine unter der Lupe betrachtete Landschaft. Zunächst ist diese Landschaft – und hier komme ich zum Ausgangspunkt meiner Überlegung zurück – ob ihrer Kompliziertheit abweisend wie der silbergraue Mond, dann aber wird sie zur sich immer mehr entblätternden, blau-braunen, schließlich sogar gelegentlich grün-rot schimmernden Natur. Mag der Mond auch silbergrau sein, was die Kostüme (Klaus Bruns), die Bühne (Frank Philipp Schlößmann) und das Licht (Franck Evin) in Homokis Uraufführungsinszenierung kongenial aufgriffen, so wird Heinz Holligers Mondlandschaftsmusik beim Näherkommen immer vielgestaltiger, fesselnder, begeisternder, farbiger.[16] Gerade die Farbigkeit dieser Oper aber beruht als Eindruck vor allem auf der betörenden Instrumentierung. Deren Ziel beschreibt der Komponist – wiederum passend zu seinem Konzept des Metamorph-Partikularen – so, dass er vermeiden wollte, dass der Zuhörer einen Klang sofort einem Instrument oder einer bestimmten Instrumentenkombination zuschreiben könne. Auch hier zeigt sich also der Versuch, jede begriffliche Eindeutigkeit zu vermeiden.

Das einmalig weit gefächerte und zugleich profunde Wissen Heinz Holligers ist ein einziger Vorwurf an seine Umgebung, aber auch ein unerschöpflicher Quell. Die Veranstalterin Tuula Sarotie in Helsinki beging einmal den Fehler, ihn nach einem von uns gemeinsam bestrittenen Konzert zu fragen, ob er ihr ein interessantes Violinkonzert aus der Zeit nach 1945 empfehlen könne. Uns kippten nach einer dreiviertel Stunde die müden Gesichter in die Mitternachtssuppe: Heinz Holliger erzählte von zig Werken, deren Komponisten ich noch nie gehört hatte, von ihrer jeweiligen Dauer, wo und wann und von wem sie uraufgeführt worden waren, was ihre stilistischen Eigenheiten und ihre aufführungspraktischen Schwierigkeiten seien – und es war kein Ende in Sicht. So ist es auch nicht verwunderlich, dass Holliger in seinen Werken immerfort zitiert, so wie sich Einflüsse anderer, geliebter oder sogar wenig geschätzter Komponisten, aber auch dichterische, naturwissenschaftliche usw. Einflüsse immer wieder bei ihm finden. Das ist kein Eklektizismus, bei dem sich das eigene Schaffen erst in steter Rekombination von Fremdem findet, sondern es ist die Begeisterung für einmal Gefundenes und die Überfülle an Gekanntem, die stete Assoziationsfreude, welche im Neuen Bestehendes wiedererklingen lässt.

So kommen in *Lunea* Zitate beispielsweise aus Schumanns *Lenau-Liedern* vor,[17] aus Liszts *Nuages gris* oder aus dem «Veni, creator spiritus» von Mahlers Achter.[18] Im elften Blatt karikiert Holliger Stile Schweizer Komponisten aus den 1930er Jahren, dort singt auch Lenaus Verlobte Karoline Unger eine Verballhornung (Holliger selbst nennt es «Verzerrung») von Händels *Lascia ch'io pianga*. Erinnerungen an Mahlers erste Symphonie werden im zwölften Blatt wach … und Othmar Schoecks *Notturno* lässt sich nicht wegdenken. Das vierte Gedicht des ersten Satzes, *Blick in den Strom*, stammt von Lenau.

Blick in den Strom

Sahst Du ein Glück vorübergehn,
Das nie sich wiederfindet,
Ist's gut in einen Strom zu sehn,
Wo Alles wogt und schwindet.

O, starre nur hinein, hinein,
Du wirst es leichter missen,
Was dir, und soll's dein Liebstes sein,
Vom Herzen ward gerissen.

Blick' unverwandt hinab zum Fluss,
Bis deine Tränen fallen,
Und sieh durch ihren warmen Guss
Die Flut hinunterwallen.

Hinträumend wird Vergessenheit
Des Herzens Wunde schliessen;
Die Seele sieht mit ihrem Leid
Sich selbst vorüberfliessen.

Nikolaus Lenau/
Othmar Schoeck, *Notturno*, erster Satz

Bei Schoeck endet dieses Gedicht mit dem am schönsten in Musik deklamierten Satz, den ich überhaupt kenne: «Die Seele sieht mit ihrem Leid sich selbst vorüberfliessen.» Dieses Wort beendet spektakulär den fast 18-minütigen ersten Satz, der ruhig beginnt, ruhig bleibt – und nur in einem Instrumentalzwischenspiel eine Ahnung von Temperament aufleuchten lässt. Mit diesen leisen und langsamen Zeilen geht er zu Ende, schreitet melodisch immer weiter nach unten und wird dennoch immer leiser, bis er leuchtend sonor, aber nochmals leiser – wie ein nach unten gekehrtes Flageolett – verschwindet. Die Langsamkeit und Dauer ist in meinen Augen das eine, was die besondere Eigenart dieses Werkes ausmacht. Schoeck hat so viele Lieder geschrieben, so viele so schöne Lieder gerade zu Texten Lenaus. Sie sind, finde ich, alle bedeutend, manche durchaus auch vergleichbar mit dem ultimativen Lenau-Werk, Schumanns *Sechs Gedichten und Requiem*, wie etwa die *Elegie* für Bariton und Kammerorchester. Aber was für mich einen besonderen Reiz des *Notturno* ausmacht, ist die pure Dauer der Sätze, vor allem des ersten und des dritten, ein Nicht-enden-Wollen, das sich dem drohenden Enden-Müssen alles Lebens trotzig entgegenstemmt.

3 Ein Herbstabend[19]

Es weht der Wind so kühl, entlaubend rings die Aeste,
Er ruft zum Wald hinein: Gut' Nacht, ihr Erdengäste!

Am Hügel strahlt der Mond, die grauen Wolken jagen
Schnell übers Tal hinaus, wo alle Wälder klagen.

Das Bächlein schleicht hinab, von abgestorb'nen Hainen
Trägt es die Blätter fort mit halbersticktem Weinen.

Nie hört' ich einen Quell so leise traurig klingend,
Die Weid' am Ufer steht, die weichen Aeste ringend.

Und eines toten Freunds gedenkend lausch' ich nieder
Zum Quell, er murmelt stets: wir sehen uns nicht wieder!

Horch' plötzlich in der Luft ein schnatterndes Geplauder:
Wildgänse auf der Flucht vor winterlichem Schauder.

Sie jagen hinter sich den Herbst mit raschen Flügeln,
Sie lassen scheu zurück das Sterben auf den Hügeln.

Wo sind sie? ha! wie schnell sie dort vorüberstreichen
Am hellen Mond, und jetzt unsichtbar schon entweichen;

Ihr ahnungsvoller Laut läßt sich noch immer hören,
Dem Wandrer in der Brust die Wehmut aufzustören.

Südwärts die Vögel ziehn mit eiligem Geschwätze;
Doch auch den Süden deckt der Tod mit seinem Netze.

Natur das Ew'ge schaut in unruhvollen Träumen,
Fährt auf und will entfliehn den todverfall'nen Räumen.

Der abgeriss'ne Ruf, womit Zugvögel schweben,
Ist Aufschrei wilden Traums von einem ew'gen Leben.

Ich höre sie nicht mehr, schon sind sie weit von hinnen;
Die Zweifel in der Brust den Nachtgesang beginnen:

Ist's Erdenleben Schein? – ist es die umgekehrte
Fata Morgana[20] nur, des Ew'gen Spiegelfährte?

Warum denn aber wird dem Erdenleben bange,
Wenn es ein Schein nur ist, vor seinem Untergange?

Ist solche Bängnis nur von dem, was wird bestehen,
Ein Widerglanz, dass auch sein Bild nicht will vergehen?

Dies Bangen auch nur Schein? – so schwärmen die Gedanken,
Wie dort durchs öde Tal die Herbstesnebel schwanken.

Nikolaus Lenau/
Othmar Schoeck, *Notturno*, dritter Satz/
Heinz Holliger, *Lunea*, neunzehntes Lebensblatt

Das andere wirklich Außergewöhnliche an Schoecks *Notturno* aber ist für mich die ganz eigenartige Deklamation, die sich am eindrücklichsten im dritten Satz verwirklicht. Ist der erste Satz mit zwei Gedichten, dem großen Instrumentalteil und nochmals zwei Gedichten relativ stark in fünf Teile gegliedert, entwickelt sich im dritten Satz eine Dauerartikulation, die wie «Herbstesnebel» in Gedanken schwankt. Eine zum Schluss manisch pessimistische metaphysische Suada ist der Ausfluss aus einer einzigen, argumentativ angelegten Aufzählung in der Natur zu beobachtender Sinnlosigkeit. Blätter fallen leise und stumm, die Vögel fliehen vor dieser Sinnlosigkeit, der Bach antwortet unbarmherzig, dass alles nur ein Vorbeigehen sei und niemals eine Wiederkehr. Diese entsetzlichen Bilder reihen sich ohne Punkt und Komma aneinander, stür-

zen aus Lenaus Text genauso wie aus Schoecks Tönen heraus, ein einziges Sich-Ergießen, das nach neun Minuten in eine nachhallende Stille der Hoffnungslosigkeit, des Nichts stürzt.
Bei Holliger nun kommen beide Charakteristika im neunzehnten Blatt der Oper *Lunea* zusammen. Etwas wie eine Schoecksche Dauerartikulation des Gedichts *Herbstabend* kann natürlich in diese selbst nur rund 100 Minuten dauernde Oper nicht wirklich Eingang finden. Aber die auch fast ohne Punkt und Komma singenden Chorstimmen, die noch zusätzlich durch eine fugierte Staffelung ineinander verwoben sind, erzeugen einerseits den Eindruck größter, nie innehaltender Dichte von Anlass und Ausdruck (wie im dritten Satz des *Notturno*), zum anderen den Eindruck einer Zeitlosigkeit, die, hervorgerufen durch die versetzte Gleichzeitigkeit des Textes im Chorkanon, der langen Ausdehnung von Schoecks drittem Satz doch – zumindest erinnernd – nahe kommt. Der Librettist wählte jedenfalls so geschmackvoll wie beruhigend schön dasselbe Gedicht wie Schoeck, das mit seinem das irdische All-Schicksal der Vergänglichkeit hinnehmenden Charakter die Ahnung eines Friedens auch in dieser Oper der Martern aufkommen lässt, wenigstens für kurze Zeit.

Außerdem sind musikalisch-motivische Ähnlichkeiten nicht zu überhören. Heinz Holliger streitet sie zwar nicht ab, erklärt sie aber als nicht bewusst gesetzt.[21] Dem 6/8-Rhythmus des dritten Satzes von Schoecks *Notturno* steht im neunzehnten Lebensblatt von *Lunea* zwar ein 4/4-Schlag gegenüber, wie jedoch der Leidensfluss in Achteln geradeaus läuft, hat bei beiden Stücken einen sehr ähnlichen Grundcharakter. Wegen des nicht bewussten Zitierens sind manche Motive Holligers zwar keine exakten Spiegelungen, aber doch unverkennbar mit solchen von Schoeck verwandt.[22]

Eingestreut in jenen sehr dichten Kanon bei Holliger, der nur mit Streichern und Chor beginnt und fast ganz auf Melismen (mehrere gebundene Töne über einer Silbe) verzichtet[23] (Schoecks Vertonung desselben Gedichtes tut es ganz), sind dann aber nach der angedeuteten Ahnung eines inneren Friedens Momente des Erschreckens: Immer wieder brechen in den Strom serener Melancholie anfallsartige Attacken ein. Zunächst bilden sie einen starken Kontrast, dann aber ziehen sie mehr

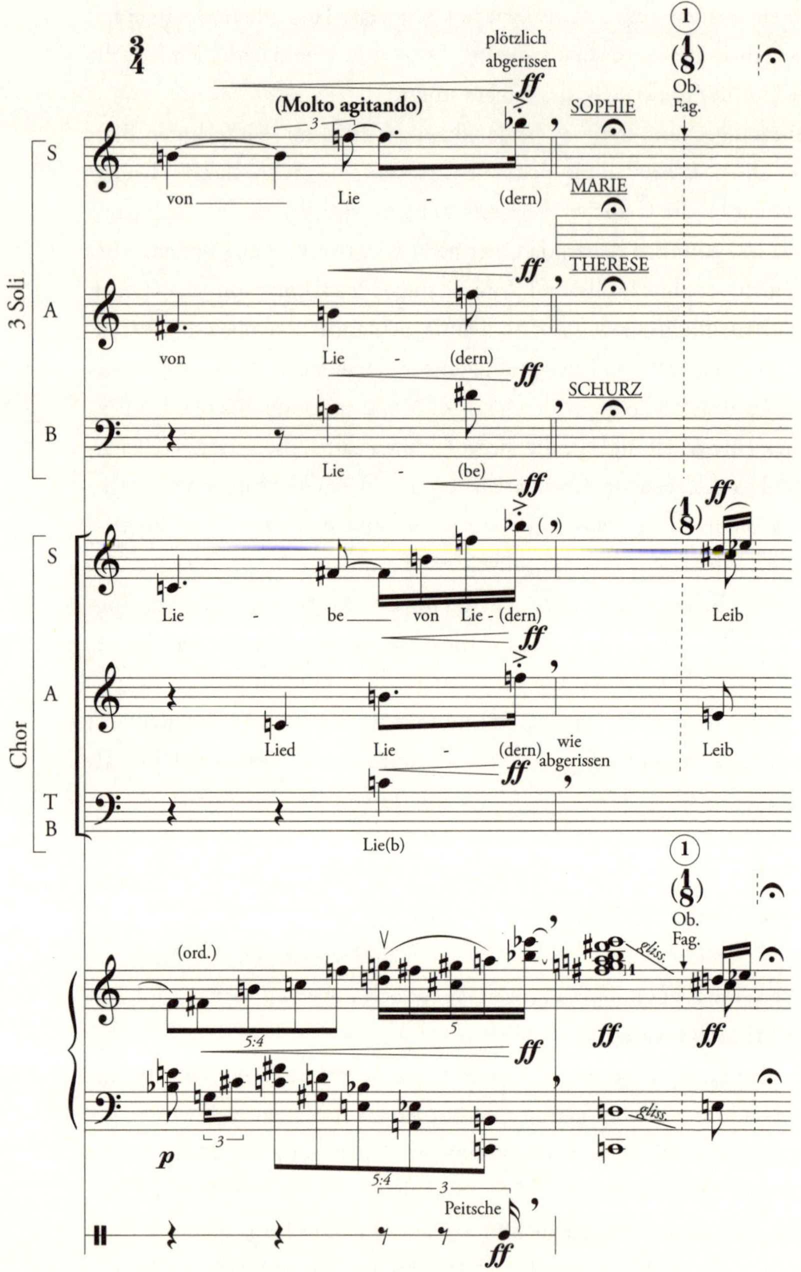

20 Heinz Holliger: *Lunea – Oper* (Klavierauszug), Zweites Blatt, S. 20–22

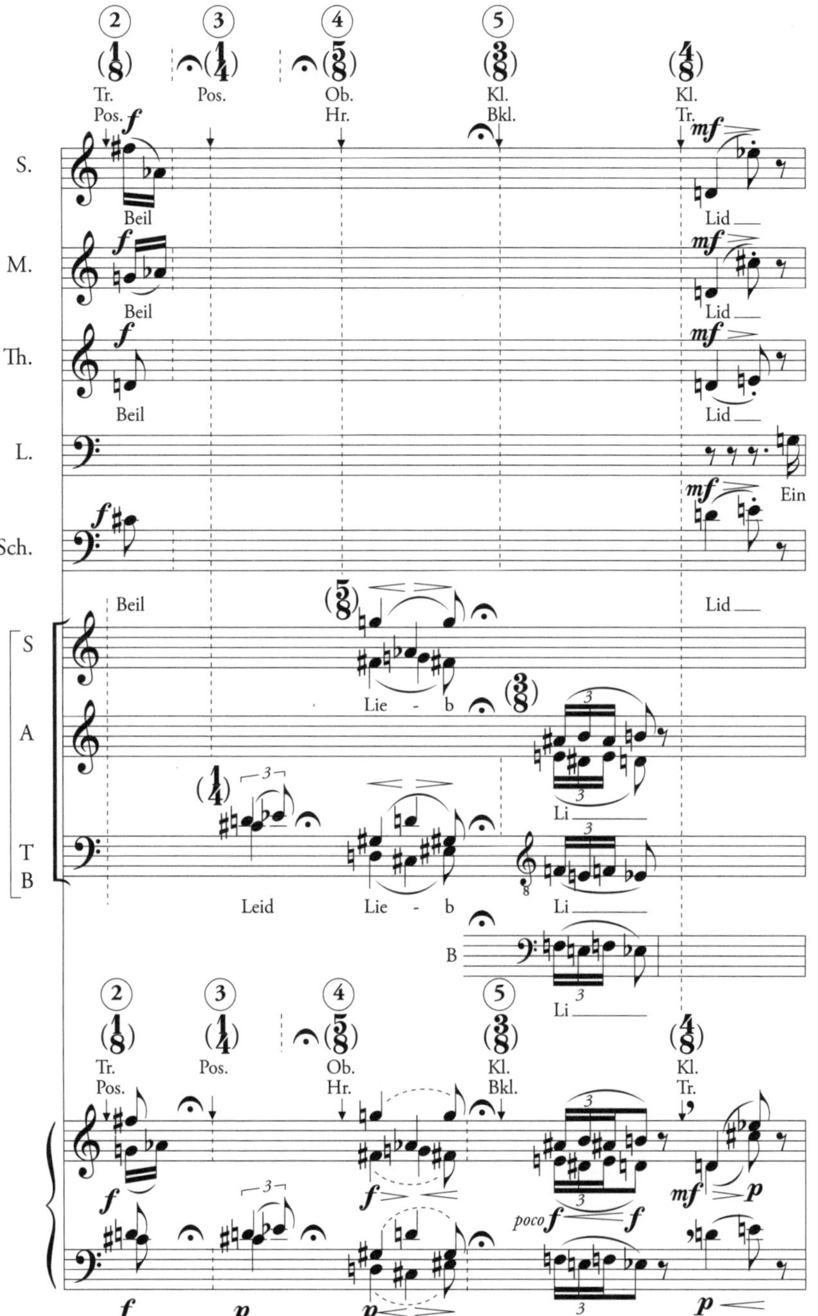
Tr.
Pos.
Ob.
Hr.
Kl.
Bkl.
Kl.
Tr.
S.
M.
Th.
L.
Sch.
Beil
Lid
Ein
Lie - b
Li
Leid
B
poco

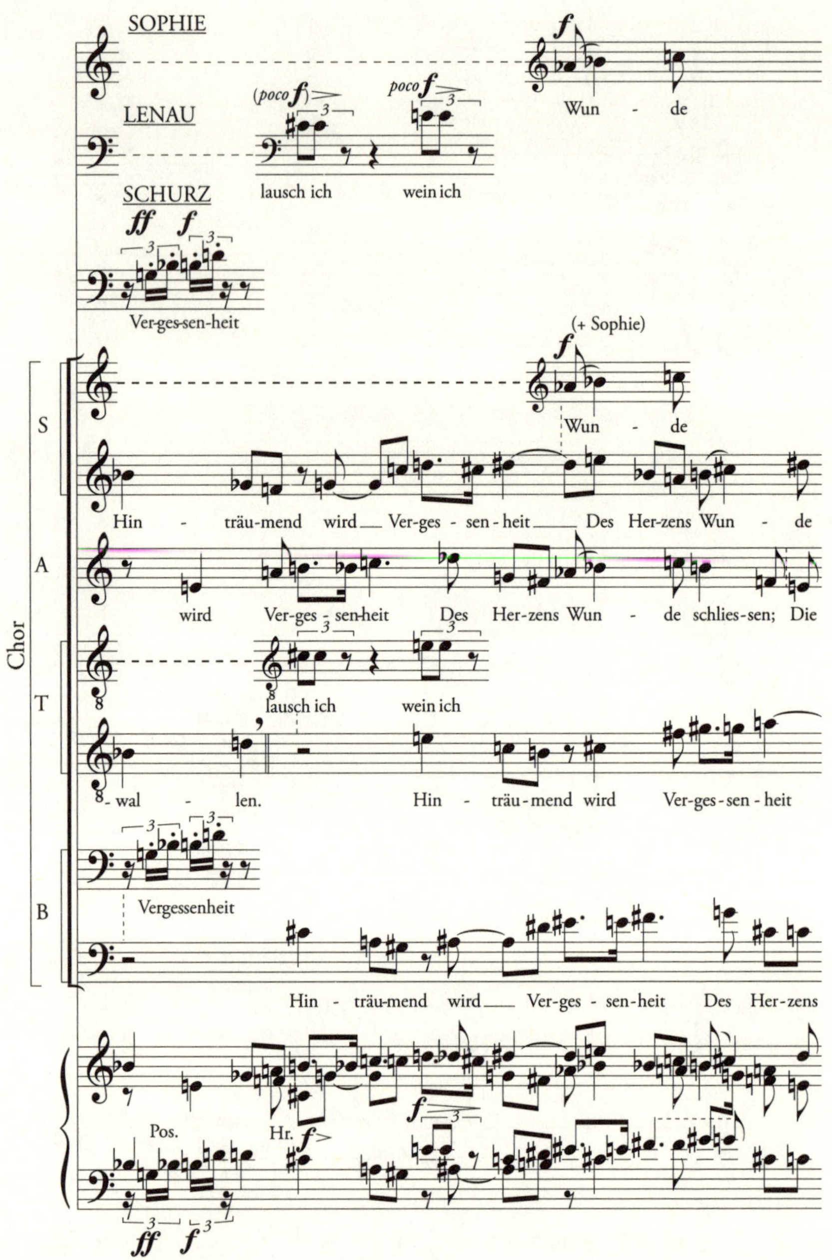

21 Heinz Holliger: *Lunea – Oper* (Klavierauszug), Neunzehntes Blatt, S. 186

und mehr den Chorsatz zum disparaten Erleben Lenaus hinüber, in seine zersplitterte Welt des Hirnschlags, der nicht mehr kontinuierlichen, sondern wie pathologisch diachronen Wahrnehmung.[24] Diese zeigt sich das erste Mal mit dem Einbruch des Risses in Lenaus ohnehin schon syphilitisch-paralytisch gestörte Welt im zweiten Blatt (Takt 8 auf 9, am deutlichsten im Chor-Sopran): Die drei letzten Sechzehntel eines Viertels führen hier aufsteigend zu einem hohen Ton, der abbricht oder im Glissando nach unten führt (Notenbeispiel 20). Dieses markante Motiv, welches das für die Oper zentrale Ereignis des apoplektischen «Risses» definiert, tritt dann im neunzehnten Blatt exzessiv und immer häufiger auf, bis nach der massiven, motivisch entsprechenden Bass-Stelle «Vergessenheit» Lenaus Erlebniswirklichkeit sich so äußert, erschütternd ob ihrer Hilflosigkeit: «lausch ich [–] wein ich» (Notenbeispiel 21). Ein vergleichbar ‹einschlagendes› Motiv begegnet einem auch in Schoecks drittem Satz, wenn die Wildgänse abrupt schnatternd auftauchen, den Hörer erschrecken und ihm plötzlich die ganze Brisanz des Memento mori entgegenwerfen. Es zeigt sich dann dort mehrfach (Notenbeispiele 22–24).

Heinz Holliger hat mehrfach von seiner «nicht kritiklosen» Verehrung für die Dichtungen wie für die Persönlichkeit Nikolaus Lenaus gesprochen. Die hier beschriebene vielfache und für mich bewegende Verschränkung der Oper *Lunea* mit Schoecks *Notturno* zeigt mir aber, dass auch Holliger – bewusst oder nicht – vom erkenntnistheoretisch wie ontologisch geführten Kampf um das Verstehen und Hinnehmen der Vergänglichkeit gebannt ist, der bei Lenau zum ästhetischen Lebensthema geronnen und in Schoecks *Notturno* aufgenommen ist.

Holligers Nutzung vielfältigster assoziativer Verschränkungen (zwischen Natur, Seele, Geist, Historie) geht für mein Empfinden über das Illustrative oder gar Zufällige weit hinaus. Seinem gar nicht apodiktischen Naturell – mag er sich auch gelegentlich harsch äußern – entspricht, dass er sich nicht auf beweisbare Gesetzmäßigkeiten seiner in mannigfaltigen Beziehungen stehenden Inhalte festlegen will. Seine Faszination für alle sinnlich, geistig, emotional einzigartigen Eindrü-

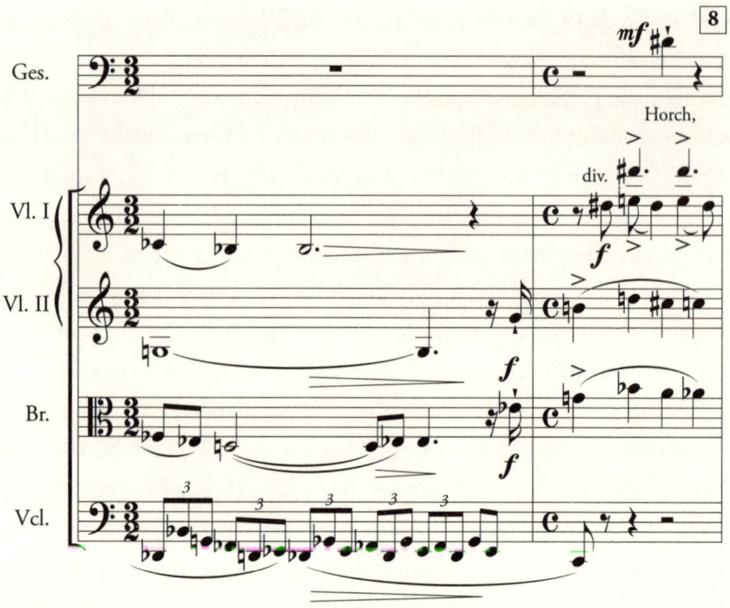

22 Othmar Schoeck: *Notturno*, dritter Satz, letzte zwei Takte vor Ziffer 8

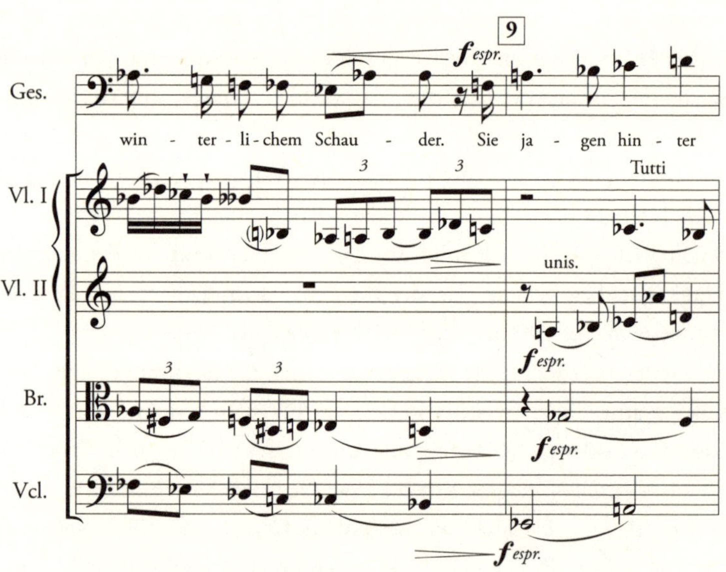

23 Othmar Schoeck: *Notturno*, dritter Satz, zwei Takte um Ziffer 9

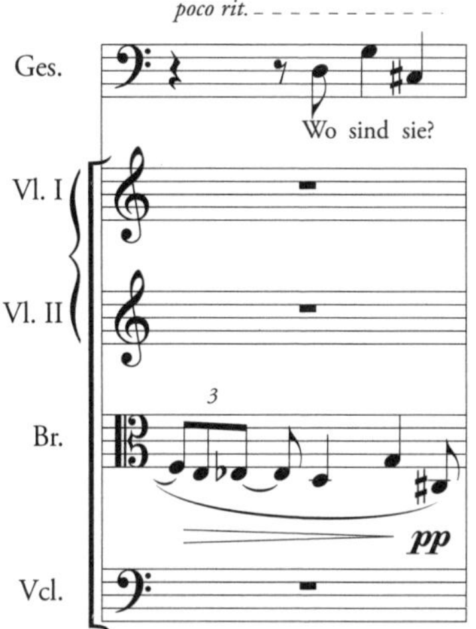

24 Othmar Schoeck: *Notturno*, dritter Satz, erster Takt von Ziffer 11

cke, die ein Mensch haben kann, lässt mich daher den Rückschritt von Kultur zu Natur, von formalen Errungenschaften und Möglichkeiten hin zu einem klanglichen Betasten und darstellenden Begreifen von Einzelphänomenen nicht im Geringsten als Preisgabe verstehen. Sie ist für mich Ausdruck einer apollinischen Heiter- und Großzügigkeit, einer Lebensbejahung, die sich jeglichen Ich-Bezugs entledigt.

Hoffnung – Liebe – Glaube

München, 3. Februar 2017

Der Mensch

Empfangen und genähret
  Vom Weibe wunderbar
Kömmt er und sieht und höret
  Und nimmt des Trugs nicht wahr:
Gelüstet und begehret,
  Und bringt sein Tränlein dar,
Verachtet, und verehret,
  Hat Freude und Gefahr,
Glaubt, zweifelt, wähnt und lehret,
  Hält nichts und alles wahr,
Erbauet und zerstöret
  Und quält sich immerdar,
Schläft, wachet, wächst und zehret,
  Trägt braun und graues Haar.
Und alles dieses währet,
  Wenns hoch kommt, achtzig Jahr.
Dann legt er sich zu seinen Vätern nieder,
  Und er kömmt nimmer wieder.

Matthias Claudius

Schumanns *Drei Gesänge* (op. 83) kennen Gerold Huber und ich erst seit kurzem als Ganzes. Nur den *Einsiedler*, das dritte Lied, führen wir schon seit Studienzeiten auf, es ist eines der nur vier Sololieder, die Schumann neben den zwölf berühmten Liedern des *Liederkreises* (op. 39) zu Texten von Eichendorff geschrieben hat.[1] Unvergleichlich die Ruhe, die Gottesfurcht, oder vielleicht besser, die Weltenangst. Viele, ja gefühlt alle Motive, die das Werk dieses Dichters durchziehen, erscheinen hier idealtypisch repräsentiert und kombiniert: Vom Wandern bis zum Waldesrauschen scheint nichts zu fehlen, und in drei ruhigen Strophen ist das auf der Liedbühne sehr gut darstellbar. Vor allem das geheimnisvollste Interpretationswerkzeug des Sängers – vor Intonation, Stimmfarbe, Vokalisation, Dynamik und Rhythmus (in dieser Reihenfolge abnehmend schwer begreifbar) –, das Vibrato nämlich, kann hier gewinnbringend eingesetzt werden. Das gilt zumindest der Idee nach, denn in Wahrheit kann man vieles Gewollte gar nicht hören, ja, es lässt sich vielleicht überhaupt nicht verwirklichen. Jedenfalls soll der Einsatz des Vibratos in diesem Lied idealerweise die Struktur des Textes verdeutlichen, der zu dreimal derselben musikalischen Strophe deklamiert wird, der aber auch dreimal eine inhaltlich vergleichbare Struktur aufweist – eine echte, aber sehr vorteilhafte Ausnahme in strophischen Liedern. Die ganz konkrete Versinnlichung der Wörter würde ich hingegen eher der einfacheren sängerischen Gestaltung, also Vokalisation, Dynamisierung und Kolorierung, anvertrauen.

3 Der Einsiedler

Komm, Trost der Welt, du stille Nacht!
Wie steigst du von den Bergen sacht,
Die Lüfte alle schlafen,
Ein Schiffer nur noch, wandermüd',
Singt übers Meer sein Abendlied
Zu Gottes Lob im Hafen.

Die Jahre wie die Wolken gehn
Und lassen mich hier einsam stehn,
Die Welt hat mich vergessen,
Da tratst du wunderbar zu mir,
Wenn ich beim Waldesrauschen hier
Gedankenvoll gesessen.

O Trost der Welt, du stille Nacht!
Der Tag hat mich so müd' gemacht,
Das weite Meer schon dunkelt,
Laß ausruhn mich von Lust und Not,
Bis daß das ew'ge Morgenrot
Den stillen Wald durchfunkelt.

Joseph von Eichendorff/
Robert Schumann, *Drei Gesänge*

Die drei schweren Viertelauftakte im ersten, fünften und siebten Takt (zu Beginn des ersten, dritten und vierten Verses) benötigen in meiner Vorstellung ein bewusst eingesetztes Vibrato – auch damit das Lied nicht zu vordergründig volksliedhaft erscheint. Oft empfinde ich Volkslieder, so wie sie traditionell aufgeführt werden, als genuin eher undifferenziert – immer wieder werden Einzelheiten und Unterschiede der Empfindung nivelliert, so als ob das Individuelle dem vermeintlich schützenden Dach des Brauchtums untergeordnet würde, getragen von der Aussicht, der liebe Gott werde schon alles richten.[2] Bei Schumann meine ich dagegen den Versuch emotionaler Aufrichtigkeit zu erkennen. Schon allein wegen des unkonventionellen, in der Liedliteratur fast verpönten Klavier-Tremolos am Ende der dritten Strophe, das dieses Lied überraschend und gegen alle Erwartungen beschließt, hat *Der Einsiedler* nicht das Zeug zum Volkslied. In diesem Lied wird jedem Versuch, menschliches Ungemach simplifizierend aufzuräumen und einzuordnen, mit der entwaffnenden Einfachheit und Klarheit der musikalischen Interpretation begegnet.[3] Diese strukturell-interpretatorische Präzision kann hier sogar dreimal, in einer Art meditativer Wiederholung, angewendet werden, da sich die Themen strophisch und zusätzlich sogar von Strophe zu

Strophe in den jeweiligen Zeilen wiederholen, da die Strophen also Variationen des einen Gedankenkomplexes von Nacht und Trost in der Vereinzelung darstellen.

Den Auftakt zu den je ersten beiden Zeilen jeder Strophe empfinde ich nun als extrem langsam schwingend, mit geringer Schwankung in der Tonhöhe, fast wie ein unter der Lupe betrachtetes Non-Vibrato. Damit soll sofort verdeutlicht werden, dass das Hereinbrechen der Nacht nicht nur eine Parabel auf die Dämmerung des eigenen Lebens ist, sondern immer auch ein einmalig lebensnahes Ereignis – eine Feier des sich nur ankündigenden Schlafes. Deswegen der gehobene Ausdruck des Fast-nicht-Vibrierens, das aber technisch gesehen ein sehr restriktiv kontrolliertes Vibrieren ist.

Anders verhält es sich in der jeweils dritten Zeile, in welcher der Zustand, in dem das Individuum sich wiederfindet und zurechtzufinden hat, beschrieben wird: «Die Lüfte alle schlafen» – «Die Welt hat mich vergessen» – «Das weite Meer schon dunkelt». Paradoxerweise finde ich, dass gerade diese wie schicksalhaft statischen Sätze einen eher agilen Auftakt benötigen, der sich in einem unruhigeren, schnelleren Vibrato äußert. Dies liegt auch daran, dass der hier zu singende, kompliziert zu gestaltende Septsprung vom Leitton nach unten zur Zwischentonika stimmlich ausreichend Präzision und Bestimmtheit erfahren muss, und das kann nur mit einem agil gesungenen Auftakt wirklich gelingen. Schumann hat diesen also regelrecht ‹einkomponiert›. Dagegen schlägt der letzte Auftakt, der zu den letzten drei Strophenzeilen führt, jeweils den Bogen zum Einzelnen, zum Selbst. Das umgekehrte Paradox wäre hier ein ruhiges Schwingen des hinführenden Tones, und auch dies ist von Schumann komponiert: An die Stelle des Quintaufstiegs zu Beginn der ersten Zeile und des Septfalls in der dritten tritt nun ein einfacher Ganztonschritt. Vielleicht können diese konträren Vorstellungen von der Gestaltung des Auftakts zur dritten bzw. zu den letzten drei Zeilen (nochmals zugegeben, dass sie mir vielleicht nie so plausibel gelingen wird) zudem damit erklärt werden, dass in der dritten Zeile der allgemeine Ist-Zustand zwar statisch wirkt, aber als Bedrohung empfunden wird und deswegen unruhig vibriert, wohingegen die letzten drei Zeilen die Lösung jeweils im Selbst suchen, der existenziellen Not Abhilfe schaffen und deshalb auftaktig eher ruhig einschwingen.

Unübersehbar scheint mir jedenfalls, dass Eichendorffs *Einsiedler* – anders als es eine Verkürzung auf den Katholizismus nahelegen könnte – sein Sehnen und Ahnen nicht auf das Allgemeine, eine Religionsgemeinschaft nämlich, richtet, sondern auf die Vereinzelung. Vielleicht geht es darum auch Schumann, ich erhoffe das zumindest. Denn das Kunstlied als musikalische Inkarnation eines Gedichts im Speziellen und des Lyrischen im Allgemeinen kann nicht auf einen Gemeinschaftsklang ausgehen, sondern sucht die Verkörperung im Singulären. Die Person des Sängers ist dabei natürlich von keinerlei Interesse, die individuelle Einzigartigkeit seines Stimmklangs aber verweist auf das Prinzip der kommunikativ notwendigen Sprache eines Einzelnen.[4] Und so ist *Der Einsiedler* kein mehrstimmiger, religiös vereinender Gesang, sondern das einstimmige Musterbeispiel des Menschen, der Ausdruck und Trost in der Vereinzelung sucht und beides der Kunst anvertraut.

Dieses Lied ist nun die letzte Station einer Reihe von drei ernsten Liedern. Ein Lied, das beispielhaft steht für die Möglichkeit, Schlichtheit des Ausdrucks mit Sinnhaftigkeit zu verbinden – als reines, ideal geglücktes Strophenlied. Solch ein Gedicht kann es nicht oft geben, wo die Gliederung der Verse sich zweimal wiederholt, so dass ein dreifacher, geradezu trinitarischer Gedanke dargestellt wird.[5] Das wirkt wie eine Meditation über die Vergänglichkeit und ihre Lösung. Und so kann das Lied den Text auch ideal abbilden. Man könnte sagen, es ist eine musikalische Idealparaphrase der zugrundeliegenden Worte.

2 Die Blume der Ergebung

Ich bin die Blum' im Garten,
Und muß in Stille warten,
Wann und in welcher Weise
Du trittst in meine Kreise.

Kommst du, ein Strahl der Sonne,
So werd' ich deiner Wonne
Den Busen still entfalten
Und deinen Blick behalten.

Kommst du als Tau und Regen,
So werd' ich deinen Segen
In Liebesschalen fassen,
Ihn nicht versiegen lassen.

Und führest du gelinde
Hin über mich im Winde,
So werd' ich dir mich neigen,
Sprechend: Ich bin dein eigen.

Ich bin die Blum' im Garten,
Und muß in Stille warten,
Wann und in welcher Weise
Du trittst in meine Kreise.

Friedrich Rückert/
Robert Schumann, *Drei Gesänge*

Wenn wir innerhalb der *Drei Gesänge* zum zweiten zurückgehen, sehen wir dagegen die Notwendigkeit, unruhigere Gedichte anders als in reiner Strophenliedform zu vertonen. Das mittlere Lied, *Die Blume der Ergebung*, lässt sich als Ausprägung der typischen Mischform des Kunstliedes verstehen, als variiertes Strophenlied. Der an sich, wie in manchen Gedichten Rückerts, ein wenig formal und trocken wirkende Text erfährt hier durch die Vertonung eine wundervolle Belebung; auf einmal wirkt er leicht und schwingend, sogar humorvoll. Und das entspricht ganz meinem Eindruck, dass, gemessen an Rückerts relativer Unbeliebtheit bei den Lesern, so unverhältnismäßig viele seiner Gedichte in den besten Vertonungen auftauchen.[6]

Die erste und letzte Strophe bilden mit gleichlautendem Text den Rahmen, innerhalb dessen sich die drei Mittelstrophen variierend entfalten können. Anfangs entwickelt sich der Zusammenhang noch aus der melodischen Spiegelung der ersten Gesangslinie an einer horizontalen Achse, doch dann entstehen drei musikalisch verschiedene Abbilder unterschiedlicher Befindlichkeiten. Sie erhalten in ihrer melodischen Eigenheit bald auch eine jeweils ganz spezifische Darstellung. Durch formal trennende Klavierzwischenspiele bleiben sie als getrennte Strophen erkennbar. Gleichzeitig entfaltet sich eine Entwicklung von der zweiten Strophe, die eine erotische Annäherung der Liebenden beschreibt, bis zur vierten, in der sich das Verhältnis abkühlt und in Unterordnung umschlägt. Dazwischen liegt in der dritten Strophe, der mittleren des Mittelblocks, der Höhepunkt des Liedes und damit die Mitte des ganzen Opus: die Darstellung gemeinsam sich verwirklichender Fruchtbarkeit.

Diese Strophe ist auch ein Höhepunkt innovativer Vertonungskunst, wenn hier wichtige Worte oder Gedanken durch eine Aufrauhung im Klavier intensivierend, verunsichernd, sensualisierend, nicht aber affirmativ im Sinne einer konzisen Bedeutung hervorgehoben werden – ich denke an den massiven Bass-Triller unter «Kommst du» sowie, dem Empfinden in einem Karussell ähnelnd, die sich beschleunigenden Sechzehntel-Triolen unter «Ihn nicht versiegen». Als Methode erinnert mich dieses Ausbrechen aus der Sechzehntel-Grundstruktur an ähnliche Stellen in *Requiem* (op. 90/7) mit Triolen und Quintolen.[7] Zwischen diesen beiden Stellen aber findet sich eine der schönsten und sinnlichsten Gesangsphrasen, die ich kenne: Gelöst von der rhythmischen Struktur des Liedes – sogar im Klavier wird der klare Drei-Viertel-Schwerpunkt ansatzweise verunklart – kann sich der in jeder Hinsicht mittlere, ja zentrale Satz (der Strophe, des Gedichtes, des gesamten Opus) «So werd' ich deinen Segen / In Liebesschalen fassen» deklamatorisch und agogisch frei ausbreiten. Es ist, als fände sich auch zwischen den beiden einrahmenden Liedern, welche beide resignieren, das erste ob der Unmöglichkeit hiesiger Liebe, das letzte wegen des in Vereinzelung unmöglichen diesseitigen Friedens, eine Möglichkeit irdischen Glücks: die flüchtige Illusion sinnbringender Fortpflanzung. In diesem Sinne wäre das Titelwort «Ergebung» als eher ungeduldiges Warten zu verstehen, weniger als Schicksalsergebung.

Diese Ungeduld ist übrigens bestens dargestellt, wenn in der Schlussstrophe, die den Anfangstext unverändert wiederholt, die letzte Zeile «Du trittst in meine Kreise» anders als in der ersten Strophe keine musikalische Wiederholung der vorhergehenden Zeile auf der Subdominante darstellt, sondern als (auch dynamisch angehobene) Sequenz in der zum Septakkord geweiteten Tonika erscheint, um beim erneuten Erklingen der ersten beiden Gedichtzeilen wieder in die Subdominante aufgelöst zu werden. Diese Ungeduld wartet nun nicht mehr auf die Ankunft des Geliebten, sondern auf Vollendung in gemeinsamer Nachkommenschaft. Sie muss sich aber im Sinne der «Ergebung» autosuggestiv beruhigen, und das ist der Grund, weshalb die ersten beiden Gedichtzeilen noch einmal auftauchen – im pianissimo: nicht um Ruhe darzustellen, sondern um Ruhe zu erzwingen, sich abzufordern. Diese Haltung der Selbstdisziplinierung lässt sich auch kompositorisch erkennen, wenn das letzte Wort «warten» auf der ersten Silbe plötzlich drei Schläge lang erklingt und nicht nur für ein Viertel wie in der ersten Strophe und in der Reprise zum Schluss. Ich möchte das nicht als eine melodische Verbreiterung zum Ende des Liedes im Sinne eines auskomponierten Ritardandos verstehen, die das Klaviernachspiel vorwegnähme, sondern als im Pianissimo notierten Zwang, sich ruhig zu halten. Es ist also kein entspannt ausschwingendes Pianissimo, sondern ein gehaltenes, erzwungenes Sich-Zurücknehmen, gegen sich und die eigene Natur drängenden Wollens.

1 Resignation

Lieben, von ganzer Seele,
Lieben herzinniglich,
Daß nimmer ich's verhehle,
Heiß lieben muß ich dich!
Wie's kommt? Wie kann ich's wissen?
Wohl höher schlägt mein Herz,
Wenn deine Augen grüßen:
Gehst du, erbebt's im Schmerz,
Erbebt im heißen Glühen,
Im still verschwiegnen Rausch,
Und Tränen überziehen

Den Blick im Wechseltausch.
Lieben, von ganzer Seele, muß ich dich!

Du wirst mich nie umschließen,
Nie wird dein Aug' mir glühn!
Der Sehnsucht still Vermissen
Wird nie dich zu mir ziehn!
So hoffnungslos mein Lieben?
Gewiß! Doch trostlos nicht!
Will Gegenwart nicht trüben,
Zukunft? Kenn' ich ja nicht!
Will auch der Trennungsstunde
Schmerz düster mich umwehn,
Lächle mit bleichem Munde:
Jenseits ist Wiedersehn!

Julius Buddeus/
Robert Schumann, *Drei Gesänge*

Schließlich der Anfang des op. 83, wo sich die Eigenart Schumannscher Textgestaltung in voller Ausprägung zeigt. Nikolaus Harnoncourt sagte einmal, bei Proben zu Schumanns *Das Paradies und die Peri*, in seiner unnachahmlich überzeugenden, apodiktischen Illusionskraft, dass sich einer wirklich gefreut haben muss, als Schumann 1856 starb, nämlich Richard Wagner – so sei er der Einzige geblieben, der Vokalmusik und Musiktheater eine neue Art musikalischer Deklamation des vertonten Textes schenken konnte.

Als Anweisung steht über dem Lied «Nicht schnell, mit freiem Vortrag». Das bezieht sich nach meinem Empfinden nicht nur auf die ersten sechs Takte, sondern eigentlich auf das ganze Lied, mit Ausnahme formaler gehaltener Strecken wie der Takte 18–23 und 35–38. Als musikalisches Korrelat dieser sehr textbezogenen Artikulationsanweisung würde ich das Fortepiano (*fp*) annehmen, das bis zum ersten Doppelstrich nach Takt 17 (dem Ende der ersten Strophe) zwölf Mal wiederkehrt – eine doch äußerst ungewöhnliche und auffällige Häufung dieser besonderen Dynamikbezeichnung. Ein *fp* ist kein rein dynamischer

Akzent, es hat meines Erachtens wegen seiner längeren zeitlichen Ausbreitung sogar einen agogischen Wert. Die Versorgung einer Phrase mit einer Anfangsenergie, die langsam verebbt, äußert sich nämlich nicht nur in abnehmender Lautstärke, sondern auch in einem jeweils subtil sich bemerkbar machenden Abflauen des Tempos. Das gilt erst recht in diesem Lied, in dem sich diese Auffrischungen (bis auf einmal, in Takt 4) nie gleichzeitig in Klavier und Gesang finden. Sie stehen vielmehr meist nur hier oder dort, und oft überlagern sie sich sogar – exemplarisch in Takt 15: Zuerst hat die Stimme das *fp* und dann, zwei Schläge später, wenn ihre Intensität schon abnimmt, das Klavier. Keineswegs geht es hier also darum, der Stimme immer den Vortritt zu lassen, sie in ihrer Lautstärke immer dominierend vernehmbar zu machen. Vielmehr taucht sie immer wieder in einen Klang ein, sie verschmilzt mit dem Klavier, ohne jeden klanghegemonialen Anspruch und trotz allen Bemühens um die Worte. Die Konsonanten und überhaupt die Verständlichkeit des artikulierten Textes stehen hier – ungeheuer fortschrittlich, richtungweisend – zur Disposition. Das erscheint mir wie ein bewusstes Bekenntnis, dass die Bedeutung nicht nur durch die musikalische Struktur oder die vertonten Worte getragen wird, sondern eben durch den resultierenden Klang: Die Bedeutung eines zu singenden Wortes wird nicht nur durch seine sprachliche Artikulation vermittelt, sondern durch Eintauchen des Wortklangs in einen Gesamtklang.

Ausgehend von Schubert, der für die Gesangsstimme besonders wenige dynamische Anweisungen machte, hat sich die als quasi allgemein gültig betrachtete Haltung festgesetzt, dass die Dynamik der Stimme eben die Anweisungen für das Klavier zu übernehmen habe. Ich halte das für ein Märchen. Vor allem aber drückt sich hier ein Bemühen aus, welches einem klanglich und semantisch offenen Konzept des Liedes nicht wirklich entspricht: das klangliche Equilibrium als oberstes Gebot – als ob der Sinn eines Kunstwerkes so klar festzumachen wäre! Ich räume an dieser Stelle gern ein, dass alle meine hier dokumentierten Bemühungen um die Bedeutung von Liedern letztlich Versuche sind, die oft nur allzu offensichtlich scheinende Bewandtnis des einen oder anderen Werkes zu problematisieren. Die Lautstärke-Methode «Schubert» aber, im Grunde eine simplifizierende Methode der Lehrenden, versuchen Gerold Huber und ich durch die Suche nach einem situativ adäquaten Klang zu ersetzen – soweit es die Realität zulässt.

In *Resignation* breitet sich die agogische Erschöpfung der einzelnen *fp*-Anweisungen, sich gleichsam summierend, bis zum ersten Doppelstrich über den gesamten ersten Teil des Liedes aus, bis dieses im Mittelteil zu einem ganz neuen, langsameren Tempo findet. Der anfänglich große Aufschwung des ersten Teiles geht also einfach verloren. Man könnte das auch mit anderen, konventionelleren Mitteln einfordern. Aber hier wird die Vorgeschichte einer einseitigen Liebe ganz direkt plastisch gemacht: im Verebben der musikalischen Energie, parallel zum Verstummen der Liebesbegeisterung, einem einzigen metaphorischen Fortepiano.

Der nachfolgende Teil der titelgebenden Resignation (Takte 18–24, die ersten vier Verse der zweiten Strophe) kann sich dann durch die plötzlich schwerfälligen Sechzehntel-Figuren in einem ganz eigenen Duktus bedrückender Erkenntnis ausbreiten. Die rhythmische Struktur des Klaviersatzes in diesen Takten kommt ähnlich schon in den Takten 9–12 vor, hier jedoch noch impulsiv, bevor sie sich, dem spektakulären Wort «Wechseltausch» folgend, wie von selbst ihrer Kraft beraubt. Dieses Wort bedeutet zwar im Sinne des Dichters wohl nur einen Wechsel von Gut nach Schlecht, von Getäuscht nach Enttäuscht. Aber der zweite Wortteil «-tausch» erweckt doch die Ahnung einer dialektischen Verflechtung beider Pole, wie sie sich zum Schluss des Gedichtes manifestiert. Die melodische Entwicklung bei Schumann jedenfalls drückt das anschaulich aus, wenn die Kraft der Gesangslinie sich mit «Und Tränen überziehen / Den Blick» eigentlich erschöpft und dann «im Wechseltausch» wie eine erklärende Dreingabe nachgeschoben wird. Sängerisch kann sich der Stimmungswechsel besonders gut verwirklichen, wenn der Vordersatz dieser Phrase noch normal vibriert, dagegen die letzten beiden Achtel («Wechsel-») ein gestütztes Non-

Vibrato einführen, das diesem ersten Teil abschließend eine neue, eine eben resignative Farbe verleiht.[8]

Nach dem Mittelteil mit seiner Erkenntnis, dass die Liebe nicht gegenseitig ist, folgen mehrere rezitativische Takte. Musikalisch besonders erscheint mir hier die Dynamik in den Takten 25–30: zuerst ein Pianissimo als Ausdruck des Tiefpunktes des Liedes («So hoffnungslos mein Lieben? Gewiß!»), dann eine kleine Steigerung zum Piano hin («Doch trostlos nicht!»). Danach aber folgt eine Wiederholung des Textes, wohl aus rein musikalischen Gründen: um die Form hochzuhalten, die vom Text und dessen Sinn geboren wurde. Hier aber wird die Antithese «hoffnungslos [...] trostlos nicht» in der Dynamik nicht mehr wiederholt. Es zeigt sich, dass der Gang des Liedes ein eigener ist, dass er nicht lediglich dem vertonten Text folgt. Und hier wird eine Entwicklung im durchkomponierten Lied, der dritten klassischen Form des Kunstliedes, deutlich: Es kann in dieser Form nicht nur darum gehen, ‹am Text entlang zu komponieren›. Vielmehr sind auch durchkomponierte Lieder idealerweise keine frei rhapsodierenden Gebilde, sondern haben ihre eigenen, individuellen Gesetze und formalen Strukturen.

Es mag eine Trivialität sein, darauf hinzuweisen, aber eben das ist auch der Grund, weshalb ich es ablehne, das Erlernen einer allgemeinen Gesangstechnik zu favorisieren und mit Vokalisen – Stücken, die nur auf Vokale gesungen werden – die Stimme so zu trainieren, dass ihr keine Repertoire-Unbilden mehr zu schwer sind oder sie gar überraschen. Ich bevorzuge das Einsingen mit den aufzuführenden Stücken, um die Farbigkeit, um die Identität des individuellen Werkes nicht nur nicht in Frage zu stellen, sondern um ihnen möglicherweise gerecht zu werden, um also der Verwirklichung spezifischer klanglicher Eigenheiten keine technische Verallgemeinerung in den Weg zu stellen, um nicht grundsätzlich solitären Liedern eine allgemeine sängerische Fähigkeit überzustülpen.

Schließlich, in den letzten sechs Zeilen, zeigt sich die Lösung des Gedichtes: Die diesseitige Enttäuschung (Gegenwart) lässt sich nicht heilen, und was die Zukunft bringt, lässt sich nicht erahnen.[9] Nebenbei: Wie sich dies musikalisch artikuliert, kann ich nur als perfekt realisierte

Deklamation bezeichnen: Die Frage «Zukunft?» als langsame, nach oben ansteigende, leicht sich anspannende Linie wird nach einer das Nachdenken verkörpernden, dehnbaren Pause wie mit einer wegwerfenden Geste, melodisch nach unten sich entspannend, beantwortet: «kenn' ich ja nicht!» Diese Worte sind wie gesprochen, auf Tonhöhe, aber ohne Vibrato (nicht zu verwechseln mit dem Non-Vibrato, das ja eine Anstrengung bedeutet), eine im Grunde weniger gesungene als intoniert gesprochene Ton-Geste. Der versprochene Trost jedenfalls ist das Jenseits, dem die todesbleichen Lippen auf dem lebenslangen Sterbebett entgegenlächeln: die Ewigkeit, die ewige Gegenwart, die die Zukunft des Subjekts ist und in der die bessere Vergangenheit, nämlich die ungetrübte Liebe, leben und ausgelebt werden darf. In diesem Ende verwirklicht sich also die Dialektik, die der «Wechseltausch» der ersten Strophe erahnen ließ.

In diesem kleinen Liederzyklus kommt die Dreiheit vielfach vor: als dialektischer Dreischritt Gegenwart – Zukunft – Vergangenheit im ersten Lied *Resignation*, in der Dreiecksform des variierten Strophenlieds im mittleren Lied *Die Blume der Ergebung*, als angedeutete Dreifaltigkeit in den drei Strophen des Schlussstücks *Der Einsiedler*. Vielleicht könnte man die Komposition dieses Zyklus schließlich so weit interpretieren, dass sich die Dreiheit sogar in der Gesamtanlage wiederfindet. Man könnte dann von einem Triptychon des Daseins sprechen: Im durchkomponierten ersten Lied finden wir die Liebe und das Sein – im modifiziert-strophischen zweiten Lied Fortpflanzung und Werden – und im strophischen dritten Lied Transzendenz und Gewesen-Sein. Damit würde sich die Zeiten-Dreiheit des ersten Liedes auf das gesamte Opus ausweiten. Auch wenn die Entwicklung Gegenwart – Zukunft – Vergangenheit nicht ähnlich offensichtlich zielgerichtet ist wie die Vereinfachung der Liedform vom ersten zum dritten Lied (außer man versteht die Vergangenheit als ewige Wiederkehr des beendeten Erden-Daseins), bekäme dieser kleine Zyklus den Anspruch, so etwas wie ein Abbild des menschlichen Seinshorizonts zu sein. Eine zufällige Sammlung mehr oder weniger schöner Lieder wäre er dann jedenfalls nicht.

Rihm, Goethe, Programme

Weimar, November 2018

Aber den Einsamen hüll'
In deine Goldwolken,
Umgib mit Wintergrün,
Bis die Rose wieder heranreift,
Die feuchten Haare,
O Liebe, Deines Dichters!

Johann Wolfgang von Goethe, *Harzreise im Winter*, V. 60–65

Im ersten gemeinsamen Konzert von Gerold Huber und mir stand nur Schumanns *Dichterliebe* auf dem Programm. Seit unserem zweiten gemeinsamen Auftritt hingegen versuchen wir, stimmige Konzeptionen für Liederabende zu entwerfen. Sieht man einmal von Raritäten wie beispielsweise Ernst Kreneks *Reisebuch aus den österreichischen Alpen* ab (es besteht aus 24 Liedern), kommt das Privileg einer Alleinstellung fast nur Schuberts *Winterreise* zu. Sogar das spezielle Verhältnis von Wilhelm Müllers 25-teiliger Gedichtsammlung *Die schöne Müllerin* zu Schuberts nur 20 Lieder umfassender Vertonung oder die Beziehung von Tiecks Novelle zu ihrer Vertonung in Brahms' *Schöner Magelone* machen Überlegungen zu einer angemessenen Aufführung notwendig.

Das ist kein beiläufiger Vorgang, denn die Auswahl von Liedern, die doch so kleine Formate sind, und der auf diese Weise hergestellte Kontext sind genuiner Teil der Interpretation, vergleichbar der Auswahl und Hängung von Gemälden durch den Kurator einer Ausstellung. Natürlich entwickeln sich dabei gewisse Techniken, Gewohnheiten und Abneigungen. So bemerke ich mittlerweile, dass mir Programme mit illustrativen oder bloß sammelnden Aspekten immer fremder werden, mir eigentlich missfallen. Musikalische Motivik und symbolische Zusammenhänge gehen dadurch tendenziell verloren – bei Programmen wie «Blumen, Büsche, Blüten» oder «Alles mit Schaf und Weiher» zeigt sich mir der kolportierte Inhalt gewöhnlich eher nicht.

Außerdem bemerke ich, dass mir die drei für mich bedeutendsten Liedkomponisten, Schubert, Schumann und Mahler, unüberbrückbaren Respekt abfordern: Ich könnte sie nie an einem Abend kombinieren und nebeneinander aufführen. Zu eigenständig sind sie in ihrem Idiom, in ihrem Habitus. Sie würden sich in meinen Augen also nicht gegenseitig bereichern, sondern behindern, selbst wenn man bedenkt, wie eng die Beziehungen untereinander sind und wie sehr sie zu einer Kombination verlocken mögen. Schubert und Schumann unterscheiden sich in der Gewichtung des Klavierparts, dessen Eigenständigkeit, in der neuartigen Wichtigkeit von Vor-, Zwischen- und Nachspielen nur graduell. Schubert und Mahler neigen beide zu volksliedhaften Klängen und künstlerisch instrumentalisierten Naturlauten, auch hier ist die Differenz nur graduell. Und bei den zwei Jüngeren, Schumann und Mahler, ist der Bezug zu Schubert offenkundig, eine willentliche, fast epigonale Art der Weiterentwicklung des von diesem im eigentlichen Sinn erst erfundenen Genres Kunstlied. Beide aber verbindet auch in einzigartiger Weise – das sehe ich sonst bei keinem Liedkomponisten – die Fortentwicklung des Kunstliedes weg von jeder Gefälligkeit hin zu einer eigenen Form der Bedeutungssuche, vom akzidentell und kontingent Unterhaltenden zum substanzhaft und zwingend Urteilenden. Und beide verbindet die radikal beanspruchte Künstlerfreiheit, zu diesem Zweck Gedichte zu instrumentalisieren, sie geradezu zu biegen und zu beugen und so einen Klang zu einem Postulat zu machen.

Ich kann die Programme, die Gerold Huber und ich im Lauf von nun dreißig Jahren zusammenstellten und aufführten, nur noch teilweise auffinden, habe sie auch nicht gezählt. Manche habe ich in besonders schöner Erinnerung, beispielsweise unsere verschiedenen «Schwanengesänge» oder die «Wiener Schulen» – hier kombinierten wir Beethovens *An die ferne Geliebte* und Schönbergs *Buch der Hängenden Gärten* mit ein paar Liedern von Haydn, mal zu deutschsprachigen, mal zu englischen Texten, Bergs *Altenberg-Liedern* und zum Schluss noch Beethovens *Adelaide*. Oder ein Volksliedprogramm: Lieder Haydns für Klaviertrio und Gesang, die er (selbst schon wieder in Österreich) für verschiedene Londoner Verleger ohne Kenntnis des Textes, also nur zur Volksliedmelodie schrieb. Die Gedichte wurden später erst in London unterlegt. Fritz Wunderlich hat diese Trio-Lieder später mit Unterlegung von Gedichten Hermann Löns' unnachahmlich schön aufgenommen, und so dachten wir, wir könnten sie in dieser Form wiederaufführen, als Hommage an diesen vielleicht besten Sänger aller Zeiten. Dazu eine Auswahl aus Brittens *Folksong Arrangements* für Klavier und Gesang, Schostakowitschs zweites Klaviertrio mit seinen Zitaten jüdischer Volksmusik und zum Abschluss – nochmals für Geige, Cello, Gesang und Klavier – englischsprachige Volksliedbearbeitungen von Beethoven (dabei war mir eine bewusste Abgrenzung zum Brahmsschen Volkslied-Konzept, das mir ein wenig zu sentimental, ja kitschig erscheint, wichtig). In besonderer Erinnerung sind mir auch einige Programme nur mit Liedern Schuberts (eines davon ist als CD erschienen, mit dem Titel *Nachtviolen*) und schließlich viele reine Schumann-Programme, die Gerold Huber und ich vor allem deswegen konzipierten, um bald alle Lieder Schumanns aufgeführt zu haben und sie so besser zu kennen. Das wollten wir auch, um unser Lebensprojekt, eine Aufnahme sämtlicher Schumann-Lieder, nicht zu einer Mischung von Erprobtem und Prima-vista-Aufführungen werden zu lassen.

Über viele Jahre bewegte Gerold Huber und mich außer der Freude an immer wieder neuen, zum großen Teil natürlich neu kombinierten, also nicht völlig neu erlernten Programmen auch die Freude an einer Wette: Wer zum Zeitpunkt der Jahrtausendwende weniger wiegen würde, bekäme vom anderen eine Kiste Champagner. Jahrelang lag ich uneinholbar vorne – am Ende aber verlor ich dennoch. Zwei Jahre später dann hörte ich als Erster von uns beiden endgültig auf zu rauchen, wurde Vater – Dämme begannen zu brechen. Gerold Huber meinte, auch er würde die Zigaretten irgendwann weglegen, und dann wären wir eben beide eine optische Umweltverschmutzung. Er tat das dann auch, öfters sogar, ganz im Sinne Mark Twains (mit dem Rauchen aufzuhören sei ja einfach, deswegen sei es ihm auch schon hunderte Male gelungen). Aber auch nach meinem letzten und endgültigen Mal blieb bei mir (nach Goethes *Harzreise im Winter*) das «überfließend Maß». Doch dass die meisten guten Sänger – so mein Eindruck, mein Anker, meine Hoffnung – eher mehr wiegen als nötig, ist mir physiologisch einfach nicht erklärlich: Zwar schwingt auch das Fettgewebe, nur nicht nennenswert in der Frequenz gesungener Töne – egal.

Das dazu vorerst letzte Wort sprach ein Berliner Kritiker nach einem Liederabend im Dezember 2018. Völlig zu Recht pries er Gerold Huber als unfassbar großartig (ich konnte mich beispielsweise gar nicht satt hören an seinen sechs perfekt schnellen, aber immer weichen Doppelschlägen in Schuberts *Lachen und Weinen* D 777). Mich fand der Kritiker nicht so gut – das war in Ordnung. Auch mir gab meine Leistung an diesem Abend Anlass zu Bedenken. Es war das sechste Konzert einer Tour mit viel Reiserei, noch dazu mit dem wohl längsten Programm, das wir je aufgeführt hatten, und in Berlin waren, wegen einer Repertoire-Änderung nur für diese eine Aufführung, noch weitere erschöpfende Proben am Konzerttag nötig. Ich war stimmlich also vielleicht ein wenig müde – das können Kritiker und Publikum natürlich nicht wissen, müssen sie auch nicht. Mir brachte diese Rationalisierung aber auch keine Linderung, denn für die Konzeption und für die Durchführbarkeit eines Abends bin ich selbst verantwortlich. Aber dann muss man auch nicht jeden Abend den Kronleuchter runterreißen, jeder Auftritt ist anders und keiner perfekt. Egal, ab da nahm ich mir jedenfalls vor, auch hier der Maxime Gerold Hubers zu folgen – weil es doch irgendwie Quatsch sei, gar keine Kritiken zu lesen, finde er es richtig, nur die guten zu lesen.

Aber in der erwähnten Kritik gab es auch für mich eine Wendung zum Guten. Gerold Huber ist ein leidenschaftlicher Jogger, Fußballspieler, ja Marathonläufer – und mir ist Sport, überhaupt Bewegung schon immer durchaus verhasst. Ich finde, wenn das Leben erst dadurch erträglich würde, dass man sich laufend, beugend, dehnend, schwitzend quält, dann könnte ich darauf verzichten, mindestens auf diese Art Erträglichkeit, ja, eine derartige Abhängigkeit von Ertüchtigung ist mir nicht weniger problematisch als die damals von meinen herrlichen Zigaretten, im Prinzip. Die Kritik jedenfalls sprach von Hubers «barocker Erscheinung»,[1] und im Vergleich wurde ich «asketisch» genannt. ‹Askese› beschreibt nun wirklich mein Wesen und trifft mich im Kern: Wenn ich auf Gummibärchen verzichte, wenn ich im Supermarkt, ein Held, an einer dieser schönen Ein- oder Zwei-Kilo-Plastikdosen, durch deren Wände mich die bunten Tierchen, Schnuller, Kirschen, Teufel freundlich ansehen, gelassen lächelnd vorüberschreite, dann bin ich ganz Siddhartha. Und so muss ich sagen, auch in der ob einer Klang-Tatsache zutreffendsten Bitterkritik steckt doch meist noch ein Stück tröstender Wahrheit.

An diesen Dingen also arbeite ich mich stetig ab, ganz ähnlich wie am Immer-wieder-neu-Denken der *Winterreisen* und *Dichterlieben*, an Kontexten und Zusammenstellungen – wie an Süßigkeiten und Bier.

Einige Jahre vor der Berliner Begebenheit, 2012, traf ich Wolfgang Rihm bei der Verleihung des Siemens-Musikpreises. Er meinte, ich könne doch wieder einmal etwas von ihm singen. Tatsächlich hatte ich bis dahin lediglich seine *Hölderlin-Fragmente* gesungen, zuerst noch als Student, in unserer Stadt Straubing, sogar in seiner Anwesenheit, und das kurze *Stille Stück* (mit acht Streichern). Eine Aufführung der *Wölfli-Lieder* 2001 hatte ich wegen Erkrankung absagen müssen. Und da fragte ich ihn, ohne weiter zu überlegen, was er denn von einer Vertonung der von Schubert nicht komponierten Sturm-und-Drang-Hymnen Goethes halte. Zwar antwortete er, er suche sich seine Texte eigentlich schon selbst aus, aber tatsächlich lag die *Harzreise im Winter* schon nach zwei oder drei Wochen in meinem Briefkasten. Die Uraufführung fand dann erst zwei Jahre später statt, im Mai 2014 beim Würzburger Mozartfest, und sie war nicht ganz einfach. Zwischen zwei *Don Giovanni*-Aufführungen in Frankfurt gequetscht, mussten wir sie endlich möglich machen, fast erzwingen. Ich war ein wenig unfrei mit diesem durchaus schwierigen Werk, vielleicht auch vom *Giovanni* stimmlich ein wenig gekennzeichnet. Zudem ist der Kaisersaal der Würzburger Residenz als Bauwerk zwar überwältigend, aber er ist auch überakustisch – alles knallte. Und dann blätterte der Seitenwender Gerold Hubers auch noch immer zu früh um. Vieles gelang also nicht so, wie wir es wollten und wie es wohl auch Wolfgang Rihm gerne gehabt hätte. Später wurden wir mit diesem Stück aber besser, und die beiden jüngsten Aufführungen, beim Weimarer Festival MelosLogos 2014 (dort führten wir dann im November 2018 Rihms *Tasso-Gedanken* zum ersten Mal auf) und in München in der Bayerischen Akademie der Schönen Künste, habe ich in guter Erinnerung. Diese letzte Aufführung war Teil eines Gesprächskonzerts mit allen bisher als Lieder vertonten Genie-Hymnen Goethes: Schuberts *An Schwager Kronos*, *Ganymed*, *Prometheus* und das erste Fragment von *Mahomets Gesang*, dazu von Rihm die *Harzreise im Winter* und von Gerold Huber *Seefahrt*.[2] Wolfgang Rihm war selbst anwesend, und an diesem Abend verunstaltete ich zum Glück nur Schuberts *Ganymed*, nicht sein Werk.

In Goethes *Harzreise im Winter*, aufs Erste schwer zu durchdringen, geht es um eine Episode aus seinem Leben – um eine Art Pilgerreise zu den eigenen Wurzeln und zum Prospekt des künftigen Lebens am Ende der Genie-Zeit und vor dem Antritt seines Weimarer Amtes. Der glücklich etablierte Dichter entfernt sich von einer Jagdgesellschaft und begibt sich in unmittelbare Gefahr: Er verlässt den sicheren Pfad, um den schneebedeckten Brocken, die Heimstatt der Walpurgisnacht, zu ersteigen. Und er verfolgt voll Mitleid die Spur des unglücklichen Werther-Epigonen Friedrich Plessing, der zu einem Weltverächter verkam.[3] Hier zeigt sich das Grundthema dieser letzten und vielleicht am wenigsten fordernden, am wenigsten radikalen der acht dithyrambischen Hymnen Goethes (man spürt seine Abwendung vom Sturm und Drang): Es ist die Liebe, sie soll nun Glück und Leid versöhnen. Die Reise endet auf dem Gipfel des Brocken, und der vielverheißende Ausblick wird zu Anlass und Ausdruck für euphorischen Dank.

Diese seltsam spontane Reise erweckt die Assoziation eines läuternden Weges. Goethe sprach selbst von einer «Cur», der er sich unterzog, die er aber auch Plessing ans Herz legte.[4] Diesen Weg nun sehe ich durch die Vertonung Wolfgang Rihms ideal gefasst: Beinahe nicht mehr wie in einem Lied, eher wie in einer Kantate werden hier erzählende und dramatische Elemente mit meditativen verblendet, ganz im Dienst der Ausleuchtung des Textes, allerdings einer hoch sinnlichen Ausleuchtung, gleichsam als Erfüllung von Goethes Satz: «Wem die Natur ihr offenbares Geheimniß zu enthüllen anfängt, der empfindet eine unwiderstehliche Sehnsucht nach ihrer würdigsten Auslegerin, der Kunst.»[5] Goethes Natur also, durch Rihms Kunst ausgelegt.

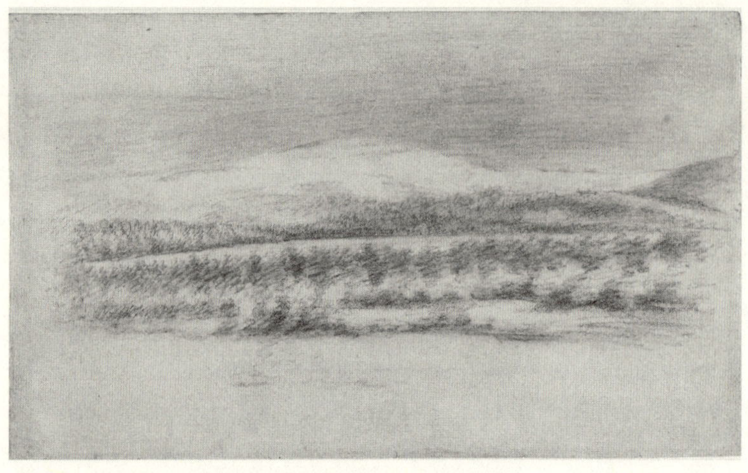

Johann Wolfgang von Goethe, *Brocken im Mondlicht*, 10. Dezember 1777

Dem Geier gleich,
Der auf schweren Morgenwolken
Mit sanftem Fittich ruhend
Nach Beute schaut,
Schwebe mein Lied.

Johann Wolfgang von Goethe,
Harzreise im Winter, erste Strophe/
Wolfgang Rihm

Der gehoben-metaphysische Ton Rihms, beginnend mit dem fast puren Melos im Vorspiel, hebt ihn unter den Zeitgenossen meines Erachtens heraus. Dieses Melos wiederholt sich und erstreckt sich in der ersten, nicht enden wollenden Gesangslinie über die ganze erste Strophe. Rihm verweist darauf, was Legato im Gesang bedeuten kann: nicht eine mit zähem Leim aneinandergefügte Kette technisch richtig platzierter Laute, vielmehr eine modellierbare Strecke vielgestaltigen Klangs, die sich als inhaltsverbundener Gedanke erklärt. Eine Strecke, die aus einzeln klingenden Vokalen besteht, welche sich wiederum voneinander abheben und so definieren: durch Konsonanten, durch Wortenden und -anfänge. Es ist ein dialektisches Spiel von weitem, dunklerem Selbstlaut und kurzem, schärferem Mitlaut, alles gruppiert um die zugrundeliegende Textbedeutung und zum Zweck selbsterklärender Klangrede.

Du stehst mit unerforschtem Busen
Geheimnisvoll-offenbar
Über der erstaunten Welt
Und schaust aus Wolken
Auf ihre Reiche und Herrlichkeit,
Die du aus den Adern deiner Brüder
Neben dir wässerst.

Johann Wolfgang von Goethe,
Harzreise im Winter, letzte Strophe/
Wolfgang Rihm

Der pantheistische Ton Goethes[6] durchzieht auch Rihms Werk. Er gipfelt im inspirierten Ausblick von der Kuppe des Brocken – auf die vor Goethe liegenden, vom Bergbau schon erschlossenen kleineren Berge des Harz, gleichsam auf die vor ihm liegende Vita activa als Staatsrat, welche die Kontemplation des eigenen Genies nun durch tätige Inhalte ersetzt. Im gesamten Gedicht zeigt sich die Offenheit des lyrischen Denkens, das viele Aspekte aufgreifen kann, sie aber auch wieder in die Freiheit gedanklicher Vielfalt, Bedeutungs-Unverbundenheit entlässt (Plessings Weg ist hier auch Abbild der Natur des Gedichts: «Ins Gebüsch verliert sich sein Pfad, / Hinter ihm schlagen / Die Sträuche zusammen»). Erstaunlich für mich ist Wolfgang Rihms fast singuläre Fähigkeit, diese lyrische Offenheit musikalisch umzusetzen, indem er beispielsweise das Liedende mit zwei lapidar abschließenden Akkorden genauso offen lässt, wie Goethes Ausblick eben ist: Elf Takte ohne auch nur eine einzige Pause – ein Bild der atemlos gefeierten Erfahrung, dass auch der Pantheismus eine persönliche Gotteserfahrung nicht ausschließt – enden im glücklichen Aufatmen aus atemlosem Rausch (Notenbeispiel 25).

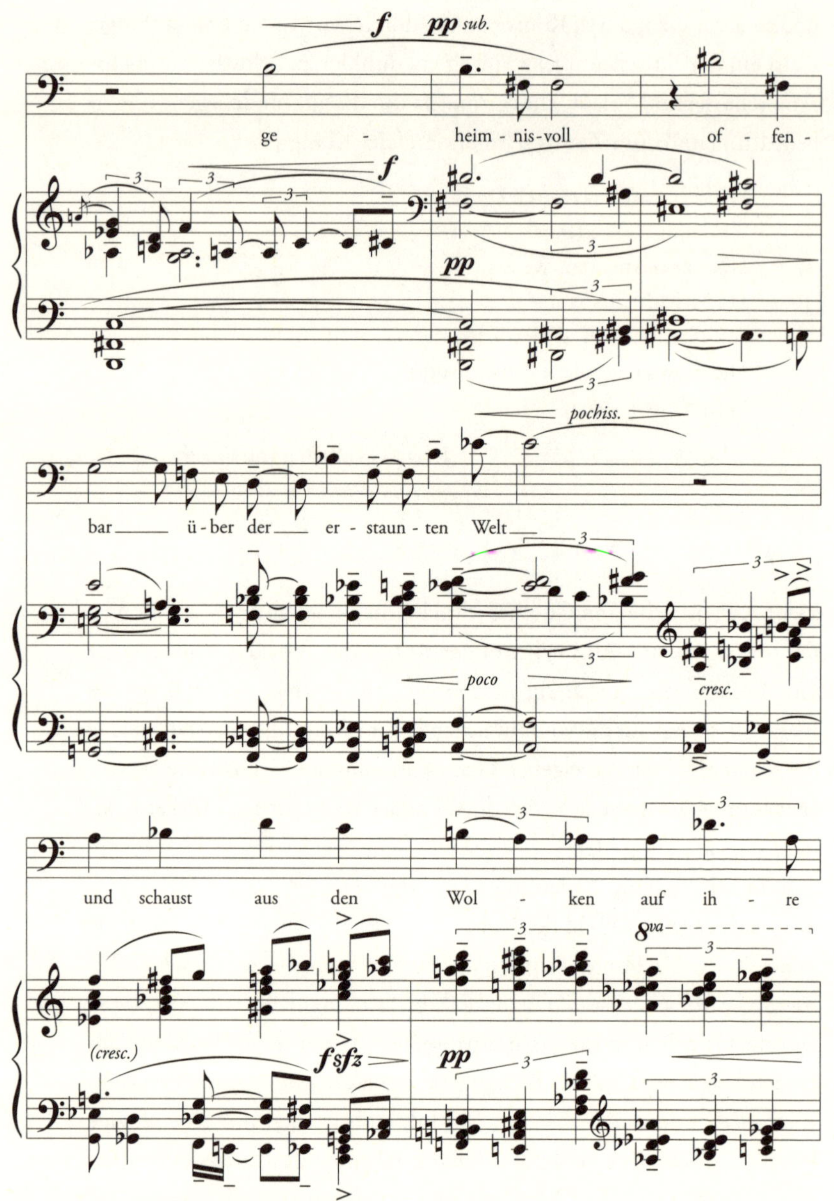

25 Wolfgang Rihm: *Harzreise im Winter*, Takte 179–191

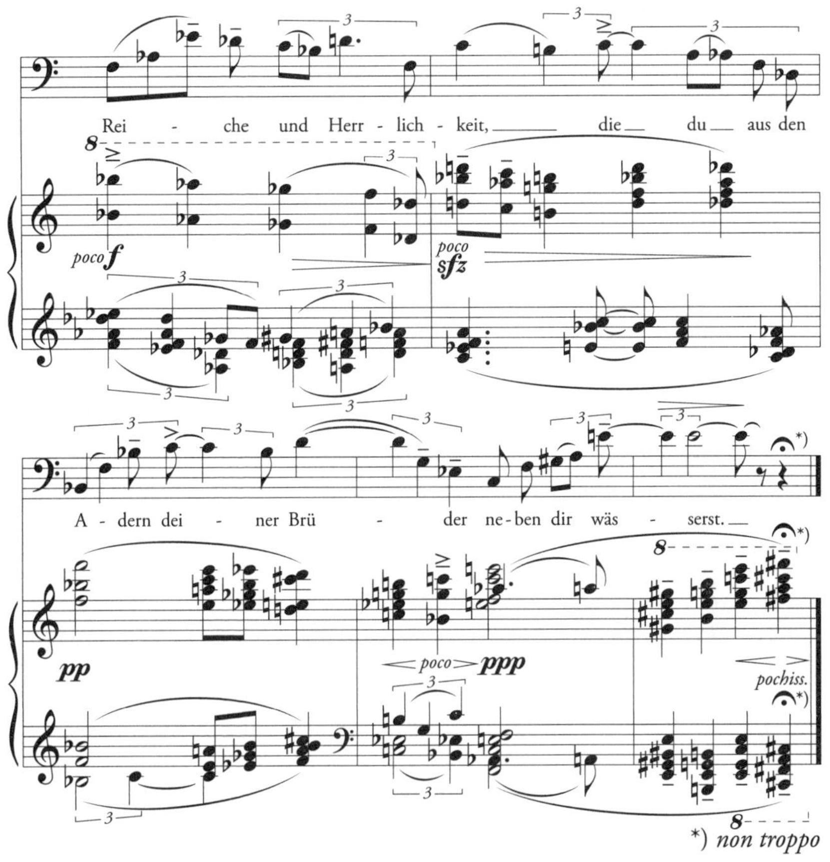

Vier Jahre später dann folgte ein neuer Liederzyklus, Wolfgang Rihms vier *Tasso-Gedanken*. Sie sind kein chronologisches Abbild von Goethes Tragödie, erstes Dichterdrama der Weltliteratur und echtes Psychopathogramm des Künstlers. Es hatte mich schon lange verwundert, dass gerade von diesem Werk, von diesem lohnenden Stoff keine musikalische Adaptation existierte, wo die Musik sich doch alles und jedes irgendwann nutzbar macht. Goethes Werk ist ein Drama des Worts, der Konversation, und es mag aus diesem Grund auch nicht unbedingt danach schreien, im Theater aufgeführt zu werden. Man könnte von einem Lesedrama sprechen – Goethe dachte selbst so und schuf für die späte Weimarer Uraufführung eine in seinen Augen praktikablere Fassung. Doch trotz der nicht chronologischen Textauswahl, die sich auch allem Dialogischen verweigert, kann und will meines Erachtens auch Rihm nicht vergessen machen, dass sich diese *Gedanken* in einem ans Dramatische erinnernden Gefüge entfalten: Man erkennt psychologische Entwicklungen, wie es sie in einem Gedicht, der gewöhnlichen Textgrundlage eines Kunstliedes, eher selten gibt.

Das gilt beispielsweise für das dritte Stück, wenn Tassos Denken in einem rezitativischen Deklamationsstil rhapsodisch voranschreitet und sich in einer sehr volatilen Dynamik und Agogik äußert. Es gilt auch für die Ablösung neurotisch-hypochondrischer, ja misanthropischer Unentschlossenheit in Nr. 2 durch Tassos ingeniöse Künstlerworte zur Metamorphose des Seidenwurms, der sich in seinen Kokon einspinnt («zu Tode» heißt hier nur das Ende einer Lebensart, bevor sich dasselbe Wesen von der Puppe in ein Insekt verwandelt). In Nr. 4 kehrt Tasso schließlich von seiner selbst als katastrophal erlebten Miss-Handlung zu vernünftigen, nicht mehr selbstbezogenen Formulierungen zurück, wie der vom Schiffbruch und der dadurch notwendigen Neuorientierung, obwohl dies angesichts der regelrechten Unzurechnungsfähigkeit des Künstlers in den Fragen des Alltags kaum denkbar war.[7]

Die vier Rihmschen *Gedanken*[8] sind weder Zusammenfassung aller Motive in Goethes Theaterstück noch gar ein verkürzter Überblick über dessen Handlung. Der Komponist achtete vielmehr penibel darauf, jede dialogische Struktur zu tilgen und, wo der Bezug auf eine andere, mit im Raum befindliche Figur erkennbar wäre, einzelne Wörter zu streichen – meines Erachtens, um den Lebens- und Schaffenskampf des genialen Künstlers nochmals als Thema auch des musikalischen Werkes zu unterstreichen. Rihm stellte die beiden einschneidenden dramatischen Entwicklungen, die einzigen echten, die nicht durch Worte und Gedanken allein erkennbar sind, als Klammern um die Vergegenwärtigung von Tassos Existenz und Dichterwirklichkeit: Am Anfang (Nr. 1) steht Tassos Räsonieren über den eigenen impulsiven Versuch, sich mit seinem Antagonisten Antonio zu duellieren, was an dem aufgeklärt-absolutistischen Hof unerlaubt ist (bei Goethe die erste Szene des vierten Akts). Am Ende (Nr. 4) steht dann Tassos Verzweiflung über seine in der höfischen Etikette ganz und gar unvorstellbare spontane Umarmung der Prinzessin Leonore von Este (bei Goethe die letzte Szene des letzten Akts). Dazwischen entwickelt sich Rihms Tasso-Künstlerbild in Sprüngen vor und zurück im Text des Theaterstücks, zu Passagen aus dem fünften und zweiten Akt.

1

Bist du aus einem Traum erwacht, und hat
Der schöne Trug auf einmal dich verlassen?
Hat dich nach einem Tag der höchsten Lust
Ein Schlaf gebändigt, hält und ängstet nun
Mit schweren Fesseln Deine Seele? Ja,
Du wachst und träumst. Wo sind die Stunden hin,
Die um dein Haupt mit Blumenkränzen spielten?
Die Tage, wo dein Geist mit freier Sehnsucht
Des Himmels ausgespanntes Blau durchdrang?
Und dennoch lebst du noch, und fühlst dich an,
Du fühlst dich an, und weißt nicht, ob du lebst.

Johann Wolfgang von Goethe, *Torquato Tasso*,
Vierter Aufzug, Szene 1/
Wolfgang Rihm, *Tasso-Gedanken*

Die fast stattgefundene körperliche Auseinandersetzung zwischen dem pragmatischen, aalglatt-kühlen Hofrat Antonio, der selbst als Dichter dilettiert, und dem genialen, aufbrausenden, aber schier lebensunfähigen Tasso geht dieser Nr. 1 voraus. Zu Tassos Gefangenheit in radikaler Subjektivität passt Hölderlins Satz über Empedokles «Unendlich trifft es den Unendlichen»[9] – es ist Tassos persönliche Tragik, dass er als kompromisslos subjektiver Idealist nicht nur nicht pragmatisch denken und handeln will, sondern dies gar nicht kann, weil ihm der Wille dazu von Natur aus nicht gegeben ist.

Arkadisch-mythologische Motive wie der zuvor an Tasso verliehene Lorbeerkranz und das Schäferkostüm der Prinzessin symbolisieren in diesem kurzen Lied als Reminiszenz (Z. 7–9) die essentielle dichterische Schöpferkraft. In Tassos Vertrautheit mit den mythischen Urzuständen spiegelt sich aber auch seine Weltflucht, seine Fremdheit in der gesellschaftlichen Umgebung – Goethe nannte diese Haltung gegenüber Caroline Herder als das zentrale Motiv seines *Torquato Tasso* «Disproportion des Talentes mit dem Leben».[10] Und in der arkadischen Motivik, in diesem hier von Wolfgang Rihm für das erste Lied ausgewählten Text, spiegelt sich somit auch die Flucht vor der Auseinandersetzung mit dem gescheiterten Duell.

Die Musik zu diesen emphatischen, aber eben auch eskapistischen Zeilen gewinnt ihre unmittelbar einnehmende Wirkung, weil sie in ihrem Tonfall gelassen, im Grunde nach- und nebeneinander die Aura Tassos verkörpernd «beschreibt» und sie nicht zu erklären versucht. Tassos unentrinnbare Gefühlslage vermittelt sich mir in Rihms Sicht als sinnlich greifbares Phänomen und nicht als logisch sich entfaltende Argumentation. Gerold Huber und ich meinten das darstellen zu können, indem wir den manischen Gedankenfluss wie ein großes elastisches Kontinuum zeichneten. Die diesem Gedankenfluss eigene große inhaltliche Dynamik äußert sich musikalisch in einer drängenden und kompensatorisch wieder zurückdrängenden, einer ziehenden und wieder zurückziehenden Kraft, die dem ganzen Lied einen auch physischen Zusammenhalt verleiht, wie im Kräftegleichgewicht eines großen Gummiblockes.

Uns fiel in diesem Sinne beispielsweise eine gesteigerte Agogik und Aufgeregtheit bei den Worten «Wo sind die Stunden hin [...] Blau durchdrang?» (V. 6/7) auf, die zum Schluss («Du fühlst dich an, und weißt nicht, ob du lebst», V. 11) wieder in ein melancholisches Erstaunen zurückfällt, ein Erstaunen ob der Unbegreiflichkeit der eigenen Identität, charakterisiert durch ein Wieder-Erlahmen der darstellenden Expressivität. Aber auch im Kleinen sind elastisch sich ausgleichende Aktivitäts- und Energieschwankungen vielfach, ja eigentlich ständig zu beobachten, auch wenn Wolfgang Rihm sie mit seinen sehr wenigen agogischen und dynamischen Anweisungen nicht konkret vorschreibt. In einer atemartigen Periodizität muten sie mir wie Bewegungen eines lebendigen Leibes an (V. 4–6): Sie bäumen sich häufig in den hohen Passagen auf («höchsten», «-bändigt», «ängstet nun»), um sich beim Melodieabfall wieder zu entspannen («Lust», «hält und», «mit schweren Fesseln») (No-

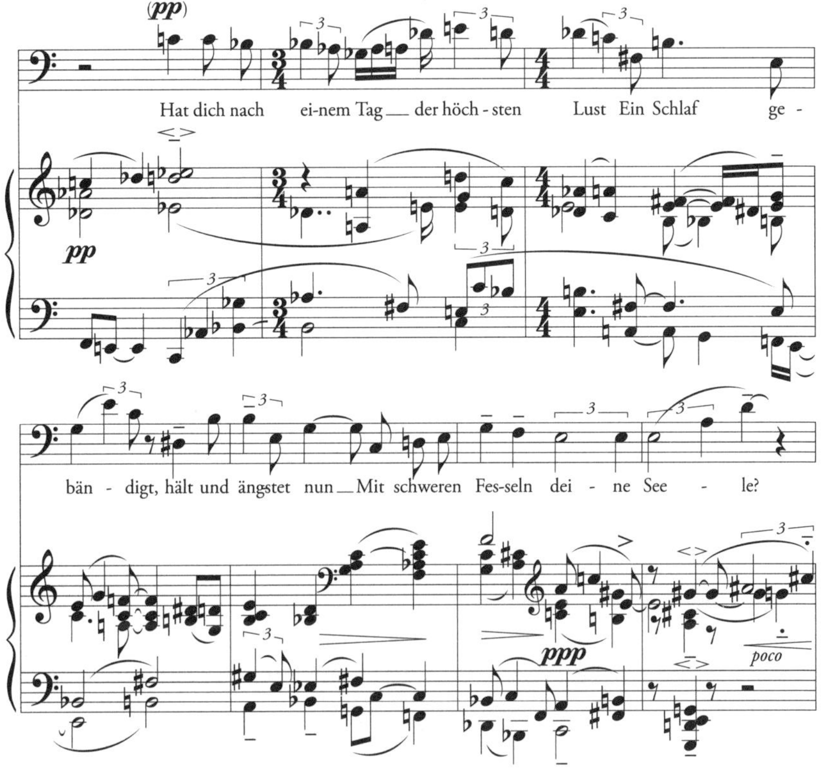

26 Wolfgang Rihm: *Tasso-Gedanken* 1, Takte 7–13

tenbeispiel 26). Doch nicht zwingend sind diese Oszillationen, dieses Sich-Legen, Sich-Aufbäumen und Sich-wieder-Beruhigen, mit der Tonlage verbunden, wie der Abschluss des Notenbeispiels zeigt: «deine Seele» verliert an Aktivität im melodiösen Anstieg. Erstaunlich für mich ist allerdings die Tatsache, dass die beobachteten Schwankungen in Rihms lyrischer Adaptation so unbewusst körperhaft scheinen, ja wie eine sich bewegende, atmende Masse Fleisch wirken, obwohl es sich bei dem Werk Goethes ganz eindeutig – und dies auch in der künstlerischen Wirkung der Komposition – um ein Werk höchster Bewusstheit und flirrender Geistigkeit handelt.

2

[...] Ganz
Ruht mein Gemüt auf diesem Werke nun.
Nun muss es werden, was es werden kann.
[...] ich bin gesund,
Wenn ich mich meinem Fleiß ergeben kann,
Und so macht wieder mich mein Fleiß gesund. –
[...] mir ist nicht wohl
In freier Üppigkeit. Mir läßt die Ruh'
Am mind'sten Ruhe. [...]
Wenn ich nicht sinnen oder dichten soll,
So ist das Leben mir kein Leben mehr.
Verbiete du dem Seidenwurm zu spinnen,
Wenn er sich schon dem Tode näher spinnt.
Das köstliche Geweb' entwickelt er
Aus seinem Innersten und läßt nicht ab,
Bis er in seinen Sarg sich eingeschlossen.
O geb' ein guter Gott uns auch dereinst
Das Schicksal des beneidenswerten Wurms,
Im neuen Sonnental die Flügel rasch
Und freudig zu entfalten.

Johann Wolfgang von Goethe, *Torquato Tasso*,
Fünfter Aufzug, Szene 2/
Wolfgang Rihm, *Tasso-Gedanken*

Dieses Lied ist kein organisch atmender Gesamtkörper wie das erste. Argumente werden nur kurz ausgesprochen, oft wenig überzeugend, vielmehr fast entschuldigend, um den unorthodoxen Wunsch zu rechtfertigen, der Herzog möge die ihm schon zugeeignete Dichtung Tasso noch einmal zur Überarbeitung zurückgeben.[11] Aber auch der Wunsch nach Gesundung fernab vom Hof in Ferrara kommt zur Sprache. Die multiplen Rechtfertigungsversuche gestalten sich jedoch eher wie eine Serie neurotisch-unberechenbarer Selbstbespiegelungen (Z. 1–11), changierend zwischen Selbstzufriedenheit («Ganz / Ruht mein Gemüt»), Euphorie («Nun muss es werden, was es werden kann»), Unterwürfigkeit und Trotz («ich bin gesund» – eine Reaktion auf die Aufforderung des Herzogs, sich vor der Rückkehr nach Ferrara kurieren zu lassen), Hypochondrie («mir ist nicht wohl / In freier Üppigkeit») und Angst vor der gerade erzwungenen Künstler-Freiheit («Mir läßt die Ruh' / Am mind'sten Ruhe»). Nach der unvertonten Aufforderung von Herzog Alfons zu Mäßigung («Ich bitte dich, entreiße dich dir selbst / Der Mensch gewinnt, was der Poet verliert») verfällt Tasso gar noch ins Kindische: «Wenn ich nicht sinnen oder dichten soll, / So ist das Leben mir kein Leben mehr.»

Herzog Alfons, der offensichtlich (und wenig überraschend) kein Verständnis für Tassos Lebensproblematik aufbringt, verweist in der zitierten Aufforderung auf das von Goethe genannte Zentralmotiv der «Disproportion des Talentes mit dem Leben», und zwar auf die politische Dimension dieses Missverhältnisses, indem er nicht auf die Befindlichkeit Tassos eingeht. Die Frage ist nämlich, inwiefern der Fürst auf das Talent des Künstlers überhaupt einzugehen hat. Ein Künstler kann seinerseits sein einmal entwickeltes Künstler-Sein nicht einfach aufgeben, um damit zu jener Normalität zurückzukehren, welcher er gerade entflohen ist. Diese würde nämlich eine noch viel größere Gefahr darstellen als die charakteristische Gefährdung des Künstlers selbst. Dieter Borchmeyer beschreibt diesen Zwiespalt eindrücklich mit den Worten Thomas Manns in *Tonio Kröger* («kein Blatt läßt sich pflücken ‹vom Lorbeerbaum der Kunst, ohne mit seinem Leben dafür zu zahlen›») und Franz Grillparzers Wort vom «malheur d'être un poète».[12]

In der unerwarteten, sicheren Schaffensruhe des Genies wendet Tasso seine Aufmerksamkeit dann aber plötzlich einem objektiveren Gedanken zu (Z. 12–20), der in ein künstlerisches Werk mündet – das Gedicht vom Seidenwurm, das mit einem begründet euphorischen Ausblick das Lied beendet: Der Gedanke einer gerichteten Metamorphose des Schaffenden, die sich arienhaft entwickelt, löst schließlich das selbstbezogene Stammeln des ersten Teils ab.

3

[...] Gedanken ohne Maß
Und Ordnung regen sich in meiner Seele.

Mir scheint die Einsamkeit zu winken, mich
Gefällig anzulispeln: Komm, ich löse
Die neu erregten Zweifel deiner Brust.
Doch werf' ich einen Blick […], vernimmt
Mein horchend Ohr ein Wort […] –
So wird ein neuer Tag um mich herum
Und alle Bande fallen von mir los.
Ich will […] gestehn, es hat […]
unerwartet […], nicht sanft,
Aus einem schönen Traum mich aufgeweckt;
[…] Wesen, […] Worte haben mich
So wunderbar getroffen, daß ich mehr
Als je mich doppelt fühle, mit mir selbst
Aufs neu in streitender Verwirrung bin. […]
Doch ach! je mehr ich horchte, mehr und mehr
Versank ich vor mir selbst, ich fürchtete,
Wie Echo an den Felsen zu verschwinden,
Ein Widerhall, ein Nichts mich zu verlieren.

Johann Wolfgang von Goethe, *Torquato Tasso,*
Zweiter Aufzug, Szene 1/
Wolfgang Rihm, *Tasso-Gedanken*

Dieses Lied genügt den Anforderungen des Theaters am ehesten: mit seinen abrupt abbrechenden und sich wieder erhebenden Gedanken, die sich anfangs rezitativisch aneinanderfügen und sich dann in deklamatorisch geführte Schlussfolgerungen auflösen, sowie mit der eindrücklichen psychologischen Entwicklung Tassos, die noch im Kontext der vorangegangenen Lorbeerbekränzung geschieht. Es handelt sich hier im Grunde um das dramenhaft konkrete Gegenstück zum eröffnenden, eher abstrakten Lied.

Außerdem zeigt Tassos Erinnerung an zwei nur kurz zurückliegende, gegensätzliche Begegnungen beispielhaft, was eine Vertonung interpretatorisch leisten kann: Tasso sinniert kurz über das inspirierende Zusammentreffen mit der Prinzessin (Z. 6–9). Dessen Sinnlichkeit scheint nochmals auf und nimmt in zwei musikalischen Vordersätzen (Z. 6/7) Gestalt an. Diese beginnen jeweils tief und füllig, womit sie Tassos lie-

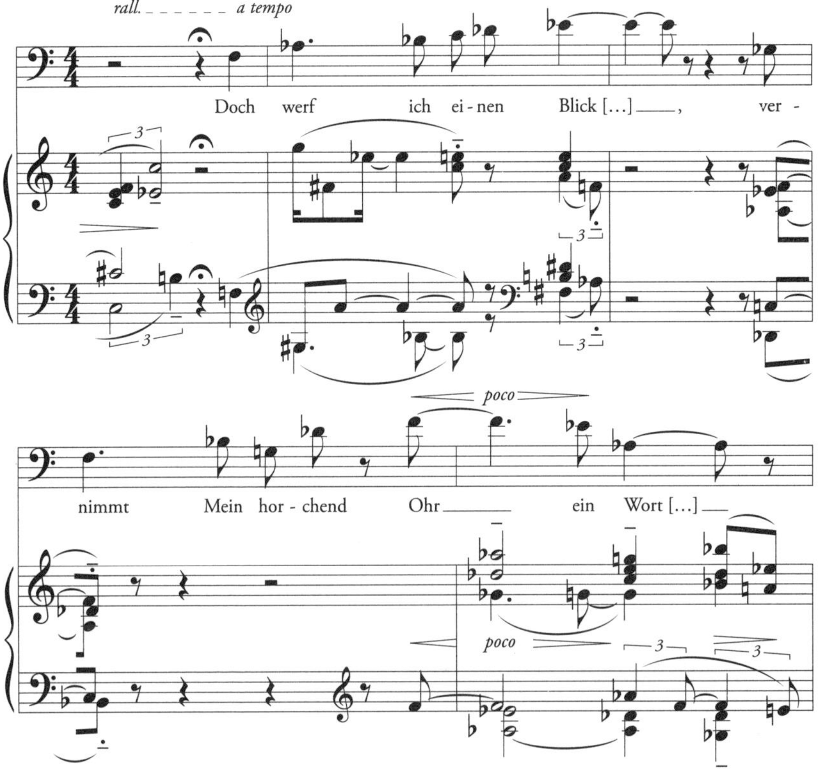

27 Wolfgang Rihm: *Tasso-Gedanken* 3, Takte 24–28

bende Antwort («Doch werf ich ei-», «vernimmt / Mein hor-») auf Blick und Wort der Prinzessin verkörpern, welche dann in leichten und hohen melodischen Enden («-nen Blick», «-chend Ohr ein Wort») ihre eigene Gestalt finden. Die beiden Vordersätze werden schließlich durch einen beglückenden Nachsatz (Z. 8/9) beschlossen (Notenbeispiel 27).

Die zweite Erinnerung gilt dem deprimierenden Treffen mit Antonio (Z. 13–16), dessen «Wesen, Worte» Tasso «so wunderbar getroffen» haben. Dieses «wunderbar» ist im Sinne von seltsam, verwirrend, zerstörerisch zu verstehen. Rihms Triolen an dieser Stelle sind für mich eindeutig als widerständig zu verstehen – sie formen keine runde, abgleitende Linie, sondern bilden mit einem eher synkopischen dritten

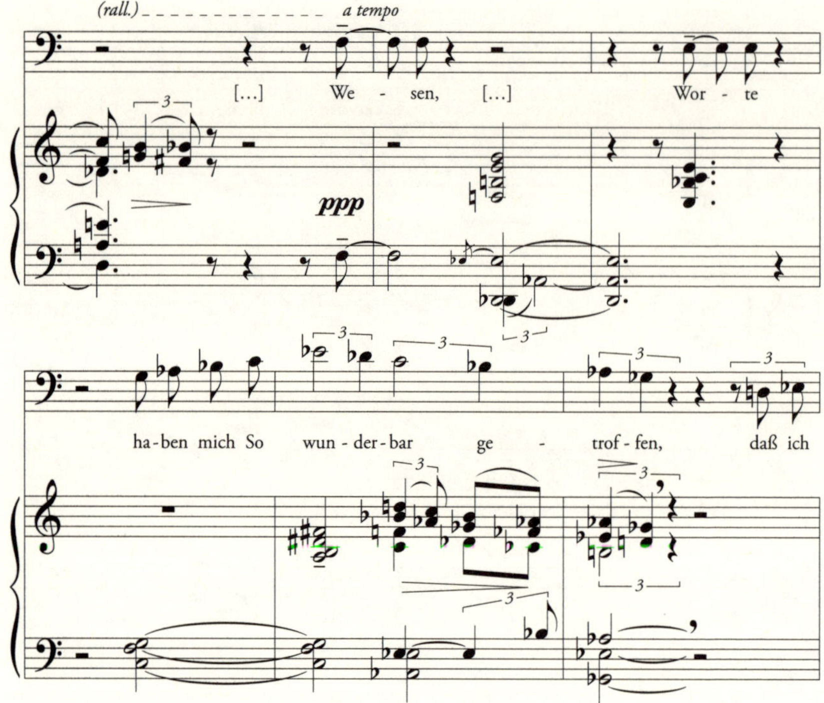

28 Wolfgang Rihm: *Tasso-Gedanken* 3, Takte 49–54

Schlag das zerstörerische Gegenstück zu den beiden genannten, die Prinzessin charakterisierenden Phrasen. Tasso wurde von Antonio bewusst düpiert: Dieser sprach das höchste Lob offen der Dichtkunst Ariosts zu und nicht ihm. Dadurch weckte, ja provozierte er wieder Tassos selbstzerquälende Furcht davor, dass die Bedeutung seines Werks zu Asche zerfallen könne (Z. 17–20). Das zeigt, welch zarte Pflanze Tasso ist – der kleinste Windhauch wirft ihn um (Notenbeispiel 28).

4

Die Träne hat uns die Natur verliehen,
Den Schrei des Schmerzens, wenn der Mensch
    [bei Goethe: «Mann»] zuletzt
Es nicht mehr trägt – Und mir noch über alles –

Sie ließ im Schmerz mir Melodie und Rede,
Die tiefste Fülle meiner Not zu klagen:
Und wenn der Mensch in seiner Qual verstummt,
Gab mir ein Gott, zu sagen wie ich leide.
[...] du stehest fest und still,
Ich scheine nur die sturmbewegte Welle.
Allein bedenk und überhebe nicht
Dich deiner Kraft! Die mächtige Natur,
Die diesen Felsen gründete, hat auch
Der Welle die Beweglichkeit gegeben.
Sie sendet ihren Sturm, die Welle flieht
Und schwankt und schwillt und beugt sich schäumend über.
In dieser Woge spiegelte so schön
Die Sonne sich, es ruhten die Gestirne
An dieser Brust, die zärtlich sich bewegte.
Verschwunden ist der Glanz, entflohn die Ruhe.
Ich kenne mich in der Gefahr nicht mehr,
Und schäme mich nicht mehr, es zu bekennen.
Zerbrochen ist das Steuer, und es kracht
Das Schiff an allen Seiten. Berstend reißt
Der Boden unter meinen Füßen auf!
Ich fasse dich mit beiden Armen an!
So klammert sich der Schiffer endlich noch
Am Felsen fest, an dem er scheitern sollte.

Johann Wolfgang von Goethe, *Torquato* Tasso,
Fünfter Aufzug, Szene 5/
Wolfgang Rihm, *Tasso-Gedanken*

Unter dem Eindruck und angesichts der Folgen der schicksalhaft unglücklichen Umarmung der Prinzessin, die zwar nicht Ausdruck von Tassos Begehren, sondern vielmehr seines Sich-verstanden-Fühlens war und dennoch für ihn eine Zukunft am Hof des Herzogs von Ferrara praktisch unmöglich macht, beginnt die Nr. 4 mit dem Ausdruck von Verzweiflung: «Schrei des Schmerzens, wenn der Mensch zuletzt / Es nicht mehr trägt» (Z. 2/3). Immerhin findet der Künstler darin sogleich Anlass für künstlerische Betätigung – und Linderung («Und wenn der

Mensch in seiner Qual verstummt, / Gab mir ein Gott, zu sagen wie ich leide», Z. 6/7). Diese Kunst aber ist nur eine Sublimation, sie entspringt der eigenen Subjektivität, der eigenen Lebenshistorie,[13] dem eigenen Genie Tassos, und es handelt sich dabei nicht um dessen allgemein-ideales, überpersönliches Werk *Gerusalemme liberata*.[14]

Schließlich überwindet Tasso aber auch diese übermäßige Subjektivität, die sich schon im zweiten Lied zeigt und nun erneut aufscheint, sowie die im fünften Akt sich entwickelnde, an Absurdität grenzende Wahnhaftigkeit: In plötzlicher Selbsterkenntnis beschreibt und beendet er das Vorgefallene mit dem Bild von Welle[15] und Schiffbruch (die seine Kreativität und sein Künstler-Leben symbolisieren) am Felsen (der Antonio und dessen Pragmatismus verkörpert). Der gefallene Tasso hält sich am Felsen fest und reicht also seinem vormaligen Feind Antonio pragmatisch (!) die Hand. Rihms zupackende und unmittelbar verständliche Vertonung dieses Rettungsgriffes ist Kulminationspunkt einer lange sich entwickelnden Steigerung zu einem final mitreißenden Feuer.

Zugleich befördert aber Tassos einsetzende Erkenntnis der eigenen Lebensunfähigkeit seine Bestimmung zum Dichter[16] und bestätigt dadurch nochmals die Unvereinbarkeit seines Seins als Künstler mit dem von Vernunft geprägten Leben am Hof von Ferrara. Tassos persönliche Tragik verkörpert somit die gescheiterte Vereinigung weltlicher Realität mit dichterischer Idealität. Diese Erkenntnis lässt Rihms *Tasso-Gedanken* in dumpfer Stille enden – für mich die düstere Künstler-Einsicht bei beiden, Goethe und Rihm.[17]

Gerold Huber und ich hatten irgendwann dieses neue Werk vor uns, und ausgehend von einer Schätzung auf ungefähr dreizehn Minuten (zunächst erreichten uns nur drei Tasso-Lieder, bis Wolfgang Rihm noch ein viertes nachschickte) versuchten wir, ein Programm darum herum zu finden. Einzig wussten wir, dass es kein weiteres reines Goethe-Programm wie damals zur Uraufführung der *Harzreise* sein sollte.

Schon länger im Auge hatten wir, Alban Bergs *Vier Lieder* (op. 2) zu erarbeiten. Und dann war da mein Unbehagen, so wenig von Hugo Wolf gesungen zu haben. Ich war bisher immer irgendwie bei meinen Lieblings-Liedkomponisten Schubert, Schumann und Mahler, aber auch bei Debussy und Berg hängen geblieben – unser gemeinsamer guter Freund und Ratgeber Dieter Borchmeyer aber nährt, völlig zu Recht, seit Jahren mein schlechtes Gewissen mit seinen Wolf-Ermahnungen. Da aber ohnehin so viel schwieriges Neues zu lernen war, nahmen wir gleich die *Harfenspieler*-Lieder von Wolf ins Programm, die wir schon oft aufgeführt hatten, und im letzten Programmblock noch einige Mörike-Lieder sowie zum Schluss das Goethe-Lied *Grenzen der Menschheit*. Endlich also wieder Wolf! Schließlich, zur Erleichterung des Lernens (nicht der Singbarkeit), wollten wir noch Schuberts fünf große Rückert-Lieder einfügen, die wir demnächst auch mit dem *Schwanengesang* zusammen aufführen wollten. Und wenn wir schon bei Schubert waren, auch noch die beiden von uns ganz besonders gemochten, doch schon lange nicht mehr aufgeführten Silbert-Lieder *Abendbilder* und *Himmelsfunken*.

Das war jetzt aber ein ziemlich zusammengewürfeltes Programm: Mit den *Harfenspieler*-Liedern wollten wir anfangen, wieder einmal. Lange Zeit versuchten Gerold Huber und ich, in fast jedem Programm eine der drei Vertonungen von Goethes Harfner-Liedern durch Schubert, Schumann und Wolf gleichsam als Proömium voranzustellen, wird doch die Rolle des Darstellers in Goethes Roman *Wilhelm Meisters Lehrjahre* idealtypisch beschrieben: in den Theaterleuten, die im Schloss eines Grafen bei der Erarbeitung des *Hamlet* für eine Aufführung dort gemein und schlecht behandelt werden, als Nichtse, denen sogar die verachteten Domestiken noch mit Verachtung begegnen; und dann in den beiden zentralen Figuren des Harfners und der Mignon, der im Inzest gezeugten Tochter und ihres schicksalsgebeugten Vaters – sie rätselhafte Artistin, er stumpfer Rest, erratischer Findling in einem Entwicklungsroman, ein nur noch düsteres Leidenssubjekt.

Dann kam aber noch das vierte, lange Tasso-Lied dazu, das die geschätzte Aufführungsdauer von Rihms Werk um sieben auf zwanzig Minuten erhöhte. Wir mussten also streichen und umstellen. Ich traute mir die äußerst schwierige Rückert-Gruppe nach den nun schwieriger zu kalkulierenden *Tasso-Gedanken* nicht mehr ohne Weiteres zu, die zum Schluss hin, wo sie zunächst standen, auch noch dramatisch auszubrechen schienen. Das hieß: an den Anfang mit den Rückert-Liedern – das ging, das wussten wir. Und warum dann nicht die erste Hälfte mit den Silbert-Liedern abschließen? Von der Länge her war das gerade noch passend (die erste Hälfte dauerte so über fünfzig Minuten). Wolf verschwand nun ganz in der zweiten Hälfte. Seltsam wirkte dann zwar, dass nach der etwas kleineren Gruppe von Mörike-Liedern am Schluss noch das große Goethe-Lied nachgeschoben wurde. Aber das sollte unbedingt dabei sein, weil Gerold Huber es so überragend findet und weil er wollte, dass wir es endlich auch einmal zusammen aufführen. Und so ergab sich folgendes Programm:

Franz Schubert
Sei mir gegrüßt D 741
Dass sie hier gewesen D 775
Lachen und Weinen D 777
Du bist die Ruh D 776
Greisengesang D 778 (F. Rückert)

Wolfgang Rihm
Tasso-Gedanken – Monolog-Stücke aus «Torquato Tasso»
1 Bist du aus einem Traum erwacht
2 Ganz ruht mein Gemüt auf diesem Werke nun
3 Gedanken ohne Maß und Ordnung
4 Die Träne hat uns die Natur verliehen (J. W. v. Goethe)

Franz Schubert
Abendbilder D 650
Himmelsfunken D 651 (J. P. Silbert)

PAUSE

Hugo Wolf	in Berlin stattdessen: Wolfgang Rihm
Harfenspieler	*Harzreise im Winter* (J. W. v. Goethe)

1 Wer sich der Einsamkeit ergibt
2 An die Türen will ich schleichen
3 Wer nie sein Brot mit Tränen aß (J. W. v. Goethe)

Alban Berg
Vier Lieder op. 2
I Aus «Dem Schmerz sein Recht» (F. Hebbel)

II Drei Lieder aus «Der Glühende»
1 Schlafend trägt man mich
2 Nun ich der Riesen Stärksten überwand
3 Warm die Lüfte (A. Mombert)

Hugo Wolf
Begegnung
Lied eines Verliebten
Auf ein altes Bild
Auf eine Christblume II
Schlafendes Jesukind (E. Mörike)

Grenzen der Menschheit (J. W. v. Goethe)

Zugaben:
Alban Berg, Über die Grenzen des All ..., Nr. 3 aus *Ansichtskarten-Lieder* op. 4 (P. Altenberg) – attacca:
Franz Schubert, *Der Einsame* D 800 (C. Lappe)

Ich dachte, das würde ja ein seltsames Programm werden, wenn auch mit lauter schönen Sachen. Aber dann zeigte sich – wie von Zufalls Zauberhand geschaffen – eine immer größer werdende Reihe von Liedern, die sich beziehungsreich miteinander verbanden. Im Goethe-Kosmos wichtige Motive aus dem zentralen Werk dieses Abends spiegelten sich vielfach wider:

Die Welle, Symbol freier schöpferischer Kraft, und die Schifffahrt sind in den *Tasso-Gedanken* (Nr. 4) Abbild dessen, wie mit dichterischer Kreativität umgegangen wird und wie künstlerische Naturen ihre grundsätzliche Gefährdung überleben oder am Felsen zerbrechen. Diese Symbole beschlossen in Wolfs *Grenzen der Menschheit*, wo sie die Kontingenz aller menschlichen Lebensläufe, einer Seefahrt gleich, formulieren, auch den Abend. (Auch in Gerold Hubers oben erwähnter Vertonung der *Seefahrt*, Goethes Sturm-und-Drang-Hymne, taucht am Ende der dort so besonders animierende und verblüffende, in drei und fünf Achtel unterteilte 4/4-Rhythmus auf – eine Hommage an Wolfs *Grenzen der Menschheit*.)

Die Kraft des Künstlers, die menschliche Lebenswirklichkeit abzubilden, wird im gesamten *Torquato Tasso* von Goethe thematisiert und drückt sich in der letzten Szene des letzten Aktes beispielhaft aus («Und wenn der Mensch in seiner Qual verstummt, / Gab mir ein Gott zu sagen, wie ich leide» – mit der nur kleinen Änderung von «wie» in «was» verwendete Goethe diesen Satz fast vierzig Jahre später nochmal als Motto für die *Marienbader Elegie*). Diese Kraft des Künstlers zeigt sich auch im Übergang von Wolfs/Mörikes Darstellung menschlicher Leidenschaft (*Begegnung*, *Lied eines Verliebten*) zur Thematisierung eben dieser Darstellung, dieser Abbildung (*Auf ein altes Bild*, *Schlafendes Jesukind*).

Die Verpuppung und Metamorphose in eine andere Lebensform, die sich bei Goethe am tiefgründigsten im *Faust*, im Begriff der Entelechie ausdrückt, tauchte in unserem Programm im Motiv der Seidenraupe (*Tasso-Gedanke* 2) und im «Blumenkeim» des Schmetterlings (Wolfs *Auf eine Christblume*) auf.

Schlaf und Traum als Zeichen von Weltflucht und Genesung (*Tasso-Gedanke* 1) zeigen sich auch in Nr. 1 und Nr. 2 von Alban Bergs *Vier Liedern* (op. 2).

Die ich möchte nicht sagen pantheistische, aber aus den Erscheinungen der Natur erwachsende Erfahrung des Jenseitigen in Silberts *Abendbilder* und *Himmelsfunken* findet sich sehr ähnlich auch in der *Harzreise*.

Genie und genuine Schöpferkraft werden in allen vier *Tasso-Gedanken* und in der *Harzreise* ganz grundsätzlich thematisiert, aber auch in den beiden Wolf-Liedern *Auf ein altes Bild* und *Schlafendes Jesukind* (dieses klingt seltsamerweise öfters so, als ginge es darin nur um das unschuldige Antlitz des neugeborenen Gottessohnes und nicht vielmehr um dessen Maler – vielleicht auch, weil eine reflexive Ebene in Wolfs Liedern eher ungewöhnlich ist).

I

Wer sich der Einsamkeit ergibt,
Ach! Der ist bald allein;
Ein jeder lebt, ein jeder liebt
Und läßt ihn seiner Pein.

Ja! Laßt mich meiner Qual!
Und kann ich nur einmal
Recht einsam sein,
Dann bin ich nicht allein.

Es schleicht ein Liebender lauschend sacht,
Ob seine Freundin allein?
So überschleicht bei Tag und Nacht
Mich Einsamen die Pein,
Mich Einsamen die Qual.
Ach, werd ich erst einmal
Einsam im Grabe sein,
Da läßt sie mich allein!

Johann Wolfgang von Goethe/
Hugo Wolf

Die neurotisch gesuchte und wieder geflohene Einsamkeit (*Tasso-Gedanken* 1, 2, 3) kehrt im Harfner, der zentralen tragischen Künstlerfigur aus *Wilhelm Meisters Lehrjahren*, wieder. Im ersten von Wolf vertonten Gesang des Harfenspielers unterstreicht das dialektische Spiel mit den Begriffen «Einsamkeit» und «Alleinsein» die Problematik kreativer Menschenflucht und -sehnsucht: Zu Beginn des Gedichtes werden «Einsamkeit» und «Alleinsein» in ihrer Bedeutung systematisch verwechselt – ‹allein› ist nicht wertend, ‹einsam› dagegen pejorativ konnotiert. Erst in der dritten Strophe ist der begriffliche Unterschied wiederhergestellt – die Einsamkeit des Alleingelassenen endet im Grab. Dort wird er nur noch im Anblick der Außenwelt einsam sein, tatsächlich aber ist er dort allein: Der pejorative Beigeschmack der Einsamkeit verschwindet angesichts des emotional nicht begriffenen Alleinseins im Grab, wo alle irdische Verlassenheit und Qual und natürlich überhaupt alle Empfindung endlich vorbei sind.

Mit dem Problem der Künstler-Einsamkeit nah verwandt ist die für den schöpferischen Künstler geradezu konstitutive Melancholie. In allen drei *Harfenspieler*-Liedern von zentraler Bedeutung, zeigt sie sich auch in Rihms Werk (*Tasso-Gedanken* 2, 3, 4).

Sei mir gegrüßt

[...]

Ein Hauch der Liebe tilget Räum' und Zeiten
Ich bin bei dir, du bist bei mir,
Ich halte dich in dieses Arms Umschlusse,
Sei mir gegrüßt, sei mir geküßt!
[...]

Friedrich Rückert/
Franz Schubert

Tassos Umarmung der Prinzessin Eleonore (*Tasso-Gedanke* 4), missverstanden, aber folgenschwer, wurde in unserem Programm schon vorweg gespiegelt in der letzten Strophe von Schuberts *Sei mir gegrüßt*.

Genesung und Gesundung sind Themen sowohl in der *Harzreise* als auch in *Tasso-Gedanke* 2, sie betreffen die beiden am Genie-Gedanken seelenverwandt leidenden Plessing und Tasso.

Und schließlich war die «Disproportion des Talentes mit dem Leben» (*Tasso-Gedanken* 1–4) ein Thema, das den Abend durchzog. In Schuberts *Greisengesang* spricht die Nachtigall sie programmatisch an: «Herr des Hauses! Verschleuß dein Tor, / Daß nicht die Welt, die kalte, dring ins Gemach. / Schleuß aus den rauhen Odem der Wirklichkeit, / Und nur dem Duft der Träume gib Dach und Fach!» Das ist geradezu die reziproke Sicht des Künstlers zur Aufforderung des Herzogs an Tasso: «Ich bitte dich, entreiße dich dir selbst! / Der Mensch gewinnt, was der Poet verliert!»

Natürlich können Gerold Huber und ich unsere Programme eigentlich nie in der hier geschilderten Ausführlichkeit vorbereiten oder kontextuell erarbeiten. Nur das Erstaunen über den mehr und mehr glücklich begriffenen Zufall, der uns ein so vielfältig stimmiges und vernetztes Programm bescherte, ließ mich im Nachhinein (schon kurz nach Beginn unserer Reise) mit immer größerer Freude alle diese Zusammenhänge erkennen. Dieses Programm war in mancher Hinsicht ein beglückendes Einzelereignis.

Stelen im Eisrevier

London, Dezember 2018

Ich will […] durchdringen Eis und Schnee, […] Bis ich […] seh'.

Wilhelm Müller, *Erstarrung*

Franz Schuberts *Winterreise* nennen manche den überragenden, den Liedzyklus schlechthin. Ich kann das nachvollziehen, weiß aber eigentlich nicht, warum, weiß auch nicht, ob ich derselben Meinung bin – angesichts so vieler weiterer grandioser Werke.

Jenes fast allgemeine Urteil führe ich auf das Zusammenkommen verschiedener außergewöhnlicher Eigenschaften zurück. Da ist die Anlage des Zyklus in Bildern, die laut Titel in einen mehr oder weniger schildernden Zusammenhang einer Reise gebracht sind. Damit wird die *Winterreise*, sicher auch wegen der Kombination der Wanderer-Thematik mit Einsamkeit und Gefahr, offenbar als Musterbild eines Zyklus romantischer Lieder begriffen. Dann suggeriert die schiere Länge der Liedfolge – im Konzertleben mit knapp 75 Minuten ein Einzelfall – eine extensive Zeit der Verinnerlichung, fast eine Nötigung zur Einlassung. Verstärkt durch die magische Zahl von 24 Liedern, wird diese Einlassung zudem in einem bedingungsloseren Ausmaß eingefordert, als man es von anderen Zyklen kennt. *Die schöne Müllerin* etwa ist mit einer um circa zehn Minuten kürzeren Aufführungsdauer um einiges weniger fordernd. Und dann macht die existenzielle Dringlichkeit, welche sich in der Folge der Gedichte zeigt, die *Winterreise* wirklich zu etwas Herausragendem und Außergewöhnlichem, zu etwas schwer Vergleichbarem. Denn diese existenzielle Dringlichkeit verbindet sich mit der existenziellen Erfahrung des Hörens ebenso wie mit der des Darstellens.

Ich habe mich als jugendlicher Sänger weniger darum bemüht, Eis und Schnee dieses Ereignis-Werkes zu durchdringen. Mir war der ganze Zyklus eigentlich klar, so dachte ich – vielleicht bis auf das Lied Nr. 23 *Die Nebensonnen*, in dem eine seltene Erscheinung beschrieben wird: die Brechung des horizontalen Sonnenlichts in atmosphärischen Schneekristallen und seine Bündelung zu Lichtpunkten, die, weil sie beiderseits der Sonne liegen, wie Extra-Sonnen aussehen. Dieses physikalische

Phänomen wird im Gedicht in Beziehung zu den beiden Augen der Geliebten gesetzt.[1] So verbindet es sich schließlich mit dem Wunsch des Protagonisten, die eigentliche Sonne, Metapher für das Lebenslicht des Winterreisenden, möge nicht nur am Abend mit den Nebensonnen, sondern am besten gleich für immer untergehen, ganz im Sinn des in der *Winterreise* allgegenwärtigen Spiels mit dem Tod.

Die Dinge haben sich verändert. Doch meine ich bis heute, dass ein weniger bekümmerter Zugang zu diesem Werk nicht falsch ist. Ein solcher, so mein Eindruck, macht nämlich das nicht nötig, was in der Zeit nach Dietrich Fischer-Dieskaus Bühnenabschied nach und nach um sich griff: eine bis zum Naturalismus sich ausdehnende Überemotionalität, die sich sogar in Seufzern, veristischer Lautmalerei und zunehmender Dehnung und Stauchung des Schubertschen Rhythmus – je nach aktueller Befindlichkeit und momentan mitreißender Bühnenrealität – äußert. So empfinde ich das eben.[2]

Einige Interpretationsaspekte haben sich im Zuge dieser Überemotionalität immer unwidersprochener als grundlegend für die Deutung der *Winterreise* durchgesetzt, auf der Bühne, aber auch unterhalb von dieser: Der Wandernde neigt zum Wahnsinn, er läuft Gefahr, im Irrenhaus zu landen (damit lässt sich praktisch jede darstellerische Exaltiertheit rechtfertigen), was nur übertroffen wird von der Annahme, dass er es dorthin nicht mehr schafft, weil der Weg ihn direkt in den Tod führt. Gerne wird diese Allianz der menschlichen Extreme noch mit allgegenwärtiger Ironie in Verbindung gebracht, denn dass es mit dem wirklichen Tod und Irrenhaus eigentlich nicht so weit her ist in der *Winterreise*, ist für mich klar (dazu unten mehr).

Warum man aber die unbestreitbar vielen Zynismen und prätentiösen Übertreibungen in Wilhelm Müllers Text und deren Vertonung als Ironie bezeichnen muss, ist mir nicht klar. Denn natürlich findet hier eine Distanzierung statt, aber eben nicht vom Publikum oder vom eigenen Dichten, sondern schlicht von der verhassten Welt spießbürgerlicher Philister, die es sich in ihren vom Winter belagerten Häusern gemütlich gemacht haben. Schubert war doch nicht wirklich der Ironie als Stilmittel zugeneigt und auch nicht einer Übersetzung dieses literarischen Stilmittels in Musik. Man betrachte nur seinen Umgang mit den sechs Heine-Gedichten in seinem *Schwanengesang* (Nr. 8–13), der für mich nicht nur in deren geradliniger Vertonung, sondern eigentlich bereits in deren Auswahl kein größeres Interesse an jener Ironie verrät, die Heine so wichtig war.[3] Aber auch die Vertonung der *Winterreise*-Gedichte zeigt meines Erachtens ein mehr heroisches als ironisches Verständnis der Gedichtsammlung (Müllers Dichtungen sind ja auch eher wenig ironiebeladen im Vergleich mit denen Heines). Und es zeigt sich überdies die Neigung Schuberts, den oft drastischen Tonfall Wilhelm Müllers stellenweise zu entschärfen, ja zu versachlichen: Im Lied Nr. 17 *Im Dorfe* vertont Schubert, wie die verächtlich beneideten Menschen in ihren Betten «schlafen» und nicht «schnarchen», in der Nr. 24 *Der Leiermann* «brummen» die Hunde nicht, sie «knurren», und sehr viele markante Satzzeichen (Bindestriche, Frage- und vor allem Ausrufezeichen) – Übertreibungen der ohnehin oft auf die Spitze getriebenen Emotionalität – werden entschärft (zu Punkten und Kommata) oder gleich entfernt.[4]

Wenn also behauptet wird, die *Winterreise* sei ein vielfach ironisches Werk,[5] so halte ich das eigentlich für eine Übertreibung. Mir ist, als ob mit der vermeintlich allgegenwärtigen Ironie häufig gerechtfertigt würde, dass man das auch von Kritik und Publikum immer mehr eingeforderte An-die-Grenze- und Darüber-hinaus-Gehen in Interpretation und Darstellung der *Winterreise* bedient.

So, nun ist es raus. Ich verhalte mich hier wie ein Gottsched oder Hanslick des Singens und poche auf eine reine Lehre, auf Formalien, was ich eigentlich gar nicht will. Aber ich sehe die Schönheit und Wahrhaftigkeit dieses Werkes in unnötiger Gefahr. Und als wir (Heinz Holliger dirigierte das Basler Kammerorchester) im März 2020, zu Beginn der Corona-Pandemie, Othmar Schoecks *Elegie* aufnahmen, weil wir sie schon nicht mehr aufführen durften, dachte ich mir, so muss wohl die *Winterreise* einmal gewirkt haben, so erschütternd und echt und unbelastet von Hörerfahrung und Interpretationsgeschichte. Die 24 Lieder auf Gedichte Lenaus und (ein bisschen) Eichendorffs konnten den

‹Weltschmerz› auf so gespenstige Weise vermitteln, wie es bei der *Winterreise* sicherlich auch einmal der Fall gewesen ist.

Natürlich gibt es viele legitime Zugänge zu einem Kunstwerk, und gäbe es sie nicht, so würde es sich wohl nur noch um ein Kunststück handeln. Und diese Deutungsvielfalt ist bei der *Winterreise* und der Geschichte ihrer Aufführungen und Aufnahmen besonders stark ausgeprägt. Deswegen lässt sich meine Irritation natürlich prinzipiell anzweifeln. Nur – bei dieser Irritation ist es leider nicht geblieben, es entstand in mir geradezu eine Abneigung gegenüber der auf mich zunehmend voyeuristisch wirkenden Lust, mit der man sich der Betrachtung des (bis zum Tode) Leidenden hingibt, um sie nach eineinviertel Stunden Schauerns wohlig abzuschütteln. Ich wollte und konnte, und ich will und kann dieses Begehren nicht bedienen, habe das Werk dann oft wohl ein wenig sachlicher gesungen, als es möglicherweise ist, und mochte es schließlich irgendwann gar nicht mehr singen. Meine Frau und Gerold Huber hielten mich davon ab. Dennoch – ich möchte dieses Problem für mich lösen. Die Frage nach der Bedeutung dieses Werkes versuche ich deshalb bei jeder Aufführungsserie doch immer wieder von Neuem zu beantworten. Ein Durchbruch ist mir bisher nicht gelungen, immerhin aber hat sich für mich eine gedankliche Linie ergeben.

Von einer Verrücktheit des Wanderers im krankhaften Sinn sehe ich nichts (wenn auch im zweiten Lied einmal das Wort «Wahn» auftaucht). Alle Reaktionen auf Verlassenheit, Ausgestoßensein, Kälte, Gefahr und Naturerscheinungen wie einen gefrorenen Fluss, Irrlicht, Krähenflug und Nebensonnen sind vernünftig nachvollziehbar. Mit keinem durch persönliche Kränkung hervorgerufenen Zynismus, wie er in dem Zyklus ständig anzutreffen ist, sehe ich auch nur annähernd irgendeine pathologische Grenze erreicht.

Auch ist der Tod, der in diesem Werk natürlich ständig als Thema auftaucht, in meinen Augen nicht das Ende dieser Reise und schon gar nicht ihr Ziel. Denn wenn vom Tod die Rede ist, dann entweder im Sinne der realen Gefahr des Erfrierens; diese Gefahr aber taucht nur nebenbei auf, sie wird kaum direkt thematisiert, wie beispielsweise in «erstarrt zu Eise» in Nr. 3 *Gefrorne Tränen*.[6] Oder aber, an vielen anderen Stellen, als Prätention, als Spiel mit dem Tod, wie in Nr. 9 *Irrlicht*: «Jeder Strom wird's Meer gewinnen, / Jedes Leiden auch sein Grab».[7] Nirgends sehe ich hier, dass der Wanderer ernsthaft und willentlich seinem persönlichen Tod gegenübertritt. Im Gegenteil – ich habe eher das Gefühl, dass, je länger die Reise sich hinzieht, jene prätentiöse Haltung gegenüber dem eigenen Ende immer mehr in den Vordergrund tritt, ja, dass sie eine Flucht vor der tatsächlich zunehmenden Gefahr darstellt.

Geradezu absurd aber finde ich den einem häufig begegnenden Gedanken, der Leiermann im letzten Lied bedeute die ultimative Konfrontation mit dem eigenen Sterben in Gestalt eines Totentanzes. Für mich hingegen bietet dieses Lied die Chance des Ausgangs aus dieser krisenhaften Reise: Mit dem Leiermann tritt hier einer auf, der sozial noch ungleich tiefer gefallen ist als unser Wanderer und in Apathie verharrt. Wenn er denn – wie vom Reisenden zynisch, weil unwahrhaftig und respektlos vorgeschlagen (man unterbricht doch nicht den Vortrag eines Musikers) – die Leier zu den Liedern unseres Schmerzensmannes drehte,[8] dann sicherlich ohne besondere Teilnahme, zumindest ohne an den extrovertierten Beschwerden und Klagen seines Sängers irgendwie teilzuhaben oder diese gar zu illustrieren. Es ist ein unwirkliches Bild der Ungleichheit, dem keine Dauer beschieden sein kann. In meinen Augen erwachen aber nun im Winterreisenden neue Lebensgeister, da er jemanden trifft, der ihn als Outlaw übertrifft, diesen Typus sogar radikal verkörpert. Der erloschene Lebensmut des Leiermanns macht ihn zum idealen Steigbügelhalter – an ihm könnte sich unser Protagonist wieder aufrichten, an ihm hochklettern, um aus seinem Jammertal endlich herauszutreten. Mit dem Tod hat dieser Leiermann meines Erachtens also nur zu tun, insofern er unserem Helden ermöglicht, dem Tod zu entrinnen (natürlich ist das eine streitbare These, apodiktisch möchte ich das nicht verstanden wissen).

Am Lied Nr. 24 *Der Leiermann* wird mir aber zweierlei deutlich: einerseits, wie sehr alles Weinen und aller Fatalismus vorher auch Spiel und Zufall waren, wie es ja im Lied Nr. 9 *Irrlicht* auch gesagt wird («Unsre Freuden, unsre Leiden, / Alles eines Irrlichts Spiel!»); und andererseits, dass es das Alleinsein war, worunter unser Reisender am meisten gelitten haben mag. In den im Folgenden assoziativ zusammengetragenen Themen der einzelnen Gedichte ist das Alleinsein auch eines der häufigsten – gefolgt von seinen Wirkungen: Einsamkeit und Selbstmitleid.

1 *Gute Nacht* – Ansprache, Rückblick, Willkommen, Vertreibung, Einsamkeit, Flucht, Bitternis, Zynismus, Liebe, Unschuld
2 *Die Wetterfahne* – Täuschung, Wahn, Missachtung, Armut als Bestimmung, Selbstmitleid, Anklage, Fremdheit, Ausgestoßensein, Demütigung
3 *Gefrorne Tränen* – Enttäuschung, Unverständnis, Hilflosigkeit, Alleinsein, Anklage
4 *Erstarrung* – Suche, Fassungslosigkeit, Bedeutung, Erinnern, Trauer, Frieren, Vergessen, Selbstmitleid, Verlust
5 *Der Lindenbaum* – Heimat, Fremde, Leben, Verlockung, Tod, Lebensweg, Auswandern, Einsamkeit, Erinnerung, Selbstschutz
6 *Wasserflut* – Vergehen, Vergessen, Bedeutungslosigkeit, Auslöschung, Alleinsein, Demütigung, Anklage
7 *Auf dem Flusse* – Erstarrung, Vergessen, Auslöschung, Spiegelung, Selbstmitleid, Alleinsein, Verlust
8 *Rückblick* – Vertreibung, Anklage, Ausgestoßensein, Erinnerung, Willkommen, Augenpaar, Ungeschehen-Machen, Selbstmitleid, Alleinsein
9 *Irrlicht* – Lebensweg, Leichtigkeit, Verlockung, Hoffnung, Wahn, Vergänglichkeit, Bedeutungslosigkeit, Finden, Erlösung, Todesspiel
10 *Rast* – Wachen, Ruhen, Todesspiel, Ausgestoßensein, Zynismus, Selbstmitleid
11 *Frühlingstraum* – Idyll, Wachen, Verfolgung, Kindlichkeit, Traum, Selbstmitleid, Verlockung, Ausgestoßensein, Sehnsucht, Alleinsein
12 *Einsamkeit* – Gehen, Gefahr, Ruhe, Leben, Ausgestoßensein, Selbstmitleid, Alleinsein
13 *Die Post* – Täuschung, Hoffnung, Herz, Geliebte, Unruhe, Erwartung, Neugier, Alleinsein
14 *Der greise Kopf* – Täuschung, Todesspiel, Rückblick, Schein, Selbstmitleid, Verlockung

15 *Die Krähe* – Gemeinheit, Todesangst, Todesspiel, Treue, Selbstmitleid

16 *Letzte Hoffnung* – Aberglaube, Enttäuschung, Angst, Hoffnung, Todesspiel, Trauer, Selbstmitleid

17 *Im Dorfe* – Ausgestoßensein, Gefahr, Hilflosigkeit, Vertreibung, Verachtung, Neid, Traum, Hoffnung, Wachen, Ruhen, Anklage, Missachtung, Fremdheit, Zynismus, Selbstmitleid, Alleinsein, Demütigung, Todesspiel, Täuschung

18 *Der stürmische Morgen* – Zynismus, Selbstmitleid, Selbstzerstörung, Wut

19 *Täuschung* – Täuschung, Hoffnung, Selbstmitleid, Zynismus, Verlockung, Einsamkeit

20 *Der Wegweiser* – Einsamkeit, Selbstmitleid, Lebensweg, Flucht, Wachen, Ruhen, Durchhalten, Gehen, Angst, Todesspiel

21 *Das Wirtshaus* – Todesspiel, Zynismus, Blasphemie, Selbstmitleid, Gehen, Anklage, Alleinsein

22 *Mut* – Angst, Gehen, Alleinsein, Durchhalten, Blasphemie

23 *Die Nebensonnen* – Täuschung, Augenpaar, Fremdheit, Verlust, Zynismus, Selbstmitleid, Todesspiel

24 *Der Leiermann* – zufälliges Zusammentreffen, Betrachtung, Ausgestoßensein, Zynismus, Verachtung, Mitleid, Mut, Hoffnung, Gespräch, Anmaßung, Neuanfang

Insofern stellt *Der Leiermann* nun wirklich einen End-, ja einen Wendepunkt des Zyklus dar. Ich sehe hier das ersehnte Ende der mühsamen Reise erreicht. Auch in der veränderten Rede ist dies zu beobachten: Es werden nicht mehr Situation und Befindlichkeit des Ich geschildert, es wird nicht mehr alles Beobachtete, Gefühlte, Erlittene auf seine Bedeutung für das eigene Wesen hin überprüft, sondern es wird ein Phänomen beschrieben, das außerhalb der eigenen Sphäre liegt. Das gab es im ganzen Werk bislang noch nicht, und entsprechend anders sind hier plötzlich Klang und Deklamation: nüchtern und leise. Alle vorherige Intensität, oder mindestens unterdrückte Intensität, ist weggeblasen, eine emotionale Gelassenheit, die man bisher nicht kannte, breitet sich aus.

‹Liest› und begreift man den Zyklus auch vom Ende her, so würde ich als Darsteller die Ästhetik dieses letzten Liedes gerne ein wenig aufs Ganze ausbreiten, als Darstellungshaltung – nicht als Inhalt, natürlich nicht, ist dieser doch in den Liedern 1–23 bis zum Äußersten emotional und hoch aufgeregt. Ich meine hier eine nüchterne Haltung des Darstellers, der von einer Situation berichtet, ohne das Publikum durch die eigene Erschütterung gefangen nehmen zu wollen. Eine solche eher distanzierende Haltung wäre in meinen Augen entlastend. Sie wäre mein Ideal – es geht darum, etwas zu schildern, ohne in empathischer Emphase das Publikum mit sich reißen zu wollen.[9]

Unterstützt wird diese meine Haltung durch einen weiteren Aspekt, der sich mir seit einiger Zeit auftut, nämlich einen biographischen. Ich suche hier keine vordergründigen Biographismen, versuche sie insgesamt eher zu vermeiden. Doch wenn ein Werk mit so viel harzigem, oft undurchdringlichem Firnis der Interpretationsgeschichte überzogen ist, dass man dessen Farbe fast mehr wahrnimmt als die des zugrundeliegenden Kunstwerkes, dann kann auch eine solche klärende Rückbesinnung hilfreich sein. Dieser biographische Interpretationsansatz wäre mein Anlass und meine Rechtfertigung, die tränennahe Todesrührung durch so etwas wie einen Bericht zu ersetzen: An die Stelle des soghaft anziehenden Schwarz eines Identifikations-Rührstücks würde so etwas wie das Grau der Reportage von der Banalität der Einsamkeit treten – worin für mich der sogar abgründigere und eigentlichere Schauer läge – wenn man ihn denn sucht. Das besungene Leid wäre also nur Gegenstand des Berichts und nicht Anlass zu weit ausgreifender, letztlich aber doch auch immer nur beschränkter und halbherziger Solidarisierung. Auf diese Weise würde das übergroße Selbstmitleid des Winterreisenden nicht durch das von ihm schreiend ersehnte Mitleiden ersetzt. Dann könnte man dieses überreiche Kunstwerk ansehen, ohne darin versinken zu müssen, dann könnte das Rückbeziehen aller Erscheinungen auf das eigene Befinden, wie es sich beispielhaft im Lied Nr. 16 *Letzte Hoffnung* entblößt («Schaue nach dem einen Blatte, / Hänge meine Hoffnung dran; / Spielt der Wind mit meinem Blatte, / Zitt'r' ich, was ich zittern kann»), dem Protagonisten überlassen werden und müsste nicht Teil und Bedingung des Verstehens durch Interpreten und Publikum sein.

Es wäre zu schön gewesen: Erika von Borries schildert in ihrer Lebensbeschreibung Wilhelm Müllers, wie dieser durch seine Beteiligung an den Befreiungskriegen gegen Napoleon nach Brüssel gelangt, dort aber wegen Fraternisierung und einer außerehelichen Liebesbeziehung unehrenhaft entlassen wird und im Winter 1814/15 schließlich seine eigene ‹Winterreise› zurücklegen muss.[10] Er musste, so Borries, vielleicht zu Fuß, nach Berlin zurückkehren, um sein unterbrochenes Studium fortzusetzen. Man kann sich das bildlich gut vorstellen: ein mittelloser, schwerst enttäuschter Mann, der das Leben, zu dem er sich gerne hochgearbeitet hätte, nun von außen ansehen muss – in Gefahr, allein, einsam, voller Selbstmitleid, ein Mensch in einer schweren Zeit.

Wilhelm Müller kehrte jedenfalls nach Berlin zurück und nahm dort sein altes Leben wieder auf. An die zurückliegenden Ereignisse erinnerte er sich in einer recht eindrücklichen Tagebuchnotiz aus dem Jahr 1815: «Das vergangene Jahr liegt so weit hinter mir oder vor mir, als wäre ich seitdem von einem Kinde zum Greis geworden oder von einem Greis zum Kinde» – das Bild des Liedes Nr. 14 *Der greise Kopf* klingt hier unverkennbar konkret an.[11] Ob alles aber in der schier idealen Weise geschah, wie von Borries es schildert, ist zumindest fraglich.

Günter Hartung hat in seiner Rezension diesen Versuch der Rekonstruktion einer «Müller-Winterreise» (und gleich die ganze Biographie dazu) mit erheblichem Furor zerrissen.[12] Zwar ist Hartungs Informiertheit zu Wilhelm Müller und dessen historischem Kontext imponierend, aber auch er ist nicht frei von Spekulation, wenn er Müllers offensichtlich unstrittige sexuelle Erlebnisse in Brüssel vom Bett der Kaufmannsgattin Therese (so von Borries) ohne Nachweis ins Bordell verlegt.[13] Worauf er aber gar nicht eingeht, ist die von Erika von Borries beschriebene interessante Tatsache, dass Müller in seiner Bewerbung auf einen Bibliothekarsposten in Dessau alle persönlichen Zeugnisse etc. angab, nur nicht seine Verdienste als freiwilliger Soldat.[14] Seine Mitwirkung an den Befreiungskriegen (er hatte angeblich sogar den Rang eines Leutnants erreicht) wäre hier ein äußerst vorteilhafter Punkt gewesen. Unter keinen normalen

Umständen hätte Müller in irgendeiner Bewerbung auf die Erwähnung dieses Punktes verzichten können oder wollen. Dass er als Freiwilliger in den Krieg gegen Napoleon gezogen war, steht aber außer Zweifel.

Das lässt nun meines Erachtens schon auf etwas anderes schließen, wenn auch spekulativ, als nur auf harmlose Bordellbesuche und einen ermahnenden Brief seines Vaters. Eine unehrenhafte Entlassung Müllers in Brüssel – eventuell wegen eines unsittlich-ehebrecherischen Verhältnisses – steht durchaus im Raum. Natürlich ist von Borries' Biographie insgesamt recht ‹erzählend›, manchmal auch so gefühlig, dass es einem, Hartung folgend, vorkommt, als seien hier die Grenzen zum Spekulieren und Fabulieren weit überschritten. Aber ihre einfühlende Phantasie trägt doch auch künstlerisch verwertbare Früchte. Denn – ohne alle Sensationslust – es würde nicht nur die mögliche Reise-Parallele gut zum Text der *Winterreise* passen, auch der anzunehmende seelische Zustand Müllers könnte viel zum Verständnis des Werkes beitragen: Ich sehe – in Müllers Biographie wie auch im Gedicht- und Liederzyklus – eben nie den völlig desolaten und zu Tode betrübten Aussteiger, der sich tatsächlich nach seinem Ende sehnt, sondern eher einen, der in seiner Lebensplanung aus der Bahn, also schwer zurückgeworfen wurde. Einen, der tief verletzt ist (aber nicht «tödlich», wie es im Lied Nr. 21 *Das Wirtshaus* anprangernd prätendiert wird) und der sich nun ausgeschlossen fühlen muss – aus einer Gesellschaft, deren Mitglied zu sein er als Wunsch noch nicht abgelegt hat.

Diese Situation des Gekränkten also, der noch viel Lebens- und Anklagekraft in sich hat, sehe ich in der *Winterreise*, und sie zeigt meines Erachtens eine unverkennbare und erstaunliche Analogie zur Lebenssituation Wilhelm Müllers im Winter 1814/15: Sich freiwillig in den Krieg mit seiner Lebensbedrohung und seinen entsetzlichen Schrecken zu begeben und dann ausgeschlossen zu werden (wie und warum auch immer) muss nicht nur Ehrgeiz und Selbstachtung hart treffen – bei einem so abrupten Ende muss dies in eine echte Sinnkrise führen. Und die ist in der *Winterreise* eindrücklich nachzuerleben.

In diesem Sinn hat für mich das Lied Nr. 17 *Im Dorfe* eine Schlüsselrolle inne: An keiner Stelle im Zyklus wird die Situation des Reisenden so bildlich verdeutlicht wie hier, in aller Anschaulichkeit. Denn der durch die Kälte des Winters Gefährdete muss in diesem Gedicht an einem Ort der Geborgenheit vorbeigehen. Und an keiner anderen Stelle sind so viele Aspekte, die großenteils auch andere Lieder der *Winterreise* bestimmen, gleichzeitig anzutreffen, wie meine (subjektive) Aufstellung der Themen der einzelnen Gedichte/Lieder vielleicht verdeutlicht. Wenn eine Nummer der *Winterreise* beispielhaft das gesamte Werk abbildet, dann *Im Dorfe*: Die Gefahr wird ebenso deutlich wie die Prätention des Todes, die Abscheu gegen die Spießer geht Hand in Hand mit dem Neid auf ihr geordnetes Leben, Alleinsein und Zynismus und überhaupt fast alle Affekte, die sonst im Zyklus zu finden sind, tauchen hier versammelt auf. Genau so stelle ich mir Wilhelm Müller auf seiner persönlichen Winterreise vor. Dass diese, wie von Borries meint, stattgefunden hat, halte ich jedenfalls für einleuchtender als die Stichhaltigkeit von Hartungs wutentbrannter Verteufelung dieser Spekulation.

Schubert hat diese Krise des Wanderers in einer ganz speziellen, damals neuartigen Weise musikalisch gefasst. Das bekannte Modell seiner langgezogenen Melodieführung, die oft einer Rückschau zuneigt und mit einer gewissen ›Seligkeit‹ einhergeht, ist in der *Winterreise* an vielen Stellen durch neuartige, oft schroffe Gesten ersetzt. Dem Erinnern (denn vor allem das scheint mir melodisch noch konventionell konnotiert, beispielsweise in Nr. 1 *Gute Nacht*, Nr. 5 *Der Lindenbaum*, Nr. 11 *Frühlingstraum* oder Nr. 19 *Täuschung*) wird ein Korrelat zu der für den Protagonisten schwer erträglichen Gegenwart gegenübergestellt, das nicht mehr auf melodische Auflösung und Form zielt. Melodien führen nicht mehr zu ihrem Anfang zurück, sie sind vielmehr Illustration der haltlosen Situation des Reisenden: «Jeder Strom wird's Meer gewinnen …» in Nr. 9 *Irrlicht*, «… als noch die Stürme tobten, war ich so elend nicht» in Nr. 12 *Einsamkeit*, «Fall' ich selber mit zu Boden» aus Nr. 16 *Letzte Hoffnung*, «Ich bin zu Ende mit allen Träumen» aus Nr. 17 *Im Dorfe* oder «Die Wolkenfetzen flattern umher in mattem Streit» aus Nr. 18 *Der stürmische Morgen* sind Beispiele für die vielen klanglichen Zerrbilder, die ein neues Konzept Schubertscher Stimmführung nicht nur andeuten, sondern schon fertig vorführen.

Das bemerkten auch Schuberts Freunde beim ersten Hören sofort: Außer dem *Lindenbaum* gefiel ihnen, speziell Franz von Schober, die *Winterreise* nicht gleich, wie es im berühmten Bericht Josef von Spauns lautet.[15] Schubert sang sie ihnen selbst vor – welch ein Privileg! –, und zwar ganz (ein sehr frühes und schier unwiderlegbares Votum für zyklische Liedaufführungen). Und sogar in diesem *Lindenbaum* ist die erste Hälfte der dritten Textstrophe («Die kalten Winde bliesen …») ganz offensichtlich so verstörend, dass Friedrich Silcher diese eigentlich nicht in seine selige Männerchor-Adaptation übernehmen mochte. In den mir bekannten Veröffentlichungen der Silcher-Bearbeitung ist die dritte Strophe aber nicht gestrichen (obwohl doch meistens nur die erste Strophe gesungen wird). Im Grunde ist dieses Ignorieren der Vielschichtigkeit der zugrundeliegenden Dichtung ein noch größerer Beweis für Silchers unfassbaren Mangel an Sensibilität als die Tatsache, dass er aus einem äußerst differenziert modifizierten Strophenlied ein absolut starres gemacht hat.

Silcher wusste die ungetrübte Beschreibung des vermeintlichen Locus amoenus zu wahren, indem er alle Unterschiede einebnete. Darin steckt für mich gleichsam ein nochmals und ganz zur Unzeit wiederholtes Postulat der Liedästhetik um 1800, die bei Gedichtvertonungen, also Liedern, größte Einfachheit der Begleitung und strophische Gleichheit in den Affekten verwirklicht sehen wollte (bei Silcher würde ich, rund ein halbes Jahrhundert später, eher von Entdifferenzierung sprechen);[16] es fehlen auch Vor- und Nachspiel. Melodisch-formale,[17] rhythmische und sogar harmonische Vereinfachungen gibt es hier in aller Schamlosigkeit. Offensichtlich intendierte Silcher ein ‹Volkslied›, und das dafür nötige Umsingen[18] des vorgefundenen Materials (von Schubert) führte zu keiner Weiterentwicklung des ursprünglichen Liedes, sondern zu seiner Vereinfachung, ja Banalisierung.[19]

5 *Der Lindenbaum*

Am Brunnen vor dem Tore,
Da steht ein Lindenbaum,
Ich träumt' in seinem Schatten
So manchen süßen Traum. [1. Liedstrophe]

Ich schnitt in seine Rinde
So manches liebe Wort;
Es zog in Freud und Leide
Zu ihm mich immer fort. [1. Liedstrophe]

Ich mußt auch heute wandern
Vorbei in tiefer Nacht,
Da hab ich noch im Dunkeln
Die Augen zugemacht. [2. Liedstrophe]

Und seine Zweige rauschten,
Als riefen sie mir zu:
Komm her zu mir, Geselle,
Hier findst du deine Ruh. [2. Liedstrophe]

Die kalten Winde bliesen
Mir grad ins Angesicht,
Der Hut flog mir vom Kopfe,
Ich wendete mich nicht. [rezitativartiges Intermezzo]

Nun bin ich manche Stunde
Entfernt von jenem Ort,
Und immer hör ich's rauschen:
Du fändest Ruhe dort! [3. Liedstrophe – Wiederholung]

Wilhelm Müller/
Franz Schubert, *Winterreise*

Schuberts Lied hingegen zeigt von Strophe zu Strophe eine immer subtilere Differenzierung: vom Bericht ungetrübter Begegnung (1. und 2. Strophe), in welcher der Protagonist diesen friedlichen Ort kennenlernte als Ort des Rückzugs, der Erholung, über die Erwähnung des Baums (3. und 4. Strophe) als Ort, an dem man vorbeigeht, weil man muss, und vielleicht auch, weil der Ort von der (ewigen) Ruhe spricht, man also – lebensdurstig (!) – vor ihm flieht, bis hin zum fernen Erinnern (6. Strophe) und Zusammenfall des ersten und zweiten Eindrucks. Der Lindenbaum ist zum Schluss friedlich, aber zugleich gefährlich, vor allem jedoch momentan nicht mehr erreichbar, ein Zeichen des Verlusts der Unschuld, aber auch der Vermeidung des Todes, ein Zeichen der Verlockung zum Selbstmord und des Willens, sich dieser Verlockung zu entziehen. Es ist so, wie man von der Bahnsteigkante weit zurücktritt, um einen kurz entschlossenen letzten Sprung gar nicht erst möglich zu machen, wenn dieser ein Ausweg im Moment der Verzweiflung sein könnte. Kurzum: Schuberts Lied ist ein Kunstwerk, das sich sowohl der Nostalgie als auch der als Reaktion denkbaren radikalen Todessehnsucht entzieht, indem es beide Aspekte jenes Ortes (der Liebenden und der Sterbenden, der gemeinsamen und der privaten Sammlung) in der letzten Strophe zusammenbringt: als Erinnerung und als Entfernung.

Die letzte Strophe entzieht dieses zentral bedeutsame Lied jeder einfachen Vereinnahmung, nicht die Musikantenstadel-Fraktion kann es sich nehmen, aber auch nicht die der geschmäcklerischen Todessüchtigen. Thomas Manns Erwähnung im *Zauberberg*-Kapitel «Fülle des Wohllauts» und die Wiederholung bei Hans Castorps Zug in den Krieg trifft diesen Charakter des Liedes (und seiner letzten Strophe) vielleicht am besten: Fülle des Lebens oder Todessuche.[20] Diese Strophe stellt sowohl die Trauer um den Verlust der Idylle als auch die Todesversuchung beiseite – durch die Aufgabe des Ortes zugunsten einer anderen Lebenszeit: Sie ist ein Manifest der schmerzhaften Einsicht in die notwendige Veränderung, um seine Identität nicht zu gefährden, sie nicht zu verlieren. Dieses Lied wäre also ein erster Endpunkt für unseren Wanderer. Und auch aus der Erinnerung vergangener Konzerte heraus ist eigentlich nach dem *Lindenbaum* ein erstes Aufatmen im Verlauf einer *Winterreisen*-Aufführung möglich.

Darstellerisch und gesangstechnisch halte ich dieses Lied für das schwierigste im Zyklus: Die verschattete Farbe in der dritten Liedstrophe (der sechsten Gedichtstrophe), wo die Stimme wie aus der Ferne erklingen muss, ist weniger ein Problem – obwohl der Gesang ja ganz da ist und nur der Lindenbaum weit weg. Das mag dramaturgisch zwar schwierig sein, ist aber meines Erachtens nicht vermeidbar, tatsächlich auch unproblematisch, wie eine optische Täuschung, die niemanden stört. Schon diffiziler ist dagegen das Piano der zweiten Liedstrophe (die in Moll beginnt). Es steht ganz im Kontext der melancholischen Aufführungspraxis dieses Liedes und erklärt sich spätestens rückwirkend mit der Wiederkehr des Dur in der zweiten Strophenhälfte («Und seine Zweige rauschten …») und deren nun aufgehelltem Klangbild.

Aber tatsächlich von besonderer Schwierigkeit ist meiner Ansicht nach die erste Liedstrophe des *Lindenbaums*, die – als Unikat in diesem Zyklus – ein zwar nicht aktuelles, aber dennoch unmittelbares und lebensechtes Bild der Unbefangenheit zeichnet.[21] Mir schwebt hier ein eher direkter, naiver Tonfall vor, der unbeschwert von dieser dörflichen Idylle mit Lindenbaum berichtet, die Silcher dann auf das ganze Lied ausdehnte und die noch später in Heimatfilmen für ganze Stunden bewahrt wurde. Dieses Idyllische kann man gemäß meiner Erfahrung mit drei Mitteln darstellen: erstens mit einem nicht zu hellen, vor allem nicht scharfen Ton, also mit einem eher runden Ton, welcher Unbekümmertheit vermitteln soll; zweitens mit einer nicht allzu zurückhaltenden Dynamik, die angesichts des vorausgehenden, eher dramatischen Liedes Nr. 4 *Erstarrung* eigentlich nicht schwierig erscheint, die es aber wegen der Einbindung des geforderten, rund und gelassen ausschwingenden Tones eben doch ist; und drittens schließlich mit einem bei Schubert wirklich sehr ungewohnten Mittel: einem Portamento (einer Art Gleiten des Klangs zwischen den Tönen) nach unten bei den beiden doppelten Sprüngen von der Quint zur Terz («Bru-nnen», «träumt' in») und von dort zur Prim («To-re», «Scha-tten»).[22]

Dieses Mittel der Intonationsverschleifung empfindet man ja nicht nur bei Schubert, sondern allgemein im ‹deutschen Fach› (und nicht nur im Lied) als Geschmacklosigkeit – zumindest ist es nicht Mode –, und es kommt mir beispielsweise in der Moll-Hälfte der zweiten Liedstrophe auch nicht mehr über die Lippen (außer aus Versehen oder Unvermögen), weil hier die für Schubert in meinen Augen typische Unterscheidung von Dargestelltem und Darstellen schon wieder in ihrem Recht ist. Das Portamento vermittelt aber bestens die in der ersten Strophe eben nicht zitierte oder berichtete, sondern direkte, eigentliche Volkstümlichkeit. Sie ist das Thema dieser Liedstrophe und wird in der dritten Liedstrophe immerhin erinnert. Nur noch unmerklich, also hoffentlich viel weniger offensichtlich setze ich hier das Portamento nochmals

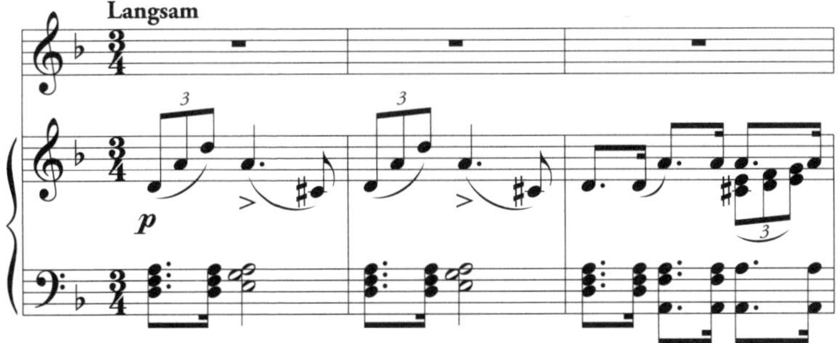

29 Franz Schubert: *Wasserflut,* Takte 1–3

ein, auch um die schwierig herzustellende Geschmeidigkeit des langsamen 3/4-Taktes aufrechtzuerhalten.[23] Ich habe diese Funktion des Portamentos erst vor kurzem bewusst für mich entdeckt. Es lässt für mich, was mir früher vorschwebte, was ich aber eigentlich nie vermitteln konnte, endlich in den Bereich bewusster und erreichbarer Darstellung treten.

An dieser Stelle möchte ich anfügen, dass Gerold Huber und ich überzeugte Anhänger der Fraktion sind, welche die Forderung entschieden ablehnt, in Nr. 6 *Wasserflut* die punktierten Akkorde in der linken Klavierhand an die Triolen in der rechten anzugleichen (Ian Bostridge beschreibt das Problem anekdotisch und sachlich eindrücklich, deswegen möchte auch ich gerne darauf verweisen[24]). Nur kurz: Zu Schuberts Zeit wurden Triolen, bei denen die ersten beiden Schläge gebunden sind und angesichts ihrer selben Tonhöhe als ein gemeinsamer Ton klingen, noch nicht notiert. Diesem Notationsdefizit begegnete man gelegentlich, indem man stattdessen punktierte Duolen derselben Gesamtdauer schrieb, also ein zu spielendes Tonlängen-Verhältnis von 2 : 1 in 3 : 1 notierte. Das aber bringt meines Erachtens nicht notwendigerweise mit sich, dass alle duolischen Punktierungen als eigentlich triolisch zu begreifen sind (Notenbeispiel 29). Dabei handelt es sich um einen klassischen logischen Fehlschluss. Sonst könnte man ja auch die ersten beiden Viertel in Takt 3 von *Wasserflut* triolisch auffassen, oder man müsste im *Lindenbaum* nach dem ersten triolischen Takt den ersten duolisch punktierten Schlag des

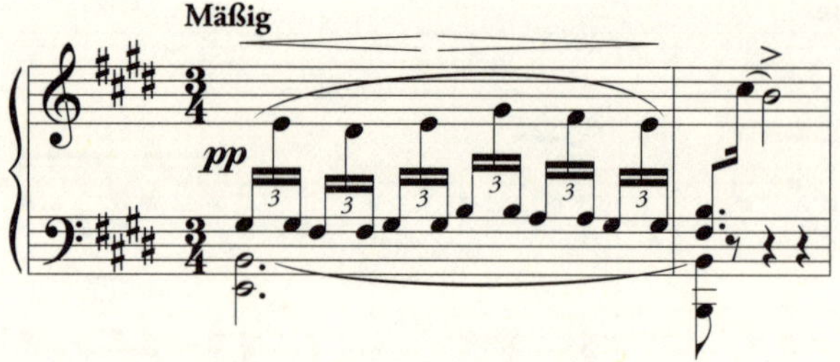

30 Franz Schubert: *Der Lindenbaum*, Takte 1f.

zweiten Taktes triolisch begreifen – ein Unding. Und es kann doch niemandes Ernst sein, so etwas beweisend fordern zu wollen? (Notenbeispiel 30)

Ein Wort aber nun zur fehlenden Entwicklung innerhalb der angedeuteten Reise: Man findet in der *Winterreise* sehr viele und sehr eindrückliche Bilder, literarische – die *Winterreise*-Gedichte Wilhelm Müllers zählen ja sicherlich zu dem, was die deutsche Lyrik lesenswert macht –, aber auch musikalische. Ich entdecke in Schuberts gesamtem Liedschaffen immer wieder seine außergewöhnliche Fähigkeit, einem an sich lyrischen Gebilde eine gleichsam in Bildern erzählende Perspektive hinzuzufügen. Dann entstehen vor dem Auge des Zuhörers Situationen eines Gemäldes oder eines kleinen Filmes, wie ich das allenfalls aus nun wirklich epischen Werken kenne, beispielsweise aus Josef Haydns Oratorien *Die Schöpfung* und *Die Jahreszeiten*.

Einige Beispiele von Schuberts Liedern können genügen, um dies begreifbar zu machen: *Der Winterabend* (D 938), *Abschied* (D 475) und *Der Schiffer* (D 694) haben diesen typischen erzählenden Aspekt, was auch an Schuberts Gedichtauswahl überhaupt liegen mag (speziell im Vergleich zu den anderen großen Vertonern deutschsprachiger Lyrik), vor allem aber an Schuberts Vertonung – in dem Sinn, dass der Klang hier in besonderem Maß eine bildliche Vorstellung hervorruft. Beim *Winterabend* wären dies das Auf- und Abgehen im Zimmer, das Aus-dem-Fenster-Sehen sowie das Hereingleiten des Mondscheins. Beim

Abschied drängt sich mir das Bild eines nahenden und sich dann wieder entfernenden Pilgerzugs auf. Und schließlich wäre da das Tändeln des verliebten und selbstverliebten *Schiffers* im mondbeschienenen schwankenden Boot. Die Liste Schubertscher Lieder, die solche teils auch bewegten Bilder hervorrufen, ist lang.

Dieses Phänomen prägt, so glaube ich, aber auch die Lieder der *Winterreise* – in einer ganz eigenen Weise: Deren lyrische Bilder sind stark, wenngleich nie besonders konzentriert und kompakt, und jede darin vorzufindende Konkretion hat eher symbolischen als erzählenden Wert. Sie kommen mir wie Stelen vor, die zwar in einer sie verbindenden thematischen Landschaft von Melancholie und Vereinsamung stehen, aber doch jeweils singulär in Ausdruck und Inhalt sind. Diese sehr attraktive und inspirierende Bildhaftigkeit verbindet die Gedichte stark mit den ihnen zugehörigen Liedern. Im Vergleich zu vielen anderen Schubertschen Lieder-Bildern sind die der *Winterreise* aber weniger bewegt als statisch. Das ist in meinen Augen der vielleicht entscheidende Punkt, noch mehr als die fehlende Erzählperspektive der Grund, warum ich in diesem Zyklus das erzählende Moment – außer in den beiden Rahmenliedern – so wenig vorzufinden meine. Der Winter mit seiner Froststarre hat also nicht nur sein Bedeutungskorrelat in der Seelenkälte, die unserem ‹Helden› begegnet, sondern auch sein Formkorrelat in Bildern, die wie erstarrt neben anderen stehen.

Ich kann nun nicht finden, dass die Schubertsche Rhetorik jede Wendung eines Gedichtes, jede argumentative Wirkung im Detail nachzeichnen würde. Das gilt natürlich genuin für Strophenlieder wie Nr. 1 *Gute Nacht*, Nr. 6 *Wasserflut*, Nr. 10 *Rast*, Nr. 11 *Frühlingstraum* oder Nr. 13 *Die Post*, aber auch für einzelne Gesten wie das musikalische Thema der ersten, sehr konkret bildlichen Gedichtstrophe von Nr. 4 *Erstarrung*, das in der abstrakteren vierten Gedichtstrophe wiederholt wird und mir hier viel besser zu passen scheint. Oder für die musikalische Umsetzung ganzer Gedichte wie das Lied Nr. 3 *Gefrorne Tränen*, bei dem ich zumindest in der dritten Gedichtstrophe eine gewisse Inkongruenz zwischen der fragenden Verzagtheit des Gedichts und der relativ anklagenden Geste in dessen Vertonung empfinde.

Aber die expressive Kraft, ja die geradezu ungeheure Pranke, die sich hier wie bildhauerisch (in 24 verschiedenen Steinen) ausdrückt, ist doch einzigartig, und auch diese expressive Bildkraft halte ich für ein wesentliches Charakteristikum, das die *Winterreise* von anderen zyklischen Liedwerken abhebt. Darstellerisch entscheidend ist für mich dabei nicht so sehr die klangliche Singularität jedes einzelnen Liedes – die würde ich ohnehin für jedes aufzuführende Lied oder Werk annehmen. Ausschlaggebend finde ich vielmehr eben jene bildhafte Stärke oder Kraft, die weniger etwas Menschliches als etwas Monolithisches hat. Eine Psychologisierung des Protagonisten hingegen, besonders im Sinne einer Entwicklung, spielt meines Erachtens für die Interpretation dieses Werkes keine Rolle. Nur Typus und Situation des Winterreisenden muss man einmal prinzipiell verstehen, wobei sich diese für mich wie gesagt am besten mit dem Begriff ‹Krise› umschreiben lässt.

Das beschriebene ‹Stelenfeld› jedenfalls könnte man von allen möglichen Seiten besehen und begehen.[25] In diesem Sinn gibt es (von Nr. 1 und Nr. 24 abgesehen – sie wären Ein- und Ausgang dieses winterlichen Gartens) keine Beziehung der Abfolge zwischen jenen partikulär affektiven Monumenten, schon aber ein Aufeinander-bezogen-Sein. Das passt auch zu dem Feld von Affekten, das sich in meiner Übersicht der Gedichte findet, ein Feld, das immer wieder variiert, aber nicht grundsätzlich veränderbar im Sinne einer Persönlichkeitsentwicklung oder gar einer Handlung ist.

Insofern könnte man die Reihenfolge der Lieder auch vertauschen, und tatsächlich gibt es Aufführungen, in denen sie in der Folge vorgetragen werden, in der Schubert Wilhelm Müllers Gedichte vertont hat (und die sich von Schuberts endgültiger Reihenfolge leicht unterscheidet). Ich selbst halte das für nur bedingt sinnvoll, denn die letztere Reihenfolge ist nun einmal bekannt, und man würde durch eine andere Abfolge vielleicht eher verwirren als vermehrt Sinn vermitteln. Die Hörer kämen womöglich ins Sinnieren, was dieses oder jenes Lied nun an dieser oder jener Stelle statt des Gewohnten will, und könnten Gefahr laufen, darüber die Musik zu versäumen.

Ich glaube also keinesfalls wie Elmar Budde, dass in der *Winterreise*

– bei Müller oder Schubert – eine Nachtwanderung in chronologischem Sinn abgebildet wird.[26] Ein wie auch immer geordneter Handlungsablauf ist in meinen Augen nicht der entscheidende Aspekt für das Verständnis dieses Zyklus. Eher könnte man die *Winterreise* konkret als Kreuzweg verstehen. Die Demütigungen Christi wären ja auch in anderer Reihenfolge verständlich, nur ist die überlieferte eben internalisiert.

Zu diesem Vergleich passen die durchweg zu bemerkenden religiösen Assoziationen in der *Winterreise*. In Schuberts Vertonung zeigen sie sich in einer affirmativen, prinzipiell anmaßenden religiösen Haltung. So kann man beispielsweise am Ende einiger Lieder vor allem des zweiten Teiles (Nr. 14 *Der greise Kopf*, Nr. 15 *Die Krähe*, Nr. 16 *Letzte Hoffnung*, Nr. 17 *Im Dorfe* oder Nr. 20 *Der Wegweiser*) eine an einen Choral erinnernde Verbreiterung der melodischen Grundstruktur bemerken. Und manche Lieder sind wegen der quasi-rezitativischen Unterbrechungen gleichsam als Parodien einer insgesamt choralartigen Grundstruktur zu verstehen (Nr. 21 *Das Wirtshaus*, Nr. 23 *Die Nebensonnen*).[27] Diese Choral-Assoziationen häufen sich also, je mehr der eher abstrakte Charakter des Zyklusbeginns abnimmt. Und je konkreter so die Bilder werden, besonders ab Nr. 17 *Im Dorfe*, desto gebannter erlebe ich ganz regelmäßig die Aufmerksamkeit des Publikums. Vielleicht könnte man folgern, dass diese zunehmend konkrete Bildhaftigkeit die so oft bemerkte Soghaftigkeit des Zyklus zumindest mitbedingt.

Dagegen ist in der zugrundeliegenden Dichtung Wilhelm Müllers eine eher zynische Benutzung religiöser Assoziationen offensichtlich, deren blasphemische Überreizung geradezu künstlerisches Programm ist: Im Lied Nr. 22 *Mut*, das zunächst an die Ängstlichkeit eines in den Keller geschickten singenden Kindes erinnern mag, wird schließlich Zuflucht in der Selbstüberhebung gesucht («Sind wir selber Götter!»). Im Lied Nr. 15 *Die Krähe* wird die ersehnte Treue ausgerechnet von der mit Gemeinheit assoziierten Krähe erwartet, weil weder Menschen noch Gott zu dieser Treue bereit sind. Das in dem Lied angesprochene Grab hat im gesamten Zyklus geradezu eine leitmotivische Bedeutung, wie beispielsweise in den Liedern Nr. 16 *Letzte Hoffnung* («auf meiner Hoffnung Grab») und Nr. 21 *Das Wirtshaus* nachvollziehbar ist. Dort kommt die, ja, Gotteslästerung zu einem spektakulären Höhepunkt, wenn der Protagonist in seinem weltschmerzlich instrumentalisierten, schier nicht enden wollenden Selbstmitleid sich mit dem Schicksal von Maria und Josef, den Eltern des Heilands, identifiziert. Ihnen wurde die Aufnahme in die Herberge ja auch grausam verweigert. Nur nimmt der Winterreisende dann nicht in einer Krippe Platz, für ihn tut es nur der ultimative Abstieg ins Grab als Ruhestätte – aber eben nicht um zu sterben, sondern um sein Leiden als Sterbender oder, besser noch, als lebendig Begrabener adäquat auszustellen.[28]

Die Verankerung der *Winterreise* im christlichen Weltbild – die Kirchen der Dörfer und Wohnstätten, an denen unser Held vorbeigeht, werden zwar nicht genannt, ich kann sie mir aber nicht wegdenken – zeigt sich mir dann noch ein letztes Mal ex negativo im Bild des Leierkastenmannes: Er ist das Gegenteil des Protagonisten, ein desillusionierter, ein indolenter, aber beim Bedienen der Drehleier völlig im Augenblick lebender Mann, der an das Ideal des Buddhismus erinnert, nichts mehr zu wünschen. Es ist ein Ideal, welches dem Winterreisenden denkbar fern ist, der durch und durch dem abendländisch-christlichen Denken verbunden ist, der seine Wünsche, seine Hoffnungen, seine Sehnsüchte und seine wiederauflebenden Ambitionen nicht verhehlen kann. Durch all seine Distanzierungen und Hetzereien, durch all seine Verletztheiten, sein Jammern und seinen Weltenekel hat er ja 22 Lieder lang geradezu herausgeschrien, wie sehr er seiner (vorübergehend) verloren gegangenen Welt nachtrauert. Der anfänglich thematisierte Liebeskummer ist da vielleicht nicht viel mehr als nur ein Aufhänger, um die Angst vor dem Verlust kultureller Integration zu thematisieren. Die Kultur des Abendlandes ist der quasi symbolisch idealisierte Hintergrund dieser vielgestaltigen und vielfach aufeinander bezogenen Ton-Radierungen, mit den mannigfaltigen Grau- und Brauntönen einer illustrierten Steingalerie.

Nachtrag

London, Oktober 2021

Vor einigen Wochen haben Gerold Huber und ich bei unserer «eigenen» kleinen Lied-Biennale in Elmau nun doch Schuberts ‹originale› Reihenfolge ausprobiert. Die erste Lieferung der *Winterreise*, die Schubert im *Urania*-Literaturalmanach des Jahres 1823 vorfand, war nur die erste Hälfte des Zyklus, in etwas anderer Reihenfolge als bei der endgültigen, 24-teiligen Gedichtfolge. Nach deren Erhalt (veröffentlicht in Müllers *Sieben und siebzig Gedichten aus den hinterlassenen Papieren eines reisenden Waldhornisten*) vertonte Schubert die weiteren zwölf Gedichte und brachte sie schließlich zusammen mit den ersten zwölf Liedern in die Reihenfolge des Müllerschen Gedichtzyklus. Wie sehr nun die ‹ursprüngliche› Reihenfolge Schuberts Kompositionsprozess entspricht, ist nicht leicht nachvollziehbar und vielleicht auch eher unerheblich. Aber die Möglichkeit, einen anderen Blick auf die *Winterreise* zu wagen, reizte uns nun doch.

In einem kleineren, etwas familiären Festival ist so etwas einfacher möglich. Wir begannen den Tag obendrein mit einer Aufführung von Othmar Schoecks schon erwähnter *Elegie*, um hier vorweg ein einstimmendes Gegengewicht zu installieren, das mit seinen vergleichbar düsteren Dichtungen und mit derselben Anzahl an Liedern vor allem eine starke Parallele zum Abendwerk bilden sollte. Othmar Schoeck soll von der *Elegie* als einem novellistischen Werk gesprochen haben,[29] trotzdem ist sie (ähnlich wie die *Winterreise*) eigentlich kein Werk, das sich allgemeinverständlich chronologisch oder in einem Handlungsablauf definiert. Und sie ist von vergleichbarer Bildhaftigkeit. Diese Ähnlichkeiten (wenngleich die Werke natürlich sehr unterschiedlich und jeweils völlig eigen bleiben) haben uns dazu gebracht, mit der *Elegie* eine Art Öffnung der Rezeptionshaltung für das Abendwerk anzubieten. Die zu erwartende Unkenntnis des Werkes ließ uns eine größere Unvoreingenommenheit bei den Hörern erhoffen.

Vom Kunstmaler Alfred Schoeck, dem Vater Othmars, berichtet dessen Biograph Chris Walton, dass er sich der radikal-düsteren Wirkung der *Elegie* nicht entziehen konnte, sich aber angesichts der relativ gesicherten bürgerlichen Existenz seines Sohnes für dessen Undankbarkeit doch sehr geschämt habe. Mit der Auswahl von Lenaus ‹Weltschmerz›-Gedichten konfrontiert, habe er sich für das Konzert im Nachhinein einen Platz am Gang gewünscht, um so den Raum früher verlassen haben zu können.[30] Auch sonst war die Wirkung des Werkes zu Othmar Schoecks Zeit enorm. Die *Elegie* wurde zu einem seiner beliebtesten und erfolgreichsten Werke, aus dem der Komponist nach durchzechten, wilden Nächten gerne noch selbst den Stimmungskiller *Herbstklage* (Nr. 12) zum Besten gab, am Klavier den eigenen Gesang begleitend. Daraus kann man wohl ableiten, dass die *Elegie* nicht nur mit Kammerorchester (neben Streichern und Klavier immerhin mit Flöte, Klarinetten, Englischhorn, Oboe, Horn, Pauken und Tamtam besetzt) aufführbar ist, sondern auch in der besonders praktikablen Klavierfassung von 1921/22, welche Schoeck erst im Winter 1922/23 orchestriert hat. Diese Alternative könnte der mittlerweile bedauernswert geringen Bekanntheit und Verbreitung dieses Werkes vielleicht ein wenig aufhelfen.

Die Stilistik dieses frühen Zyklus divergiert stark. Sie reicht von Liedern, die schon zu Brahms' Zeiten (von den 1920er Jahren ganz zu schweigen) idyllisch-konservativ gewirkt hätten (*Wehmut*, *Liebesfrühling*, *An den Wind*, *Vergangenheit*), bis hin zu zerrissen-avantgardistischen Gesängen (*Stille Sicherheit*, *Waldlied I*, *Herbstgefühl I*, *Nachklang*, *Waldlied II*, kulminierend im modernistischen Höhepunkt *Verlorenes Glück*). Allen Liedern aber sind je eigene immer wiederkehrende Figuren eigen,[31] die auch in den nicht nur tiefen Begleitstimmen auftreten (beispielhaft im elften Lied *Vesper* mit einem für über 51 Takte gleich bleibenden verminderten Akkord im Diskant). Das gilt besonders für die eher ruhigen Lieder mit ihrer zu Gleichförmigkeit neigenden Wiederholung musikalischer Motive. Der Effekt dieser monotonen Repetitionen eint also das ganze Werk und bringt die unverwechselbare, ja einzigartige Melancholie hervor, die Schoecks Vater so sehr befremdet haben mag.

Die Idee, das Werk mit Klavier aufzuführen, erwies sich als großartig, es war ein zumindest für Gerold Huber und mich ganz unvergessliches Konzert. Nach der Mittagspause folgte dann aber gleich die Vorbereitung auf die *Winterreise* am Spätnachmittag. Hier musste ich mit meinen verbliebenen Kräften so sorgsam umgehen wie möglich und habe mir schließlich einfach nochmal Müllers Gedichte im Ablauf durchgelesen. Ich war erschüttert. Natürlich kenne ich jedes Wort, aber auf einmal bemerkte ich eine Unschuld und geradezu Leichtigkeit in ihnen, die ich bisher, aufgrund der Aufführungspraxis, ja aufgrund der Vertonung selbst vielleicht, einfach nicht so bemerkt hatte. Und mit diesem Eindruck ging ich ins Konzert. Zwar half tatsächlich auch die Umstellung der Lieder, den Zyklus etwas anders als sonst zu sehen: Gewisse Wegstrecken wurden durchkreuzt (vor allem der letzte Strang an Todesübungen ab dem *Wegweiser*, der Nr. 20), und man konnte einige Lieder erwartungsgemäß ein wenig anders auffassen. Dass das für uns zentrale Lied *Im Dorfe* von der Nr. 17 zur Nr. 12 wurde und so den zweiten Teil eröffnete, war eine der sinnvollen und erhellenden Tatsachen. Das Schöne war für mich aber, dass ich diesen Eindruck von Unschuld, den ich vom Lesen mitnahm, in Klang umsetzen konnte: Eine Leichtigkeit und Helligkeit stellte sich von Anfang an ein. Und dies ließ mich die Lieder auf einmal so singen, wie ich es schon seit langem wollte: unverstellt, und ohne einen vielleicht übertriebenen Zynismus zu bemühen. Was ich beim Singen generell zu vermeiden versuche, nämlich eine virile Verdunkelung der Stimme durch die Helligkeit der Maske auszugleichen, das zeigte sich nun in übertragenem Sinn als Möglichkeit: Eine Unschuld der Darstellung (als Korrelat der Helligkeit) vermag echte Dramatik und Drastik (die dunklere Seite) tatsächlich besser zu kreieren, als wenn diese erzwungen werden – ähnlich wie eine unverstellte Stimme ihre Helligkeit aus sich selbst herauszufördern imstande ist – quasi im eigenen Fließen – und sie nicht durch Quetschen erzwingen muss. Der Abend schenkte mir eine *Winterreise*, wie ich sie mir lange ersehnt hatte: an sich und durch sich erfüllend, ohne dass ich an Hörgewohnheiten hätte anknüpfen müssen. Und ich hoffte gleich, das irgendwann weiterführen zu können.

Jugendstilrose

Lissabon, 5. September 2019

The Lake Isle of Innisfree

I will arise and go now, and go to Innisfree,
And a small cabin build there, of clay and wattles made;
Nine bean rows will I have there, a hive for the honey bee,
And live alone in the bee-loud glade.

And I shall have some peace there, for peace comes dropping slow,
Dropping from the veils of the morning to where the cricket sings;
There midnight's all a glimmer, and noon a purple glow,
And evening full of the linnet's wings.

I will arise and go now, for always night and day
I hear lake water lapping with low sounds by the shore;
While I stand on the roadway, or on the pavements gray,
I hear it in the deep heart's core.

William Butler Yeats

Gustav Mahlers *Rückert-Lieder*, sein Zyklus nach Gedichten von Friedrich Rückert, sind meines Erachtens in interpretatorischer Hinsicht seine diffizilsten Lieder. Weil das Lied *Liebst du um Schönheit* ursprünglich nicht dazugehörte und erst später eingefügt wurde, gibt es hier keine offizielle, vom Komponisten intendierte Abfolge. Meine Lösung für eine Reihenfolge, die ich hier erläutern möchte, ist folgende:

1 *Blicke mir nicht in die Lieder*
2 *Ich atmet' einen linden Duft*
3 *Um Mitternacht*
4 *Liebst du um Schönheit*
5 *Ich bin der Welt abhanden gekommen*

Selbstreflexive Textwendungen kann man in Mahlers überschaubarem Liedschaffen gelegentlich finden, so auch in den beiden meiner Meinung nach an Anfang und Schluss am besten platzierten Gedichten: In *Blicke mir nicht in die Lieder* geht es um den Schaffensprozess an sich, wobei Rückert auf einen in die Antike zurückgehenden Topos der Bedingung von Dichtung, das Honigsammeln der Bienen, zurückgreift. Der Komponist fordert hier für sich ein Stück Privatsphäre, die ihm aber nicht häufig zugestanden wird. Darauf bezogen, beendet (in meiner Reihenfolge) das Lied *Ich bin der Welt abhanden gekommen* die Reflexion des Schaffensprozesses mit den Worten «Ich leb' allein [...] in meinem Lied» und schließt so den Zyklus mit einer erneuten Forderung nach Privatheit ab. Die beiden Lieder *Ich atmet' einen linden Duft* und *Liebst du um Schönheit*, die das ‹Ich› nun auch mit dem ‹Du› verbinden, bilden, wenn man sie um die zentrale *Mitternacht* gruppiert, eine reziproke innere Klammer.

I

Blicke mir nicht in die Lieder!
Meine Augen schlag' ich nieder,
Wie ertappt auf böser Tat.
Selber darf ich nicht getrauen,
Ihrem Wachsen zuzuschauen:
Deine Neugier ist Verrat!
Bienen, wenn sie Zellen bauen,
Lassen auch nicht zu sich schauen,
Schauen selbst auch nicht zu.
Wenn die reichen Honigwaben
Sie zu Tag gefördert haben,
Dann vor allen nasche du!

Friedrich Rückert/
Gustav Mahler, *Rückert-Lieder*

Der ganze Zyklus atmet durchgehend die Aura der Ich-Bezogenheit, wie es ja überhaupt bei den meisten Gedichten und Liedern mit ihrem ‹lyrischen Ich› der Fall und somit nicht weiter verwunderlich ist. Diese Ich-Bezogenheit rechtfertigt nun aber besonders bei den Werken Gustav Mahlers einen sehr häufigen und beliebten, auf sein Leben bezogenen Interpretationsansatz. Zahlreiche Autoren und Interpreten meinen, aus vielen privaten Annotationen Mahlers ableiten zu dürfen, Ich-Bezogenheit sei sein eigentliches ästhetisches Grundkriterium gewesen. Und zwei Dirigenten, die ich besonders bewundere und mag, haben dieses ewige «Ich, ich, ich» sogar den Hauptnachteil seiner Musik genannt. Das gehe ihnen gegen den Strich und sie seien diese Sentimentalität leid. Einer von beiden, Nikolaus Harnoncourt, hat aus diesem Grund Mahlers Musik auch nie aufgeführt – ich finde das sehr bedauerlich.

Nun bin ich immer begeistert, wenn es gegen Sentimentalität solcher Art geht, also gegen ein gefühliges Aufladen von Kunst aus der eigenen Emotionalien-Asservatenkammer. Aber in diesem speziellen Fall, im Fall von Mahlers Œuvre, das in der Attitüde biographistischer Kunstannäherung eine Extremstellung einnimmt, möchte ich behaupten, dass eigentlich niemanden zu bekümmern hat, womit Mahler seine eigenen Werke und deren Entstehung verband. Was spricht denn dagegen, seinen Werken eine überpersönliche Allgemeingültigkeit zuzugestehen, auch wenn er sie persönlich ohne Weiteres und ganz legitim mit einer gewissen Privatheit verband – so wie wir doch alle nicht ganz frei davon sein können, Kunst, ob nun rezeptiv oder schöpfend, auf unser eigenes Leben und Erleben zu beziehen (ohne diese Bezugnahme aber gleich ausstellen zu müssen)? Wenn ein Autor einen Selbstbezug festhält oder diesen sogar, wie Mahler das mehr als einmal getan hat, gleichsam als privaten Ausruf (nicht als Aufführungsanweisung) in die Partitur notiert, heißt das doch nicht, dass man auch als Exeget oder Interpret eines Werkes diesen Selbstbezug aufnehmen muss, geschweige denn, dass man es überhaupt kann. So etwas geht nämlich – gemäß meiner Erfahrung – eigentlich immer nur, indem der Darsteller unangenehm und letztlich (so finde ich das) unpassend seine eigene Privatheit in ein Werk einbringt, welches dafür nichts kann, welches dies nicht braucht. Wer will das wirklich? Ich nicht jedenfalls, wenn ich das sagen darf. Tränen des Darstellers sind mir allenfalls als Trug erträglich.

4

Liebst du um Schönheit, o nicht mich liebe!
Liebe die Sonne, sie trägt ein goldnes Haar!
Liebst du um Jugend, o nicht mich liebe!
Liebe den Frühling, der jung ist jedes Jahr!
Liebst du um Schätze, o nicht mich liebe!
Liebe die Meerfrau, sie hat viel Perlen klar!
Liebst du um Liebe, o ja – mich liebe!
Liebe mich immer, dich lieb ich immerdar!

Friedrich Rückert/
Gustav Mahler, *Rückert-Lieder*

Als in diesem Sinn von besonderer Bedeutung empfinde ich das Lied *Liebst du um Schönheit*, das ursprünglich wie erwähnt nicht zu den *Rückert-Liedern* gehörte (so sagt der Philologe). Mahler hat es seiner Frau als Geschenk komponiert und es überdies nicht selbst instrumentiert.

Dafür, es aus dem Zyklus wegzulassen, wird oft mit der Forderung nach gerade jener dezenten Pietät plädiert, welche dann bei der ungeniert gefühligen Aufführung der anderen vier Lieder beiseitegeschoben wird. Man nimmt die Umstände seiner Entstehung gerne als Vermächtnis-Zeichen, dass dieses Lied privat bleiben sollte. Alles andere Private wird bei Mahler jedoch gerne ans Licht gezerrt und geradezu nach Belieben vergrößert und vermehrt – ich denke da besonders an einige unerträglich sentimentale und über die Maßen indiskrete ‹Dokumentarfilme› über ihn aus dem Jubiläums-Biennium 2010/11.

Der moralische Wert der Bedingungen von Liebe ist in diesem Lied nun das Thema: Am schlimmsten wäre es, um Reichtums willen zu lieben, am zweitschlimmsten um Schönheit. Schon nicht mehr schlimm, aber irgendwie betrüblich und sehr schade wäre es, wegen der Jugend des anderen zu lieben. Eigentlich zeigt sich hier die Trauer um verlorene Jugend und Unschuld – es ist die einzige Strophe, in welcher die thematische Geste in Moll erklingt. Dann, als vierte und letzte Alternative, wird in der letzten Strophe der Grund schlechthin zu lieben genannt: aus Liebe. Ein Nicht-Grund, ohne Notwendigkeit der Rechtfertigung.

Und nun sah ich auf einmal, auf einer magisch inspirierenden Bühne in Lissabon, wie gut diese Einsicht auf die Darstellung und Interpretation von Kunst durch uns Musiker, Sänger, Schauspieler und Regisseure anzuwenden ist: Man kann seinen Dienst an der Kunst tun, um reich zu werden (Strophe 3), doch wie blöd ist das denn – das Letzte! Dann: aus Eitelkeit (Strophe 1), aus Narzissmus, aus Gefühligkeit und um sich schön zu machen – auch gar nicht gut. Dann aber, und das entspräche der ‹Jugend› der Strophe 2, ist da der traurig-hermeneutische Exeget, der einem Werk eine irgendwo eingeschriebene Bedeutung zuzuordnen versucht, eine Bedeutung, welche wohl oft an den Haaren herbeigezogen ist, wobei der Interpret die Freiheit der Interpretation fordert und doch mit deren kausaler Herleitung aus dem Werk argumentiert. Darin sehe ich eine Haltung, welche in ihrer Anmaßung etwas Jugendliches hat – irgendwie anrührend, ja charmant, aber doch untragbar.

Schließlich aber die vielleicht beste und seriöseste Art der Interpretation: die aus einem philologischen Ansatz, aus bedingungsloser Liebe zum darzustellenden Werk heraus. Das spürte ich ganz plötzlich bei einer Aufführung der *Rückert-Lieder* mit dem Gustav-Mahler-Jugendorchester unter der Leitung von Herbert Blomstedt – im hinreißenden Saal des Gulbenkian-Zentrums, dessen Park durch die riesige Glaswand hinter der Bühne, grün-violett erleuchtet, die Aufführung illuminierte und inspirierte. Was ich hier erlebte, war ein völlig informiertes, so texttreues wie möglich und intellektuell sicheres Musizieren. Man könnte annehmen, so etwas gehe vielleicht nur in Richtung Exekution, aber diese Vermutung ist, wie ich Herbert Blomstedt kenne, weit gefehlt. Er ermöglicht das Zusammenspiel der Musiker, gleichsam der Noten selbst; er gewährt eine Grundlage für Allgemeinverständlichkeit, soweit es diese in den Künsten geben kann, versucht dabei aber nicht, die Verschiedenheit aller Beteiligten zu unterdrücken – im Gegenteil: Mit der tolerantesten Haltung ermöglicht er ästhetische Vielheit in eindeutiger Umgebung musikalischer Form. (Mich selbst würde ich so zwischen den beiden Strophen 2 und 3 – Eitelkeit und beugende Deutung – einreihen.)

5

Ich bin der Welt abhanden gekommen,
Mit der ich sonst viele Zeit verdorben;
Sie hat so lange nichts von mir vernommen,
Sie mag wohl glauben, ich sei gestorben!
Es ist mir auch gar nichts daran gelegen,
Ob sie mich für gestorben hält.
Ich kann auch gar nichts sagen dagegen,
Denn wirklich bin ich gestorben der Welt.
Ich bin gestorben dem Weltgetümmel
Und ruh' in einem stillen Gebiet.
Ich leb' allein in meinem Himmel,
In meinem Lieben, in meinem Lied.

Friedrich Rückert/
Gustav Mahler, *Rückert-Lieder*

Extra bemerken muss man eigentlich nicht, wie dieses Lied oft ernst, geradezu eschatologisch verstanden wird. Dagegen kann der darstellerisch häufig strapazierte Weltenabschied lediglich als etwas harmlosere

Form eines zwar der Welt überdrüssigen, aber auch heiteren, fast leichtsinnigen Eskapismus begriffen werden. Ich möchte dieses Lied also lieber als Humoreske verstehen, denn die Aussage ist klar: Gestorben ist hier niemand, allenfalls jemandem – «der Welt». Allein dass «sterben», an sich nur intransitiv, auf einmal ein Verb mit einem Objekt wird, zeigt doch den grotesk humoristischen, weil gar nicht mehr endgültigen, den nun bedingten Charakter des Verscheidens auf, auf welches in diesem Gedicht Bezug genommen wird. Und es wird später im Lied noch klarer, wem hier das ‹lyrische Ich› gestorben ist: «dem Weltgetümmel». Hier macht sich jemand aus dem Staub, und es ist ihm egal, was man darüber denken mag. Nur am Schluss kommt so etwas wie ein Bekenntnis auf, das ernst gemeint sein könnte, wenn das «stille Gebiet», wohin sich das lyrische Ich zurückgezogen hat, konkretisiert wird: Himmel, Lieben, Lied. Nur noch mit diesem seltsamen Dreigestirn kann und will es fürderhin zusammen sein – diesen Dreien kann es nicht gestorben bleiben.

Ich muss zugeben, dass mir das in meinen eigenen Aufführungen oft nahezu peinlich ist, weil die wichtige Grenze zum Persönlichen speziell mit dem letzten Wort «Lied», dem Attribut des Sängers, immerhin gefährdet erscheint. Dass hier radikale Bedingungen für ein erträgliches Leben formuliert werden, ist nicht zu bestreiten, aber dass es am Ende gerade das «Lied» sein muss … Außerdem sind diese Bedingungen nicht allgemein gehalten. Sie werden durch die Possessivpronomina (diese traue ich mich als einzige dynamisch zu akzentuieren, denn wir erleben hier ja das Bekenntnis eines Egoisten) als Koordinaten einer solipsistischen Weltsicht vorgestellt, und die Gefahr von Überlagerungen zwischen vortragendem und lyrischem Ich ist hier ganz besonders groß (natürlich aber nur aus Sicht des Zuhörers). Versuche, beim Singen von «in meinem Lied» durch die Vermeidung jedweden Retardierens eine Sachlichkeit zu erzwingen, scheitern nach meiner Erfahrung. Als Kompromiss, finde ich, könnte man das unvermeidliche Ritardando statt (musikalisch naheliegend) zwischen «mei-» und «-nem» zwischen «in» und «mei-» platzieren. Man muss da eben irgendwie durch. Aber die erlebte Peinlichkeit ist hier, in diesem kurzen Wort, immer noch kleiner, als wenn man in bemerkbarer Identifikation über fünf Minuten einen Weltenabschied zelebriert.

Die *Rückert-Lieder*, speziell das Lied *Ich bin der Welt abhanden gekommen*, werden also sehr häufig als ganz besonders persönliches Werk von Mahler interpretiert. Ich verstehe sie hingegen als eher überpersönlich, als florales, beispielhaft perfektes Werk eines ‹musikalischen Jugendstil›:[1] fünf Blütenblätter (ein Rosengewächs) in einer dekorativ anmutenden Fügung, welche aber nicht perfekt austariert ist, sich vielmehr formal leicht unausgewogen zeigt: Die Dimensionen der einzelnen Lieder – den drei kurzen Liedern 1, 2 und 4 stehen die besonders großen Lieder 3 und 5 gegenüber – begründen die Gefahr massiver Asymmetrie. Für mich ist es daher hinzunehmen, dass dieser Zyklus mit dem letzten gesungenen Halbsatz einen schwer abzuwendenden und die Person des Sängers ein wenig inkludierenden Bekenntnischarakter bekommt, welchen die ganze Sammlung bis dahin subtil und dezent zu vermeiden im Stande war. Das Lied aber alternativ an einen anderen Ort als an den Schluss dieses Zyklus zu stellen, halte ich für nicht nachvollziehbar, da der abschließende Charakter für mein Empfinden ganz offensichtlich und zu stark ist, um ihn zu negieren. Dem allerdings begegne ich gerne dadurch, dass ich Mahlers Wunderhorn-Lied *Urlicht*, das nicht nur seiner zweiten Symphonie zugehört, sondern sowohl in orchestrierter wie in Klavierfassung vorliegt, als Zugabe anfüge.

Urlicht

O Röschen rot!
Der Mensch liegt in größter Not!
Der Mensch liegt in größter Pein!
Je lieber möcht' ich im Himmel sein!

Da kam ich auf einen breiten Weg,
Da kam ein Engelein und wollt' mich abweisen.
Ach nein, ich ließ mich nicht abweisen!
Ich bin von Gott, und will wieder zu Gott!
Der liebe Gott wird mir ein Lichtchen geben,
Wird leuchten mir bis an das ewig, selig Leben!

Aus *Des Knaben Wunderhorn*/
Gustav Mahler

Dieses Lied ist für mich Zeichen dafür, wie sehr Mahler die Humoreske, ja das Groteske dazu benutzt, dem übermäßig präsenten Endzeitlichen in vielen seiner Werke mit all seiner existenziellen Not und Ausweglosigkeit ausgleichend zu begegnen. Ich nehme es sogar als Indiz dafür, dass Mahler sich der angesprochenen Gefahr übermäßiger Sentimentalität durchaus bewusst war und er sie vielleicht ein wenig zu zügeln versuchte, indem er sie mit dem Lachen, mit dem Bizarren konfrontierte. Denn wie könnte man es anders begreifen, wenn hier nach der Beschwörung des Weltendesasters der Gestorbene auf dem Weg in den Himmel vom Engel brüsk abgewiesen wird, sich dieser Zurückweisung aber mit Entrüstung entgegenwirft und seinen wohlverdienten Weg zu Gott erzwingt. Ich kann nicht anders, als dabei an Franz Kafkas kurze Erzählung *Vor dem Gesetz* zu denken, wo sich ein Mensch nicht durch das für ihn bestimmte Tor zu gehen traut, aus Angst vor dem Wärter – erst im Augenblick des Sterbens erfährt er, dass es sein Weg gewesen wäre. Der Blick in das Grauen, das Ausharren vor dem ‹Tor der Wahrheit› wurde von Kafka wie von Mahler fratzenhaft verzerrt – ist durch Max Brod doch bekannt, wie Kafka bei öffentlichen Lesungen seiner Werke häufig in anfallartiges Lachen verfiel. Das beschreibt ganz gut meine Empfindung davon, was ich unter Mahlers Begriff der ‹Humoreske› verstehe.

3

Um Mitternacht
Hab' ich gewacht
Und aufgeblickt zum Himmel;
Kein Stern vom Sterngewimmel
Hat mir gelacht
Um Mitternacht.

Um Mitternacht
Hab' ich gedacht
Hinaus in dunkle Schranken.
Es hat kein Lichtgedanken
Mir Trost gebracht
Um Mitternacht.

Um Mitternacht
Nahm ich in acht
Die Schläge meines Herzens;
Ein einz'ger Puls des Schmerzens
War angefacht
Um Mitternacht.

Um Mitternacht
Kämpft' ich die Schlacht,
O Menschheit, deiner Leiden;
Nicht konnt' ich sie entscheiden
Mit meiner Macht
Um Mitternacht.

Um Mitternacht
Hab' ich die Macht
In deine Hand gegeben;
Herr über Tod und Leben,
Du hältst die Wacht
Um Mitternacht.

Friedrich Rückert/
Gustav Mahler, *Rückert-Lieder*

Um zu den *Rückert-Liedern* zurückzukehren: In meinen Augen ist auch das Lied *Um Mitternacht* nicht Ausdruck und Abbild einer veritablen existenziellen Krise, wie man zunächst vielleicht annehmen könnte. Vielmehr sehe ich hier die Beschreibung eines nächtlich aufwühlenden Erwachens, wo die Bändigung situativer, ungebremster Emotionen und Ängste schließlich in Gottes Hand gegeben wird (wie die Kapitulation vor einem Antidepressivum) – bis man am nächsten Morgen sein Leben wieder selbst in die Hand nimmt (als doch kein Antidepressivum). Wegen seiner Wucht und zeitlichen Ausbreitung halten Gerold Huber und ich *Um Mitternacht* für das zentrale Lied des Zyklus und stellen es in die Mitte, auch wenn es sängerisch eigentlich schier weh tut, danach *Liebst du um Schönheit* singen zu müssen (so wie mir der ganze Zyklus oft schier unaufführbar schwierig ist). Mit seinen hohen und zarten Tönen auf die Vokale ‹ü› und ‹i› passt dieses Lied gesangstechnisch gar nicht zu dem vokalisch dunkleren, sehr breiten und lauten, ja ‹heldischen› Ende der *Mitternacht*.

Und so durchströmt das bewusst von sich selbst zurücktretend Abbildende, überhaupt das Rationale diesen Zyklus: *Blicke mir nicht in die Lieder* ist lediglich eine Reflexion des Schaffensprozesses, und es wird somit geradezu versucht, das Persönliche als Urgrund der Rezeption zu verhindern. Der Hörer wie der Leser werden aufgefordert, ein Kunstwerk aus sich heraus zu begreifen und eben nicht aus dem persönlichen Kontext des Schöpfers heraus. Diesen Gedanken bringt man gerade mit Mahler und seinem Werk, wie nun sattsam gesagt, sehr selten in Verbindung, aber er ist so programmatisch, dass ich (ob nun mit Gerold Huber oder mit Orchester) ganz bewusst immer mit diesem Lied die Sammlung der *Rückert-Lieder* eröffne und meine, diese Lieder sehr kalkulierter und dadurch besonders formaler Formlosigkeit gar nicht anders beginnen zu können.

2

Ich atmet' einen linden Duft.
Im Zimmer stand
Ein Zweig der Linde,
Ein Angebinde
Von lieber Hand.
Wie lieblich war der Lindenduft!

Wie lieblich ist der Lindenduft!
Das Lindenreis
brachst du gelinde;
Ich atme leis
Im Duft der Linde
Der Liebe linden Duft.

Friedrich Rückert/
Gustav Mahler, *Rückert-Lieder*

Ich atmet' einen linden Duft muss gleichfalls nicht als Persönliches, nicht als Bekenntnis von Erlebtem begriffen werden. Ich sehe darin eher so etwas wie ein getuschtes Albumblatt, ein allgemein gehaltenes fernöstliches Kunstwerk, das weniger Ausdruck eigener Gestimmtheit ist als ein Abbild einer überpersönlichen Wesenheit, eben der Natur. Den Duft eines blühenden Baumes mit der Empfindung des Liebens zu verbinden, entbehrt in meinen Augen nicht einer gewissen Obszönität, doch das besagt keineswegs, dass hier der mehr rationale Charakter auch dieser sehr konzisen Dichtung grundsätzlich verlassen würde.

Um der inneren Abwechslung und gewissermaßen der darstellerischen Übung willen erlaube ich mir, wie ich hier gestehe, bei diesem Lied die Freiheit, «Lindenduft» am Ende der ersten Strophe anders als geschrieben zu artikulieren und damit eine (ganz unerhebliche) grammatikalische Uminterpretation vorzunehmen. Zu Beginn der zweiten Strophe betone ich «Lindenduft» entsprechend seiner Bedeutung als ein einziges Wort richtig auf der ersten Silbe, doch am Ende der ersten Strophe mache ich das anders. Durch einen dynamischen und breiten Schwerpunkt auf dem zweiten Wortteil («-duft») suggeriere ich, dass es sich hier um das eigentliche Subjekt mit vorgestelltem Genitivobjekt («der Linden») handle. Zu meiner Entlastung wird man mir sicherlich zugestehen, dass diese zusätzliche Variation dem Gedicht, das vom Spiel mit den Wörtern «lind» – «Linde» – «gelinde» – «Duft» geprägt ist, keinen Zwang antut, zumal sie nur für den hörbar ist, der sie hören will.[2]

Und um schließlich nochmals auf das persönlich, als privates Geschenk an Mahlers Frau konzipierte *Liebst du um Schönheit* zu sprechen zu kommen: Das ihm zugrunde liegende, formal so sehr strenge Gedicht allein erhebt dieses Lied in den Rang allgemeiner Attraktivität und Gültigkeit. Und dass es in einem persönlichen Zusammenhang konzipiert wurde, stellt in keiner Weise seinen Rang als objektiv begreifbares Kunstwerk in Frage. Ich stelle mich also bewusst – und nicht nur, um den beschriebenen fünfteiligen Rosenblumenblätterkranz zu vollenden – gegen die Haltung, aus Pietätsgründen nur die vier anderen *Rückert-Lieder* aufzuführen. Ich finde, man kann diesem Lied genügend Interessantes abgewinnen, ohne sich damit gleich zu den Mahlers ins Ehebett zu legen.

Bedeuten oder Sein

München, Dezember 2020

So deutet die Kunst nicht mehr auf ein anderes exemplarisches Sein hin, sondern sie ist selbst dieses für die Möglichkeiten des Menschen exemplarische Sein: das Kunstwerk will nicht mehr nur irgendetwas bedeuten, sondern es will etwas sein.[1]

Hans Blumenberg

Nur knapp sechzig Jahre vor der Geburt Franz Schuberts gelang in der deutschsprachigen Literatur allmählich die Trennung der Schöpfung des Künstlers von der Kunst des Schöpfers – mit Bodmer und Breitinger, mit Klopstock und dann mit den Stürmern und Drängern. Nicht nur in den Werken der Künstler, sondern auch in deren Bewusstsein als Künstler begann das Selbstverständnis zu wachsen, dass ihnen etwas anderes zu leisten möglich sei als nur die Nachschöpfung und Nachahmung von Natur und Ideen, die Einordnung alles Seins in die eine Möglichkeit unserer Welt. Es ging nun immer mehr darum, sich selbst auszudrücken und nicht mehr lediglich die gegenständliche Welt abzubilden. Zwar scheint von Schubert der Weg noch weit bis zu Nietzsche, der von «der Kunst als der höchsten Aufgabe und der eigentlich metaphysischen Tätigkeit dieses Lebens» spricht.[2] Aber das zumindest für das 19. Jahrhundert bahnbrechende Kunstlied mit seinem Interesse am schöpferischen Subjekt wäre ohne jene Stärkung der lyrischen Subjektivität in der Literatur unmöglich als Genre ins Leben getreten.

Hier beanspruchte Schubert allerdings zunächst das bloße Sein eines Kunstwerks, das existiert, mehr oder weniger abbildet, aber nicht über sich selbst hinausweist. Erst Robert Schumann ging einen Schritt weiter mit dem Wunsch, diesem Sein noch eine künstlerische Rechtfertigung zu geben, allerdings nicht so sehr im abbildenden (das meint Hans Blumenbergs «bedeuten»), sondern im selbst deutenden, Bedeutung gebenden Sinn.

In Schuberts Liedern gibt es viele Zeugnisse davon, dass in seinem Werk – wie auch noch lange nach ihm – die Natur nachgeahmt wird: beispielsweise in den Klavierfigurationen zu *Gretchen am Spinnrade* (D 118), wo ein in sechs Tönen ausgeschriebener Doppelschlag der rechten Hand allegorisch an ein sich drehendes Spinnrad erinnert und sich nur im Ausmaß von der symbolischen, gesteigerten Nachahmung der Aufgeregtheit Gretchens im weiteren Verlauf des Liedes unterscheidet.

Oder, wenngleich weniger eindeutig, im ersten Lied der *Schönen Müllerin* (D 795), wo das sich drehendende Mühlrad nachgezeichnet wird bzw., angesichts der mehr vertikalen Ausrichtung der gebrochenen Dreiklangfolgen, vielleicht eher die Übertragung der Kräfte vom Mühlrad auf das klappernde Mahlwerk. Doch gibt es eigentlich viel mehr Gegenbeispiele, in denen also die Imitation in den Hintergrund tritt: von der *Liebesbotschaft*, dem ersten Lied des *Schwanengesangs*, in dem die Bewegung des besungenen Baches nur mehr Form-initiierender Anlass ist, um ein Symbol für die rastlos sich mitteilende Sehnsucht nach der Geliebten zu formulieren, bis hin zu den abstrakten *Gesängen des Harfners* (D 478–480), zu den Vertonungen von Goethes Genie-Hymnen (beispielhaft *Prometheus*, D 674, und *Ganymed*, D 544) oder den *Petrarca-Sonetten* (D 628–630). Hier bleiben vielleicht noch einige Abbild-Fragmente der ‹Natur› übrig, ansonsten ist alles so sehr Ausdruck des denkenden und fühlenden Ich, dass ich, stellvertretend für das gesamte Liedwerk Schuberts, rückwirkend zu behaupten wage, dass es eine nicht hilfreiche Trivialisierung ist, das *Gretchen* hauptsächlich von der Visualisierung des Spinnrads her zu begreifen. Wenn hier etwas abgebildet wird, dann ist es (obwohl noch nicht das Subjekt des aus sich selbst schöpfenden Künstlers und Genies) das Seelenleben einer Rolle und nicht das eines sich drehenden Spinnrades.

Von Schubert zu Schumann ist es also vielleicht doch gar kein so weiter Weg – dieser hat die Relativierung des Abbildens nur noch eindeutiger, vielleicht auch bewusster betrieben. Er hat das Lied, früh und weit in die Zukunft weisend (Brahms und Wolf wollten ihm darin nicht folgen, erst wieder Mahler), zu einer abstrakten Kunstform gemacht und so in diesem Genre vielleicht schon das vollbracht, was Wagner für die Oper später als paradox wirkendes Ziel gefordert hat: Erst die legierende Verblendung mit Sprache macht Musik absolut. Als Beispiel sei hier ein Lied Schumanns angeführt, *Schneeglöckchen* (op. 96/2), das alle pittoreske Lieblichkeit verweigert, wie sie sein anderes Lied mit demselben Titel noch üppig verbreitete, die Nr. 27 aus dem *Liederalbum für die Jugend* (op. 79), das dem Phänomen des Frühlings ganz konkret ergeben ist.

2 *Schneeglöckchen*

Die Sonne sah die Erde an,
Es ging ein milder Wind,
Und plötzlich stand Schneeglöckchen da,
Das fremde blasse Kind.

Und plötzlich brach mit Pomp und Braus
Der alte Winter auf,
Die Wolken eilten pfeilgeschwind
Zum dunkeln Nord hinauf.

Eisscholle lief, Schneeflocke schmolz,
Die Stürme heulten drein,
Schneeglöckchen stand gesenkten Haupts
In dem Gewühl allein.

Ei komm! Du weisses Schwesterlein,
Wie lange willst du stehn?
Der Winter ruft, das Reich ist aus,
Wir müssen nach Hause gehn!

Und was nur rings auf Erden trägt
Die weisse Liverei,
Das schürze sich, das tummle sich
Zur Abfahrt schnell herbei!

Schneeglöckchen sah sich bebend an
Und dachte halb im Traum:
«Was soll um Winters Liverei
Der grüne, grüne Saum?

Wob ihn wohl um das weisse Kleid
Des Winters rauhe Hand?
Wo komm' ich her? wo geh' ich hin?
Wo ist mein Vaterland?»

(Dichter unbekannt)/
Robert Schumann, *Lieder und Gesänge*

Dieses zweite Lied aus Schumanns *Liedern und Gesängen* (op. 96) ist mysteriös. Der Autor des Gedichts ist nicht bekannt, auch das Entstehungsdatum nicht. Wahrscheinlich handelt es sich hier um eine metaphorische Schilderung des Endes einer Schlacht, eines Belagerungs- oder Kriegszustands. Eine Armee (die eilenden Wolken) scheint sich in ihr Reich (nach Norden) zurückzuziehen. Die Uniform («Liverei») ist weiß, hat aber, wie das Schneeglöckchen zeigt und selbst erstaunt an sich bemerkt, grüne Anteile in Form eines Saums. Vielleicht ist es nur die Livrée eines Dieners, es könnte sich aber auch um die Uniform beispielsweise des Freikorps von Scheither (das zum Kurfürstentum Braunschweig-Lüneburg, «Kurhannover», gehörte) aus den Jahren 1757–1762 handeln, aus der Zeit des Siebenjährigen Krieges also. Und da könnte es – natürlich rein spekulativ – um die Schlacht von Moys bei Görlitz am 7. September 1757 gehen, in der die preußischen Truppen unter dem Herzog von Braunschweig-Bevern von der kaiserlich-habsburgischen Armee zum Rückzug nach Norden gezwungen wurden. Einem verletzten Freischärler könnte es so nicht mehr gelungen sein zu fliehen. Und da der Siebenjährige Krieg zu so etwas wie einem Weltkrieg mit ungeahnten Ausmaßen wurde, ist die Frage nach der eigenen nationalen Identität (in den letzten beiden Gedichtzeilen) vielleicht auch ganz konkret gemeint – in dem Sinne, ob man nun zu Preußen oder zum verbündeten Großbritannien gehörte.

Die Frage «Wo ist mein Vaterland?» kann aber auch aporetisch gemeint sein, und sie allein könnte Schumanns Interesse an dem Gedicht geweckt haben. Diese Frage ist jedenfalls schon allein deswegen nicht zu beantworten, weil das eigentlich fest in der Erde verwachsene Schneeglöckchen dem Rückzug ohnehin nicht folgen könnte; und außerdem ist auch niemand mehr da, der Antwort geben würde. Auf einer anderen Ebene ist die Frage auch deshalb nicht beantwortbar, weil es eben bislang nur Spekulation ist, wer dieses Gedicht wann und wozu geschrieben haben könnte. Mag man dazu auch Ideen haben, so ist es nicht entscheidend, darüber Gewissheit zu erlangen, denn für noch wichtiger halte ich eine Aussage, die dieses Gedicht, seine Auswahl durch Schumann und dessen aufwühlende, balladesk-dramatische Vertonung un-

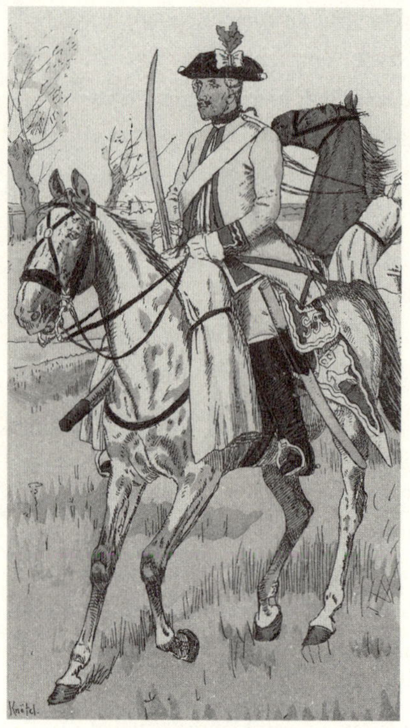

Diesem Karabinier wäre es wohl nicht recht gewesen, wenn man ihm gesagt hätte, dass er in seiner schmucken Uniform wie ein Schneeglöckchen aussieht. Revers und Saum der weißen Uniform sind grün, wie auch die sie fortführenden Sattelapplikationen.

weigerlich vermitteln: Diese Allegorie nimmt sich nicht zum Ziel, einem Erlebnis (dem Ende einer Schlacht) durch eine mehr oder weniger passende Parallelisierung mit der Natur (dem beginnenden Frühling) Sinn zu verleihen. Denn dieses Schneeglöckchen ist nicht Auftakt zum Blühen und Werden, sondern nur Überbleibsel des verschwindenden Winters, es kann nicht aus der Erde, obwohl es dazu aufgefordert wird, es wird sich nicht retten können, weil dem Sturm des Abzugs bald ein Sturm des neuen Machthabers folgen und das arme Schneeglöckchen überrollen wird. All das lässt ein erbauliches Gleichnis, wie man es zu Gottscheds Zeiten und dann auch in der Schumann umgebenden Biedermeier-Welt schätzte, nicht gelingen. Und so endet das Lied, nach vielen Brüchen und emotionalen Umschwüngen, die dieses Schneeglöckchen einfach dahinreißen und die Schumann mit der unbeantwortbaren Frage nach dem Wo des Vaterlands abrupt – ohne Nachspiel und harmonisch offen – abbricht, dunkel: Die Hoffnung, nicht nur weiterzuleben, sondern auch die eigene Identität zu erfahren, verschwindet mit dem Abzug der Kameraden.

Ich glaube nicht, dass hier das lyrische Ich, das im Gedicht nur indirekt, im ‹Erzähler›, aufscheint, als expressiver Überlauf für das expandierende Künstler-Ich im Sinne einer Bekennerlyrik dient. Vielmehr soll die allegorische Einführung des Schneeglöckchens in der dritten Strophe ein symbolisches Zeichen für die Vereinzelung des Menschen setzen. Ich denke, Schumann will hier ein anderes Verständnis von Kunst, als es Schubert noch hatte, etablieren: Es geht ihm um Subjektivität – jedoch nicht um das Subjekt des Künstlers, sondern um die Thematisierung subjekthafter Einzigartigkeit allen menschlichen Daseins. Das ist schon etwas weitaus anderes als reine Imitation, und es gibt Nietzsches Satz von der Kunst als dem eigentlichen metaphysischen Tätigkeitsfeld des Menschen immerhin Anschauungsmaterial.

Schneeglöckchen ist das zweite Lied des fünfteiligen Zyklus *Lieder und Gesänge* (op. 96). In dessen Mitte stehen drei Lieder der Skepsis gegenüber der Möglichkeit irdischer Verständigung. Diese Lieder verbindet das Erstaunen über das Unverständnis der Menschen untereinander (speziell im vierten Lied *Gesungen!* nach einem Gedicht von Wilfried von der Neun[3]) mehr als das Verständnis, das Worte ausdrücken sollen. Dieses Ur-Unvermögen der Sprache ist besonders plastisch ausgedrückt in der zweiten Strophe des dritten Liedes *Ihre Stimme* nach August von Platen («So viele Worte dringen / Ans Ohr uns ohne Plan, / Und während sie verklingen, / Ist alles abgetan!») und im Schlusssatz dieses Liedes («Mein Herz und deine Stimme / Versteh'n sich gar zu gut!» – als ob sich Herz und Stimme verstehen könnten, jedenfalls nicht mit Sprache).

Dieses mittlere Triptychon irdischer Skepsis wird von zwei eschatologischen Liedern umgeben: vom bekannten (*Wanderers*) *Nachtlied* nach Goethes Gedicht («Über allen Gipfeln ist Ruh' …») als düsterem Ausgangspunkt und von einer Erlösung im fünften Lied durch das Ineins-Fallen von *Himmel und Erde*.[4]

5 *Himmel und Erde*

Wie der Bäume kühne Wipfel
Zu des Lichtes Höhen streben!
Wie der Berge greise Gipfel
In des Himmels Wolken schweben!

Wie im Mai der Wiesen Blühen
Mit des Äthers Blau verschwimmet!
Wie der Wälder herbstlich Glühen
In des Frührots Licht verglimmet!

O so seid ihr denn Verwandte,
Himmel du und Mutter Erde!
Freudig trag ich irdsche Bande,
Da ich dein, O Himmel, werde!

Wilfried von der Neun/
Robert Schumann, *Lieder und Gesänge*

Dieses Lied Schumanns ist zwar ein variiertes Strophenlied, sein Mittelteil aber, dessen klarer musikalischer Absetzung kein offensichtlich neuer Gedanke der zweiten Gedichtstrophe zugrunde liegt, birgt mit der Rückkehr in die Grundtonart die Möglichkeit einer massiven affektiven Steigerung: Aus dem «Feierlich, innig» des Liedanfangs (nur unterbrochen durch den Sextsprung zu «Lichtes» als erstes Sinne-erfüllendes Aufglänzen) entwickelt sich schließlich eine euphorisiert drängende Hochspannung. Sie lässt das Lied nicht in einer bloßen pantheistischen Erhabenheit enden, sondern lässt mich, weit darüber hinausgehend, mit den Worten der letzten Strophe an Nikolaus von Kues' «Coincidentia oppositorum» denken, an eine Überwindung aller Verstandesschranken angesichts der Fülle jenseitiger Unendlichkeit, indem sämtliche Gegensätze in eins fallen. Jedoch verschmelzen in diesem Lied die vier beispielhaften Gegensatzpaare der ersten beiden Strophen in der Kunst – der des Wortes und der der Töne – und nicht in der göttlichen Ein- und Allheit, die bei Nikolaus von Kues Grund und Ziel der Gedankenführung ist. Ausgehend von diesem Lied Schumanns meine ich zu erkennen, wie sehr die Entwicklung, in der die Religion (aber natürlich nicht die Existenz

Gottes) im 19. Jahrhundert in großem Ausmaß durch die Künste ergänzt, wenn nicht gar ersetzt wird, auf Nietzsches Wort von der Kunst als der metaphysischen Beschäftigung schlechthin zuläuft.

Wie so oft kommt also auch bei diesen späten fünf *Liedern und Gesängen* die sich metaphysisch orientierende Kunst Schumanns speziell in der zyklischen Gestalt zum Vorschein. Und sogar in den Einzelliedern scheint mir das Ausbleiben jeder Imitatio ein Teil des ästhetischen Konzepts zu sein. Schumann verfasst eher keine musikalisch interpretierende Abbildung eines Gedichtes, auch wenn dies zur Überwindung der Grenzen zwischen beiden Künsten, Literatur und Musik, beitragen könnte, samt ihrer jeweiligen Mittel, die sich ja nur marginal überschneiden und wenig vergleichbar sind. Und schon gar nicht illustriert er inhaltliche Vorgänge eines Gedichts musikalisch. Bei ihm ist etwas anderes zu beobachten: Er lässt gerne Gedicht und Lied, statt sie zur Kongruenz zu zwingen, ein wenig nebeneinander stehen, er wählt das Vexierende ihrer jeweiligen Inhalte, das eine interpretatorische Eindeutigkeit nicht oder nur mit Einbußen zulässt, ja eigentlich gar nicht sucht. Und da ist sein *Schneeglöckchen* innerhalb der fünf *Lieder und Gesänge* ein vielleicht ideales Beispiel. Nicht dass hier zwei völlig unterschiedliche Arten von Ausdruck nebeneinanderstünden – der Aufgeregtheit des Schneeglöckchens angesichts der Umwälzungen entspricht in der Vertonung des Gedichts durchaus manches Ähnliche. Allerdings nicht in dem existenziell bedrohlichen Sinn, den das Gedicht als Allegorie wahrscheinlich ausdrückt, sondern in einer Deutung des Nicht-Verstehen-Könnens eines Gedichts. Die Melancholie des Bedrohtseins zeigt sich allenfalls in den letzten zwölf Takten von Schumanns Vertonung, ansonsten herrscht ein aufgekratzter Ton vor, die nicht sinnsuchende Vertonung eines Gedichts, wie eine Parataxe neben den Worten, deren Sinn nicht entschlüsselt werden kann.

Dass Schubert, nur kurz vor Schumann zwar, weniger metaphysische Ambitionen an den Tag zu legen scheint, ist natürlich kein Nachteil. Als Begründer des Genres Kunstlied fällt er ohnehin aus der Zeit. Und nur weil Shakespeare und Monteverdi geniale Nachfolger hatten, sind ihre Werke ja in keiner Weise geschwächt (eine teleologisch ausgerichtete Kulturgeschichte hat sich doch schon lange überlebt). Wie in den Werken Schumanns aber tritt meines Erachtens auch in Schuberts Liedern gelegentlich die Dichotomie der Mittel, von Wort und Klang, ans Licht – umso stärker, je mehr er versucht, Eindeutigkeit herzustellen, das Gedicht und seine musikalische Interpretation in ein ideales Gesamtgebilde aus Text und Musik zu verwandeln.

Entscheidend für die Wort-Ton-Relation des Liedes ist in meinen Augen weniger die Situation der Oper mit ihrem eigens für sie geschriebenen Libretto und die leicht manieriert überbewertete Frage, ob die Musik wichtiger ist oder der Text. Vielmehr ist eine andere Entscheidung zu treffen: Will man als Liedkomponist eine möglichst große Übereinstimmung der Bedeutungen von Wort und Klang erreichen, dann wird das immer darauf hinauslaufen, den schon bestehenden Text zu vereinfachen, das heißt, ihn entweder abzuändern oder seine Interpretation auf ein Hauptmotiv zu konzentrieren. In der *Schönen Müllerin* ist beides geschehen – durch Kürzung der Textvorlage und durch Konzentration auf die äußere Handlung zuungunsten der inneren (in der Person des Müllergesellen, den Wilhelm Müller in seinem Prolog «Monodramist» nennt). Der Vorteil ist dann der Eindruck einer großen inhaltlichen Geschlossenheit. Kann man dagegen als Komponist damit leben, dass ein Lied klangliche und textliche Seiten hat, die inhaltlich gelegentlich (oder sogar grundsätzlich) differieren, dann kann die Dichtung in ihrem Eigenleben eher unangetastet bleiben und den lyrischen Grundcharakter inhaltlicher Offenheit besser wahren. Die wichtigsten Vertreter der ersten Richtung sind für mich Schubert und Hugo Wolf, der zweiten Richtung Gustav Mahler (cum grano salis[5]) und Schumann.

Doch erinnern einige Vertonungen Schuberts von Gedichten Johann Mayrhofers fast an diese abstrakte Schumannsche Liedästhetik: In *Sehnsucht* (D 516) oder *Beim Winde* (D 669) beispielsweise mäandert die Metaphorik schier rast-, ja haltlos durch die Zeilen. Ihre Undurchdringlichkeit ergab sich auch daraus, dass Mayrhofer sich – geradezu tragisch – im restaurierten Österreich als Zensor verdingen musste. Als

Dichter kannte er daher alle Tricks des Verbergens von künstlerischer Freiheit und Insubordination praktisch aus erster Hand und setzte sie bis zur gelegentlichen Unkenntlichkeit seiner eigenen Werke ein. Die daraus resultierende semantisch-klangliche Disparatheit, die sehr vielen der düsteren Mayrhofer-Lieder Schuberts als etwas Geheimnisvolles und Kryptisches anhaftet, war dann (so scheint es mir) eher Zufall als künstlerisches Programm.

Dagegen ist meines Erachtens *Die Schöne Müllerin* ein Idealbeispiel dafür, wie man die literarische Vorlage auf eine spezifische, geradezu simplifizierte Bedeutung konzentriert, ja reduziert, um diese dann aber möglichst klar, geradezu in synästhetischer Eindeutigkeit, abzubilden.

1 Das Wandern

Das Wandern ist des Müllers Lust,
Das Wandern!
Das muß ein schlechter Müller sein,
Dem niemals fiel das Wandern ein,
Das Wandern.

Vom Wasser haben wir's gelernt,
Vom Wasser!
Das hat nicht Rast bei Tag und Nacht,
Ist stets auf Wanderschaft bedacht,
Das Wasser.

Das sehn wir auch den Rädern ab,
Den Rädern!
Die gar nicht gerne stille stehn,
Die sich mein Tag nicht müde gehn,
Die Räder.

Die Steine selbst, so schwer sie sind,
Die Steine!
Sie tanzen mit den muntern Reihn
Und wollen gar noch schneller sein,
Die Steine.

O Wandern, Wandern, meine Lust,
O Wandern!
Herr Meister und Frau Meisterin,
Laßt mich in Frieden weiterziehn
Und Wandern.

Wilhelm Müller/
Franz Schubert, *Die schöne Müllerin*

Ein Münchner Pianist und Komponist studierte schon in ganz jungem Alter, gemeinsam mit einem Mitschüler, *Die schöne Müllerin* ein. Nach langer, begeisterter Beschäftigung folgte dann endlich die erste Aufführung. Gleich in der ersten Strophe kam es zur Katastrophe – der Sänger sang: «Das muß ein schlechtes Wasser sein». Das anfängliche Kichern hörte nicht auf, wurde immer lauter, war irgendwann nicht mehr zu kontrollieren, und die Vorstellung musste, wenn ich mich an die Erzählung recht erinnere, nach ungefähr fünf Liedern abgebrochen werden.

Das ist sicherlich der schlimmste und folgenreichste Versprecher, den ich kenne. Er zeigt aber auch, dass in diesem an technischen Hürden wirklich reichen Werk schon das erste, vermeintlich harmlose und einfache Lied zur Gefahr werden kann. Dieser inhaltlich auf den ersten Blick gar nicht schwierig wirkende Gedicht- und Liederzyklus ist tatsächlich kompliziert – einige Andeutungen im weiteren Verlauf genügen vielleicht, um das zu verdeutlichen. Dabei hat Schubert, indem er nur 20 der 25 Gedichte Wilhelm Müllers vertonte und sich wie gesagt stärker auf die äußere Handlung verlegte, eine Vereinfachung angestrebt, gegen die sich die Komplexität der Textvorlage aber immer wieder durchsetzt.

In meinen Augen bildet das Eröffnungslied so etwas wie das Korn, aus dem sich die furchtbare Geschichte des Müllers entwickelt, ja durch das ihr Verlauf vorbestimmt erscheint. Wie das? Es geht hier um einen jungen Mann, der endlich anfangen möchte zu leben. Aber wie tut man das, wenn man von unten kommt und sein Leben durch die harte Arbeit eines Handwerks zu bestreiten hat? Und warum will man das, wenn man doch eigentlich schon lebt, eben durch jene Arbeit, und mit ihr?

In der vorindustriellen Zeit verließ man nach den Lehrjahren seinen Meister und ging «auf die Walz», ließ sich also für einen begrenzten Zeitraum treiben, von einer Arbeit zur nächsten, von einem Ort zum anderen. Der Geselle war als «Freigesprochener», als «Fremdgeschriebener» frei. Diese Freiheit hatte jedoch einen hohen Preis: Als Wandergeselle war man ein Niemand, man hatte nichts, kein Bürgerrecht, keinen Meister, und war nicht einmal heiratsfähig. Warum aber dieses Reisen, warum das ohnehin schon Unbehauste noch weiter ausdehnen?

Um Erfahrungen zu sammeln, um in der Fremde andere Praktiken zu erlernen, um vielleicht sogar für später eine Meister- und Heiratsstelle zu finden, aber sicherlich doch auch, um endlich die Welt und ihre Bedingungen besser zu verstehen. Dazu verhalf das Reisen, und das gilt vielleicht ganz besonders für Schuberts Müllergesellen. Dessen Beschreibung der Bedingungen seines bisherigen Lebens ist zugleich Ausblick auf alle kommenden Möglichkeiten: Das Wasser hat ihn gelehrt, immer weiterzugehen, die Räder wollen keinen Stillstand, nicht einmal Müdigkeit zulassen, und die Steine schließlich tanzen nicht nur mit, sie wollen gar alles überholen. Das wäre so ungefähr der Horizont des jungen Müllers. Woher aber die Euphorie der ersten vier Strophen?

Sie hat sicherlich damit zu tun, dass jetzt, mit dem ‹Freispruch›, das bislang nur geahnte, ersehnte Neue kommen soll und endlich kommen darf. Doch diese Euphorie verweist ganz gewiss auch – und das kennzeichnet den Gesellen schon hier für den ganzen Zyklus, das ist die eigentliche Wurzel seines katastrophalen Scheiterns – auf seine glühende Gewissheit, dass seinen Wanderjahren ein geheimes Walten innewohnt. Das Wandern, das Unbehauste, der Drang, sich ins Unbestimmte zu bewegen und immer weiter zu wollen – alles eigentlich dem beschaulichen Leben eines sesshaften Müllers eher fremd –, wird, wie das Wasser dem Mühlrad, zum immerwährenden Beweggrund seiner Existenz. Und seine euphorische Gewissheit bringt den Müller zu dem Ausruf, dass jeder Zunftgenosse, der zur Ruhe kommt und nicht wandert, in seinen Augen ein schlechter Müller sein muss. So sagt er es, es heißt nicht, dass ein solcher Mensch ein schlechter Müller «ist», sondern «sein muss». Ein erstes Mal schon scheint hier auf, dass im Verlauf des Zyklus das Schicksal dieses Gesellen zwingend, geradezu zwanghaft vermeintlich vorbestimmten Regeln folgen wird, wie in einer Kausalkette. Und der Müller sagt das so, dass klar wird, dass es sich beim Wandern nicht um einen harmlosen Abendspaziergang nach getaner Arbeit handeln kann, sondern dass sich darin sein ganzes Weltbild ausdrückt.

Was bedeutet diese Art des Wanderns nun für das Leben des Müllergesellen? Die Gedichte *Am Feierabend* und *Das Mühlenleben* zeigen recht deutlich, dass dem Dasein des Mühlenarbeiters in Wirklichkeit jeder biedermeierlich-idyllische Beigeschmack fehlt. Sie zeigen nämlich einen glühenden Schwärmer inmitten einer Welt, die sachlich funktioniert und organisiert abläuft, mag sie auch ein liebliches Antlitz tragen.[6] Das Wandern des Müllers bedeutet hingegen eine Entfernung vom täglichen Leben und Tun. Das meint er schon vor Beginn des ersten Liedes erkannt zu haben, und das muss er, da er nun endlich die Gelegenheit dazu hat, ausleben – zumindest so lange, bis er wieder sesshaft zu werden hat.

So kann der Zuhörer schon ganz zu Beginn der *Schönen Müllerin* immerhin ahnen, dass dieser junge Mann nicht sein kann, ohne allem eine Bedeutung zuzumessen, durch welche er die Welt – aber nur innerhalb dieser selbst gesteckten Grenzen – begreifen kann. Und jede Idee, die er in einer Sache – im Wasser, in den Rädern, in den Steinen – zu sehen meint, muss ihm ob seines jugendlichen Ungestüms unbedingte Wirklichkeit werden. Obwohl man über seine Arbeitskraft und -moral hier noch nichts erfährt – erst in *Am Feierabend* spricht er davon, wie ihn seine Kollegen, trotz seines äußersten Bemühens, meist überbieten –, wird doch klar, dass er nicht arbeiten kann, ohne immer die tiefere Bedeutung seines Tuns mit zu bedenken, ohne sich und sein Leben ständig zu rechtfertigen. Ein beschwerlicher Charakterzug wird also schon im ersten Wort, das von ihm zu hören ist, offensichtlich. Hier singt einer, der ein Leben führt, in dem alles seinen heimlich vorbestimmten Platz und seine Richtung hat oder zumindest für ihn haben muss. Man kann das wahnhaft nennen, und in diesem Sinn bildet sich unser Held die Liebesbeziehung mit der Müllerstochter wohl nur ein. Man kann aber auch denken, dass hier einer ist, der die Welt deuten möchte, nicht als Wissenschaftler oder Philosoph – dazu fehlt ihm die Distanz von Erfahrung und Erkenntnis –, sondern geradezu wie ein Künstler. Im jugendlichen Überschwang identifiziert er sein tägliches Leben mit seinem Denken, und dieser sehr bald nicht mehr völlig der Wirklichkeit entsprechenden Erfahrungswelt misst er eine lebensbestimmende, quasi-religiöse Bedeutung zu, der er im späteren Verlauf zwanghaft abergläubig folgt.

Diese Haltung ist die Chiffre, welche den Künstler kennzeichnet – wie das «Mal an seiner Stirn» aus Thomas Manns *Tonio Kröger* oder das «Kainszeichen» aus Hermann Hesses *Demian* –, welche die Kameraden des Müllergesellen aber sicherlich gar nicht bemerken und auf die nur die Müllerstochter aufmerksam wird – vielleicht. Doch kann ihr auch das damit verbundene Abgründige nicht entgehen. Im Lied Nr. 10 *Tränenregen* muss sie nämlich bemerken, dass mit dem Müllergesellen wohl etwas nicht ganz richtig ist und dass er in der Welt gelebter – und nicht nur vorgestellter – Sinnhaftigkeit seinen Platz zu verlieren droht. Und dies desto mehr, je entschiedener er sich dem Leben der Empfindsamkeit und deren ständiger Präsenz hingibt. Das erwähnte Künstlermal wird auch dem Leser (meines Erachtens mehr als dem Hörer) deutlich. Und so könnte man die 23 Gedichte Wilhelm Müllers, die bei ihm zwischen Prolog und Epilog stehen, ganz eigentlich als das Werk eines dichtenden Müllergesellen verstehen, berichtet von Wilhelm Müller, der sich nur in den Worten von Pro- und Epilog distanzierend äußert.

In der letzten Strophe des ersten Liedes der *Schönen Müllerin* folgt nun aber ein erstes Zeichen von Verunsicherung des stürmen wollenden Müllergesellen, von Angst geradezu. Gerold Huber und ich fügen deshalb vor ihr immer eine Art Straucheln ein, eine kurze Fermate. Denn nicht nur haftet dem Bekenntnis des Müllers zum Wandern als seiner Lust, ja seiner Bestimmung etwas Autosuggestives an – er steht ja noch am Anfang, hat es also sicherlich noch gar nicht ausprobiert (als Lehrling hätte er doch niemals Dispens bekommen). Sondern es klingt auch so, als wollte er sich selbst vergewissern, als müsse er sich Mut zusprechen, jetzt, wo es endlich losgehen kann. Und daher fragt er den Meister, sogar die Meisterin – die selbst auch eine zünftische Funktion ausübte, indem sie den Lehrlingen eine Art Muttersatz war –, ob sie ihn denn nun gehen lassen mögen, obwohl er doch schon längst formell freigesprochen ist. Das erste Gedicht bringt also eine doppelte Unsicherheit zum Ausdruck: diejenige, in die sich der junge Müller materiell begeben hat, und diejenige, in die sich ein junger Künstler ideell begibt.

Schuberts *Die schöne Müllerin* – und das soll diese kurze Betrachtung des ersten Liedes verdeutlichen – ist also ein Werk, das einen nicht nur wegen seiner Ausmaße interpretatorisch ungleich mehr beschäftigt als Schumanns *Lieder und Gesänge*. Es tut dies auch aufgrund offensichtlich unterschiedlicher inhaltlicher Intentionen bei Dichter und Komponist. Aber allein die psychologische Feinzeichnung eines Selbstmords in zwanzig Bildern darstellend zu verstehen, könnte man als interpretatorische Lebensaufgabe bezeichnen, selbst wenn man sich dabei auf Schuberts Werk konzentrierte, ohne überhaupt den Autor Wilhelm Müller zu würdigen.

Bei Schumann hingegen steht ein psychologisches Ergründen und Sezieren nicht im Vordergrund seines Liedschaffens. Für seine Arbeit scheint mir eher die Frage ausschlaggebend, welche Bedeutung seine Werke haben könnten, ja, weshalb und wozu sie wohl eigentlich geschaffen wurden. Es sind Werke, die durch die Bezüge schaffende Anordnung von Impressionen zu einem weltdeutenden System zusammenwachsen – dessen Kapitel und Bände sind Schumanns rund vierzig Liederzyklen.

Schuberts Lied-Vermächtnis

Helsinki, Januar 2021

Komm', beglücke mich!

Ludwig Rellstab *Ständchen*

Im Herbst 1988 gingen Gerold Huber und ich von Straubing nach München, um zu studieren – er Musik, ich zunächst ein wenig Philosophie, später Medizin. Gleich im November hörte ich einen beeindruckenden und mich wie eine Initiation für immer beflügelnden Liederabend von Hermann Prey und Wolfgang Sawallisch, mit Schumanns *Kerner-Liedern* und *Dichterliebe.* Beide Zyklen begannen wir gleich danach – privat – zu studieren. Ein halbes Jahr später dann folgte schon die erste Aufführung, obwohl mir das Beispiel des als Sänger dilettierenden Philosophen in Woody Allens *A Midsummer Night's Sex Comedy* eine schreckliche Warnung war. Denn sein Darsteller José Ferrer wagte doch tatsächlich, *Wohin?* aus Schuberts *Schöner Müllerin* und *Ich grolle nicht* aus der *Dichterliebe* zu singen – und zwar grässlich. Mein Schwur damals: Wenn überhaupt singen, dann nur gut; der Wille allein könne nicht zählen. Und so verbrachte ich zehn Jahre.

Es waren zehn Jahre auch des Wartens auf ein wenig Erfolg. Der zeichnete sich erst ab, als Gerold Huber und ich – es war in meinem ersten Jahr als professioneller Sänger – tatsächlich eine Einladung zur Schubertiade, dem Festival im österreichischen Vorarlberg, bekamen. Ich wollte dort schon auch gerne die *Dichterliebe* singen, denn wirklich groß war mein Repertoire noch nicht. Aber man bestand darauf, dass ich etwas anderes, etwas Größeres sänge. Und so wurde es der *Schwanengesang.* Meine Aufregung war immens, heute würde ich das gar nicht mehr überleben – nicht nur, weil es das erste Mal auf einer internationalen Bühne war, sondern vor allem, weil dieser letzte Zyklus Schuberts mich zwar schon lange fasziniert hatte, ich mich ihn aber nicht zu singen traute, aus einem banalen Grund: Ich konnte ihn technisch schlicht nicht bewältigen, und das bis zum Konzert.

Der Liederabend fand in Lindau statt – damals gastierte die Schubertiade häufig in anderen, um die Gründungsorte Hohenems und Feldkirch herum gelegenen Orten –, im kleinen Saal des Stadttheaters, einer ehemaligen Kirche, mit eingebautem ‹memento mori› also. Ich weiß noch, dass ich auf die Bühne wie zum Schafott ging, nicht wissend, wie ich dieses Konzert überleben könnte. Und es muss dann auch ein wenig unorthodox gewesen sein – der Chef schalt mich (vielleicht zu Recht), weil ich bei den hohen und schwierigen Tönen mit den Armen ruderte und überhaupt wild gestikulierte, aber das Publikum ließ sich von meinem echt jugendlich-existenziell durchlebten Vortrag mitreißen. Und immerhin war Gerold Huber der stabile Anker dieses Konzerts. Ein liebenswürdiger älterer Herr gab uns im Anschluss 100 Mark, damit wir uns bitte zur Feier des Abends ausreichend Champagner leisten würden. Rührend und wohl auch gerührt stand er mit seinem offenen Geldbeutel vor uns – wir wagten im Angesicht seines Brillenwasserblicks nicht, diese Gabe abzulehnen. Und – wir durften auch wieder zur Schubertiade kommen. Nach den frühen Jahren mit der *Dichterliebe* wurde der *Schwanengesang* unser Markenzeichen für die ersten Jahre als nun berufliche Musiker (Gerold Huber) und Sänger (ich).[1]

Der *Schwanengesang*, der im relativ chronologisch angeordneten «Deutsch-Verzeichnis» (das mit der Nummer 993 endet) unter 957 aufgeführt wird, ist ein schwer einzuordnender Zyklus. Tobias Haslinger veröffentlichte kurz nach Schuberts Tod, auch auf Initiative von dessen Bruder Ferdinand, dreizehn Lieder auf Texte Ludwig Rellstabs und Heinrich Heines, ergänzt durch Schuberts letztes Sololied, *Die Taubenpost* (D 965A).[2] Er deklarierte diese etwas künstliche, vor allem aber sehr inhomogene Zusammenstellung als Schuberts «Letztes Werk» und gab ihr auch ihren Namen. Dafür benützte er ein seit der Antike geläufiges Bild: Der Singschwan wurde von Apollon, dem Musenführer, mit der Kraft der Weissagung begabt. Deswegen stimmt er in Vorahnung seines eigenen Todes noch einmal einen ebenso bewegenden wie schönen Gesang an. Im *Phaidon* begründet Platon dies (wie später auch Cicero) mit der Vorahnung des Schwans auf die Freuden des Jenseits. Die musikalischen Spiegelungen in der Frühen Neuzeit sind vielfältig, sie reichen von Jakob Arcadelts *Bianco e dolce cigno* bis zu Heinrich Schütz. In diesem Sinne verwendete den Topos auch Haslinger.

Es ist unstrittig, dass dieser Zyklus von Schubert so nicht gewollt sein kann, allein schon wegen des recht sentimental-versöhnlichen Schlusses mit der *Taubenpost*. Daran ändert sich auch dadurch nichts, dass Schubert die dreizehn Rellstab- und Heine-Lieder vor seinem Tod offenbar noch zur Veröffentlichung angeboten hat.[3] Dennoch haben wir es nie übers Herz gebracht, den *Schwanengesang* aufzubrechen oder die Lieder in einem ganz anderen Zusammenhang aufzuführen.

Die Frage ist für Gerold Huber und mich vielmehr, womit man diese vierzehn Lieder kombinieren kann (allein sind sie mit rund fünfzig Minuten für ein Programm zu kurz). Weitere Heine-Lieder Schuberts, die man danebenstellen oder einflechten könnte, gibt es nicht. Es existieren zwar Rellstab-Vertonungen, aber auch sie kommen nicht in Betracht: Die eine (*Auf dem Strom*, D 943) entzieht sich wegen der Besetzung mit Horn einer einfachen Aufführbarkeit, die andere (*Herbst*, D 945) steht völlig isoliert, und wegen ihrer stilistischen Andersartigkeit wüsste ich gar nicht, an welche Stelle ich sie tun sollte.

Eine weitere, häufig praktizierte Möglichkeit besteht darin, andere Lieder auf Gedichte von Johann Gabriel Seidl hinzuzufügen. Für mich allerdings ist dies keine ganz unproblematische Lösung, da ich dessen Gedichte so biedermeierlich-absurd und unlogisch finde (zugegeben vielleicht nicht das beste Kriterium, um Gedichte gut oder schlecht zu nennen). Allein die Zeile «Ich sende sie [die Brieftaube] viel tausendmal / Auf Kundschaft täglich hinaus» – nicht vorzustellen, wie schrecklich erschöpft diese Taube sein muss, vom sendenden Besitzer ganz zu schweigen! Dann aber sind beispielsweise die Lieder *Am Fenster* oder *Im Freien* so eigenartig und lyrisch-geheimnisvoll, dass ich mir denke, so ein Schaf kann Seidl ja nun auch wieder nicht gewesen sein, wenn Schubert solche Lieder aus seinen Gedichten machen konnte. Ja, man könnte wie bei Rückert (dazu gleich noch) sogar von einem Seidl-Stil in Schuberts Liedern sprechen. Und nicht nur deswegen möchte ich die von vielen geliebte *Taubenpost* (in einem Programm fand sich einmal der interessante Schreibfehler *Taubenpest*) dann doch nicht weglassen.

Seidls Dichtungen den großartigen Gedichten Heines und Rellstabs zur Seite zu stellen ist also eine Alternative. Zwar wird der ‹Zyklus› dadurch unterbrochen, da der mir einzig sinnvoll erscheinende Ort für die Seidl-Lieder zwischen dem *Doppelgänger* und der *Taubenpost* liegt. Aber wir haben es dann doch versucht, in Stockholm und Helsinki, wo tatsächlich bei unter minus 20 Grad die Scheibe fror, wie zu Beginn des Seidl-Liedes *Sehnsucht*. Unser Programm sah also folgendermaßen aus: 7 × Rellstab (*Liebesbotschaft – Kriegers Ahnung – Frühlingssehnsucht – Ständchen – Aufenthalt – In der Ferne – Abschied*), 6 × Heine (*Der Atlas – Ihr Bild – Das Fischermädchen – Die Stadt – Am Meer – Der Doppelgänger*), 5 × Seidl: *Sehnsucht – Der Wanderer an den Mond – Am Fenster – Im Freien – Die Taubenpost*) – und auch das war schön.

Dietrich Fischer-Dieskau schlug vor, den *Schwanengesang* mit Schuberts späten Liedern auf Texte Karl Gottfried von Leitners aufzufüllen, und als sein treuer Bewunderer und Epigone habe ich das auch eine Zeit lang getan. Doch dann fand ich eine noch überzeugendere Lösung: Mittlerweile beginnen wir einen Abend mit dem *Schwanengesang* besonders gerne mit fünf von Schuberts sechs Rückert-Liedern.[4] Rückerts Gedichte riefen durch ihre besondere formal-sprachliche Perfektion, die beim Lesen oft fast etwas artifiziell oder starr wirken kann, bei Schubert einen ganz eigenen, ‹impressionistisch› anmutenden Ton hervor (exemplarisch in *Daß sie hier gewesen*). Nach diesen Liedern folgt der Zyklus in seiner ursprünglichen Gestalt – wobei die Heine-Lieder durch eine Konzertpause abgetrennt werden können. Die sehr feinen, inhaltlich hinreißend präzisen Rellstab-Gedichte kommen dann, wie zwischen Rückert und dem ganz gegensätzlichen Heine vermittelnd, in der Mitte des Konzerts zu stehen.

Die Heine-Lieder sind für viele Zuhörer – Publikum wie Kritiker – der Höhepunkt einer Aufführung dieses Zyklus. Ich glaube zu verstehen, dass hier einerseits Liebhaber und Bewunderer der *Winterreise* eine ähnliche weltschmerzlich-formale Entgrenzung und emotionale Radikalität wiederzufinden meinen. Und angesichts der Nähe Heinrich Heines zu Wilhelm Müller, dem Dichter der *Winterreise* – in seinem Nekrolog auf diesen formulierte er explizit seine Bewunderung, ja, er berief sich gar auf Müllers «neuen» Stil, was doch ein bisschen nach Kokettieren klingt –, könnte man allein aufgrund der Texte den Heine-Teil des *Schwanengesangs* als Fortführung der *Winterreise* empfinden.[5]

Andererseits entwickelt Schubert speziell in den drei Liedern *Der Atlas, Die Stadt* und *Der Doppelgänger* durch ihre Härte, harmonische Offen- und Fahlheit und durch die für Lieder extrem abwechslungsreiche Dynamik eine recht frei experimentierende, ungeahnte Ausdrucksstärke. Wie sich diese Lieder allerdings zu den beiden rhetorisch und expressiv ruhigeren Liedern *Ihr Bild* und *Am Meer* verhalten sollen, ist mir zyklisch nicht erklärlich. Sollen die letztgenannten Lieder Antworten auf *Der Atlas* und *Die Stadt* sein? Aber was antwortet dann auf den *Doppelgänger*? Und was bedeutet in diesem Zusammenhang das eher konventionell erscheinende variierte Strophenlied *Das Fischermädchen*? Es passt gar nicht so recht in diesen heroisch-geheimnisvoll-dramatischen Ausdruckszusammenhang.

Man kann also der Ansicht sein, dass die Reihenfolge der sechs Heine-Lieder dramaturgisch fast unerheblich ist. Mir selbst war lange Zeit auch eher kein architektonischer oder erzählend-dramatischer Bogen erkennbar, auch wenn *Der Doppelgänger* mit seinem martialischen Schluss einen beeindruckenden emotionalen Tiefpunkt und zugleich einen dramatischen Höhepunkt am Ende der Lieder darstellt – wie ein steil abbrechender Hang eines weit sich erhebenden Kliffs, der zum Hinuntersturz animiert. Das ist dann tatsächlich auch der Ansatzpunkt beispielsweise Gerold Hubers, der die sechs Heine-Lieder schon als Vorboten der kurze Zeit später folgenden konzeptionellen Liedzyklen Schumanns sieht: Der Anlauf, so sagt er, der kleine emotionale Aufstieg zum *Fischermädchen* hin schaffe erst die ganze desaströse Fallhöhe, die dann zum *Doppelgänger*-Absturz führen kann. So fühle er sich ein wenig beispielsweise an Schumanns *Andersen-* und seine *Lenau-Lieder* (op. 40 und op. 90) erinnert.[6]

Man mag Schubert unterstellen, kein Interesse, ja keinen eigentlichen Sinn für die musikalische Umsetzung literarischer Ironie entwickelt zu haben, auch wenn ich seine Lieder nicht als frei von Humor empfinde.[7] So muss man zum Beispiel sein Lied *Der Einsame* (D 800) nicht als Persiflage des Gedichtes von Carl Lappe begreifen, das man sich ‹biedermeierlicher› fast nicht vorstellen kann; aber einen humorvollen, vielleicht sogar distanziert zurücktretenden Blick des Komponisten auf die fast kindliche Gedichtidylle spüre ich schon. In den Heine-Liedern dagegen sehe ich tatsächlich keinerlei musikalisches Abbild der typisch Heineschen Ironie, der finalen Zerstörung eines vorangestellten Ausdrucks von Sehnsucht oder ehrlicher Emotion. Die von Schubert ausgewählten Gedichte sind aber auch nicht von den typisch zersetzenden Pointen geprägt, die man aus vielen Gedichten Heines kennt, welche beispielsweise Johann Vesque von Püttlingen gerne (und sehr beeindruckend um ein musikalisches Korrelat zum Phänomen literarischer Ironie bemüht) vertonte.

In Schuberts Heine-Liedern wird man somit zwar mit einem lauten, massiven, heroischen Stil, mit einer ungemein beeindruckend wirkenden Dramatik konfrontiert (*Der Atlas*, *Die Stadt*, *Der Doppelgänger*). Die ästhetisch-reflexive Brechung, auf die man beim Vertonen Heines ja immerhin kommen könnte, erkenne ich allerdings eher in den abrupten Konfrontationen mit lyrischen Bildern, wie sie die Lieder *Ihr Bild*, *Das Fischermädchen* und *Am Meer* verkörpern. Heines Ironie wird also durch die kontrastierende Zusammenstellung konträrer Stimmungsbilder in Schuberts Anordnung der ausgewählten Gedichte allenfalls stellvertretend angedeutet.

Heines Gedichte spiegeln zudem vielfach literarische Inhalte: *Der Atlas* gibt eine romantische Antwort auf Goethes *Prometheus*, *Ihr Bild* eröffnet einen Bezug zum Pygmalion-Stoff oder zu Eichendorffs *Marmorbild*, die schleierhafte Atmosphäre der drei dann folgenden ‹Meereslieder› (*Das Fischermädchen*, *Die Stadt* und *Am Meer*) legt eine schaurige venezianische Stimmung wie in Schillers *Geisterseher* über den ganzen Zyklus, und schließlich begegnen wir im *Doppelgänger* einem Wiedergänger von Nathanael aus Hoffmanns *Sandmann*. Die skizzenhafte Zusammenfügung dieser literarischen Inhalte aber steht, trotz aller Kontraste und trotz aller Massivität, für etwas Ungreifbares, das verunsichert und einen so ziemlich unmittelbar anfasst. Dementsprechend ist die enorme Wirkung dieser sechs anspielungsreichen Lieder auf das Publikum eine Konstante in meiner Aufführungserfahrung.

Was mich aber sehr lange beschäftigte, ist die besonders ausgeprägte Rhythmik der fünf neuartigen Heine-Lieder (wobei ich vom eher traditionell gebauten *Fischermädchen* hier absehe): Gerold Huber hatte bei ihnen häufig gut damit zu tun, mich in der Spur zu halten. Denn die teilweise extreme dynamische Volatilität dieser Lieder verführte mich oft dazu, bei den leitmotivisch durchgängigen Doppelpunktierungen und duolisch-triolischen Gegenläufigkeiten in einen rhapsodisch freien Deklamationsstil zu verfallen. Gerold Huber wies mich immer wieder zu Recht darauf hin, dass mich die extreme Ausdrucksvielfalt der Lieder keinesfalls dazu berechtige, die immer noch nachklassisch geprägte rhythmische Strenge bei Schubert für glücklich überwunden zu halten. Und so musste ich mich fügen, mir ganz bewusst, dass ich in meiner rhythmischen Minderbegabung hier einfach folgen musste.

Heraus kam etwas, das meine Gesangsästhetik unerwartet, aber nachhaltig veränderte und bis heute prägt. Ich wollte nämlich dennoch die stark empfundene Ausdruckstiefe der Lieder nachgestalten, und ausschließlich durch Laut und Leise war da zunächst nicht viel zu machen (die Mehr- oder Minder-Gewichtung der Artikulation der Konsonanten empfinde ich als ein ziemlich schwaches und zum Vordergründigen neigendes Gestaltungsmittel). Die Fahlheit der exponierenden ersten Strophe von *Die Stadt* beispielsweise («Am fernen Horizonte / Erscheint wie ein Nebelbild / Die Stadt mit ihren Türmen, / In Abenddämmrung gehüllt») hätte ich natürlich auch durch eine gewisse agogische Verzerrung irgendwie illustrieren können, aber viel besser war die aus der Not des rhythmischen Prokrustes-Bettes gewonnene Alternative: Auch durch Gerold Hubers Disziplinierungsmaßnahmen kam ich zu meinem bis heute unverzichtbaren, vielleicht bevorzugten Interpretationsinstrument – der (die farbliche Identität der gesungenen Vokale nicht berührenden) Kolorierung der Stimme, des Gesangs als systematischer Ausdrucksnotwendigkeit, die mir so erstmals bei der Erarbeitung der Heine-Lieder bewusst wurde.

Der Ästhetik der Heine-Lieder stehen die vorangehenden sieben Lieder nach Gedichten von Ludwig Rellstab fast kontrastierend gegenüber. Schon die Gedichte sind natürlich alles andere als prometheische Würfe eines epochalen Dichters und Spötters, was ihre große Qualität aber überhaupt nicht in Frage stellt.

3 Frühlingssehnsucht

Säuselnde Lüfte wehend so mild,
Blumiger Düfte atmend erfüllt!
Wie haucht ihr mich wonnig begrüßend an!
Wie habt ihr dem pochenden Herzen getan?
Es möchte euch folgen auf luftiger Bahn!
Wohin?

Bächlein so munter, rauschend zumal,
Wollen hinunter silbern ins Tal.
Die schwebende Welle, dort eilt sie dahin!
Tief spiegeln sich Fluren und Himmel darin.
Was ziehst du mich, sehnend verlangender Sinn,
Hinab?

Grüßender Sonne spielendes Gold,
Hoffende Wonne bringest du hold.
Wie labt mich dein selig begrüßendes Bild!
Es lächelt am tiefblauen Himmel so mild
Und hat mir das Auge mit Tränen gefüllt.
Warum?

Grünend umkränzet Wälder und Höh',
Schimmernd erglänzet Blütenschnee.
So dränget sich alles zum bräutlichen Licht;
Es schwellen die Keime, die Knospe bricht,
Sie haben gefunden, was ihnen gebricht,
Und du?

Rastloses Sehnen, Wünschendes Herz,
Immer nur Tränen, Klage und Schmerz?
Auch ich bin mir schwellender Triebe bewußt!

Wer stillet mir endlich die drängende Lust?
Nur du befreist den Lenz in der Brust,
Nur du!

Ludwig Rellstab/
Franz Schubert, *Schwanengesang*

Diese Verse sind formal unantastbar, beeindrucken mich aber darüber hinaus immer wieder aufs Neue mit ihrer inhaltlichen Kraft, Schönheit und Präzision. Die Vielfalt der Gestaltung, die einem beispielsweise die argumentative Klarheit und Entwicklung des Gedichtes erlaubt und sogar abfordert, empfinde ich in Schuberts strengem, nur durch die Moll-Trübung der letzten Strophe etwas aufgebrochenem Strophenlied als inspirierende Anforderung. Durch die Fermate auf der letzten Silbe jeweils des vierten Verses, die rhythmisch nur schwach definiert wirkt, weil sie sich einfach auf den ersten Taktteil erstreckt, erhält der Darsteller allerdings ein variables Instrument, um den Fortgang der emotionalen Entwicklung zu zeichnen: In der ersten Strophe lässt sich, was nach der Fermate folgt, als separater Gedanke gestalten, bevor die Schlussfrage, nochmals abgesetzt, gestellt werden kann; in der zweiten Strophe dann kann der Fermate nochmals ein nicht eilender Übergang folgen, der auch noch eine innerhalb der Zeile abgesetzte erklärende Parenthese enthält («sehnend verlangender Sinn»), wobei sich allerdings mit der Wiederholung der Zeile die Möglichkeit bietet, diese Parenthese weniger wichtig zu gestalten, um nun direkt zum letzten Wort «Hinab» weiterzugehen; in der dritten Strophe kann man die Fermate kürzer halten, damit sich die Frage «und hat mir das Auge mit Tränen gefüllt. / Warum?», die sich von der vorausgehenden Emphase nur dynamisch, mit einem Subito-piano distanziert, erklären kann. Dieses Piano lässt sich dann zu Beginn der vierten Strophe weiterführen in die hinreißende Stelle «Grünend umkränzet Wälder und Höh', / Schimmernd erglänzet Blütenschnee», die zwar männlich reimend endet, aber im Ausdruck weiblicher nicht sein könnte – für mich, in meinem Repertoire, eine der am erfüllendsten zu singenden Phrasen, die in dynamischem Verstummen gegenläufig im Legato weitergeführt werden kann. Und dann folgt, am Ende der vierten Strophe, die im inneren Dialog gestellte Frage an das Ich des Sprechers, was es denn bei all dem Treiben der Natur – der Winde, der Bäche, der Sonne, der bewaldeten Höhen, die an sich begeistern können, die Sehnsüchte wecken, um sie selbst zu stillen –, was der Sprecher oder ‹Sänger› also hier tut: Weht er, fließt er eilig, scheint er, drängt oder quillt er? Nein, er erstarrt in Sehnsucht nach dem echten Du, nach dem oder der Geliebten.

Hier zeigt sich die Bedeutung dieses stürmischen Gedichts rückwirkend: Es ist eine umgekehrte Liebesbotschaft.[8] Der wichtigste Typus des Kunstliedes überhaupt wird in Frage gestellt: Alle sonst gern beschworene Kommunikation über die belebte und unbelebte Natur wird angezweifelt, weil das Übermitteln der Liebesschwüre durch Wasser, Wind etc. doch eigentlich irgendwann nichts mehr bringt; denn es zählt nur eines: «Nur du!» – und zwar nur, wenn es wirklich, wenn es ganz da ist, mit Haut und Haar. Dass die Beziehung über die Ferne hinweg nicht mehr ausreicht, wird überdeutlich, und zwar durch das dreifache «Tränen, Klage und Schmerz». Die Vertonung lässt es sogar zu, diese Aufzählung, diesen Überdruss nicht nach Takt-Schwerpunkten zu akzentuieren, ohne dass der musikalische Fluss und Zusammenhang gestört würde.

Wie hätte Schubert das nun folgende *Ständchen* als den reziproken Topos der Vokal-Kammermusik besser vorbereiten und notwendig machen können? Hier wird, wie in jedem ‹Ständchen›, die topographische Nähe zum Anlass genommen, die Geliebte zu überzeugen, den kleinen Schritt zu physischer Nähe zuzulassen oder sogar selbst zu tun. Es ist das gegenteilige, aber korrespondierende Thema zur ‹Liebesbotschaft›: Dort macht die Ferne das eigentlich Einvernehmliche, die erklärte Liebesbeziehung, aktuell unmöglich und lässt die Liebenden gleichzeitig sich der Sehnsucht nach einander hingeben, während es hier, beim *Ständchen*, keine Synchronizität der Gefühle gibt. Wenn eine Beziehung überhaupt gesucht wird, dann doch zunächst und vor allem physisch und vielleicht nur einmalig, während dort das Immaterielle trotz allen Leidens, das durch die Entfernung hervorgerufen wird, geradezu zelebriert wird.

4 Ständchen

Leise flehen meine Lieder
Durch die Nacht zu dir;
In den stillen Hain hernieder,
Liebchen, komm zu mir.

Flüsternd schlanke Wipfel rauschen
In des Mondes Licht,
Des Verräters feindlich Lauschen
Fürchte, Holde, nicht.

Hörst die Nachtigallen schlagen?
Ach, sie flehen dich,
Mit der Töne süßen Klagen
Flehen sie für mich.

Sie versteh'n des Busens Sehnen,
Kennen Liebesschmerz,
Rühren mit den Silbertönen
Jedes weiche Herz.

Laß auch dir die Brust bewegen,
Liebchen, höre mich!
Bebend harr' ich dir entgegen,
Komm', beglücke mich.

Ludwig Rellstab/
Franz Schubert, *Schwanengesang*

Das berühmte *Ständchen* weist viele Bezüge innerhalb des Zyklus auf, nicht nur zur vorausgehenden *Frühlingssehnsucht* und zur *Liebesbotschaft*, dem ersten Lied des *Schwanengesangs*. Es steht in der Mitte zwischen zwei Dreiergruppen, wobei die Gesamtarchitektur der sieben Lieder sich auf zweierlei Weise zeigt. Zum einen gibt es in allen einrahmenden Liedern (Nr. 1, 3, 5 und 7) eine auffällig einheitliche rhythmische Struktur – eine **lange** Note, gefolgt von zwei halb so langen: Nr. 1: «**Rau**schen-des **Bäch**lein, so **sil**bern und hell», Nr. 3: «**Säu**seln-de Lüfte, **weh**end so mild», Nr. 5: «**Rau**schen-der Strom, **brau**sen-der Wald», Nr. 7: «Ade, du **mun**tre, du **fröh**li-che Stadt». Dazu passt auch der jeweils gerade Grundrhythmus (in drei Liedern ein 2/4-Takt und einmal ein 4/4-Takt). Es ist das vielleicht so etwas wie Schuberts ‹Wanderrhythmus›, der besonders prominent auch die Einleitung des Eröffnungssatzes der Großen Symphonie C-Dur (D 944) oder die gesamte *Wandererfantasie* (D 760) bestimmt. Die beiden in den äußeren Dreiergruppen eingerahmten Lieder Nr. 2 und 6 dagegen, die jeweils im 3/4-Takt stehen, unterscheiden sich durch eine Variation jenes rhythmischen Musters: eine **punktierte Viertel**, gefolgt von einer Achtel und einer Viertel (Nr. 2: das gesamte Vorspiel sowie beispielsweise «**Waf**-fen-brü-der», Nr. 6: «Wehe dem **Flie**hen-den, **Welt** hin-aus **Zie**hen-den»). Das ist eigentlich unspektakulär; wenn man aber das letzte Viertel in seiner ablautenden Länge zu einem Achtel verkürzt, was die Artikulation nicht merklich verändert, in der Gesangspraxis aber zugunsten der Atemökonomie häufig praktiziert wird, kommt man zu folgendem schon eher auffälligen Grundschema:

1 (2/4) |--|-|-| 2 (3/4) |---|-|-| 3 (2/4) |--|-|-|
4 (3/4) |-|-|-|—|—|
5 (2/4) |--|-|-| 6 (3/4) |---|-|-| 7 (4/4) |--|-|-|

Der Grundrhythmus des Zweiertaktes (2-1-1) wird im Dreiertakt der dazwischengeschobenen Nummern 2 und 6 in der ersten Note, proportional, auf drei verlängert (3-1-1). Auch dem *Ständchen* liegt ein 3/4-Takt zugrunde, der sich allerdings von den restlichen sechs Liedern fundamental unterscheidet, weil die mit Triolen und Vorschlägen durchsetzte Gesangsstimme in dem Zyklus ganz einzigartig ist. Ob das nun wirklich von Bedeutung ist – die beschriebenen rhythmischen Motive könnte man ja tatsächlich trivial nennen? Ich glaube es schon – aus meiner Aufführungserfahrung heraus. Ich habe das nicht aus den Noten herausgelesen, es ist mir vielmehr beim Singen sinnlich, physisch bewusst geworden und aufgefallen; die eher schlichten Muster haben sich wohl durch ihre häufigen Wiederholungen unüberhörbar gemacht. Vielleicht war die Aufführung seiner Lieder im Freundeskreis, mit Sängerpartnern wie Johann Michael Vogl, für Schubert ein nicht wegzudenkender Aspekt seines Bemühens, die eigene Musik zu erfahren – sie nicht nur denkend, nicht nur einfühlend und darauf antwortend zu erfahren, sondern sie eben besonders auch sinnlich zu ergründen und auszuloten. Insofern hätten diese ‹Schubertiaden› dann doch eine enorme historische Bedeutung gehabt: Praktisch nur hier konnte er die aktuelle physikalische Präsenz und Wirklichkeit seiner Lieder zum Maßstab und zur Richtschnur seiner Vokalkompositionen machen.

Parallel zur rhythmischen zeigt sich aber auch eine inhaltliche Ordnung der Rellstab-Lieder: Das Lied Nr. 1 ist die «klassische» *Liebesbotschaft*, die in Nr. 3 *Frühlingssehnsucht* in der schon beschriebenen Weise problematisiert wird, allerdings in einer dem Thema verpflichteten Art. Dazwischen steht das erste radikal-düstere zweite Lied, *Kriegers Ahnung*:

2 *Kriegers Ahnung*

In tiefer Ruh' liegt um mich her
Der Waffenbrüder Kreis.
Mir ist das Herz so bang, so schwer,
Von Sehnsucht mir so heiß.

Wie hab' ich oft so süß geträumt
An ihrem Busen warm,
Wie freundlich schien des Herdes Glut,
Lag sie in meinem Arm!

Hier, wo der Flammen düst'rer Schein
Ach, nur auf Waffen spielt,
Hier fühlt die Brust sich ganz allein,
Der Wehmut Träne quillt.

Herz, daß der Trost dich nicht verläßt!
Es ruft noch manche Schlacht. –
Bald ruh' ich wohl und schlafe fest,
Herzliebste – gute Nacht!

Ludwig Rellstab/
Franz Schubert, *Schwanengesang*

Auch hier wird die Liebesbotschaft variiert, wobei Leid und Hoffnungslosigkeit im Vordergrund stehen – der Krieger wird ja nicht überleben.

Deshalb werden die Boten der Natur fast nicht bemüht; nur den alles verzehrenden Flammen, in deren Schein der Krieger auch einst am Busen der Geliebten geruht hat, und ihrem Rauch, ihrer Asche wird das Abschied nehmende «Herzliebste, Gute Nacht» zur Übermittlung aufgetragen.

Ein ähnliches, noch düstereres Lied steht in der Dreiergruppe der Lieder 5–7 ebenfalls in der Mitte:

6 In der Ferne

Wehe, den Fliehenden
Welt hinaus Ziehenden! –
Fremde Durchmessenden,
Heimat Vergessenden,
Mutterhaus Hassenden,
Freunde Verlassenden
Folget kein Segen, ach,
Auf ihren Wegen nach!

Herze! Das sehnende,
Auge, das tränende,
Sehnsucht nie endende,
Heimwärts sich wendende!
Busen, der wallende,
Klage, verhallende,
Abendstern, blinkender,
Hoffnungslos sinkender.

Lüfte, ihr säuselnden,
Wellen sanft kräuselnden,
Sonnenstrahl, eilender,
Nirgends verweilender:
Die mir mit Schmerze, ach!
Dies treue Herze brach,
Grüßt von dem Fliehenden,
Welt hinaus Ziehenden.

Ludwig Rellstab/
Franz Schubert, *Schwanengesang*

Es gibt in diesem langen Gedicht nur drei Prädikate, in der gesamten zweiten Strophe nicht einmal eines. Die ganze Stimmung ist negativ, weltverachtend, verzweifelt. Einzig in der ersten Hälfte der dritten Strophe scheint eine kurze positive Ahnung auf, von Schubert parallel in ein vorübergehendes Dur gesetzt, bevor das Lied so radikal und verstörend endet. Bis heute will mir das in gesangstechnischer Hinsicht eigentlich unsingbar scheinen. Und vielleicht ist es dieses grausame, unangenehme Lied, das bei vielen Zuhörern jenen bitteren Nachgeschmack hinterlässt, der auch durch die Nr. 7 *Abschied* nicht mehr ganz kompensiert werden kann.[9] Aber in meinen Augen ist gerade dieses Lied in seiner unerbittlichen Sperrigkeit, in seiner haltlosen Hoffnungslosigkeit, in seiner grausamen Härte, in seiner relativen Unsingbarkeit und daraus resultierenden Hässlichkeit das radikalste Lied Schuberts, das ich kenne. Im Vergleich dazu kommt mir die *Winterreise* noch einmal hoffnungsvoller vor, als Äußerung eines Menschen, der sich zwar in einer schweren und vielfachen Krise befindet, der sich aber noch nicht aufgegeben hat, der also wieder zurück möchte, weil er noch anklagen kann und will. Hier aber steht die absolute Hilflosigkeit, keine Anklage, sondern völlige Verzweiflung, ein Subjekt, das fern aller Prätention jedoch noch einen freundlichen, höflichen letzten Gruß ausspricht. Es ist ein tatsächlich verstörendes, ein distanzierendes Lied, gegen das die folgenden Heine-Lieder und die *Winterreise* auf mich wie das verabredete Fest eines ‹expressiven Existenzialismus› wirken.

In der Ferne zeigt auch, dass die zweite Dreiergruppe der Rellstab-Lieder eine andere Bedeutung hat als die erste: Aus dem Motiv der Liebesbotschaft, das die ersten drei Lieder in Variation charakterisiert, ist die Kontaktaufnahme verschwunden. Es ist nur noch die Entfernung übrig, und anstelle des Grußes steht allenfalls ein Abschiedsgruß, wie schon in der ›Delle‹ des ersten Teils, in *Kriegers Ahnung*. In Lied Nr. 5 *Aufenthalt* scheint die unmögliche Rückkehr aus dem Exil, aus dem ‹Aufenthalt›, nur noch in den Tränen angesichts der definitiven Trennung auf. Und das heitere Schlusslied? Auch hier ein Abschied von Liebe und Bindung als Idee, aber ein gelöster. Ich kann natürlich nur spekulieren: Vielleicht brauchte der Zyklus einen erleichternden Abschluss. Und vielleicht war das auch der Gedanke Haslingers, als er den sechs Heine-Liedern noch ein versöhnliches Ende anfügte, eine weitere Nr. 7, *Die Taubenpost.*

Der Ehrlichkeit halber muss ich zugeben, dass in der Folge der Lieder 5–7 auch einige architektonische Unstimmigkeiten unübersehbar sind, wenn man die Fortsetzung einer Architektur erwartet, wie ich sie für den ersten Teil beschrieben habe. Dieses Ungereimtheiten bereiten zwar manche Probleme, stellen aber in meinen Augen den großen Formwillen im Ganzen nicht infrage. So muss ich also einräumen, dass in Nr. 5 *Aufenthalt* der – zwar überwiegende – Grundrhythmus |--|-|-| sich durch variierende Punktierungen oft dem der beiden Lieder 2 und 6 |---|-|-| anpasst und das Lied so rhythmisch tendenziell fast eine Zwitterstellung einnimmt. Stellt man diese Verwandtschaft zu den Nummern 2 und 6 ins Zentrum, so könnte man auch zu dem Schluss kommen, dass die Reihenfolge der zweiten Dreiergruppe (Nr. 5–7), als Umkehrung der ersten (Nr. 1–3), ursprünglich so gedacht gewesen sein könnte: *Aufenthalt* (Nr. 5) – *Abschied* (Nr. 7) – *In der Ferne* (Nr. 6). Dann wäre *Abschied* die reziproke Entsprechung zu *Kriegers Ahnung* und die Lieder 5 und 6 die umgekehrten, vernichtenden Korrelate der an sich heiteren, zumindest lebensbejahenden Lieder 1 und 3 – und dies alles nicht nur inhaltlich, sondern auch rhythmisch. Diese Ordnung, die auch den expliziten Abschiedsgruß in *Kriegers Ahnung* und *Abschied* zur Grundlage machte, wäre dennoch unmöglich, denn dieser Abschiedsgruß wird auch in dem Lied *In der Ferne* ausgesprochen.

Wie aber sollte eine völlige konzeptionelle Entsprechung von lyrischen Gebilden überhaupt denkbar sein? Kompromisse sind bei einer derart formal gedachten Zusammenstellung nicht vermeidbar, und Schubert scheint sich für den Kompromiss entschieden zu haben, wie wir ihn kennen, um das Publikum nicht mit der alles verwüstenden Nr. 6 aus den Rellstab-Liedern zu entlassen. Wenn das überhaupt alles so gedacht war …

In jedem Fall könnte man die Folge von einer langen Note und zwei halb so langen (--|-|-) den heiteren, positiven Stimmungen zuordnen (Nr. 1, 3, 7), wohingegen die punktierte Note, gefolgt von zwei kurzen

(---|-|-), die negativen Inhalte charakterisierte (Nr. 2 und 6). Das Lied Nr. 5, in dem ein Wechsel zwischen punktierten und nicht-punktierten ersten Noten eine Einordnung erschwert, würde so auch in seinem Rhythmus seiner nicht ganz eindeutigen inhaltlichen Stellung gerecht, angesichts der mittleren dritten Strophe mit ihrer freundlichen Ahnung.

Wie auch immer – alle sechs Lieder, die das *Ständchen* umgeben, sprechen von der Entfernung von der Geliebten; und die fünf einrahmenden Lieder, die der eröffnenden *Liebesbotschaft* folgen, vermindern und relativieren deren liebenden Gruß auf die eine oder andere Weise. Während im ersten Teil (Nr. 1–3) noch die mögliche, gewesene oder zu erzwingende Nähe im Vordergrund steht, thematisiert der zweite Teil (Nr. 5–7) stärker Abschied und Entfremdung. Wenn man dies nun als Ausdruck einer sich im Lauf der Lieder entfaltenden Entwicklung sieht, wirft das nicht gerade ein optimistisches Licht auf Schuberts Grundaussage. Mit dem *Ständchen* an der vierten Stelle andererseits wirken die Rellstab-Lieder wie eine siebenzackige Krone, in deren mittlerer, größter und leuchtendster Zacke das solitäre Glanzstück angebracht ist – ein Edelstein, Ausdruck und Verkörperung des schwebend-melancholischen Schubertschen Liedidioms schlechthin. Hier würde das Lied weniger eine inhaltliche Stellungnahme darstellen als vielleicht ein formal-ästhetisches Bekenntnis.

In diesem Sinn erscheint mir der *Schwanengesang* als Schuberts Lied-Vermächtnis, als Ausdruck einer regelrecht bipolaren Poetik, als Gestalt in zwei diametralen Ausformungen. Beide Möglichkeiten, das Lied als Kunstform zu begreifen, sind deutlich erkennbar, sie stehen gleichgewichtig nebeneinander – ohne dass man heute sagen könnte, welche Schuberts Favorit gewesen wäre: Auf der einen Seite steht der zur Deklamation neigende, teils fast rhapsodische Stil, wie er sich in der *Winterreise* und den Heine-Liedern entwickelt; und auf der anderen ein zu Form und Architektur neigender Ansatz mit der Tendenz zu einer zyklusübergreifenden Idee, wie er in den Rellstab-Liedern mit der Gegenüberstellung der beiden zentralen Liedthemen ‹Liebesbotschaft› und ‹Ständchen› eine nachgerade paradigmatische Ausprägung erfährt.

Diese beiden, hier in so großer zeitlicher Nähe zueinander stehenden, innerhalb des Genres Kunstlied jedoch fast antithetischen Ästhetiken haben die deutschsprachige Liedentwicklung sicherlich für lange Zeit geprägt. Das aber nun auf stilistische Schulen wie eine Schumann-Brahms- und eine Wolf-Strauss-Schule hinauslaufen lassen zu wollen, würde dieser Kunst, die sich ob ihrer Qualität letztlich doch jeder eindeutigen Kategorisierung verweigert, nicht gerecht, finde ich.

Die fünf Lieder Schuberts nach Texten von Friedrich Rückert mit dem *Schwanengesang* zu konfrontieren ist nun zweifellos eine interpretatorische Setzung. Denn in diesen Texten erscheint der Formgedanke noch ausgeprägter als in den Rellstab-Liedern. So klingt in der von uns gewählten Zusammenstellung auch eine gewisse, freilich leicht brüchige Reminiszenz der siebenstrahligen Architektur des ersten *Schwanengesang*-Teiles an, wenn wir nämlich in dieser Fünfergruppe das schlichte und griffige Lied *Lachen und Weinen* (D 777) in die Mitte stellen. Die anderen vier, in ihrer stilistischen Einzigartigkeit sehr bedeutenden Lieder gruppieren wir darum herum: Die zwei in meinen Augen besonders ergreifenden, erstaunlichen und architektonisch kompakten Lieder *Daß sie hier gewesen* (D 775) und *Du bist die Ruh* (D 776) bilden als zweites und viertes Lied eine innere Klammer. *Sei mir gegrüßt* (D 741), das diesen beiden rhythmisch eng verwandt ist, aber inhaltlich weniger prägnant, auch in seiner strophischen Gestalt eher ausufernd, stellen wir an den Beginn, und *Greisengesang* (D 778), ebenfalls von größerem Gewicht und das längste der fünf Lieder, steht als stilistischer Solitär am Ende. Beide können so einen massiveren äußeren Rahmen bilden: das eine mit seiner mantraartig wiederholten Titelzeile ein zum späteren Schluss der Rellstab-Lieder (Nr. 7 *Abschied*) komplementärer Anfang; und das andere ein Lebensrückblick in strophischer Starre (als Symbol der Physis) und innerlicher Biegsamkeit (als Symbol für die erhaltene seelisch-geistige Frische) – dieser führt zum letzten Werk Schuberts, der *Taubenpost*, und erweist ihm gleichsam eine Reverenz.[10]

Drei dieser fünf Lieder bilden nun, wie gerade angedeutet, eine Art Trias. Diese drei verbindet nämlich auch ein rhythmisches Kleinstmo-

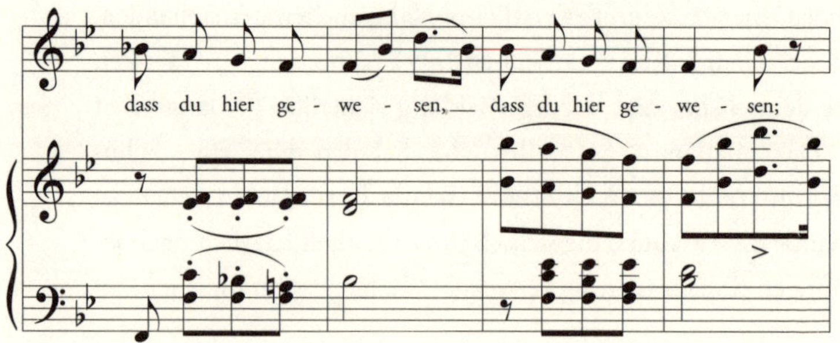

31 Franz Schubert: *Daß sie hier gewesen,* Takte 13–16

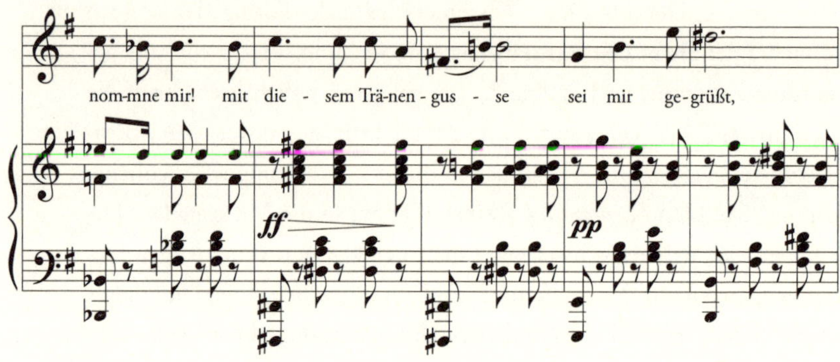

32 Franz Schubert: *Sei mir gegrüßt,* Takte 36–40

tiv, das in diesen Liedern, ähnlich wie bei den Rellstab-Vertonungen, trotz seiner schwachen Charakteristik stilbildend wurde – wegen seiner schieren Häufigkeit. Eigentlich handelt es sich nur um eine **Punktierung**, immerhin mit einem nachfolgenden langen Ton. In *Daß sie hier gewesen* sind es die breiteren Punktierungen, um die es mir geht: «daß du hier gewe**sen**, daß du hier gewesen», in *Sei mir gegrüßt* beispielsweise die Stelle «mit diesem Tränen**gus**-se», und in *Du bist die Ruh* findet sich das Motiv anfangs in noch weniger eindeutiger Form («Du **bist die** Ruh»), später, am Ende der zweiten, vierten und fünften Strophe, dann in idealtypischer Form: «… **und** Schmerz», «… **und** Herz», «**dieser** Brust», «dei**ner** Lust», «füll **es** ganz» (Notenbeispiele 31–33).

Das Entscheidende an dieser rhythmischen Figur ist mir aber ihre

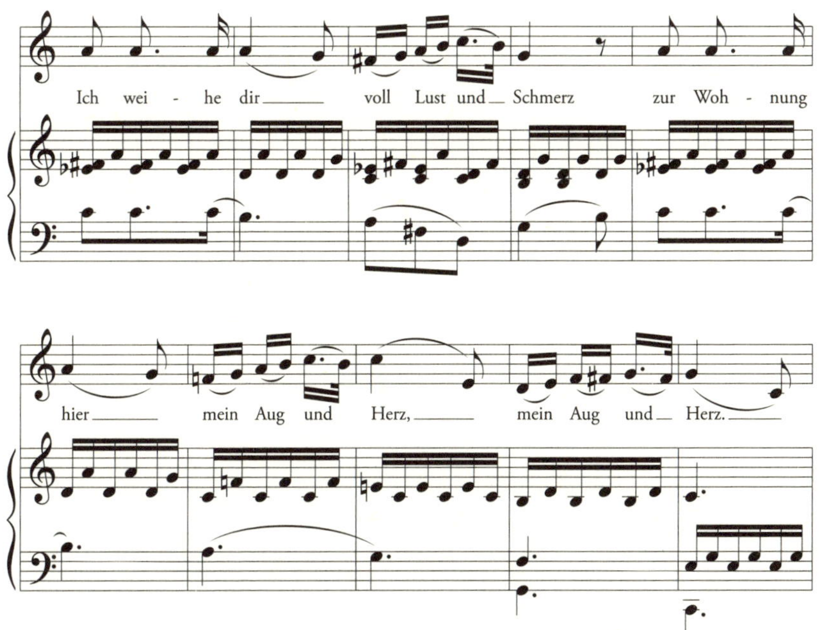

33 Franz Schubert: *Du bist die Ruh*, Takte 16–25

sängerische Artikulation: ein auf der langen, der punktierten Note sich sofort einstellendes schnelles Vibrato – die meisten Vibrati auf längeren Tönen sind zunächst eher gemach, um schließlich, sich beschleunigend, zum nächsten Ton hinzuführen –, dann auf der kurzen Note ein Non-Vibrato, welches zu dem langsameren Schwingen der folgenden langen Note überleitet. Das klingt vielleicht beliebig, ist es aber nicht. Es klingt auch fast harmlos, ist es aber ebenfalls nicht; ohne auf technischer Höhe zu singen, habe ich hier keine Chance – wenn die Stimme nicht ausgeruht und elastisch ist, gelingt es mir nicht. Ziel ist es also, um beim Idealbeispiel von *Du bist die Ruh* zu bleiben, die angesichts der großen persönlichen Bedeutung erhebliche Aufgeregtheit des ‹Sängers› in Ruhe zu überführen: Aus Erregung für das Gegenüber soll friedliche

Gemeinsamkeit werden – das gemeinsame Thema dieser drei Lieder. Die ersten drei «O, füll es ganz» in *Du bist die Ruh* wären die stellvertretend ideale Formulierung dieser Gefühlslage. Und diese ist für mich interpretatorisch an jene kurze, aber präzise sängerische Entwicklung im Vibrato gebunden (zur Vertonung der letzten Wiederholung von «O, füll es ganz» komme ich noch).

Daß sie hier gewesen

Daß der Ostwind Düfte
Hauchet in die Lüfte,
Dadurch thut er kund,
Daß du hier gewesen.

Daß hier Thränen rinnen,
Dadurch wirst du innen,
Wär's dir sonst nicht kund,
Daß ich hier gewesen.

Schönheit oder Liebe,
Ob versteckt sie bliebe?
Düfte thun es und Thränen kund,
Daß sie hier gewesen.

Friedrich Rückert/
Franz Schubert

Daß sie hier gewesen ist nicht nur als Lied besonders reizvoll, mit dissonanten, verminderten Eröffnungsakkorden und sich ablösenden Vorhalten, die zwölf Takte lang die Tonart verschleiern – das alles macht den Eindruck, als wäre hier eher ein Impressionist am Werk als ein Frühromantiker. Es fasziniert mich vielmehr auch das zugrundeliegende Gedicht: Die ersten zwei Strophen lassen einen Mann sprechen, der eine Frau offensichtlich nicht erobern kann – sie wird mit Düften assoziiert, er gibt sich selbst durch Tränen zu erkennen. In der dritten Strophe aber ist dieses ‹Ich› verschwunden, ein süffisanter Beobachter gibt ein leicht ironisches Resümee. Rückblickend betrachtet wurde in den ersten beiden Strophen ein ‹Sprecher› eingeführt, um ihn in der letzten als prätentiös zu entlarven: Dass der Mann spricht und nicht die Frau, zeigt, dass sie wohl gar nichts von ihrem Glück wusste, ja wissen konnte. Nur aus der Ferne, so materiell unfassbar wie nur eben möglich, wird sie erfasst und beschrieben: durch Düfte. Und er: durch Tränen. Und der Erzähler sagt nichts weiter – sie sind eben hier gewesen.

Die Vertonung Schuberts lässt (obwohl die ersten beiden Strophen musikalisch identisch sind) Raum, diese Charakterisierung nachzuzeichnen. Das Vibrato habe ich schon beschrieben. Auch farblich können sich die ersten beiden Strophen unterscheiden, beispielsweise kann man die Selbstsicherheit der Angebeteten durch einen hellen, konzisen Ton kennzeichnen, das Leiden des Mannes dagegen durch eine Farbe, die sich durch eine geringere Gespanntheit durchaus abhebt: Wenn die beiden physikalisch an sich nicht direkt vergleichbaren Größen, die Spannung des Glottis-Schlusses (Annäherung der beiden Stimmlippen) und die Stärke des Atemstroms, nahezu gleich ausgeprägt sind, kommt ein hellerer, gespannterer Klang heraus, der dazu neigen kann, etwas spitz zu sein, und der auch ein wenig dem Ergebnis des ‹In-die-Maske›-Singens gleicht.[11] Wenn allerdings die Glottis-Spannung schwächer als die Stärke des Luftstroms ist, wird der Ton weicher und entfaltet eine charakteristischere Timbre-Qualität. Das ermöglicht meines Erachtens der Stimme, eine ihr eigene Helligkeit mitzuführen, die der Individualität des resultierenden Klanges Vorschub leistet. Nicht zu verwechseln wäre das aber mit einem hauchigen Stimmklang, der kein Zeichen stimmlicher Gesundheit sein kann: Hier klingt der Luftstrom bei weitem dominierend, obwohl die Glottis-Spannung hoch sein kann, wobei jedoch ein gleichmäßiger Glottis-Schluss über die gesamte Länge der Stimmlippen nicht mehr möglich ist, so dass Luft ‹entweicht›, die das hauchige Rauschen bedingt.

Will man ausdrücken, dass das verehrte Mädchen (Strophe 1) auf stabileren Beinen steht als ihr Verehrer (Strophe 2), so kann dazu allerdings auch eine agogische Differenzierung (in kleinem Rahmen) beitragen. Es erscheint mir durchaus als ein Charakteristikum des ‹impressionistischen› Grundzugs dieses Liedes, dass man die nachklassische rhythmische Strenge Schuberts hier als ein wenig aufgeweicht verstehen kann. In diesem Sinne kann man die zweite Strophe im Tempo etwas gelassener beenden, bevor die Prätention des lyrischen Ichs mit dem zusammenfassenden Auftreten des Betrachters von außen endet.

«Düfte» und «Thränen» werden dann in der dritten Strophe jedenfalls zweifach kontemplativ gegeneinandergestellt: Beim ersten Mal ist ihnen eine Entfaltung über drei Takte gewidmet, welche die undefinierbare Wahrnehmung eines irisierenden Duftes charakterisiert;[12] seine Tränen erscheinen dabei in der Irritation durch diesen Duft gefangen (der Doppelschlag auf ihrem Klang kann als Verkörperung dieses Eindrucks verstanden werden). Beim zweiten Mal wird der Duft neutraler, kürzer abgehandelt, während den Tränen und ihrer zögerlichen Grundhaltung ein doppelt so lang gestreckter Vorhalt gewidmet ist. Interessant ist auch das abschließende «Daß sie hier gewesen»: Während es im ersten Durchgang der letzten Strophe durch eine nach oben gespiegelte Melodie zum folgenden zweiten Durchgang hinleitet, entspricht es am Ende exakt den Enden der ersten beiden Strophen – auch dies ein Hinweis auf die impressionistische Aura dieses Liedes: «Daß du [...] ich [...] sie hier gewesen.» Lediglich der Eindruck der Situation wird nachgezeichnet, zwar mit feinen Lichtunterschieden (klar – weich – ironisch-distanziert), aber ohne dem Geschehen eine größere Bedeutung, Wertung oder gar Expressivität zukommen zu lassen.

Du bist die Ruh

Du bist die Ruh,
Der Friede mild,
Die Sehnsucht du,
Und was sie stillt.
Ich weihe dir

Voll Lust und Schmerz
Zur Wohnung hier
Mein Aug und Herz.

Kehr ein bei mir,
Und schließe du
Still hinter dir
Die Pforten zu.

Treib andern Schmerz
Aus dieser Brust,
Voll sei dies Herz
Von deiner Lust.

Dies Augenzelt,
Von deinem Glanz
Allein erhellt,
O füll es ganz!

Friedrich Rückert/
Franz Schubert

Einer meiner großartigsten Kollegen fuhr – ich habe die Geschichte aus zweiter Hand – einmal in kurzen Hosen entspannt Fahrrad, als ihn plötzlich seine Frau anrief: Sie schaffe es nicht in zehn Minuten rechtzeitig zu dieser Beerdigung, von der er wisse, ob er denn für sie einspringen könne. Vom Programm habe er alles schon mal gesungen, das würde sicher gehen. Er sagte, er versuche es, kam gerade rechtzeitig, die Orgel spielte wohl schon einen Introitus, er ging schnell zum Organisten, und sie verständigten sich noch einmal über den Ablauf, bevor er dann schon singen musste – *Du bist die Ruh*. Ich nehme an, er hat kein absolutes Gehör, also muss ihm wohl erst beim ersten Einsatz gedämmert haben, dass das nicht wirklich seine Tonart war. Schwer genug sind schon die ersten vier Textstrophen (die zu zwei musikalischen Strophen zusammengefasst sind), aber die zweimal wiederholte letzte, die sich in meiner C-Dur-Transposition zu einem für mich jedes Mal hoch riskanten *f* hinaufschraubt, endete hier, wenn ich das richtig weiß, mindestens mit einem *g* oder gar in der Originaltonart Es-Dur mit einem *as*, von einem Mezzoforte oder Forte mindestens ins Mezzopiano, wenn nicht ins Piano ausschwingend. Dieser Kollege hat eine wirklich große Stimme, mit sehr guter Höhe, aber so hoch hatte er das Lied sicher nicht geplant oder je geübt. Es kam, wozu es kommen musste – einem schweren musikalischen Verkehrsunfall, die angehörige Trauergemeinde wusste die Sache jedenfalls nicht einzuordnen. Ich habe das vergleichsweise entspannende *f* im Konzert zwar auch oft genug nicht so gesungen, wie ich es gerne gehabt hätte, immerhin aber einmal so auf CD aufgenommen, wie es mir vorschwebte – offen, hell, ohne Abschluss.[13]

Wie kommt es dazu? Es ist ein Lied voller Überraschungen, alles Ruhige wird entgegen der Erwartung verändert und aufgebrochen. Der Beginn der Einleitung beispielweise ist ein Muster an Gelassenheit mit sich wiederholenden Terz-, dann Quart-Ondulationen von unten nach oben. Plötzlich aber ändert sich das am Ende des zweiten Taktes, indem die Sprünge, mit einem Auftakt zum dritten Takt eingeleitet, von oben nach unten oszillieren. Die beiden ersten musikalischen Strophen sind dann fast gleich, nur am Ende der zweiten folgt eine kleine Änderung, die vom Hörer wohl nicht bewusst wahrgenommen wird: Durch einen Ganztonschritt nach oben bei «Voll sei dies Herz» wird kurz eine veränderte Gespanntheit erzeugt. Diese wird dann in der letzten Strophe, die nur eine, allerdings wiederholte Textstrophe enthält, exponentiell entwickelt: Anstelle des dem C-Dur eigenen a-Moll, das in den ersten beiden Strophen bei «die Ruh» bzw. «bei mir» zu hören war, steigt das analoge «Augenzelt» nur um einen Halbton nach As-Dur. Daran schließt sich eine Ganztonleiter mit etlichen daraus resultierenden Dissonanzen an, die sich schließlich im letzten Halbtonschritt in F-Dur auflösen (Notenbeispiel 34). Dasselbe dann nochmals – aber während die Überraschung beim zweiten *as* schon keine mehr ist, kommt statt derer noch eine weitere: Anstelle des vorherigen Ganztonschritts zu «Von deinem» folgt nun ein Quartsprung als Vorhalt zu dem nachfolgenden «Glanz» (Notenbeispiel 35).

Das Schwierige an dem finalen hohen *f* ist für mich, während dieses diffizilen Aufstiegs die Stimmfarbe konstant zu halten, so dass das Crescendieren und, beim zweiten Mal, das finale Decrescendieren (das nur in der Friedländer-Ausgabe so notiert ist) ekstatisch, aber nicht gewaltig klingen. In der Urtext-Ausgabe findet sich an beiden Stellen nur ein Crescendo, das jedoch bei der Wiederholung der Textstelle einen Takt früher beginnt und somit die Gefahr mit sich bringt, ein etwas gewaltsames Forte zu erreichen. Dies lässt die Idee eines final abrundenden Decrescendo tatsächlich sinnvoll erscheinen.

Ein anderer Kollege, auch er einer der großen Meister seines Faches,

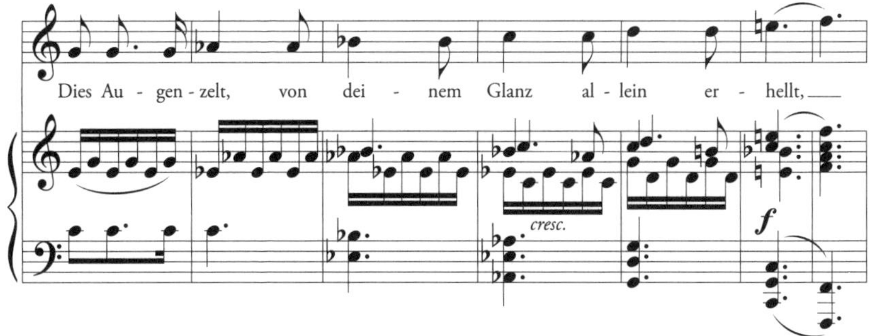

34 Franz Schubert: *Du bist die Ruh*, Takte 54–60

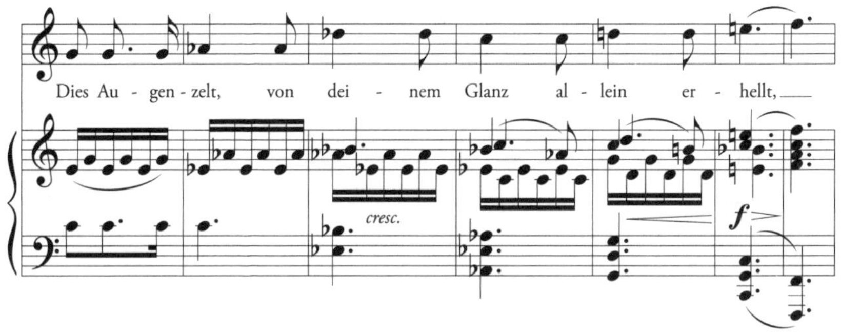

35 Franz Schubert: *Du bist die Ruh*, Takte 68–74

fragte mich, nachdem er meine Aufnahme des Liedes angehört hatte, wie ich denn diesen Ton, dieses *f*, nicht ‹decken› könne. Ich konnte das generell nie, wollte es schon als Student nicht, weil ich die Stimm- (und oft genug die Vokal-)farbe nicht einer technischen Notwendigkeit opfern wollte. Für mich war ein flacher oder ‹weißer› Ton, so tabu er manchem Kollegen und so verhasst er manchem Dirigenten auch sein mochte, allemal besser als das deutsche ‹Decken›. Das verwandte, aber doch ganz andere italienische ‹coperto› allerdings musste ich später trotzdem lernen, zumindest ansatzweise – ich fand für mich einen anderen Weg, als einer homogenen Tonleiter am Ende eine dunkle Wollmütze aufzusetzen: Bis heute geht es mir besser damit, einen Passaggio-Ton zunächst flach anzusetzen, um über ihm dann eine weitende

Kuppel zu öffnen. Vielleicht meinte das aber auch mein deutscher Kollege.[14]

Die letzte Überraschung in *Du bist die Ruh* ist schließlich, dass in der vierfach gesungenen Schlusszeile «O, füll es ganz!» der dreimal wiederkehrende finale Quintsprung nach unten zum *c* zuletzt ausbleibt: Die Gesangsstimme endet mit der um zwei Achtel verlängerten Quint. Das wirkt auf mich wie ein hinausgezögertes Aushalten der so eindrucksvoll sich aufbauenden Ekstase, die zwar auf den Spitzentönen des Liedes ihren Höhepunkt erreicht, aber am Ende des Liedes nicht völlig verlischt, eher noch einmal leicht aufglimmt, wie die letzte Punktierung andeutet, wenn sie nicht entspannt nach unten führt, sondern das Erlebte hochhält.

Nachspiel mit Stifter

Madrid, Februar 2021

So. Und dann schreibe fleißig ins Lederbuch […], und lies es erst in drei Jahren […], ob du dich dann auch vorwärts gehend findest[1] […] Ich konnte mein erstes Päckchen nicht in drei oder vier, sondern erst in fünf Jahren öffnen […] Alles war anders geworden, als ich einst gedacht hatte, ich erkannte, dass ich erst jetzt die rechten Ansichten habe, und brannte vor Begierde, sie gleich nieder zu schreiben[2] […] Ich schrieb sehr fleißig an meinen Päcken, sie wurden immer gleichartiger, bis jetzt die, welche ich in meinem Alter öffne, einer wie der andere sind.[3]

Adalbert Stifter

Dieses *Lyrische Tagebuch* ist eine Sammlung aufführungspraktischer Gedanken und Ideen zur Bedeutung von Liedern, die ich im Laufe meiner nun mehr als 22-jährigen beruflichen Tätigkeit und meiner nochmals zehn Jahre länger währenden Zusammenarbeit mit dem Pianisten Gerold Huber auf Basis vor allem sinnlicher Erfahrung für mich entwickelt und gesammelt habe. Mir wurde jedoch erst vor einigen Jahren klar, dass ich bei meiner Arbeit als Sänger unbedingt und immer Verbesserung, ja Fortschritt suche, auch wenn dieser Fortschritt eine Eigenschaft des Menschen sein mag, die ihm und noch mehr seiner unschuldigen Umwelt nicht unbedingt gut bekommt und die ich deshalb als bestimmenden Antrieb lange Zeit nicht annehmen wollte.

Ich konnte diese Erscheinung jedoch schließlich einordnen, als ich endlich die Prosa Adalbert Stifters kennenlernte, die mir inzwischen liebste und schönste deutsche Prosa neben der Joseph Roths. Nicht so sehr die Vervollkommnung der eigenen Lebensumstände und deren ideelle Systematisierung im Sinne Gustav von Risachs aus dem *Nachsommer* haben es mir da angetan, eher war es das «Lieblingskind» Adalbert Stifters, das mich am meisten beeindruckte: *Die Mappe meines Urgroßvaters*. Die Arbeit an diesem Werk zog sich lange hin in Stifters Leben. Es entstanden vier Fassungen, deren letzte er nicht mehr vollenden konnte. Allesamt waren sie Versuche der Verbesserung, wie es auch das Prinzip der «Mappe» selbst beschreibt: Ein Konvolut tagebuchartiger Texte wird mit einem Band in einer Mappe verschlossen und darf erst nach einer längeren Zeit des Vergessens und der Nichtbeachtung wieder geöffnet werden. Und so ist es nicht der ganz konkrete, vielfältige Fortschritt, welcher besonders in der «Letzten Mappe» beschrieben wird, der mich fasziniert: nicht der Ausbau der Straßen (der erzählende Urgroßvater Augustinus, einer der ersten Ärzte im ländlichen Böhmen des frühen 18. Jahrhunderts, wollte sich nicht länger wegen frontaler Zusammentreffen mit Bauernwagen auf einspurigen Wegen bei seinen

Patienten verspäten), nicht die Verbesserung der Landwirtschaft, nicht die Bautätigkeit, nicht die Grundgewinnung und nicht einmal der erstaunt und beeindruckt besuchte fürstliche Park mit seiner geplanten, sacht geleiteten Landschaft und das so erweckte Aufkeimen ästhetischer Ideen in Augustinus' Zeit und bei ihm selbst.

Es ist vielmehr die mit der «Mappe» eingeführte Methode fortgesetzter Selbsterkenntnis und -verbesserung, die aber nicht in stetig evolutionärem Bemühen erfolgt, sondern vielmehr in intermittierender, immer wieder umwälzender Selbstvergewisserung, also in Stufen. Das Ergebnis hat es mir angetan: Durch die lange unterbrochene Betrachtung weit zurückliegender Tätigkeit wird eine retrospektive Erkenntnis der eigenen Natur und ihrer Entwicklung auch prospektiv erhärtet, oder – um es anders auszudrücken – nicht das erzwungene, faustische Übertreten des Horizonts der eigenen Möglichkeiten durch andauernden Vergleich mit sich und anderen ist das Ziel persönlicher und künstlerischer Entwicklung, sondern vielmehr eine asymptotische Annäherung an das genuine Potential der individuellen Begabung im Laufe des Lebens. Sie wird durch eine nach und nach erfolgende Vergewisserung des eigenen Tuns und Sich-Äußerns ermöglicht. Und ganz gemäß den zitierten Sätzen von Stifter stellt sich nach anfänglicher reflexiver Erschütterung mit der Zeit eine zunehmende Gewöhnung an das Selbst, im Sinne einer Erfüllung des eigenen Talents, ein.

Diese Methode ist auch die mir plausibelste Art künstlerischen Fortschritts: Ich versuche für mich in meiner Tätigkeit als Sänger nicht – oder immerhin nicht mehr –, durch ständige Überprüfung und strenge Kontrolle eine vorgestellte Entwicklung zu erzwingen, die sich in ständiger Beobachtung wie «von außen» zu manifestieren hätte, sondern mich eher einem inneren Prozess der Fortentwicklung zu überantworten, der sich von Zeit zu Zeit immer weniger staunende Rückblicke auf lange vorher Geleistetes und Geschehenes zugesteht. Das heißt also auch, dass die freilich notwendige stetige Arbeit der Kritik und Vergewisserung «nach innen» blickt, und zwar weniger auf das eigene Sein als auf den Sinn zu erarbeitender Werke. Nicht also Selbstbezug und Selbstoptimierung, vielmehr diese «tägliche» Arbeit der Bedeutungssuche ist

Inhalt meines Berufes und Thema dieses «Tagebuchs». Lyrisch heißt dieses Tagebuch, weil es sich vor allem mit dem Lyrischen, also mit Gedichten und ihren Vertonungen, beschäftigt. Und wenn auch der Opernsänger im Italienischen ‹cantante lirico› heißt, der Begriff des Lyrischen also teilweise auch auf das Theatrale ausgeweitet werden mag, so sind es doch mehr die Erfahrungen, die ich dem Liedpodium verdanke, welche ich hier niederschreibe.

Dies ist natürlich kein wissenschaftlicher Beitrag. Zwar bediene ich mich einiger Ideen und Schlüsse, die andere entwickelt haben, und ich versuche, sie hier auch als nicht meine eigenen zu dokumentieren. Wie man sich aber bei einem mehr dem Synthetischen verschriebenen Arbeiter im Bergwerk der Künste wohl vorstellen kann, ist es nicht meine Sache und auch nicht meine Aufgabe, aus informierter Vollständigkeit heraus größte akademische Vorsicht walten zu lassen. Vielmehr will ich, vor allem aber kann ich analytische Konsequenz gar nicht anbieten. Wenn man einem Darsteller – ob Musiker, Sänger oder Schauspieler – zuzugestehen bereit ist, seine Tätigkeit in gewissem Umfang künstlerisch zu nennen, so sicherlich aufgrund einer inspirierten und erfinderischen Fülle, die es erlaubt, sich der Eindrücke, Assoziationen und Argumente, welche die eigene Sache berühren und betreffen, wenn auch nicht in eklektischer Weise, so doch in künstlerischer Freiheit und Unvollständigkeit zu bedienen, um das Neu-Begreifen bestehender Kunst aktuell und wahrhaftig zu ermöglichen.

Um mich hier aber nicht irrend zu verirren, vertraute ich mich Menschen an, die mich an ihrer wissenschaftlichen Genauigkeit und Methode, an ihrer Stilsicherheit und umfassenden Kenntnis teilhaben ließen und sich so meiner ganzen Dankbarkeit versicherten: Barbara Hacker, Frank Zipfel, Dieter Borchmeyer, Ingrid Bodsch, Hans Joachim Köhler, Stefanie Hölscher, vor allen aber und ganz besonders Laurenz Lütteken sind mir eine unentbehrliche, bewunderte und vor allem äußerst willkommene Hilfe gewesen bei der Formung dieser Essay-Sammlung, die ich ein Tagebuch meiner Arbeit mit und an dem Lyrischen nennen will.

Anmerkungen

Vorspiel mit Tiefflieger

1 Schon 1834, sechs Jahre bevor er anfing, Lieder zu komponieren, schrieb Robert Schumann an Clara Wieck: «Im Anfang hatte ich verschiedene Pläne über unsere Correspondenz. Ich wollte [...] meinen Luftballon (Sie wissen, daß ich einen besitze) mit Briefgedanken anfüllen und bei günstigem Winde unter passender Adresse aufsteigen lassen. – Ich wollte mir Schmetterlinge einfangen als Briefträger an Sie [...] Kurz ich hatte viele witzige Träume im Kopf, aus denen mich erst heute ein blasender Postillon weckte.» (Robert Schumann: «Schlage nur eine Weltsaite an». Briefe 1828–1855. Ausgewählt und kommentiert von Karin Sousa. Mit einem Nachwort von Rüdiger Görner. Frankfurt a. M. und Leipzig 2006, S. 140)

2 «It would be churlish to resist this song [...] The opening strain is perhaps oversweet [...] It must be confessed however that the contrived peroration, which is the last if not the lasting impression, mars the total effect.» (Eric Sams: The Songs of Robert Schumann. London 1969, S. 154)

3 Vgl. das Kapitel «Schumanns abstrakte Oper».

Lyrische Dramaturgie

1 Friedrich Nietzsche: Über Wahrheit und Lüge im außermoralischen Sinne [1873]. In: Ders.: Die Geburt der Tragödie [...]. Kritische Studienausgabe. Hrsg. von Giorgio Colli und Mazzino Montinari. Bd. 1. München 1988, S. 873–890, hier S. 882.

2 Vgl. hierzu Silke Schwarz: «Darfst mich niedre Magd nicht kennen». Eine geistliche Metaebene in Schumanns Opus 42 *Frauenliebe und Leben*. In: Dieter Borchmeyer u. a. (Hrsg.): Musik verstehen – Musik interpretieren. Festschrift für Siegfried Mauser zum 65. Geburtstag. Würzburg 2019, S. 201–218.

3 Allgemein halte ich das psychologische Nachbilden in Musik für eine in Schumanns Liedwerk nachrangige Erscheinung – vgl. hierzu Matthias Walz: Frauenliebe und -leben op. 42. Biedermeierdichtung, Zykluskonstruktion und musikalische Lyrik. In: Gerd Neuhaus (Hrsg.): 15. Wissenschaftliche Arbeitstagung zu Fragen der Schumann-Forschung. Köln 1996, S. 97–118.

4 Es ist mir wichtig, darauf hinzuweisen, dass es sich trotzdem nicht um vordergründige und sentimentale Kurzschlüsse mit Schumanns Leben handelt, sondern um anspruchsvolle, sich auch selbst tragende Konzeptionen.

5 Vgl. hierzu Jon W. Finson: Schumann, Antisemitism, and the *Drei Gesänge aus Lord Byron's Hebräischen Gesängen* op. 95. In: Helmut Loos (Hrsg.): Robert Schumann. Persönlichkeit, Werk, Wirkung. Bericht über die Internationale Musikwissenschaftliche Konferenz vom 22. bis 24. April 2010 in Leipzig. Leipzig 2011, S. 126–135.

6 Siehe hierzu das Booklet der Gesamtaufnahme von Schumanns Liedern: Robert Schumann: Alle Lieder. Christian Gerhaher, Gerold Huber u. a. Sony Classical 2021.

7 Richard Strauss: Aus meinen Jugend- und Lehrjahren. In: Ders.: Betrachtungen und Erinnerungen. Hrsg. von Willi Schuh. 2., erw. Aufl., Zürich und Freiburg i. Br. 1957, S. 203–218, hier S. 210.

8 Vgl. die bedauerliche Aussage Nietzsches, die eine größere Nachwirkung hatte als die Tatsache, dass er 1864 feierlich einen Kranz auf Schumanns Grab niederlegte: «Der ‹Jüngling›, wie ihn die romantischen Liederdichter Deutschlands und Frankreichs um das erste Drittel dieses Jahrhunderts träumten, – dieser Jüngling ist vollständig in Sang und Ton übersetzt worden – durch Robert Schumann, den ewigen Jüngling, so lange er sich in voller eigener Kraft fühlte: es giebt freilich Momente, in denen seine Musik an die ‹alte Jungfer› erinnert.» (Friedrich Nietzsche: Menschliches Allzumenschliches. Kritische Studienausgabe. Bd. 2. München 1988, S. 619) Und, noch schlimmer: «Was aber Robert Schumann angeht, der es schwer nahm und von Anfang an auch schwergenommen worden ist – es ist der Letzte, der eine Schule gegründet hat –: gilt es heute unter uns nicht als ein Glück, als ein Aufathmen, als eine Befreiung, dass gerade diese Schumann'sche Romantik überwunden ist? Schumann, in die ‹Sächsische Schweiz› seiner Seele flüchtend, halb Wertherisch, halb Jean-Paulisch geartet, gewiss nicht Beethovenisch! gewiss nicht Byronisch! – seine Manfred-Musik ist ein Missgriff und Missverständnis bis zum Unrechte –, Schumann mit seinem Geschmack, der im Grunde ein *kleiner* Geschmack war (nämlich ein gefährlicher, unter Deutschen doppelt gefährlicher Hang zur stillen Lyrik und Trunkenboldigkeit des Gefühls), beständig bei Seite gehend, sich scheu verziehend und zurückziehend, ein edler Zärtling, der in lauter anonymem Glück und Weh schwelgte, eine Art Mädchen und noli me tangere von Anbeginn: dieser Schumann war bereits nur noch ein *deutsches* Ereignis in der Musik, kein europäisches mehr, wie Beethoven es war, wie, in noch umfänglicherem Maasse, Mozart es gewesen ist, – mit ihm drohte der deutschen Musik ihre grösste Gefahr, *die Stimme für die*

Seele Europa's zu verlieren und zu einer blossen Vaterländerei herabzusinken.» (Friedrich Nietzsche: Jenseits von Gut und Böse. Kritische Studienausgabe. Bd. 5. München 1988, S. 188)

9 Nietzsche: Über Wahrheit und Lüge im außermoralischen Sinne, S. 889f.

10 Der starke Wanja ist Otfried Preußlers märchenhaft-mythischer Typus des Jugendlichen, der seine Jugend lang kräftesammelnd und untätig auf einem Ofen liegend abwartet, um dann später umso tatkräftiger in die Welt zu treten.

11 Das schreibt Schumann auch selbst: «Die Entwicklung [nach Schubert, Anm. CG] zu beschleunigen, entfaltete sich auch eine neue deutsche Dichterschule: Rückert und Eichendorf, obwohl schon früher blühend, wurden den Musikern vertrauter, am meisten Uhland und Heine komponiert. So entstand jene kunstvollere und tiefsinnigere Art des Liedes, von der natürlich die Früheren nichts wissen konnten, denn es war nur der neue Dichtergeist, der sich in der Musik wiederspiegelte» (R[obert] S[chumann]: Lieder (Schluß). In: Neue Zeitschrift für Musik 19, 1843, S. 33–35, hier S. 35.

12 Eric Sams: The Songs of Robert Schumann. London 1969, S. 65.

13 Ian Bostridge: Schuberts Winterreise. Lieder von Liebe und Schmerz. Aus dem Englischen von Annabel Zettel. München 2015, S. 138.

14 Vgl. das Kapitel «Vorspiel mit Tiefflieger».

Schumanns abstrakte Oper

1 Die Abbildung des speziell Goethe-Faustischen mit filmischen Mitteln legt vielleicht besonders sinnfällig der Titel des dritten Aktes, des *Helena-Aktes*, aus dem *Zweiten Teil* bei seiner Vorweg-Veröffentlichung nahe – «klassisch-romantische Phantasmagorie». Zur Phantasmagorie schreibt Dieter Borchmeyer in seinem *Faust*-Nachwort, sie «bezeichnete im 18. Jahrhundert die Darstellung von Geistern mit Hilfe eines aus der Laterna magica entwickelten optischen Apparats, der wohl auch beim ‹magischen Theater› der Beschwörung Helenas am Kaiserhof zum Einsatz kommt» (Dieter Borchmeyer: Nachwort. In: Johann Wolfgang von Goethe: Faust. Sämtliche Dichtungen. Mit einem Nachwort von Dieter Borchmeyer. Anmerkungen von Peter Huber. Düsseldorf und Zürich 2003, S. 761–815, hier S. 779).

2 Ausgerechnet in Goethes «Festspiel» *Pandora* steht der Satz, der für das zentrale Wort in Schumanns *Szenen aus Goethes Faust* – «Am farb'gen Abglanz haben wir das Leben» – die ideale Paraphrase ist: Der Mensch sei «Bestimmt Erleuchtetes zu sehen, nicht das Licht» (Goethes Werke (Hamburger Ausgabe). Hrsg. von Erich Trunz. Bd. V. 11. Aufl., München 1993, S. 362).

3 ‹Entelechie› bezeichnet den einem Köper innewohnenden Willen, der mit einem Erkenntnis- und Bedeutungsziel («telos») ausgestattet ist – oder einfach so etwas wie ‹Seele›.

4 Eine Auferstehung im Sinne eines Lebens nach dem Tod ist nicht das explizite Ziel der Na'vi'schen Naturreligion, welche sich in zwei Bäumen versinnbildlicht – einem riesenhaften ‹Lebensbaum› und einem für alle Lebenskraft grundlegenden ‹Prinzipienbaum›.

5 Die beiden maximal usurpierenden, die vielleicht expansivsten Charaktere des Theaters begegnen sich hier: Während Faust die Unendlichkeit zu begreifen, zu fassen zu kriegen versucht, indem er die Fülle der Erkenntnis und Sinnlichkeit extrapoliert, begreift Don Juan die Unendlichkeit durch das Negieren aller Reflexion (er selbst ist sein eigener Mephisto), und sie treffen sich in diesem einen nicht festzuhaltenden Augenblick – der eine, Don Juan, gestaltet sein gesamtes Leben als momentan, der andere, Faust, nur sein Ableben – vgl. hierzu das Kapitel «Drama des Augenblicks».

6 Ich zitiere hier die Version in Alban Bergs Libretto, die mich noch mehr begeistert als die Stelle in Georg Büchners Drama. Vgl. Alban Berg: Georg Büchners Wozzeck. Oper in 3 Akten (15 Szenen) op. 7. Klavierauszug von Fritz Heinrich Klein. Wien: Universal Edition (UE 7382), S. 11f.

7 Ich verdanke diese Klärung Dieter Borchmeyer und Anne Bohnenkamp. Von Letzterer stammt auch der Verweis auf folgende Briefstelle (Schiller an Goethe am 26.6.1797): «In Rücksicht auf die Behandlung finde ich die große Schwierigkeit, zwischen dem Spaß und dem Ernst glücklich durchzukommen, Verstand und Vernunft scheinen mir in diesem Stoff auf Tod und Leben miteinander zu ringen. Bei der jetzigen fragmentarischen Gestalt des Fausts fühlt man dieses sehr, aber man verweist die Erwartung auf das entwickelte Ganze. Der Teufel behält durch seinen Realism vor dem Verstand, und der Faust vor dem Herzen recht. Zuweilen aber scheinen sie ihre Rollen zu tauschen und der Teufel nimmt die Vernunft gegen den Faust in Schutz» (Der Briefwechsel zwischen Schiller und Goethe. Hrsg. von Paul Stapf. Berlin und Darmstadt 1960, S. 311).

8 Das Begriffspaar «verselbsten»/«entselbstigen» führt Goethe in *Dichtung und Wahrheit* ein (Goethes Werke (Hamburger Ausgabe). Bd. IX. 14. Aufl., München 2002, S. 353).

9 Den Titel hat Schumann Franz Liszt im Brief vom 10. August 1849 vorgeschlagen. Liszt dirigierte am 29. August 1849 in Weimar eine der drei gleichzeitigen Uraufführungen zum Goethe-Fest; in Dresden stand Schumann am Pult, in Leipzig Julius Rietz (Wolfgang Seibold: Briefwechsel zwischen Franz Liszt und Robert und Clara Schumann, abgerufen unter: https://www.schumann-portal.de/korrespondenz-franz-liszt-mit-clara-schumann.html, S. 83).

10 Einmal, nur einmal würde ich diese Ouvertüre in ihren vielen lauten Teilen gerne so laut hören wie nur irgend realisierbar, so gewaltig und so sehr am Kronleuchter zerrend und an den Wänden reißend, dass hernach der Saal in Stücken liegt.

11 Vgl. dazu Erich Trunz: «Das Nacheinander im Drama ist [im *Faust II*] fast nur noch ein Nebeneinander im Sein, die einzelnen Szenen *einander gegenübergestellte und sich gleichsam abspiegelnde Gebilde* ([Goethe] an Iken 27. Sept. 1827)» (Goethes Werke (Hamburger Ausgabe). Bd. III. 11. Aufl., München 1993, S. 582).

12 Vgl. dazu: «Der Handelnde ist immer gewissenlos; es hat niemand Gewissen als der Betrachtende.» (Goethes Werke (Hamburger Ausgabe). Bd. XII. 11. Aufl., München 1993, S. 399)

13 Vgl. dazu Borchmeyer: Nachwort, S. 769f.

14 Immerhin muss ich kleinlaut einräumen, was Schumann hierzu, vermutlich im Dezember 1844, an Eduard Krüger schrieb: «Was meinen Sie zu der Idee, den ganzen Stoff [also den ganzen *Faust*!, Anm. C. G.], als *Oratorium* zu behandeln? Ist sie nicht kühn und schön? Nur denken darf ich jetzt nicht daran» (Robert Schumann: «Schlage nur eine Weltsaite an». Briefe 1828–1855. Ausgewählt und kommentiert von Karin Sousa. Mit einem Nachwort von Rüdiger Görner. Frankfurt a. M. und Leipzig 2006, S. 93).

15 Die Gleichheit dieses Begriffs mit dem Titel von Boris Blachers *Abstrakte Oper Nr. 1* ist Zufall.

16 Als Beispiel extrem volatiler Dynamik und Agogik in der Oper *Genoveva* möchte ich hier auf die rund zehn Minuten lange Passage mit Rezitativ, Szene und Duett aus dem 3. Akt hinweisen, in welcher Siegfried, dem Ehemann Genovevas, vom trügerischen Freund Golo ein beispielhafter emotionaler Absturz bereitet wird. – Ich habe vielleicht noch nie einen Dirigenten so kleinteilig arbeiten sehen wie Daniel Harding bei der Einstudierung dieser Szene mit dem Symphonieorchester des Bayerischen Rundfunks. Wenn man sich diese Mühe mit den Werken Schumanns öfter machen würde, dann könnte man, glaube ich, die Attraktivität seiner Orchesterwerke für das Publikum und auch für manche Musiker vielleicht noch vergrößern.

17 Vielleicht ist sie neben dem dritten, dem Helena-Akt, die Szene in *Faust II*, die echtes Drama ist und sich besonders von der Assoziation eines Versepos abhebt.

18 Freilich ist für Goethe die Konsequenz aus der Erkenntnis grundsätzlich beschränkter menschlicher Wahrnehmung nicht, dass der Mensch aus der Höhle seiner Beschränktheit treten soll, um die Idee als ganze zu begreifen, dazu gibt es anders als bei Platon angesichts des irdischen Abglanzes

als Regenbogen in seiner farbigen Fülle keinen Anlass – der Mensch ist bei Goethe schon staunend aus der Höhle getreten. Vgl. dazu Wilhelm Emrich: Die Symbolik von Faust II. Sinn und Vorformen. Bonn 1957, S. 89.

19 Vgl. das Kapitel «Felsenseelen».

20 Goethes Werke (Hamburger Ausgabe). Bd. XII. 11. Aufl., München 1993, S. 248.

21 Richard Wagner: Über Sänger und Schauspieler [1872]. In: Ders.: Gesammelte Schriften und Dichtungen. Bd. 9. 2. Aufl., Leipzig 1888, S. 157–230, hier S. 183ff.

Tradition und Rollenspiel

1 Zit. nach Chris Walton: Othmar Schoeck. Eine Biographie. Ins Deutsche übertragen von Ken W. Bartlett. Zürich 1994, S. 159.

2 Ich kann mir nicht helfen, aber eigentlich jegliche Falsett-Notierung (speziell bei zeitgenössischer Vokalmusik), wohl aus der Vorstellung heraus, es handele sich um eine Erleichterung, oder auch aus dem Glauben heraus, dass das Falsett die vokale Entsprechung des klanglich viel interessanteren Flageoletts sei, halte ich für falsch und unschön. Anders als eben dem Flageolett kann ich dem Falsett nämlich keinerlei positive Erweiterung der Klangsprache des (nicht prinzipiell falsettierenden) Sängers abgewinnen. Es wirkt auf mich innerhalb einer mit Mischstimme gesungenen Phrase (und so zeigt sich die im Falsett ungeübte Stimme fast immer) wie ein plötzliches Versacken sängerischer Aktivität, Kontinuität und Expressivität.

3 Vgl. dazu auch Susan Youens: Schubert, Mahler and the Weight of the Past. ‹Lieder eines fahrenden Gesellen› and ‹Winterreise›. In: Music and Letters 67, 1986, S. 257–268.

4 Etwa mit dem rauschenden Bach, den Blumen, den Erlen.

5 Speziell in den Liedern 1, 2 und 4 («Blümlein blau», «Vöglein süß», «Ach! Wie ist die Welt so schön», «Ziküth», «Tau noch auf den Gräsern hing», «der lust'ge Fink», «Zink», «Und da fing im Sonnenschein / Gleich die Welt zu funkeln an», «Ist's nicht eine schöne Welt?», «Unter dem Lindenbaum! / Der hat seine Blüthen über mich geschneit»).

6 Dies auch in Schuberts *Winterreise*, mit dem gefrorenen Fluss, dem Lindenbaum als Todes-Trost-Verheißung, mit Eisblumen, Todeskrähe, Nebensonnen – aber auch in seiner *Müllerin,* beispielsweise in der überall in der Natur sich zeigenden grünen Farbe und im Bach, in dem der Müllergeselle ertrinkt.

7 Federico Celestini zählt eine erstaunliche Vielzahl an thematischen Bezügen der *Gesellen-Lieder* zu Schubert auf, die er in ihrer auratisch-assoziativen Fülle «mémoire involontaire» nennt (Federico Celestini: Die tönende

Nähe einer zeitlichen Ferne. Der auratische Klang in Mahlers ‹Lieder eines fahrenden Gesellen›. In: Ders. und Andreas Dorschel (Hrsg.): Arbeit am Kanon. Ästhetische Studien zur Musik von Haydn bis Webern. Wien 2010 (= Studien zur Wertungsforschung 51), S. 156–158.

8 Der Mittelteil des dritten sowie der Beginn des letzten Liedes («Die zwei blauen Augen / Von meinem Schatz») sind Reminiszenzen der blauen Augen der *Schönen Müllerin*, welche zunächst als Vergissmeinnicht erscheinen, und des Himmels, der sich in diesem Zyklus als Todes- und Ewigkeitsbote im Bach spiegelt. Im Kontrast dazu steht das Bild der optisch sich nur wenig abhebenden blonden Haare («im gelben Felde [...] das blonde Haar»): Das selten verwendete gelbe Farbsymbol hat hier sicherlich die Bedeutung von Verrat und Trug, mit denen die blonde Geliebte angeklagt wird.

9 Auch hier möchte ich meiner Überzeugung Ausdruck verleihen, dass die oft bemühte Parallele zu Mahlers Leben (speziell zu einer unglücklichen Verliebtheit in eine Sängerin in Kassel) für Verständnis und Interpretation der *Lieder eines fahrenden Gesellen* nicht von Interesse oder Bedeutung ist (diese Verliebtheit war meines Erachtens allenfalls ein Anlass). Die Lieder sind inhaltlich allgemein gehalten und bedürfen keiner biographistischen Grundlegung, um sie zu begreifen.

10 Er tritt auch im Nachspiel der *Kindertotenlieder*, der *Rückert-Lieder* (wenn man *Ich bin der Welt abhanden gekommen* an den Schluss des Zyklus stellt) und des *Liedes von der Erde* ein.

11 Vgl. das Kapitel «Stelen in Eislandschaft».

12 Vgl. das Kapitel «Abschied von Gewohntem». – Vielleicht ging Mahler diesen Schritt auch bewusst, aber natürlich nicht wissend, wohin die Moderne sich entwickeln würde. Das wird beispielhaft vielleicht darin deutlich, dass er Schönberg und seine Schule immer solidarisch unterstützt hat, auch als Zuhörer in Konzerten, dabei jedoch sein persönliches Unverständnis für dessen ästhetische Entwicklung auch nicht verbergen konnte.

13 Es muss sich also nicht um einen Müller- oder anderen Berufsgesellen (ähnlich dem in der *Schönen Müllerin*) handeln. Gemeint ist vielleicht eher so etwas wie ein wandernder Zeitgenosse oder Mitmensch – vgl. das Kapitel «Bedeuten oder Sein».

14 Zum einen auf das in jedem Lied (auch mehrfach) vorkommende Motiv des Sprungs um eine kleine Sext nach oben, mit nachfolgendem Melodieabstieg – beispielsweise in 1: «hab ich meinen traurigen Tag», in 2: «mir nimmer [hier nur um die Quint] blühen kann», in 3: «ich wollt' ich läg' auf der schwarzen Bahr», und in 4: «vom allerliebsten Platz»; zum anderen auf die im ganz traditionell erscheinenden lyrischen Hauptthema jedes Liedes zentrale Rolle der Quint als melodischer Anfangs- und Zielpunkt – in 1:

«wenn mein Schatz Hochzeit macht», «Blümlein blau», in 2: «Ging heut' morgen übers Feld», in 3: «seh' ich von fern das blonde Haar», und in 4: «Auf der Straße steht ein Lindenbaum».

15 Vgl. zum Begriff der Distanz: «[...] the distinction between aesthetic interest and mere effect: the first creating a distance that the second destroys. The purpose of this distance is not to prevent emotion, but to focus it, by directing attention towards the imaginary other, rather than the present self. [...] Imagined scenes, by contrast, are not realized but represented; they come to us soaked in thought, and in no sense are they surrogates, standing in place of the unobtainable. On the contrary, they are deliberately placed at a distance, in a world of their own.» (Roger Scruton: Beauty. A Very Short Introduction. Oxford 2009, S. 104f.)

16 Einer meiner klügsten und gebildetsten Kollegen sagte mir dazu einmal, er halte Liedsänger wegen ihrer schamlos eingesetzten Bemühungen um koloristische Vielfalt eigentlich für Charakterdarsteller, und so würden Sänger wie ich an sich lyrische Opernrollen wie beispielsweise die des Wolfram in Wagners *Tannhäuser* in Charakterrollen umformen.

17 Vgl. Peter Revers: Mahlers Lieder. Ein musikalischer Werkführer. München 2000, S. 27.

Felsenseelen

1 Schumann dachte offensichtlich zunächst an den Titel *Sechs Gedichte von N. Lenau und Requiem altkatholisches Gedicht*; vgl. dazu Kilian Sprau: Liederzyklus als Künstlerdenkmal. München 2016, S. 34.

2 Lebrecht Dreves: Gedichte. Hrsg. von Joseph Freiherrn von Eichendorff. Berlin 1849, S. 548.

3 Vgl. Sprau: Liederzyklus als Künstlerdenkmal, S. 230ff.

4 Dreves: Gedichte, S. 548.

5 Dreves: Gedichte, S. Vf. Eichendorffs Sarkasmus gegenüber den Revolutionären der Poesie setzt sich noch lange so fort, und auch sein Katholizismus findet in diesem Vorwort ein geradezu reaktionäres Bekenntnis.

6 Sonst müsste ich wohl folgende weitere Sätze aus Eichendorffs Vorwort ernst nehmen: «Sie hatten es sich freilich anders gedacht und gemeint, die entzückte Menschheit, der sie das neue Himmelreich so wohlfeil und bequem gemacht, werde ihnen dafür hübsch artig goldene Lorbeerkränze auf seidenen Kissen überreichen. Aber das weitschichtige Proletariat der Poeten, schon längst empfindlich über den Druck der Aristokratie des Genius, hat das, was jene vornehmen Dichter wollten, auf seine praktische Weise verstanden und sie mit furchtbarer Consequenz Punkt für Punkt beim Wort genommen; aus der langgehätschelten Blüthe ist plötz-

lich die nackte knollige Frucht ausgebrochen und die Blüthen sind in alle Winde zerstreut, niemand fragt mehr nach ihnen; die Musen rasen in schlottrigen Blusen, fraternisiren mit dem alten siegestoll gewordenen Liberalismus und sind, wie es scheint, bei dem letzten Stadium der Revolution, dem literarischen Terrorismus, angelangt.» (Dreves: Gedichte, S. VIf.)

7 Das ist im Kern die Frage, die Faust dem geschwätzig-indolenten Hufschmied mehrfach stellt, so wenn er direkt auf das Lied des Schmiedes antwortet: «Mein guter Schmied, wenn euer Eisen / Nicht fester haftet an der Mähre, / Als eure weise Sittenlehre, / So wird's nicht lange mit mir reisen.» (Nicolaus Lenau: Sämmtliche Werke in einem Bande. Hrsg. von G. Emil Barthel, Leipzig [1883], S. 403)

8 Eine kleine Anekdote: Vor sicherlich zehn Jahren traten Gerold Huber und ich auf einer kleinen Tour mit einem Mahler-Liederabend in Kaiserslautern auf. Am Tag des Konzerts hatte ich eine plötzliche Erkältung. Absagen ging nicht mehr, wir mussten irgendwie das Beste versuchen, und so ließ ich eine Ansage machen, da auf unserem Programm viele (hochexpressive) *Wunderhorn-Lieder* standen und ich ohne Ökonomie, ohne eine gewisse Schonung sicherlich nicht durchgehalten hätte. Hinterher (ich hatte ganz gut überlebt, Mahlers Lieder auch so einigermaßen) meinte eine Dame – sie sagte, sie sei vom Fach und vom Radio aus Berlin, was mir sehr imponierte –, dass ihr die Aufführung so ohnehin lieber gewesen sei, denn diese ewig übermäßige Expressivität sei sie nun wirklich leid. Diese Aussage beschäftigt mich seither immer wieder, denn Expressivität kann doch nicht falscher Ausdruck sein, so denke ich eigentlich – außer sie wird zur Karikatur.

9 Vgl. die in Anm. 7 zitierte Reaktion Fausts.

10 Vgl. dazu die erheblichen aufführungspraktischen Verwerfungen, die das Lied *Wasserflut* mit sich bringt, im Kapitel «Stelen im Eisrevier».

11 Vgl. Sprau: Liederzyklus als Künstlerdenkmal, S. 220.

12 Lenau: Sämmtliche Werke, S. 424.

13 Hier abgedruckt im Kapitel «Holligers Mondlandschaft».

14 Vgl. Mephistopheles in Lenaus *Faust*: «Doch das sind wieder eitel Possen / Und Gleichnisse, die schmählich lahmen; / Natur lebt nur für sich, verschlossen, / Und sie hat nichts mit dir zu kramen; / Und wenn sie dir ein Echo schallen läßt, / Wirft sie dein Wort zurück dir mit Protest» (Lenau: Sämmtliche Werke, S. 425).

Abschied von Gewohntem

1 Ludwig Börne: Denkrede auf Jean Paul Friedr. Richter. Eine Neujahrsgabe für die Freunde und Verehrer des unsterblichen Jean Paul's. Erlangen 1826, S. 5.

2 Auf ihre Bedeutung hat mich mein Kollege Andreas Schmidt gebracht.

3 Vgl. hierzu: «The paradoxical ways in which Mahler's music proposes itself as authentic expression, called forth from a mysterious origin, and yet also draws attention to itself as something made – as artifice […]» (Julian Johnson: Mahler's Voices. Expression and Irony in the Songs and Symphonies. Oxford 2009, S. 93).

4 Vgl. hierzu das Kapitel «Jugendstilrose».

5 Vgl. hierzu die Anmerkung im Kritischen Bericht, in: Gustav Mahler: Sämtliche Werke. Kritische Gesamtausgabe. Leitung: Reinhold Kubik. Herausgegeben von der Internationalen Gustav Mahler Gesellschaft, Wien. Bd. XIV, Teilbd. 2: Des Knaben Wunderhorn. Gesänge für Singstimme mit Orchesterbegleitung. Vorgelegt von Renate Hilmar-Voit. Universal Edition, UE 19 951, S. 340.

6 Vgl. ebd.

7 Zitiert nach der Ausgabe, die Mahler aller Wahrscheinlichkeit benutzte, eventuell in einer späteren, aber identischen Auflage (ich danke Jens Malte Fischer für den freundlichen Hinweis): Achim von Arnim und Clemens Brentano: Des Knaben Wunderhorn. Bd. 3. Heidelberg 1808, S. 81ff., 112.

8 Das ‹Umsingen› ist eines der Hauptcharakteristika des Volksliedes – es bezeichnet die ständige Veränderung und Weiterentwicklung eines tradierten Liedes durch den ‹Volksmund›, im Sinne einer mündlichen Überlieferung.

9 Mahlers eigene Dichtung sind die Zeilen: «Willkommen, lieber Knabe mein! / So lang hast du gestanden! / […] Von ferne sang die Nachtigall».

10 Ähnliche Bewegungen in der zweiten Harfe der Orchesterfassung gehen im Gesamtklang ‹unter›, sind also nicht vergleichbar charakteristisch (Gustav Mahler: Das Lied von der Erde. Orchesterfassung. Dover Publications NY, 1 Takt vor Ziffer 67 – Ziffer 68, S. 144f.

Drama des Augenblicks

1 Friedrich Nietzsche: Also sprach Zarathustra [1871]. Kritische Studienausgabe. Hrsg. von Giorgio Colli und Mazzino Montinari. Bd. 4. München 1988, S. 287.

2 Im ersten Finale, kurz vor der versuchten Vergewaltigung Zerlinas, eröffnet Don Giovanni das Fest: «È aperto a tutti quanti, viva la libertà» («Al-

len ein Willkommen, es lebe die Freiheit»). Vgl. dazu Nietzsche in der *Götzendämmerung*: «Denn was ist Freiheit! Dass man den Willen zur Selbstverantwortlichkeit hat. [...] Dass man gegen Mühsal, Härte, Entbehrung, selbst gegen das Leben gleichgültiger wird. [...] Freiheit bedeutet, daß die männlichen, die kriegs- und siegsfrohen Instinkte die Herrschaft haben über andre Instinkte, zum Beispiel über die des ‹Glücks›» (Friedrich Nietzsche: Götzen-Dämmerung. Oder wie man mit dem Hammer philosophirt [1888]. In: Ders.: Der Fall Wagner [...]. Kritische Studienausgabe. Bd. 6. München 1988, S. 139).

3 Vgl. hierzu: «‹Doch alle Lust will Ewigkeit –, / ‹– will tiefe, tiefe Ewigkeit!›» (Friedrich Nietzsche: Also sprach Zarathustra, S. 404). Lust muss für Giovanni allerdings nicht tief sein. Er würde, hätte er ein Ziel, mit dem Nichts rechnen. Er will tatsächlich nur Lust, will den Moment, aber keine Ewigkeit, zumindest keine tiefe.

4 Vgl. hierzu Giovannis Aussage: «Chi a una sola è fedele, verso l'altre è crudele» («Wer einer treu ist, ist gegen alle anderen grausam») – dieser für das Verständnis seines Wesens oft als zentral betrachtete Satz, der in meinen Augen eher einer einfachen Herz/Schmerz-Reim-Ästhetik folgt, ist nur Fassade. Auf diese Weise ließe sich seine Natur, die Verantwortungslosigkeit des Lebens im Augenblick, nicht oder nur als betrügerisch verstehen.

5 ... oder fast jede: «Lo giuro sul mio onore, purchè non parli del Commendatore» («Ich schwöre es auf meine Ehre, solange du nicht vom Komtur redest»), sagt er zu Leporello und verschließt sich im Konditional des peinigenden Bewusstseins seiner Verwandlung zum Mörder.

6 James Joyce: Ein Porträt des Künstlers als junger Mann. Übers. von Klaus Reichert. München 2004, S. 120–149.

7 Vgl. hierzu: «Ihr habt oft den Sand am Strand gesehen. [...] Nun stellt euch einen Berg aus diesem Sande vor, eine Million Meilen hoch, die von der Erde bis an die fernsten Himmel reichen, und eine Million Meilen breit, die sich bis in den entlegensten Raum erstrecken, und eine Million Meilen in der Tiefe: und stellt euch vor, man multipliziere eine solch enorme Masse von Partikeln Sands so oft, als da Blätter im Walde sind, Tropfen Wassers im mächtigen Ozean, Federn an Vögeln, Schuppen an Fischen, Haare an Tieren, Atome in der unermeßlichen Weite der Luft: und stellt euch vor, daß am Ende jedes millionsten Jahrs ein kleiner Vogel an diesen Berg käme und in seinem Schnabel ein winziges Körnchen dieses Sands davontrüge. Wieviele Millionen und Abermillionen von Jahrhunderten würden vergehen, bis dieser Vogel auch nur einen Quadratfuß dieses Berges abgetragen hätte, wieviele Äonen und Aberäonen von Zeitaltern, bis er ihn ganz abgetragen hätte. Doch am Ende dieser unermeßlichen Zeitspanne könnte man nicht sagen, daß auch nur ein Augenblick

der Ewigkeit vorüber wäre. […] Und wenn dieser Berg […] so viele Male aufstiege und versänke als da Sterne am Himmel sind, Atome in der Luft, Tropfen Wassers im Meer, Blätter an den Bäumen, Federn auf Vögeln, Schuppen auf Fischen, Haare auf Tieren, […] nach diesem Äon der Zeit, dessen bloßer Gedanke uns das Hirn vor Schwindel wirbeln macht, hätte die Ewigkeit kaum erst begonnen» (ebd., S. 147f.).

8 Im zweiten Rezitativ, das die d-Moll-Düsternis seines ersten Auftritts nun endlich hinter sich lässt, schwört Giovanni auf seine Ehre, welche er im zweiten Halbsatz aber sofort durch seinen Mord in Frage stellt, die er also nur für sich reklamieren kann, wenn er ausblendet, dass er zum Mörder geworden ist: «Lo giuro sul mio onore, purchè non parli del Commendatore» (vgl. Anm. 5).

9 Hemiolisch und in sich synkopisch, wirkt sie wie paroxysmal.

10 «Ah credimi, o m'uccido, io m'uccido, ah m'uccido!» («Ach glaube mir, oder ich töte mich, ich töte mich, ach, ich töte mich!») Dieser Ausbruch ist natürlich gespielt, aber auch er erscheint mir in seiner sich steigernden Intensität und Variation («o» – «io» – «ah») als Ausdruck einer inneren, zumindest mitempfundenen Disposition.

11 Ich glaube nicht, dass es grundsätzlich unmöglich ist, aber der Lernprozess im Herstellen von Klängen sieht ein derartiges Kunststück vielleicht gar nicht vor. So etwas ist dann der wirklich großen Kunst vorbehalten – so wie Mozart beispielsweise im Quartett des ersten Akts vier teils sehr divergierende Haltungen zu einem harmonischen Ganzen zu verbinden fähig ist.

12 Diesen Gedanken entwickelt zuerst Alonso de Córdova y Maldonado in seinem Theaterstück *La venganza en el sepulcro* Ende des 17. Jahrhunderts. Interpretationsgeschichtlich wirksam für Mozarts Oper wird er aber erst durch E. T. A. Hoffmanns Novelle *Don Juan*.

13 Nach der Aufzählung aller möglichen Frauentypen schließt er mit den Worten: «Non si picca se sia ricca se sia brutta se sia bella […] purché porti la gonnella» («Es kümmert ihn nicht, ob sie reich ist oder hässlich oder schön […] solange sie nur das Kleid trägt»), um dann in den Takten 147–155, im leisen Konzertieren mit dem Fagott, mit einer unerwarteten, aber umso erschütternderen Melancholie hinzuzufügen: «Voi sapete quel che fa» («Ihr wisst, was er tut»).

Intermezzo

1 Florian Mehltretter (Hrsg.): Wie semantisch ist die Musik? Beiträge zu Semiotik, Pragmatik und Ästhetik an der Schnittstelle von Musik und Text. Freiburg i. Br., Berlin und Wien 2016, S. 7.

2 Eduard Hanslick: Vom Musikalisch-Schönen. Ein Beitrag zur Revision

der Ästhetik der Tonkunst. Unveränderter reprografischer Nachdruck der 1. Aufl. Leipzig 1854. Darmstadt 1991, S. 21.

3 Vgl. dazu: «Ich habe nie behauptet, man solle nicht versuchen, etwas zu erklären oder zu verstehen, aber man soll nicht meinen, die wahre Bedeutung von x sei y» (Susan Sontag: The Doors and Dostojewski. Das *Rolling-Stone*-Interview. München 2013, S. 45).

4 Ludwig Wittgenstein: Philosophische Untersuchungen. Frankfurt a. M. 1971, S. 37.

5 Josef Freiherr von Eichendorff: Erzählungen. Hrsg. von Werner Bergengruen. Zürich 1988, S. 168.

Holligers Mondlandschaft

1 Diese Intonationsschwankungen (ich möchte sie den vertikalen Anteil des Vibratos nennen) schwingen synchron mit den dynamischen Oszillationen (dem horizontalen Anteil) – eine Besonderheit des Vibratos bei Sängern und Bläsern, im Gegensatz zum Vibrato der Streicher. Die Kombination beider Anteile lässt trotz ihrer notwendigen Synchronizität eine große Bandbreite der Verschiedenartigkeit und damit eine bedeutende interpretatorische Vielfältigkeit dieses sängerischen Werkzeugs zu. Um aber die Eindeutigkeit eines gewollten Vierteltones zu erhöhen, muss sich die Benutzung des Vibratos in seiner Extension explizit beschränken.

2 Holliger spricht davon, dass – dem intonatorischen Einfügen gesungener Mikrointervalle in einen Orchesterklang sehr ähnlich – auch die phänomenhafte Behandlung rhythmischer Diffizilitäten viel einfacher gelingen könne als die mathematische (ich verstehe das – vielleicht trüglich – so, dass man nicht drei gegen vier gegen fünf gegen sieben Schläge hören und musizieren können muss, sondern dass man darauf vertrauen lernen sollte, dass sich das Empfunden-Gesagte zusammenfügen kann und wird; das kann zumindest als Hilfe für den Sänger dienen, denn Holliger vermag natürlich dennoch alles zu begreifen, auch wenn er diese Fähigkeit, die anderen zur hinderlichen Obsession werden könnte, aus emotionaler Notwendigkeit einfach abstellen kann – das macht für mich seine Genialität aus): «Ich denke mir auch […], dass sich, nach dem abstrakten Klavierklang der Einstudierung, der farbige sehr obertonreiche Orchesterklang die Mikrointervalle viel natürlicher integriert als beim ersten Studium des Klavierauszuges […] befürchtet. Genauso bei der Rhythmik: Warum sollte man die unendlich differenzierte Rhythmik des Sprechens, der Herztöne, des Atmens, der Naturgeräusche (Tropfen, Wellen, Wind), die Asymmetrien eines Kristalls, einer Blüte, eines Schmetterlings aus der Musik verbannen?» (Brief vom 5.12.2018) Wie treffend formuliert hier Hol-

liger, dass er die augenscheinlich verallgemeinerbaren Formen von Kristall, Blüte, Schmetterling nicht zum Anlass nimmt, eine künstlerische Starrform zu kreieren, sondern ihre individuelle Erscheinung zum Anlass immer neuer Betrachtung nimmt, also alle Erscheinungen als Individualität charakterisiert.

3 Holliger und sein Librettist Händl Klaus gebrauchten den Begriff des Palindroms, der ein Wort bezeichnet, das von vorn wie von hinten gelesen gleich lautet, recht frei: auch im Sinne eines Anagramms, das ja auch den Titel *Lunea* mit ‹Lenau› verbindet, gemeinsam mit dem Phänomen des ‹Krebses›, der Rückwärtsspiegelung einer Melodie.

4 Nikolaus Lenau war über die Schwäbische Dichterschule mit Justinus Kerner eng verbunden. Dessen Spiel mit der ‹psychognomischen› Bedeutung von symmetrischen Bildern, die aus der Faltung von Blättern mit frischen Tintenklecksen entstanden, fand Eingang in die auf den Psychologen Hermann Rorschach zurückgehenden Tests: In diesen werden Persönlichkeitsmerkmale anhand assoziativer Bedeutungszuordnungen von Klecksbildern ergründet. Rorschach-Tests werden mittlerweile nur noch als Teile großangelegter Testreihen verwendet. Ihre Aussagekraft galt nie als wissenschaftlich validierbar.

5 Spiegelung eines musikalischen Motivs an einer horizontalen (Spiegel) oder vertikalen (Krebs) Achse.

6 Im Monatsheft März 2018 des Züricher Opernhauses sagt Holliger: «Ein normaler Mensch komponiert nicht [und schreibt nicht, Anm. CG] – oder er komponiert wie Czerny oder Pleyel. […] Ich suche nicht nach dem Krankhaften in einem Menschen. Ich suche nach Menschen, deren Fantasie keine Grenzen kennt» (S. 15).

7 Ebd.

8 EEG (Elektroenzephalogramm): Hirnstromaufzeichnung. Dass der Begriff der Spaltung hier eher im Sinne beispielsweise einer Callosotomie, also einer Durchtrennung des die beiden Hirnhälften synchronisierenden Corpus callosum oder Balken, gebraucht wird, obwohl er eher die partielle Funktionsstörung einer apoplektischen Hirnhälfte meint, verstehe ich als klassisches Beispiel künstlerischer Freiheit des auch medizinisch sehr gebildeten Komponisten (sein Vater war Arzt).

9 Deswegen beginnt die Oper auch als *Einklang* mit dem epilogartigen Lied des Liederzyklus, der dieses Werk als *Nachklang* beschließt. Es ist übrigens das einzige Gedicht Lenaus in der ansonsten nur aus Prosa-Fragmenten der Winnenthal-Notizen bestehenden Liedsammlung: «Um Mitternacht entstand dies Lied, / Zwölfmal erklang das Glockenerz, / Und zwölfmal Antwort gab mein Herz / Im dumpfen Strophensang / Dem dumpfen Glockenklang.»

10 Solche ständigen Veränderungen charakterisieren auch die Lyrik Lenaus, beispielhaft beschrieben im letzten seiner *Waldlieder*. Es ist eines seiner reifsten Werke, in welchem er die obsessiv erlebte Bedrohung durch die irdische Vergänglichkeit abschließend begreift in den Versen: «In dieses Waldes leisem Rauschen / Ist mir, als hör ich Kunde wehen, / Daß alles Sterben und Vergehen / Nur heimlichstill vergnügtes Tauschen.» Othmar Schoeck hat das im vierten Satz seines *Notturno* einzigartig vertont.

11 Vgl. *Utopie Chorklang* (2004). Der Live-Mitschnitt einer Aufführung dieses Werkes für drei zwölfstimmige Chorgruppen im Dritteltonabstand durch das SWR-Vokal stellte für mich eine grundsätzlich als neu empfundene Entkoppelung des Hörens von einer gebildeten Hörerwartung dar: Mir erschien durch die Unterteilung gewohnter Intervallgrößen in Dritteltöne und – in Kombination mit Halbtönen – sogar in Sechsteltöne ein nicht mehr ‹großmolekular› erfahrbarer Klangraum. Vielmehr tat sich mir das Bild auf, dass jede Ecke, jede Ritze der Erfahrbarkeit nun mit ‹Elementarteilchen› ausgefüllt sei, während sie sonst mit Formbewusstsein überbrückt und gezielt überstiegen werden wollen.

12 Es ist also nicht «he-e-i-ssen», sondern «he-e-ei-ssen Strahl der Sonnen» zu singen (was natürlich «ha-a-ai-ssen» klingt).

13 Ich erinnere mich an einen jahrzehntelang wiederkehrenden Albtraum, bei dem die ideal-perfekte Glattheit meines Kopfkissens die Reduktion der Weltbedeutung auf die Zahl 1 bedeutete, die durch Alternativlosigkeit zur All-Eins wurde und alles Individuelle und Partikuläre ausmerzte. Wie soll man einem Mitmenschen die Dringlichkeit und maximale, tatsächlich nichts weniger als existenzielle Last solchen Erlebens adäquat mitteilen?

14 Wenn ein Werk aber dieser formalen Anlage nicht entsprechen mag, wie beispielsweise Mendelssohns *Reformations-Symphonie* (eines meiner Lieblingswerke), dann wird es oft zum Sorgenkind des Erschaffers und leider auch mal verstoßen.

15 Eine völlig unsinnige Bildidee hat mir die Augen geöffnet, was das Faszinosum großer Städte wie New York für mich ausmacht: Ein Foto Manhattans von schräg oben war in ein Foto des Grand Canyon projiziert worden. Das wirkte, entgegen der Suggestion, gar nicht spektakulär, sondern banal und unsinnig – ich denke, weil das übermäßige, monumentale Menschenwerk an sich schon eine (anthropomorphe) Landschaft ist, durchzogen von vielen Canyons, wie etwa der 6th Avenue, die Manhattan durchbricht.

16 Nur das letzte, das dreiundzwanzigste Blatt macht da eine Ausnahme: Als würden wir auf die Rückseite des Mondes wandern, wird das Gestor-

ben-Sein Lenaus durch Geräusche (exemplarisch durch das Schnarren der Choristen im Strohbass-Register) zu einem auch in der Zürcher Inszenierung repräsentierten schwarzen Ende. Es ist die ewige Nachtseite des Mondes, gleichsam ein *Notturno* Holligers. So formuliert es auch Lenau, bevor er zu einem Schluss- und Transsubstantiationsgesang anhebt, mit seinem letzten Satz: «Der Tod hat keine Stimme.» Das letzte Wort «Stimme» ist nur noch gehaucht, es verliert alle Farbigkeit und begibt sich also selbst auf die ewig-schwarze, die Todesseite des Mondes.

17 Die Tonfolge *b-ges-d-es-(a)-b* in der Mitte des neunten Blattes (Takt 40) ist eine Erinnerung an die ersten Töne des Liedes *Einsamkeit*.

18 Zum Text «Vivat, Guarnerius». Damit wird auf absurde Weise Lenaus Geige als seine Retterin aus der Not besungen (welche repräsentiert ist durch das vorhergehende Lied «Der Schwimmer, mit den Händen ausschlagend, schlägt den Tod beständig ab»).

19 Lenaus letztes Gedicht (25.9.1844).

20 Zweimal nur habe ich als Sänger diese «Fata Morgana»-Wörter gesungen, das andere Mal im elften Lebensblatt bzw. dem 22. Lied von *Lunea*: «Die Wüstenwanderer strecken ihren Becher der Phantasie hinauf nach den Quellen der Fata Morgana.» Die Fata Morgana als Idee der Spiegelung des Ewigen im Irdischen, die Wüste als die Religion und der Wanderer als der Priester dieser Religion der Sinnlosigkeit.

21 Er schrieb mir außerdem von der noch viel erstaunlicheren Koinzidenz seiner Oper mit Schoecks *Die Drei* (o. op. Nr. 39), in denen der auch in *Lunea* (vierzehntes Lebensblatt) in ähnlicher Besetzung gesungene Text von den drei Reitern vertont ist: «Nun noch ein faszinierendes Kuriosum à propos Schoeck-Wahlverwandtschaft (unbewusste! Ich kenne nur einen Bruchteil seiner Werke [wer's glaubt! Anm. CG]): Raphael Immoos hat beiliegende Partitur ‹Die Drei› aufgestöbert, die ich nie vorher gesehen oder gehört hatte. Fast etwas … gleiche Tonart, gleiches Metrum, gleiche Stimmlage!» (Brief vom 5.12.2018)

22 Für Leser, die das anhand der Noten gerne überprüfen möchten, hier einige Beispiele (Holligers grundsätzliche und oft formulierte Abneigung gegen Taktstriche ist leider so radikal, dass für *Lunea* keine Ortsangaben mit Taktzahlen möglich sind; ich halte mich im Folgenden daher an die Seiten des Klavierauszugs): 1. «Ist's gut in einen Strom» – Holliger, S. 180, Ende erstes System im den Kanon jeweils beginnenden Alt; Schoeck, erster Satz, zweiter und dritter Takt nach Ziffer 59: eine nicht exakte Tonrelation, aber zu denselben Worten eine motivisch gleiche Bewegung. 2. «O, starre nur hinein, hinein» – Holliger, S. 181, erstes System; Schoeck, die drei Takte vor 61: die ersten vier Silben und Noten ein nicht auf den Halbton genauer, aber unverkennbarer Spiegel, die beiden «hinein» jedoch nicht mehr ganz,

nur noch teilweise gespiegelt. 3. «Was dir, und soll's dein Liebstes sein» – Holliger, S. 181, zweites System; Schoeck, zweiter und dritter Takt nach 61: ein sehr freier Krebs. 4. «Die Flut hinunterwallen» – Holliger, S. 185; Schoeck, erster und zweiter Takt von 64: ein thematisch ähnlich absteigender Beginn, der im Spiegel endet. 5. «Hinträumend» – Holliger, Ende S. 185; Schoeck, zweiter und dritter Takt nach 65: motivisch eine fast identische Wiederholung bis hin zum synkopischen Einsatz des nachfolgenden «wird Vergessenheit». 6. «die Seele sieht mit ihrem Leid» – Holliger, S. 187; Schoeck, die beiden Takte um 67 herum: ganz ähnliche Melodiestruktur.

23 Es finden sich nur gelegentlich Bindungen über ein Achtel und ein nachfolgendes Viertel, die mir wiederum wie ein Tribut an Schoecks 6/8-Takt oder an gleich rhythmisierte Melismen in dessen drittem Satz («Wehmut» vergrößert bei 13, «Vögel» zwei Takte vor 14, «fährt auf und will» in den beiden Takten nach 15) erscheinen.

24 Zunächst dringen diese Angstreminiszenzen mit Posaunen und Xylophon ein, zum Ende des Chores nehmen dann Schlagwerk und Bläser eine kontinuierliche Rolle ein, zumindest treten sie nicht mehr nur punktuell auf, sondern werden zum Symbol eines dauerhaft scheinenden, blendenden, quälenden Schlaglichts.

Hoffnung – Liebe – Glaube

1 Außerdem noch *Der frohe Wandersmann* (op. 77/1), *Der Schatzgräber* (op. 45/1) und *Frühlingsfahrt* (op. 45/2).

2 Das Eichendorff-Gedicht *Der frohe Wandersmann* («Wem Gott will rechte Gunst erweisen») wurde dann ja auch eine Art (künstliches) Volkslied – jedoch gerade nicht in Schumanns Vertonung (op. 77/1, 1840), sondern in der von Theodor Friedrich Fröhlich (1833).

3 Auch *Der Lindenbaum* aus Schuberts *Winterreise* eignet sich vor allem wegen der problematisierenden fünften Strophe eigentlich nicht zum Volkslied. Er ist aber dennoch so etwas wie ein Volkslied geworden – in einer allerdings ganz und gar entstellten, ja, wie ich finde, abscheulichen Weise, auch wenn man Friedrich Silchers geschmacklose Eingriffe nicht als eigentliche Genese eines Volksliedes bezeichnen kann. Vgl. hierzu das Kapitel «Stelen im Eisrevier».

4 Deshalb halte ich Duette, Terzette, Quartette nicht für Lieder, mögen sie ihnen auch nahestehen und weitreichende Gemeinsamkeiten haben. Das vermehrte Auftauchen der Monodie im 16. Jahrhundert war ja auch nicht deshalb revolutionär, weil drei von vier Gesangsstimmen in den Instrumentalsatz verlegt wurden, sondern weil die Bedeutung des gesungenen Wortes nur einer Stimme, nur einem partikulären Stimmklang anvertraut

wurde und diese Individualisierung der Aussage erstmals das musiktheatralische Erfassen des Individuums ermöglichte. Wie zum Beweis dessen ist mit Orpheus als initialer Figur gleich ein exemplarischer Musikindividualist erhalten, obwohl Monteverdis *L'Orfeo* ja nicht die erste Oper war, sondern Peris *La Dafne*.

5 Die erste Strophe, so kann man sagen, repräsentiere den Vater als existenzielle Exposition, die zweite den Sohn, der in die Welt kommt («da tratst du wunderbar zu mir»), die dritte den Geist als synthetische Hereinnahme beider Prinzipien.

6 Wer könnte beispielsweise das Gedicht *Liebst du um Schönheit* lesen und dabei einen gewissen moralinsauren Beigeschmack völlig ausblenden? Erst die Vertonungen machen es in meinen Augen so beliebt, beispielsweise durch Mahler (*Rückert-Lieder*) und Clara Schumann (Nr. 4 in Robert Schumanns und ihrem gemeinsamen *Liebesfrühling* op. 37). Vgl. das Kapitel «Jugendstilrose».

7 Nebenbei ist noch ein mich immer überwältigendes Motiv zu erwähnen, das in beiden Liedern vorkommt. Müsste ich eine typisch Schumannsche Melodie nennen – diese wäre dabei. Ich meine die Tonfolge im Diskant des Zwischenspiels zur vierten Strophe in op. 83/2: *d-cis-gis-(a-h-)a-e-d-cis*, und die Melodien zu einigen Textstellen in op. 90/7: «[...] und heißem Liebesglühen», «Sterne in des [...] als Stern der Nacht» sowie vielfältige Variationen. Beide Gesangszyklen entstanden ja auch in großer zeitlicher Nähe (op. 83 im Frühjahr, op. 90 im August des zweiten Liederjahres 1850).

8 Non-Vibrato-Töne können unterschiedlich klingen: ungestützt ausdrucksarm, aber nicht unschön, ein bisschen wie Beton; gestützt dagegen – wenn das weitergehende Schwingen der Stimme durch Gegenschwingungen ausgeglichen wird – bemüht, angestrengt, erschöpft – und das gewollt.

9 Warum Buddeus allerdings «Will Gegenwart nicht trüben» schreibt, scheint mir nicht ganz eindeutig. Wenn es sich um einen affirmativen Hauptsatz (im Sinne des lyrischen Ichs) handelt, warum dann in Negation, denn «trüben» ist allemal pejorativ und beschreibt doch wohl die Gegenwart? Die Lösung ist wohl, dass dieser Satz ein konditionaler Nebensatz ist und «trüben» nur intransitiv gebraucht wird, im Sinne von: «Wenn der Schmerz im Moment schon nicht aufhört, dann vielleicht in der Zukunft?»

Rihm, Goethe, Programme

1 Man beachte in diesem Zusammenhang bitte Max Regers schöne Art, im Wirtshaus zu bestellen: «Fräulein, zwei Stunden Weißwürste, bitte!»

2 Wir hoffen noch auf Vertonungen von *Wanderers Sturmlied* und *Der Wanderer*; und vielleicht auch auf die Fertigstellung von Schuberts ergreifender,

zwingender erster Fragment-Fassung von *Mahomets Gesang*. Dessen Vertonung gelang ihm zweimal (D 549, D 721) nicht vollständig, weil ihm der Strom des genialen Menschenfängers Mohammed beide Male zu früh zu sehr anschwoll und so das große Mündungsdelta in die Weltreligion des Islam musikalisch nicht mehr darstellbar war – die schiere zu erwartende Masse überstieg in beiden Fragment gebliebenen Werken wohl die Möglichkeiten des Schubertschen Klavierliedes. Es ist also nicht verwunderlich, dass die meisten Vertonungen dieses inhaltlich sich schier exponentiell vergrößernden Gedichtes nicht nur eine Stimme und Klavier nutzen: August Bergt komponierte für Gesangstrio mit Klavier, Ernst Paul Flügel, Robert Kahn und Lothar Kempter jeweils für Chor mit Orchester. Allein Carl Loewe schuf ein klassisches Klavierlied, das die schwierige Darstellung einer massiven historischen Entwicklung allerdings durch eine schlichtariose Erzählhaltung umgeht – und damit auch scheitert.

3 Die bis Rihm einzige Vertonung der *Harzreise*, nur ein Ausschnitt aus Goethes Gedicht, setzt hier an («Aber abseits, wer ist's?») und steigt nach drei Strophen wieder aus: Johannes Brahms' *Alt-Rhapsodie* (op. 53).

4 Vgl. Albrecht Schöne: Götterzeichen, Liebeszauber, Satanskult. Neue Einblicke in alte Goethetexte. München 1993, S. 40.

5 Johann Wolfgang von Goethe: Maximen und Reflexionen über Kunst, 1823, zit. nach Schöne: Götterzeichen, Liebeszauber, Satanskult, S. 48.

6 Albrecht Schöne betont die vielfache Natur des angesprochenen ‹Du›: «Es meint den Berg und die in ihm sich offenbarende Gott-Natur und meint zugleich damit doch den, dem der Aufstieg auf diesen Berg gelang. [...] Aus dem Matthäus-Evangelium (4,8ff.) wird da zitiert, aus dem Bericht von der Versuchung Christi, den der Teufel ‹auf einen sehr hohen berg› führt, ihm ‹alle reiche der welt, und ihre herrlichkeit› zeigt» (Schöne: Götterzeichen, Liebeszauber, Satanskult, S. 50).

7 Ich stelle mir die Frage, ob Tasso sich nach diesem Ende, Goethes Beispiel gemäß, zum klassischen Künstler entwickeln kann oder ob er wie Plessing und Konsorten untergehen muss.

8 Monologe wie in einem Drama von Schiller oder Shakespeare finden sich in Goethes Drama eher nicht. Auch ist keiner Figur längere Zeit für sich alleine auf der Bühne gewährt – Rihms Textauswahl für die *Tasso-Gedanken* lässt eingestreute Worte anderer Protagonisten weg und kreiert so künstlich größere Textpassagen Tassos.

9 Zit. nach Jochen Schmidt: Die Geschichte des Genie-Gedankens in der deutschen Literatur, Philosophie und Politik 1745–1945. Band 1: Von der Aufklärung bis zum Idealismus. Darmstadt 1985, S. 342.

10 Brief Caroline Herders vom 20.03.1789 an ihren Mann Johann Gottfried Herder.

11 Als Arbeitgeber darf der Herzog über Tassos Arbeit verfügen, zumal dieser ihm das eigentlich fertige Gedicht schon feierlich überreicht hatte. Kindisch gibt sich Tasso auch nicht mit einer angebotenen Abschrift zufrieden, sondern verlangt das Original.

12 Vgl. Dieter Borchmeyer: Weimarer Klassik. Porträt einer Epoche. Weinheim 1994, S. 177f.

13 Interessant finde ich, dass Goethe, dessen Weimarer Erscheinung eigentlich keine autobiographische Deutung der Figur des Tasso zulässt, aus genau diesem Inspirationsquell selbst geschöpft haben könnte. Am 10. Januar 1788 schreibt er während seines zweiten Romaufenthalts an Charlotte von Stein: «Wenn es mit der Fertigung meiner Schriften unter gleichen Konstellationen fortgeht, so muß ich mich im Laufe dieses Jahres in eine Prinzessin verlieben, um den Tasso [...] schreiben zu können» (Goethes Werke (Hamburger Ausgabe). Hrsg. von Erich Trunz. Bd. XI. 14. Auflage, München 2005, S. 476). Das ist natürlich ein Witz, und dennoch kann darin ein gewisser Bezug zu selbst erlebter Schaffensmethode (in der Sturm-und-Drang-Zeit oder noch früher) verborgen sein. Dieter Borchmeyer berichtet mir sogar von einem Flirt mit einer «Prinzessin» in Neapel (also kurz vorher), auch wenn er dieser Episode, diesem Zitat selbst keine größere Bedeutung beimisst. Andererseits ist das Selbstzitat der Zeilen 6/7 als Motto der *Marienbader Elegie* (mit der kleinen Änderung «was ich leide») auch wieder Ausdruck dessen, dass Dichtung durchaus sehr direkter Ausdruck persönlichen Erlebens des Dichters sein kann.

14 Vgl. Schmidt: Die Geschichte des Genie-Gedankens. Bd. 1, S. 344.

15 «In dieser Woge [...] Verschwunden ist der Glanz»: Leuchtender Glanz ziert Tassos Leben nun nicht mehr. Das macht erst Rihms für mich völlig bestürzend klare Umsetzung von Tassos endlich wahrhaftigem Bekenntnis möglich: «Und schäme mich nicht mehr, es zu bekennen.»

16 Vgl. Schmidt: Die Geschichte des Genie-Gedankens. Bd. 1, S. 342.

17 Vgl. zusätzlich zur Rolle Goethes und Rihms auch die Herzog Alfons', der Darsteller und des Publikums: «Der Schiffbruch ist in diesem Vorstellungsfeld so etwas wie die ‹legitime› Konsequenz der Seefahrt, der glücklich erreichte Hafen oder die heitere Meeresstille nur der trügerische Aspekt einer so tiefen Fragwürdigkeit [...], daß es als Steigerung der Vorstellungen von Meeresstürmen und Untergängen noch die eine, gleichsam pointierte Konfiguration geben müsse, in der dem Schiffbruch auf dem Meere der unbetroffene Zuschauer auf dem Lande zugeordnet wird.» Hans Blumenberg: Schiffbruch mit Zuschauer. Frankfurt a. M. 1979, S. 13.

Stelen im Eisrevier

1 Diese Erklärung las ich bei Fischer-Dieskau – und fand sie dürftig, ja geradezu an den Haaren herbeigezogen, bis der Romanist Florian Mehltretter mich (Beschämten) darauf hinwies, dass dies eine naheliegende Deutung in der Tradition der Petrarca-Rezeption, also unbedingt ernst zu nehmen sei. Vgl. Dietrich Fischer-Dieskau: Schubert und seine Lieder. Stuttgart 1996, S. 340.

2 Extrem orthodoxe Haltungen wie beispielsweise Richard Kramers Einlassungen, wie Schuberts Zyklen zu sehen und aufzuführen seien, allein in Hinblick auf die Wahrung der Original-Tonarten, helfen aber auch nicht weiter, da sie in ihren apodiktischen Forderungen der Realität der Aufführung zu fern bleiben. Vgl. Richard Kramer: Distant Cycles. Schubert and the Conceiving of Songs. Chicago 1994, S. 3-21 und 151-187.

3 Diese Kontroverse um die Ironie im Kunstlied, die besonders im Zusammenhang mit den Liedern Schumanns entstand, der sehr viele Gedichte Heines vertont hat, ist eigentlich unglücklich und in meinen Augen eher unnötig. Ein großer Teil dieser Auseinandersetzung entpuppte sich ja doch mehr oder weniger als Missverständnis, da das eigentlich der Sprache vorbehaltene Werkzeug der Ironie in Schumanns Vertonungen ein Korrelat fand, das sich auch, aber nicht primär musikalisch äußert, sondern besonders außermusikalisch, beispielsweise in der zyklischen Kombination und Abfolge (vgl. dazu das Kapitel «Lyrische Dramaturgie» in diesem Buch; und zum Phänomen der ‹Humoreske›, welches besonders in Mahlers späten *Wunderhorn-Liedern* die musikalische Expression primär nicht-musikalischer Inhalte grellen Lachens ermöglicht, vgl. die Kapitel «Jugendstilrose» und «Abschied von Gewohntem»).

4 Beispielsweise lässt Schubert das Ausrufezeichen, das Müller dem Titel *Mut!* hinzufügte, weg. Dass er im Lied Nr. 20 *Der Wegweiser* die erste Zeile der dritten Strophe mit «Wegen» statt mit den originalen «Straßen» beschließt, halte ich jedoch für einen simplen Übertragungsfehler (ausgelöst wohl durch die «Wege» der ersten Strophe), da es semantisch keinen großen Unterschied macht; dem Reimschema aber widerspricht es, und es ist zudem eine unnötige Wortwiederholung.

5 Ian Bostridge nennt beispielsweise den Titel des letzten Liedes, *Der Leiermann*, ironisch, weil hier bewusst fälschlich und verzerrend die doch affirmativ konnotierte Leier (vgl. zum Beispiel das Lied *An die Leier* D 737) assoziiert wird. Ich hatte diese Assoziation nie, für mich sagt dieser Titel immer nur «Der Leierkasten-Mann» oder «Der Mann an der Drehleier» (man würde im Deutschen dieses Wort doch nicht mit einem seriösen Instrument in Verbindung bringen, so wie es auch keinen «Gitarrenmann»,

«Geigenmann» oder «Klaviermann» gibt). Und speziell nachdem mit der ersten Note der so typische Bordunklang auftaucht (ein auf einer Tonhöhe verbleibender tiefer Begleitton), kann doch die Leier nicht mehr Gegenstand ironischer Konnotation sein. Ganz in diesem Sinn auch die Definition des ‹Leiermanns› im Grimmschen Wörterbuch als «Sänger», «Dichter» oder «schlechter Musikant». Vgl. Ian Bostridge: Schuberts Winterreise. Lieder von Liebe und Schmerz. München 2015, S. 376.

6 Weitere Assoziationen realer Gefahr sind: «Es war zu kalt zum Stehen» in Nr. 10 *Rast*, «Vom Abendrot zum Morgenlicht / Ward mancher Kopf zum Greise» in Nr. 14 *Der greise Kopf*, «Der Winter, kalt und wild» in Nr. 18 *Der stürmische Morgen*, «Eis und Nacht und Graus» in Nr. 19 *Täuschung*, «Wüstenein» in Nr. 20 *Der Wegweiser*, «Gegen Wind und Wetter» in Nr. 22 *Mut*, «Barfuß auf dem Eise» in Nr. 24 *Der Leiermann*.

7 Weitere Beispiele für das kokettierende Spiel mit dem Tod sind: «Fühlst in der Still' erst deinen Wurm / […] sich regen» in Nr. 10 *Rast*, «Treue bis zum Grabe» in Nr. 15 *Die Krähe*, «meiner Hoffnung Grab» in Nr. 16 *Letzte Hoffnung*, «Eine Straße muss ich gehen, / Die noch keiner ging zurück» in Nr. 20 *Der Wegweiser*, das gesamte Lied Nr. 21 *Das Wirtshaus*, «Ging nur die dritt' erst hinterdrein! / Im Dunkeln wird mir wohler sein» in Nr. 23 *Die Nebensonnen*.

8 Das Spielen einer Drehleier – und dass es sich hier um eine solche handelt und nicht um eine Drehorgel, zeigen die Bordunklänge mit dem Vorschlag von unten, der das Anreißen der Saiten darstellt – bedarf durchaus musikalischer Fertigkeit und Vorstellungskraft. Dass Fischer-Dieskau in diesem Zusammenhang von Dudelsack und Leier statt von einer Drehleier spricht, deute ich als Begriffsverwechslung: «[…] die liegenden Dudelsackquinten in der linken Hand [des Klaviers, Anm. CG] (es handelt sich um die ältere Form der Leier und nicht etwa den Leierkasten!) […]» Vgl. Dietrich Fischer-Dieskau: Auf den Spuren der Schubert-Lieder. Werden – Wesen – Wirkung. Wiesbaden 1971, S. 298.

9 Mein Freund James Cheung sagt: «Don't milk pity from the audience as the protagonist.»

10 Erika von Borries: Wilhelm Müller. Der Dichter der «Winterreise». Eine Biographie. München 2007.

11 Zit. nach ebd., S. 36.

12 Günter Hartung: Rezension: Erika von Borries, Wilhelm Müller. Der Dichter der «Winterreise». Eine Biographie. In: Mitteilungen des Vereins für Anhaltische Landeskunde 17 (2008), S. 259-274. Den Hinweis darauf verdanke ich Dorothee Treiber.

13 «Wahrscheinlich bestand sie [eine von Müller erwähnte «Zeit der Sinnlichkeit»] aus sexuellen Liebeleien oder Bordellbesuchen, wie sie für einen

zwanzigjährigen Kriegsteilnehmer und Studenten nichts eben Unerhörtes waren, und dürfte spätestens im Frühherbst 1815, nach Erwachen der Liebe zu Luise Hensel, beendet worden sein.» (Ebd., S. 271)

14 Vgl. von Borries, Wilhelm Müller, S. 43.

15 Schubert: Die Erinnerungen seiner Freunde. Gesammelt und hrsg. von Otto Erich Deutsch. Leipzig 1957, S. 160 f.

16 Entdifferenzierung ist ein Begriff, der Krebszellen definiert. Wenn Menschen oder Gesellschaftsschichten als «Krebsgeschwür» bezeichnet werden, besteht Faschismusverdacht, aber für die Beschreibung einer zu Nostalgie und Banalisierung neigenden Rücknahme einer vormals erreichten künstlerischen Komplizierung und Vielschichtigkeit finde ich den Begriff eigentlich nicht abwegig. Diese Entstellung kann künstlerische Errungenschaften durch Trivialisierungen wegen deren leichterer Digestibilität durchaus verdrängen. Eigentlich aber ist Silchers Bearbeitung wie ein Schlag ins Gesicht Schuberts, ein frontaler Angriff auf die Genialität des Komponisten, der den Rat seines Lehrers Salieri, sich in Liederdingen an Reichardt und Zelter zu halten, zwar als Schüler gehorchend bejahte, komponierend aber einfach beiseite schob und die Lösung als Genre erfand: das Kunstlied.

17 Stollen und Gegenstollen werden einfach in Vorder- und Nachsatz der einfachen Liedform umgewandelt, was einer entstellenden Vereinfachung der differenzierteren Struktur bei Schubert gleichkommt.

18 Das Umsingen ist wie schon gesagt ein wichtiges Charakteristikum des Volkslieds: die ständige, auch substanzielle Veränderung des ursprünglich ja nicht schriftlich überlieferten Liedes. Für mich aber ist der Prozess des Umsingens grundsätzlich eine Entwicklung hin zum Elaborierteren, er ist Indiz dafür, dass ein Volkslied sich in Richtung Kunstlied bewegt und nicht umgekehrt.

19 Mein unschätzbarer Ratgeber und Freund Laurenz Lütteken sieht Silchers Bearbeitung nicht so negativ, weil im Vormärz doch eine unvergleichlich andere ästhetische Situation vorherrschte, die ihn bei dieser Idylle mehr an Spitzweg (wie an eine «Begradigung») denken lasse, und vor allem weil bei Silcher eine Kollektivierung der Liedaussage in Form eines Chorstückes die Situation doch grundlegend ändere. Eigentlich muss ich da zustimmen; wenn ich aber die beiden Stücke, Schuberts und Silchers, aktuell vergleiche, kann ich doch wieder nicht anders, als bei meiner harschen Ablehnung zu bleiben – allein der Gedanke an Silcher, während ich den *Lindenbaum* singe, macht mich schaudern.

20 Vgl. Thomas Mann: Der Zauberberg. Frankfurt a. M. 1960, S. 903f. und 993.

21 Es wird ja im Winter eine sommerliche Situation besungen und beschrieben. Dennoch wäre hier der Begriff der Erinnerung an Vergangenes

meines Erachtens unrichtig – vielmehr geht es doch um den kulturell beruhigendsten Aspekt der Natur: die alljährliche Wiederkehr ihrer jahreszeitlichen Phänomene.

22 Portamento ist eine mehr oder weniger gleitende, im Gegensatz zum Glissando aber gerichtete und ungleichmäßige Verbindung zweier Töne nach oben oder nach unten. Die Höhe des nächsten Tones wird dabei generell schon am Ende des Prozesses erreicht, bevor der neue Ton also eigentlich beginnt.

23 Sängerisch schwierig herzustellen ist mir die Melodiosität dieses 3/4-Taktes deswegen, weil die Dehnung der ersten Silbe von «Bru-nnen» und von «träumt'» auf eine punktierte Viertel im 3/4-Legato so lange gehalten werden muss, dass das Weiterlaufen der Melodie ab der Zählzeit ‹zwei-und› behindert wird. Weil ich das instinktiv erkannte, gleichwohl nicht begriff, habe ich als Student als Hilfsmittel «6/8» über diese Stelle geschrieben, was natürlich nicht in dem Sinn zu verstehen ist, dass ich eine (völlig undenkbare) Betonung auf der zweiten Zählzeit, also auf der ‹zwei-und› des 3/4-Taktes, realisieren wollte; vielmehr strebte ich ein Diminuendo auf der ersten, punktierten Viertelnote an. Noch besser finde ich aber die erwähnte Portamento-Lösung, also das Ersetzen einer dynamischen durch eine (bei Schubert sehr ungewöhnliche) intonatorische Lösung.

24 Vgl. Bostridge, Schuberts Winterreise, S. 139 ff.

25 Im Vergleich mit dieser Galerie von sehr verschiedenen Steindenkmälern in der *Winterreise* finde ich in der früheren *Schönen Müllerin* tatsächliche und kommunizierende Farbigkeit wie in Aquarellen, während ich bei den Heine-Liedern des späteren *Schwanengesangs* am ehesten an Holzschnitte denke.

26 Vgl. Elmar Budde: Schuberts Liedzyklen. Ein musikalischer Werkführer. München 2003, S. 69.

27 «Sind denn in diesem Hause / Die Kammern all besetzt? / Bin matt zum Niedersinken, / Bin tödlich schwer verletzt» in *Das Wirtshaus*, «Ach, meine Sonnen seid ihr nicht, / Schaut andern doch ins Angesicht» in *Die Nebensonnen*.

28 Die Parallele zum anderen Orchesterliedzyklus Othmar Schoecks von überragender Bedeutung, *Lebendig begraben* (op. 40), in welchem diesem besonders im 19. Jahrhundert virulenten Schauer-Thema großzügig Raum gegeben wird, eröffnet an dieser Stelle weitere Interpretationsansätze: Eine ironisch-makabre, geradezu zynische Selbstschau würde auch der Interpretation der *Winterreise* eine Auffrischung ermöglichen, um dem Tränental in Richtung Heine, *Tristan und Isolde* oder gar *Les fleurs du mal* zu entfliehen. Vgl. hierzu Derrick Puffett: The Song Cycles of Othmar Schoeck. Bern und Stuttgart 1982, S. 201 ff.

29 Vgl. ebd., S. 138.
30 Chris Walton: Othmar Schoeck. Eine Biographie. Zürich 1994, S. 190 f.
31 Vgl. Puffett: The Song Cycles of Othmar Schoeck, S. 144.

Jugendstilrose

1 Passend zu Mahlers Form der Formlosigkeit erscheint mir hier eine Beschreibung, die Adorno mit Blick auf Schönberg für den Jugendstil findet: «[...] der Jugendstil beruht [...] auf dem Versuch, aus dem Umkreis der bürgerlich-konventionalisierten Formen auszubrechen, zugleich aber doch in dem Umkreis der von der bürgerlichen Welt vorgezeichneten Formen sich zu halten.» (Theodor W. Adorno: Kranichsteiner Vorlesungen. Hrsg. von Klaus Reichert und Michael Schwarz. Berlin 2014, S. 25)
2 Ein ähnliches Spiel, das nun wirklich gar nicht zu hören sein dürfte, weil es auch nicht im Geringsten von meinem Wollen abhängt, ist mir wie zwanghaft eingeprägt: Im ersten von Mahlers *Liedern eines fahrenden Gesellen* stelle ich mir zu Beginn des Mittelteiles («Blümlein blau ...») vor, dass die zwei einleitenden 6/8-Takte sich unterschiedlich artikulieren: einmal als 3/4-Takt mit drei Schwerpunkten, auf dem ersten, dritten und fünften Achtel, und einmal als wirklicher 6/8-Takt mit zwei Schlägen, auf dem ersten und auf dem vierten Achtel. Objektiv ganz unerheblich, sehe ich das immer als Ausdruck unbedingter Lebendigkeit dieser Musik an, den zu hören ich mir dann aber dennoch fast immer einbilde.

Bedeuten oder Sein

1 Hans Blumenberg: Nachahmung der Natur. Zur Vorgeschichte der Idee des schöpferischen Menschen. Stuttgart 2020, S. 52.
2 Friedrich Nietzsche: Die Geburt der Tragödie. Oder: Griechenthum und Pessimismus [1871]. In: Ders.: Die Geburt der Tragödie [...]. Kritische Studienausgabe. Hrsg. von Giorgio Colli und Mazzino Montinari. Bd. 1. München 1988, S. 873-890, hier S. 24.
3 Siehe die zweite Strophe: «Seht ihr im Lande der Zwietracht Fackel lodern? / Hört ihr den Frevel das Recht zum Kampfe fodern? / Drum mit des Herzens Gewalt friedvoller Lieder / Zaubert das wilde Geschrei des Wahnsinns nieder!
4 Die beiden Gedichte verbinden sich auch ganz konkret durch eine Wortspiegelung: «Über allen Gipfeln ist Ruh', / In allen Wipfeln», heißt es bei Goethe und «Wie der Bäume kühne Wipfel / [...] Wie der Berge greise Gipfel» bei Wilfried von der Neun.
5 Dass gerade Mahler seine Texte (die Rückert-Vertonungen ausgenommen)

mit äußerster Freiheit behandelte – er sprach davon, sie wie «Steinbrüche» zu benützen –, würde ich so verstehen, dass er im Grunde die interpretatorische Lücke zwischen dem Originaltext und seiner vertonenden Bearbeitung vorverlegte: in die Gedichtbearbeitung. So war Mahler ein Stück weit auch sein eigener Dichter, wie ja beispielsweise seine Bearbeitung von Textfragmenten aus *Des Knaben Wunderhorn* für die *Lieder eines fahrenden Gesellen* mit seiner eigenen Autorschaft versehen wird. Allerdings ging Mahler damit auch (für das Kunstlied untypisch) ein Stück weit den Weg vom Gedicht zum Libretto, wenngleich seine Lieder natürlich nichts weniger als Dramen sind. Vgl. dazu die Kapitel «Abschied von Gewohntem» und «Jugendstilrose».

6 *Das Mühlenleben* ist eines der drei Gedichte Wilhelm Müllers, die Schubert (neben Prolog und Epilog) für seinen Zyklus nicht vertonte. Gemeinsam mit dem vorausgehenden Gedicht *Am Feierabend* macht es besonders deutlich, dass die Müllerstochter kein harmloser Gesellenschwarm in dieser Geschichte ist, sondern eine resolute Chefin, die die Mühle sehr zielstrebig und rationell leitet. Als solche wird sie zwar auch von allen angehimmelt, ist aber von vornherein schier unerreichbar für alle Lehrlinge und Gesellen.

Schuberts Lied-Vermächtnis

1 Nicht nur im Würzburger Stadttheater (mein erstes Engagement), auch in Ländern, wo man besonders viel auf musikalische und virtuose Tradition hält (Anton Barakhovsky, Konzertmeister beim Symphonieorchester des Bayerischen Rundfunks, erzählte mir das von Wettbewerben in der Sowjetunion), wurde ganz bewusst so eingerufen: «Musiker und Sänger bitte zur Bühne!»

2 Dass Otto Erich Deutsch der *Taubenpost* eine eigene Nummer gab und sie nicht in die 957 des *Schwanengesangs* integrierte, zeugt von der Skepsis, die dem Konstrukt dieses Zyklus schon seit langem entgegengebracht wird.

3 Mir scheinen die zu Schuberts Lebzeiten in Opuszahlen veröffentlichten Liedersammlungen aufführungspraktisch nicht so relevant zu sein, wie es gerne dargestellt wird. Im Gegensatz zu Schumanns Lied-Opera verstehe ich sie als größtenteils editorische Sammlungen; ich glaube, sie waren einfach dazu gedacht, Lieder in gewissen Volumina zu veröffentlichen und so zugänglich zu machen. Bisher konnte ich jedenfalls eher keine zyklisch-konzeptionelle Bedeutung in ihnen erkennen. Die Reihenfolge der Lieder in den beiden Kleinzyklen nach Rellstab und Heine scheint von Schubert laut Autograph aber so konzipiert worden zu sein, wie sie Haslinger veröffentlicht hat.

4 Für das rezitativische Lied *Die Wallfahrt* (D 778A) finde ich in dieser Gruppe ebenso wenig einen geeigneten Ort wie für das zuvor erwähnte Rellstab-Lied *Herbst* (D 945) im ersten Teil des *Schwanengesangs*.

5 Heinrich Heine schreibt am 7.6.1826 an Wilhelm Müller: «Ich habe sehr früh schon das deutsche Volkslied auf mich einwirken lassen, späterhin, als ich in Bonn studirte, hat mir August Schlegel viel metrische Geheimnisse aufgeschlossen, aber ich glaube erst in Ihren Liedern den reinen Klang und die wahre Einfachheit, wonach ich immer strebte, gefunden zu haben» (zit. nach Das Heinrich Heine-Portal, http://www.hhp.uni-trier.de/Projekte/HHP/briefe/06briefdatenbank/tabelle/adressaten/index_html?widthgiven=30&letterid=W20B0177&lineref=0&mode=1).

6 Vgl. dazu das Kapitel «Felsenseelen».

7 Fischer-Dieskaus apodiktische Feststellung, was in dem Lied *Das Fischermädchen* Ironie bedeute, kann ich nicht nachvollziehen – eine Eindeutigkeit seiner Zuordnung belegt er nicht. Das relativiert freilich auch viele meiner eigenen Behauptungen. Vgl. Dietrich Fischer-Dieskau: Auf den Spuren der Schubert-Lieder. Wiesbaden 1971, S. 313.

8 Die Liebesbotschaft wird durch die Aufzählung aller belebten und unbelebten Natur in *Frühlingssehnsucht* nochmals als der entscheidende Topos charakterisiert, der er für die Liedliteratur ist: durch Einbeziehung aller denkbaren Boten – wie in Beethovens *An die ferne Geliebte* (op. 98) und in Schumanns *Liebesbotschaft* (op. 36/6) idealtypisch verwirklicht. Vgl. speziell das Kapitel «Vorspiel mit Tiefflieger».

9 Schon in einer Kritik der Leipziger *Allgemeinen musikalischen Zeitung* war im Oktober 1829 angesichts dieses Liedes von «Paroxismus» die Rede, es seien «trotzig hingestellte Harmonieen-Zerrbilder», und ein «Zustand der Anarchie» träte ein, wenn jeder täte, «was ihm im Rausche beliebte» (zit. nach Marie-Agnes Dittrich: Die Lieder. In: Schubert-Handbuch. Hrsg. von Walther Dürr und Andreas Krause. Kassel u. a. 1997, S. 142-267, hier S. 260.

10 Auffällig finde ich das erst in der zweiten Fassung des *Greisengesangs* gefundene Spiel mit den auslautenden Verzierungen, das gleichsam das aus spiritueller Hinsicht und trotz eines gewissen Alters noch nicht zu erwartende Lebensende charakterisiert. Und die Antwort auf das Ende des Abgesangs, am Beginn einer in sehr freiem Spiegelkrebs geschriebenen Reprise, zeigt innerhalb des an sich sehr sonoren Liedes dynamische Überraschungen: Eine völlige Zurücknahme der Tonsubstanz bei «und nur im Duft der Träume» empfinde ich als nicht nur möglich, sondern auch auffällig im Sinne eines zu früh erlöschenden Körpers.

11 Diese Klangqualität lässt sich mit der Konzentration des Klangkernes in der Gegend ein wenig oberhalb der oberen Schneidezähne verorten und

wird besonders gerne in der Oper angesteuert. Dieser Fokussierungsort soll eine möglichst weit in den Raum reichende Klangprojektion garantieren.

12 Im Gegensatz zu anderen Sinneswahrnehmungen charakterisieren wir Düfte vor allem über Materialien und nur in sehr geringem Ausmaß abstrakt oder gar intellektuell. Das und die Tatsache, dass wir die Wahrnehmung von Düften vorwiegend erinnernd-assoziativ verarbeiten, verdeutlicht und begründet deren hohes emotionales Potential.

13 Ein Lieblingskinderbuch meines älteren Sohns endet mit der Flucht eines einzelgängerischen Fantasten vor den Baulöwen. Er möchte sein kleines Haus nicht deren Profit opfern und weicht partout nicht. So steigt er die Treppe bis zur letzten Stufe hoch und flieht dann, indem er immer die vorvorletzte Stufe nach oben nimmt, um noch höher steigen zu können – das wäre die Art und Weise, wie hier sängerisch allenfalls weitergegangen werden könnte.

14 Das Passaggio nennt man den Bereich, in welchem die verschiedenen Register der menschlichen Stimme möglichst bruchlos ineinander überblendet werden. Bei den Männerstimmen ist das hier gemeinte obere Passaggio, zwischen Mittel- und Kopfstimme, besonders diffizil.

Nachspiel mit Stifter

1 Adalbert Stifter: Die Mappe meines Urgroßvaters, Journalfassung 1841, zit. nach Alexander Stillmark: Nachwort. In: Adalbert Stifter: Die Mappe meines Urgroßvaters, letzte Fassung. Zürich 1997, S. 417.

2 Stifter: Die Mappe meines Urgroßvaters, letzte Fassung, S. 255.

3 Ebd., S. 273.

Bild- und Zitatnachweise

Abbildungen

S. 101: © The Bodleian Libraries, University of Oxford/MS. M. Deneke Mendelssohn, c. 12, fol. 1v

S. 145: © Paul Leclaire (www.leclaire-foto.de)

S. 146: © Universitätsbibliothek Heidelberg/Justinus Kerner: Kleksographien. Stuttgart 1890

S. 192: © Klassik Stiftung Weimar, Bestand Museen/Olaf Mokansky

S. 256: © Universitätsbibliothek Erlangen-Nürnberg, MIL 76 u[4

Notenbeispiele

S. 16, 17: Ludwig van Beethoven: An die ferne Geliebte, für Singstimme und Klavier, Op. 98, Originaltonarten für hohe Stimme. Urtextausgabe. Hrsg. von Helga Lühnung. München: Henle (HN 579), © 2007

S. 44: Robert Schumann: Lieder für eine Singstimme mit Klavierbegleitung. Bd. I. Ausgabe für mittlere Stimme. Nach den Handschriften und Erstdrucken hrsg. von Max Friedlaender. Frankfurt a. M. u. a.: Peters (Nr. 2383b)

S. 88, 90, 100, 153, 154, 155, 156: Robert Schumann: Lieder für eine Singstimme mit Klavierbegleitung. Bd. III. Ausgabe für mittlere Stimme. Nach den Handschriften und Erstdrucken hrsg. von Max Friedlaender. Frankfurt a. M. u. a.: Peters (Nr. 2385 b)

S. 91: Robert Schumann: Lieder für eine Singstimme mit Klavierbegleitung. Bd. II. Ausgabe für mittlere Stimme. Nach den Handschriften und Erstdrucken hrsg. von Max Friedlaender. Frankfurt a. M. u. a.: Peters (Nr. 2384 b)

S. 115: Gustav Mahler: 14 Lieder aus des Knaben Wunderhorn, für tiefe Stimme und Klavier. London: Universal Edition (UE 14786 b), © 1952

S. 120: Gustav Mahler: Das Lied von der Erde, für eine hohe und eine mittlere Gesangstimme mit Klavier. Hrsg. von der Internationalen Gustav Mahler Gesellschaft. Wien: Universal Edition (UE 13937), © 1989

S. 150: Heinz Holliger: Lunea. 23 Sätze von Nikolaus Lenau für Bariton und Klavier (oder Ensemble). Mainz: Schott Music (ED 21643), © 2016, Schott Musik Mainz

S. 151, 152, 157, 164, 166: Heinz Holliger: Lunea. Lenau-Szenen in 23 Lebensblättern. Libretto von Händl Klaus nach Texten von Nikolaus Lenau. Klavierauszug. Mainz: Schott Music (58087), © 2017

S. 168, 169: Othmar Schoeck: Notturno, 5 Sätze für tiefe Stimme und Streichorchester, Op. 47 (1931/1933). Texte von Nikolaus Lenau und Gottfried Keller. Mit Streichquartett oder Streichorchester aufführbar. Wien: Universal Editions (UE 19042), © 1933

S. 194: Wolfgang Rihm: Harzreise im Winter für Bariton und Klavier (2012). Wien: Universal Edition (UE 36008), © 2012

S. 199, 203, 204: Wolfgang Rihm: Tasso-Gedanken. Monolog-Stücke aus «Torquato Tasso» von J. W. von Goethe für Bariton und Klavier (2018). Spielpartitur. Wien: Universal Edition (UE 38193), © 2018

S. 229, 230, 286, 287, 293: Franz Schubert: Lieder für eine Singstimme mit Klavierbegleitung. Bd. I. Nach den ersten Drucken revidiert von Max Friedlaender. Ausgabe für mittlere Stimme. Frankfurt a. M.: Peters (Nr. 20 b)

S. 286: Franz Schubert: Lieder für eine Singstimme mit Klavierbegleitung. Bd. III. Nach den ersten Drucken revidiert von Max Friedlaender. Ausgabe für mittlere Stimme. Frankfurt a. M.: Peters (Nr. 790 b)

Personen- und Werkregister

Andersen, Hans Christian 91, 98
Arcadelt, Jakob
Il bianco e dolce cigno 269

Bach, Johann Sebastian 142 f.
h-Moll-Messe (BWV 232) 63
Banse, Juliane 144 f.
Barth, Karl 80
Beethoven, Ludwig van 13, 138, 188
Adelaide (op. 46) 187
An die ferne Geliebte (op. 98) 11, 14, 19, 21 f., 24, 187
1. *Auf dem Hügel sitz ich spähend* 24
2. *Wo die Berge so blau* 15, 24
3. *Leichte Segler in den Höhen* 15–18, 25
4. *Diese Wolken in den Höhen* 15, 19, 26
5. *Es kehret der Maien, es blühet die Au* 15, 26
6. *Nimm sie hin denn, diese Lieder* 15, 27
Neunte Symphonie (op. 125) 63
Berg, Alban 139, 183, 202
Fünf Orchesterlieder nach Ansichtskarten von Peter Altenberg (op. 4) 187, 209
Vier Lieder (op. 2) 206, 208 ff.
Wozzeck (op. 7) 18 f., 59, 81
Bernhard, Thomas 82
Bethge, Hans 117
Blomstedt, Herbert 244
Blumenberg, Hans 251 f.
Bodmer, Johann Jakob 252
Borchmeyer, Dieter 96, 201, 207
Börne, Ludwig 105
Borries, Erika von 222 ff.
Bostridge, Ian 46, 229
Brahms, Johannes 39, 139, 188, 236, 253, 285
Die schöne Magelone (op. 33) 134, 186
Breitinger, Johann Jakob 252
Britten, Benjamin
Cantata Misericordium (op. 69) 142
Folksong Arrangements 140, 187
Brod, Max 247
Bruns, Klaus 159
Budde, Elmar 232
Buddeus, Julius 179
Burns, Robert 41 f.
Byron, Lord George Gordon 36, 41, 44

Cameron, James 54
Casanova, Giacomo 131
Castellucci, Romeo 82
Chamisso, Adelbert von 34, 36, 91
Cicero 81, 269
Claudius, Matthias 171

Da Ponte, Lorenzo 128
Debussy, Claude 139, 207
Dreves, Leberecht 87, 92 f.

Eichendorff, Joseph von 14, 40, 80, 92 f., 138, 172 f., 175, 216, 273

Eisler, Hanns
Deutsche Sinfonie (op. 50) 63
Empedokles 197
Evin, Franck 159

Fauré, Gabriel 139
Fenshaw, C.M. 42
Finley, Gerald 38
Fischer-Dieskau, Dietrich 215, 271

Geibel, Emanuel 47
Gilhooly, John 38
Gluck, Christoph Willibald
Orfeo ed Euridice 82
Goethe, Johann Wolfgang von 14, 22, 30, 32, 34, 40–43, 54, 96, 110, 190–193, 204–208, 212, 253, 257, 273
Faust. Eine Tragödie 55–57, 62, 70, 85, 209
Faust. Der Tragödie zweiter Teil 58–66, 68
Harzreise im Winter 185, 188, 191
Torquato Tasso 195–202, 210
Wandrers Nachtlied (*Über allen Gipfeln*) 134, 257
West-östlicher Divan 13
Wilhelm Meisters Lehrjahre 207, 211
Wilhelm Meisters Wanderjahre oder die Entsagenden 69
Gončarov, Ivan Aleksandrovič 142
Gottsched, Johann Christoph 216, 256
Grillparzer, Franz 201

Haitink, Bernard 72
Händel, Georg Friedrich
Rinaldo (HWV 7a/7b) 160
Händl, Klaus 147 ff.
Hanslick, Eduard 136 f., 216
Harnoncourt, Nikolaus 179, 241
Härtling, Peter 148
Hartung, Günter 222 ff.
Haslinger, Tobias 269, 283
Haydn, Joseph 138, 143, 187
Die Jahreszeiten (Hob. XXI:3) 230
Die Schöpfung (Hob. XXI:2) 230
Lob der Faulheit (Hob. XXVIa:22) 142
Heine, Heinrich 34, 40 ff., 216, 269–274
Hensel, Fanny 36
Henze, Hans Werner
Das Floß der Medusa 81
Hesse, Hermann 265
Hoffmann von Fallersleben, August Heinrich 80
Hoffmann, E.T.A. 273
Hölderlin, Friedrich 142, 148, 197
Holliger, Heinz 67, 140–160, 162, 216
Lunea (Liederzyklus) 142 f., 149 f.
Lunea (Oper) 142–149, 151 f., 156–160, 163–167
Homoki, Andreas 144, 159
Huber, Gerold 20, 22, 38, 83, 86, 90, 97, 153, 172, 181, 186–190, 197, 206 f., 212, 217, 229, 235, 237, 248 f., 265, 268–270, 272, 274, 296
Seefahrt 191, 209

Jean Paul 40
Jeitteles, Alois 11, 13, 27
Joyce, James 125, 130

Kafka, Franz 247
Kerner, Justinus 40, 146
Klopstock, Friedrich Gottlieb 252
Körner, Julius 44
Krenek, Ernst
Reisebuch aus den österreichischen Alpen (op. 62) 186

Lappe, Carl 209, 273
Leitner, Karl Gottfried von 271
Lenau, Nikolaus 29, 36, 86, 93 ff., 97 ff., 101 ff., 141–149, 159–163, 167, 216, 236
Faust. Ein Gedicht 85
Leonardo da Vinci 56
Lipiner, Siegfried 110
Liszt, Franz
Nuages gris (S. 199) 159
Loebe, Bernd 122
Löns, Hermann 187
Loy, Christof 122, 129
Ludlow, Ivan 145
Lyne, William 38

Mahler, Gustav 73, 84, 107–111, 113 ff., 139, 186 f., 206, 253, 260
Achte Symphonie 63, 160
Erste Symphonie (Titan) 160
Des Knaben Wunderhorn 76 f., 111
Wer hat dies Liedlein erdacht 106 f.
Rheinlegendchen 108
Wo die schönen Trompeten blasen 109–116
Urlicht 36, 79, 246
Kindertotenlieder 72, 79–81, 83 f.
5. *In diesem Wetter, in diesem Braus!* 83
Das Lied von der Erde 63
6. *Der Abschied* 106, 116–120
Lieder eines fahrenden Gesellen 72–79
Rückert-Lieder 79, 101, 110, 241–244, 246
1. *Blicke mir nicht in die Lieder* 107, 240 f., 249
2. *Ich atmet' einen linden Duft* 240, 249 f.
3. *Ich bin der Welt abhanden gekommen* 107, 240, 244–246
4. *Um Mitternacht* 240, 247 ff.
5. *Liebst du um Schönheit* 79, 240, 242 f., 248, 250
Mann, Thomas 201, 227, 265
Mathis, Edith 38
Mayrhofer, Johann 260 f.
Mehltretter, Florian 133
Melanchthon, Philipp 57
Mendelssohn, Felix 36
Die erste Walpurgisnacht (MWV D 3) 63
Sechs Lieder (op. 71) 29
3. *An die Entfernte* 12, 14, 28
Mong-Kao-Jen 117
Monteverdi, Claudio 260
Moore, Thomas 42
Mosen, Julius 41
Mozart, Wolfgang Amadeus
Don Giovanni (KV 527) 123–131, 138, 190
Maurerische Trauermusik (KV 477) 143 f.
Müller, Wilhelm 12, 134, 186, 213, 215 f., 222 ff., 226, 230, 232 f., 235, 237, 260, 262, 265 f., 271 f.

Neun, Wilfried von der 257 f.
Nietzsche, Friedrich 33, 37 f., 121, 124, 127, 252, 257, 259
Nikolaus von Kues 258

Platen, August von 257
Platon 64, 269
Plessing, Friedrich 191, 193, 212
Prey, Hermann 72, 268
Püttlingen, Johann Vesque von 273

Reinick, Robert 9, 22
Rellstab, Ludwig 28, 267, 269–271, 275 f., 278, 280 f.
Rihm, Wolfgang 140
  Harzreise im Winter 191–194, 206, 210
  Hölderlin-Fragmente 190
  Stilles Stück 190
  Tasso-Gedanken 190, 195–207, 209–211
  Wölfli-Liederbuch 190
Rorschach, Hermann 146
Roth, Joseph 296
Rückert, Friedrich 41 f., 48 f., 79 f., 83 f., 176, 207 f., 212, 240 ff., 244, 248 f., 270 f., 285, 288, 291

Sams, Eric 20, 44
Sarotie, Tuula 159
Schiller, Friedrich 61, 273
Schlößmann, Frank Philipp 159
Schober, Franz von 225
Schoeck, Alfred 236
Schoeck, Othmar 71
  Elegie (op. 36) 161, 216, 235 ff.
  Notturno (op. 47) 160–163, 167 ff.
    III. *Ein Herbstabend* 102, 161, 163
Schönberg, Arnold 120
  Das Buch der hängenden Gärten 140, 187
Schönmüller, Annette 145
Schostakowitsch, Dmitri
  Babi Jar 63
  Klaviertrio Nr. 2, e-Moll (op. 67) 187
Schreiber, Aloys 12, 20, 28
Schubert, Franz 15, 138, 180
  Abendbilder (D 650) 206, 208 f.
  Abschied (D 475) 230 f.
  Am Fenster (D 878) 270 f.
  An die Entfernte (D 765) 14, 32
  An Schwager Kronos (D 369) 191
  Auf dem Strom (D 943) 270
  Beim Winde (D 669) 260
  Daß sie hier gewesen (D 775) 208, 271, 285 f., 288, 290
  Der Blumenbrief (D 622) 12, 28
  Der Einsame (D 800) 209
  Der Schiffer (D 694) 230 f.
  Der Winterabend (D 938) 230
  Die schöne Müllerin (D 795) 18 f., 73, 86, 134, 186, 214, 235, 260 ff., 266, 268
    1. Das Wandern 261
    5. Am Feierabend 264
    7. Ungeduld 11 f.
    10. Tränenregen 265
    15. Eifersucht und Stolz 19
  Drei Lieder nach Sonetten von Petrarca (D 628–630) 253
  Du bist die Ruh (D 776) 208, 285–294
  Erlkönig (D 328) 34
  Ganymed (D 544) 191, 253
  Gesänge des Harfners aus «Wilhelm Meister» (D 478–480) 253
  Greisengesang (D 778) 208, 212, 285
  Gretchen am Spinnrade (D 118) 252 f.
  Herbst (D 945) 270
  Himmelsfunken (D 651) 207 f., 210
  Im Freien (D 880) 270 f.
  Lachen und Weinen (D 777) 189, 208, 285
  Mahomets Gesang (D 721) 191
  Prometheus (D 674) 191, 253
  Schäfers Klagelied (D 121) 96
  Schwanengesang (D 957) 187, 207, 216, 268–271

1. *Liebesbotschaft* 11, 20 f., 27 f., 253, 271, 278, 280, 284
2. *Kriegers Ahnung* 271, 280, 282 ff.
3. *Frühlingssehnsucht* 271, 275 f., 278, 280
4. *Ständchen* 271, 277 ff., 284
5. *Aufenthalt* 271, 282 f.
6. *In der Ferne* 271, 281–284
7. *Abschied* 271, 282–285
8. *Der Atlas* 272 f.
9. *Ihr Bild* 271 ff.
10. *Das Fischermädchen* 271–274
11. *Die Stadt* 271–274
12. *Am Meer* 271 ff.
13. *Der Doppelgänger* 271 ff.
14. *Die Taubenpost* (D 965a) 13, 20, 31, 269–271, 283, 285

Sehnsucht (D 516) 260
Sei mir gegrüßt (D 741) 207, 211, 285 f.
Suleika I (D 720) 13, 29
Suleika II (D 717) 13, 30
Wandererfantasie (D 760) 279
Winterreise (D 911) 46, 74 ff., 149, 186, 190, 214–237, 271 f., 282, 284

Schumann, Clara 40 f.
Loreley (WoO) 34

Schumann, Robert 18, 86–101, 103, 138 f., 148, 153–156, 159, 168–172, 174 f., 202 f., 248–256
Belsatzar (op. 57) 37
Das Paradies und die Peri (op. 50) 51, 179
Der Handschuh (op. 87) 37
Der Rose Pilgerfahrt (op. 112) 51
Dichterliebe (op. 48) 38, 40, 72, 186, 190, 268 f., 326
Drei Gedichte (op. 30) 35
Drei Gedichte aus den Waldliedern von Gustav Pfarrius (op. 119) 36
Drei Gesänge (op. 31) 36
Drei Gesänge (op. 83) 38
1. *Resignation* 178–183
2. *Die Blume der Ergebung* 175 ff., 183
3. *Der Einsiedler* 172–175, 183
Drei Gesänge aus Lord Byron's Hebräischen Gesängen (op. 95) 36
Frauenliebe und Leben (op. 42) 34
Fünf Lieder (op. 40) 34, 38, 92, 94 f., 98, 272
1. *Märzveilchen* 90 f.
2. *Muttertraum* 91
3. *Der Soldat* 91
4. *Der Spielmann* 91
5. *Verratene Liebe* 91
Gedichte der Königin Maria Stuart (op. 135) 36
Genoveva (op. 81) 51, 64
Kerner-Liedern (op. 35) 37 f., 268
Lieder und Gesänge I (op. 27) 35
Lieder und Gesänge III (op. 77) 36, 38
Lieder und Gesänge IV (op. 96) 36, 38, 259, 266
1. *Nachtlied* 257
2. *Schneeglöckchen* 155, 253 ff., 257, 259
3. *Ihre Stimme* 257
4. *Gesungen!* 257
5. *Himmel und Erde* 257 f.
Lieder und Gesänge aus «Wilhelm Meister» (op. 98a) 36, 39
Liederalbum für die Jugend (op. 79) 39 f., 253
27. *Schneeglöckchen* 154, 253
Liederkreis (op. 24) 34
Liederkreis (op. 39) 40, 172

Minnespiel (op. 101) 48 f.
Myrthen (op. 25) 35, 38–46, 49
Neunte Symphonie (op. 125) 63
Requiem für Mignon (op. 98b) 39, 51
Romanzen und Balladen II (op. 49) 34
Romanzen und Balladen III (op. 53) 38
Sechs Gedichte aus dem Liederbuch eines Malers (op. 36) 34
6. *Liebesbotschaft* 9, 20, 22
Sechs Gedichte von N. Lenau und Requiem (op. 90) 34, 38, 67, 86–90, 92, 94 f., 97–99, 159, 161, 272
1. *Lied eines Schmiedes* 94, 96, 98
2. *Meine Rose* 98, 155–157
3. *Kommen und Scheiden* 98–104
4. *Die Sennin* 67, 98–104
5. *Einsamkeit* 98
6. *Der schwere Abend* 87, 98, 155
7. *Requiem* 86 f., 98, 177
Sechs Gesänge (op. 89) 36
Sechs Gesänge (op. 107) 36
Sieben Lieder (op. 104) 36
Spanische Liebeslieder (op. 138) 47 f., 51
Szenen aus Goethes Faust (WoO 3) 22, 51, 53 f., 56, 60–70, 99
Vier Husarenlieder von Nikolaus Lenau (op. 117) 36, 154 f.
4. *Da liegt der Feinde gestreckte Schar* 153
Zwölf Gedichte (op. 35) 40
Zwölf Gedichte aus F. Rückerts Liebesfrühling (op. 37) 38 f., 48 ff.
Schütz, Heinrich 269
Seidl, Johann Gabriel 31, 270 f.
Shakespeare, William 260
Silbert, Johann Peter 207 f., 210
Silcher, Friedrich 225, 228
Spaun, Josef von 225
Stifter, Adalbert 295 ff.
Stokes, Richard 96 ff.
Strauss, Richard 37, 285
Strawinsky, Igor 71
Sun, Sarah Maria 144 f.

Tieck, Ludwig 186

Vaughan Williams, Ralph
Songs of Travel 140
Vogl, Johann Michael 279

Wagner, Richard 18, 70, 179, 253
Tannhäuser und der Sängerkrieg auf Wartburg 82
Walser, Robert 148
Walton, Chris 236
Wang-Wei 117
Wieck, Friedrich 41
Willemer, Marianne von 13, 30, 41, 43
Wolf, Hugo 139, 206 ff., 253, 260, 285
Goethe-Lieder (IHW 10) 206, 208–211
Mörike Lieder (IHW 22) 207–210
Wunderlich, Fritz 187

Yeats, William Butler 239

Ziesak, Ruth 89